ଜନଜାତି ଲୋକଧାରା ଓ ବିବିଧ ପ୍ରସଙ୍ଗ

ଜନଜାତି ଲୋକଧାରା
ଓ ବିବିଧ ପ୍ରସଙ୍ଗ

ଡ. ଦେବାଶିଷ ପାତ୍ର

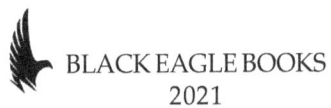

BLACK EAGLE BOOKS
2021

BLACK EAGLE BOOKS

USA address:
7464 Wisdom Lane
Dublin, OH 43016

India address:
E/312, Trident Galaxy, Kalinga Nagar,
Bhubaneswar-751003, Odisha, India

E-mail: info@blackeaglebooks.org
Website: www.blackeaglebooks.org

First International Edition Published by
BLACK EAGLE BOOKS, 2021

JANAJATI LOKADHARA O BIBIDHA PRASANGA
by **Dr. Debashis Patra**

Copyright © **Dr. Debashis Patra**

All rights reserved. No part of this publication may be reproduced, stored in a retrieval system, or transmitted, in any form or by any means, electronic, mechanical, photocopying, recording or otherwise without the prior permission of the publisher.

Cover & Interior Design: Ezy's Publication

ISBN- 978-1-64560-237-8 (Paperback)

Printed in the United States of America

ପ୍ରସ୍ତାବନା

ପ୍ରତ୍ୟେକ ଜାତି ନିଜ ନିଜର ସାଂସ୍କୃତିକ ସ୍ୱାତନ୍ତ୍ର୍ୟ ରକ୍ଷା କରିବା ପାଇଁ ଯତ୍ନଶୀଳ ହେବା ଉଚିତ । ଯାହା ସେମାନଙ୍କ ଅସ୍ତିତ୍ୱ ଓ ଅସ୍ମିତାର ନିଦର୍ଶନ । ଏପରିକି ସେମାନଙ୍କ ପ୍ରଜାତିକ ପରିଚିତି ଓ ଅବଧାରଣା ସାଂସ୍କୃତିକ ଦୃଢ଼ତାର ବନ୍ଧନ ଭିତରୁ ସଂପ୍ରସାରିତ । ସେହି ସଂସ୍କୃତି ଲୋକଧାରା, ଲୋକବିଦ୍ୟା, ଲୋକସଂସ୍କୃତି, ଲୋକତତ୍ତ୍ୱ ଆଦି ଭିନ୍ନଭିନ୍ନ ନାମରେ ପ୍ରତିଭାତ । ଅତଏବ ଲୋକଧାରା ହେଉଛି ଗୋଟିଏ ଜାତିର ଭାବାନୁଭବର ଆଶ୍ରୟସ୍ଥଳ ଯାହା ନିର୍ଦ୍ଦିଷ୍ଟ ଜାତିର ଶାଶ୍ୱତ ଓ ଚିରନ୍ତନ ପ୍ରାଣସ୍ପନ୍ଦନ । ସାଧାରଣ ଅନୁଭବରେ କୁହାଯାଇପାରେ ଲୋକଧାରା ହେଉଛି କୌଣସି ଗୋଷ୍ଠୀର ପାରଂପରିକ ତଥା ଦୈନନ୍ଦିନ ଜୀବନଚର୍ଯ୍ୟାରେ ବ୍ୟବହୃତ ଜ୍ଞାନ ଯାହା ଗୋଟିଏ ପିଢ଼ିରୁ ଅନ୍ୟ ପିଢ଼ିକୁ ଗତିଶୀଳ । ଏହାର ଅନେକ ଉପାଦାନ ରହିଛି, ଯେପରିକି ସେମାନଙ୍କ ସୃଷ୍ଟିର ମୂଳ, ଭାଷିକ ବ୍ୟବସ୍ଥା, ଜୀବନଯାପନ ଧାରା, ନୃତ୍ୟ-ଗୀତ, ପର୍ବପର୍ବାଣି, ଚିତ୍ରକଳା, ଜନଶ୍ରୁତି, କିମ୍ବଦନ୍ତୀ ଇତ୍ୟାଦି । ସଚେତନ ନ ଥିଲେ ମଧ୍ୟ ଜଣେ ତା' ପାରିପାର୍ଶ୍ୱିକ ଲୋକାୟତନ ବା ଲୋକକ୍ଷେତ୍ରରୁ କିଛି ମାତ୍ରାରେ ତାହା ଶିକ୍ଷା କରିପାରେ, ମାତ୍ର ଜଣେ ସଚେତନ ହେଲେ ଲୋକଧାରା ପାଲଟେ ଶ୍ରେଷ୍ଠ ସଂପଦ ।

ଓଡ଼ିଶାର ଭୌଗୋଳିକ କ୍ଷେତ୍ର ମଧ୍ୟରେ ବସବାସ କରୁଥିବା ସମସ୍ତ ଜନଜାତିଙ୍କର ନିଜସ୍ୱ ଲୋକାୟତନ ରହିଛି । ପୁଣି ରହିଛି ସେମାନଙ୍କର ଲୋକଧାରାର ବିବିଧ ଦିଗ । ସେଥିରୁ କିଛି ପ୍ରସଙ୍ଗକୁ ଆକଳନ କରିବାର ପ୍ରୟାସରେ ଏହି ପୁସ୍ତକ । ଏହା ଭିତରେ ଜନଜାତି ଗବେଷଣା କ୍ଷେତ୍ରରେ ମୋର ବିତି ଗଲାଣି ଦୁଇଦଶନ୍ଧି ସମୟ । କ୍ଷେତ୍ର ପର୍ଯ୍ୟବେକ୍ଷଣ କରି ସେମାନଙ୍କ ସଂପର୍କରେ ପୂର୍ବରୁ ଅନେକଗୁଡ଼ିଏ ପୁସ୍ତକ ମୋର ପ୍ରକାଶିତ । ମାତ୍ର ଆଉ କିଛି ପ୍ରସଙ୍ଗ ଯାହା ପୂର୍ବରୁ ବିଶଦ୍ ଭାବରେ ଆଲୋଚିତ ହୋଇନାହିଁ ସେ ସମସ୍ତ ବିଷୟକୁ ଆଲୋଚନାର ପ୍ରସଙ୍ଗ ଭାବରେ ମୁଁ ଗ୍ରହଣ କରିଛି, ପୁଣି ସେହିସବୁ ଗବେଷଣା ଲୋକବିଜ୍ଞାନ ସମ୍ମତ ତଥା ଆଧୁନିକ ଗବେଷଣା

ଆଧାରରେ କରିବାକୁ ପ୍ରଚେଷ୍ଟା କରିଛି । ଲୋକଧାରାର କିଛି ଦିଗ ସଂପୂର୍ଣ୍ଣ ନୂତନ ଭାବେ ଆଲୋଚିତ ହୋଇଛି । କେବଳ ସାଂସ୍କୃତିକ ଅବତାରଣା ପାଇଁ ସେହି ଆଲୋଚନାଗୁଡ଼ିକ ଉଦ୍ଦିଷ୍ଟ ନୁହେଁ ବରଂ ସେମାନଙ୍କ ସିଦ୍ଧାନ୍ତ ଓ ପ୍ରୟୋଗ ସଂପର୍କରେ କେତେକ ସ୍ଥଳରେ ଦର୍ଶା ଯାଇଛି ।

'ଜନଜାତି ଲୋକଧାରା ଓ ବିବିଧ ପ୍ରସଙ୍ଗ' ପୁସ୍ତକରେ ଓଡ଼ିଶାର ଜନଜାତିଙ୍କ ନୃତ୍ୟ, ଭାଷିକ ପରଂପରା, ଚିତ୍ରକଳା, ଗୃହନିର୍ମାଣ, ସବୁଜଦୃଷ୍ଟି ଏପରିକି ଭାଷା ପ୍ରସଙ୍ଗ ମଧ୍ୟ ଚର୍ଚ୍ଚାର ପରିସରକୁ ଆସିଛି । ପୁଣି ବଣ୍ଡା ଓ କୋୟା ଜନଜାତିର କିଛି ଲୋକଧାରା ଉପରେ ସ୍ୱତନ୍ତ୍ର ଭାବେ ଆଲୋଚିତ ହୋଇଛି । ଏହାର କାରଣ ଏହି ଦୁଇ ଜନଜାତିଙ୍କ ସଂପର୍କରେ ପୂର୍ବରୁ ଅନ୍ୟ କୌଣସି ଗବେଷକଙ୍କ ଦ୍ୱାରା ବିଶେଷକିଛି ଆଲୋଚନା କରାଯାଇ ନାହିଁ । କେହି କେହି ମତ ଦେଇପାରନ୍ତି ଏପରି ପୁସ୍ତକ ରଚନା ପଛରେ ଉଦ୍ଦେଶ୍ୟ କ'ଣ ? ପ୍ରକୃତରେ ଆମେ ଏବେ ଯଦି ଓଡ଼ିଶାର ଜନଜାତି କ୍ଷେତ୍ରକୁ ଯିବା ତେବେ ଜାଣି ପାରିବା ଜଗତୀକରଣର କ'ଣ ପ୍ରଭାବ ରହିଛି ସେମାନଙ୍କ ଲୋକଧାରା ଉପରେ ? ଏପରିକି ଏହା ଏକପ୍ରକାର ବିସ୍ମୃତି ଆଡ଼କୁ ଗତିଶୀଳ । କେତେକ ସ୍ଥଳରେ ତାହା ଅନ୍ୟ ସଂସ୍କୃତି ଦ୍ୱାରା ପ୍ରଭାବିତ ଓ ନିଜର ଅସ୍ତିତ୍ୱ ହରାଇବା ଭଳି ଅବସ୍ଥାରେ । ତେଣୁ ସେମାନଙ୍କ ଲୋକଧାରାକୁ ଓ ସେମାନଙ୍କର ଲୋକଦୃଷ୍ଟିକୁ ଏକ ମୂଲ୍ୟବୋଧ ଭିତ୍ତିକ ଅନୁଶୀଳନ ତଥା ସଂରକ୍ଷଣ କରିବାର ଏହା ଏକ ପ୍ରୟାସ ମାତ୍ର ।

ପ୍ରକୃତରେ ଏହି ପୁସ୍ତକର ପ୍ରକାଶନ ଜନଜାତି ଲୋକଧାରାର ବିଭିନ୍ନ ସ୍ରୋତକୁ ବଞ୍ଚାଇ ରଖିବା ସହିତ ପାଠକ ଓ ଗବେଷକଙ୍କ କାର୍ଯ୍ୟରେ ଆସିବ ବୋଲି ବିଶ୍ୱାସ । ଶେଷରେ ଏହିଭଳି ଏକ ପୁସ୍ତକ କରିବା ପାଇଁ ମୋତେ ଅଭିପ୍ରେରିତ କରିଥିବା ମୋର ପାଠକବର୍ଗ ଏବଂ ପ୍ରକାଶକ 'ବ୍ଲାକ୍ ଇଗଲ୍ ବୁକ୍ସ'ର ସତ୍ୟଭାଇ ଓ ଅଶୋକଭାଇଙ୍କୁ କୃତଜ୍ଞତା ଜଣାଉଛି ।

ଦେବାଶିଷ ପାତ୍ର

■

ସୂଚିପତ୍ର

ଜନଜାତି ବାଚିକ ପରଂପରାର ଲିପିକରଣ ପ୍ରସଙ୍ଗ	୯
ଜନଜାତି ଲୋକନୃତ୍ୟ ପ୍ରସଙ୍ଗ	୧୮
ଜନଜାତି ଲୋକକଳା ପ୍ରସଙ୍ଗ	୨୭
ଜନଜାତି ଲୋକପରମ୍ପରାରେ ସବୁଜ ଦୃଷ୍ଟି	୩୮
ଜନଜାତିର ବାସଗୃହ ପ୍ରସଙ୍ଗ	୪୪
'ଦେଶିଆ ଭାଷା' ପ୍ରସଙ୍ଗ	୫୨
ଜନଜାତି ଭାଷା ଗବେଷଣା ଓ ଗୋପୀନାଥ ମହାନ୍ତି	୬୦
ଜନଜାତିର ଜୀବନଚର୍ଯ୍ୟା ଓ ଶାଳବଣର କବିତା	୭୪
କୋୟା ଲୋକସଂସ୍କୃତି ଓ ଲୋକସାହିତ୍ୟ	୮୨
ଆଦିବାସୀ ଉପନ୍ୟାସ 'ପରଜା'ର ପାଠକପ୍ରିୟତାର ପ୍ରେକ୍ଷାପଟ୍ଟ	୯୫
'ବଣ୍ଡା' ଜନଜାତିଙ୍କ ଲୋକାଚାର	୧୦୮
କୋୟା ଲୋକଗୀତ : ଗୋଷ୍ଠୀଜୀବନର ଉଚ୍ଚାଙ୍ଗ ଉତ୍ତରଣ	୧୧୭
ବଣ୍ଡାଙ୍କ 'ପାଟଖଣ୍ଡା ପର୍ବ' ଏକ ଅନୁଶୀଳନ	୧୨୮
ଓଡ଼ିଶାର ଜନଜାତିଙ୍କ ଖାଦ୍ୟ ପରଂପରା ଓ ପରିସର	୧୩୯
ମାଲକାନଗିରି ଆଦିବାସୀଙ୍କ ଗଣପର୍ବ : ବଡ଼ଯାତ୍ରା	୧୫୨

ଜନଜାତି ବାଚିକ ପରଂପରାର ଲିପିକରଣ ପ୍ରସଙ୍ଗ

ଜନଜାତିର ବାଚିକ ପରଂପରା ହେଉଛି ସେମାନଙ୍କ ଲୋକଧାରାର ଏକ ପ୍ରମୁଖ ଅଂଗ । ଯାହା କାଳକାଳ ଧରି ସେମାନଙ୍କର ଅଭିଜ୍ଞତାର ଫସଲ ରୂପରେ ଶ୍ରୁତି ଓ ସ୍ମୃତିରେ ବଞ୍ଚି ରହିଛି । ଯଦିଓ ସେହି ମୌଖିକ ବା ବାଚିକ ପରଂପରା ଶାସ୍ତ୍ରୀୟ ନୁହେଁ ତଥାପି ତାହା ଜନସମୁଦାୟରୁ ସୃଷ୍ଟ ମୌଳିକ ଚିନ୍ତନର ଅଭିବ୍ୟକ୍ତି । ଏହା ବ୍ୟକ୍ତି ନୁହେଁ, ଜନସମୁଦାୟର ଜ୍ଞାନ ହୋଇଥିବାରୁ ବହୁ ପରୀକ୍ଷିତ ହୋଇ ଲୋକବିଜ୍ଞାନ ପରିସରଭୁକ୍ତ । ଅନ୍ୟ ଅର୍ଥରେ ଏହି ବାଚିକ ପରଂପରା ସେମାନଙ୍କ ଚିତ୍ତବିନୋଦନ ପାଇଁ ଉଦ୍ଦିଷ୍ଟ ହୋଇଥିବା ସତ୍ତ୍ୱେ ଲୋକଶିକ୍ଷାର ଅନେକ ଉପାଦାନ ତା' ଭିତରେ ରହିଛି । ଅତଏବ ଏହା ତାଙ୍କ ଅସ୍ମିତା ଖୋଜିବାରେ ଅତ୍ୟନ୍ତ ସହାୟକ ।

ଜନଜାତିର ଲୋକବିଶ୍ୱାସ, ଲୋକପ୍ରଥା ଓ ଅନୁଭୂତିର ରୂପାୟଣ ହୋଇଥାଏ ବାଚିକ ପରଂପରାରେ । ପୁନଶ୍ଚ ଆବେଗ, କଳ୍ପନା ଓ ବାସ୍ତବତା ମିଶି ମାନସରୂପ, କାର୍ଯ୍ୟରୂପ ଓ ଅଭିବ୍ୟକ୍ତି ରୂପର ସମାହାର ହୋଇଥାଏ ସେଥିରେ । ବୋଧହୁଏ ଏହି କାରଣରୁ ସେମାନଙ୍କର ଏହି ମୌଖିକ ସାହିତ୍ୟ ବାଢ଼ିଥାଏ ଅମରତ୍ୱର ଅର୍ଘ୍ୟ । ପୁନଶ୍ଚ ବାଚିକ ଲୋକଧାରା ମାଧ୍ୟମରେ ଗୋଟିଏ ଜାତି ବା ଗୋଷ୍ଠୀର ନୃତାତ୍ତ୍ୱିକ ବିଶ୍ଳେଷଣ କେବଳ କରାଯାଏ ନାହିଁ, ବରଂ ସେମାନଙ୍କର ସର୍ଜନଶୀଳ ମାନସିକତା ଓ ସାଂସ୍କୃତିକ ଗଠନବିନ୍ୟାସ ସଂପର୍କରେ ଜାଣିହୁଏ ।

ଜନଜାତିର ଏହି ମୌଖିକ ବା ବାଚିକ ପରଂପରା ଆଦିବାସୀ ଲୋକସାହିତ୍ୟ ଭାବରେ ପରିଚିତ । ଯାହା ସେମାନଙ୍କ ସଂସ୍କୃତି ଓ ଆଚରଣର ଫଳଶ୍ରୁତି । ଲୋକସାହିତ୍ୟର ଏହି ବହୁବର୍ଣ୍ଣୀ ରୂପ ଭିତରୁ ଆମେ ପାଉ ଅନେକ କଥା-କାହାଣୀ, କିମ୍ବଦନ୍ତୀ, ଜନଶ୍ରୁତି, ଗୀତ, ଢଗଢମାଳି, ପ୍ରହେଳିକା ଆଦି । ଯେଉଁଥିରେ ବକ୍ତା ଓ

ଶ୍ରୋତା ଉଭୟେ ଉଭାସିତ ହୁଅନ୍ତି । ତେବେ ସମାଜ ଜୀବନ ସମନ୍ୱିତ ଏହି ସାହିତ୍ୟ ଯେ ନିରନ୍ତର ପ୍ରୟାସରେ ବଞ୍ଚି ରହିବ ଏହା ଗ୍ରହଣ କରିବା ଯୁକ୍ତିସଙ୍ଗତ । ତେବେ ଏହି ମୌଖିକ ଧାରାରୁ ଲୋକଗୀତ ହିଁ ପ୍ରଥମେ ସୃଷ୍ଟି ହୋଇଥିବା ଅନୁମେୟ । ଏହାର କାରଣ, ଜଣେ ମନକୁ ମନ ଗୁହିଁଲେ ଗୀତଟିଏ ଗାଇପାରେ ଏବଂ ନିଜେ ଗୀତର ଶ୍ରୋତା ହୋଇପାରେ । ମାତ୍ର ବାଚିକ ପରଂପରାର ଅନ୍ୟ ବିଭାଗ ଯଥା : ଲୋକକାହାଣୀ, ଲୋକନାଟ, ଲୋକୋକ୍ତିର ବ୍ୟବହାର ବେଳେ ଏକାଧିକ ଲୋକଙ୍କ ସଂପୃକ୍ତି କାରଣରୁ ପରେ ସୃଷ୍ଟି ହୋଇଥିବ । ତେବେ ଆମର ଆଲୋଚିତ ପ୍ରସଙ୍ଗ ଲୋକଗୀତ ଓ ଲୋକକାହାଣୀର ସଂଗ୍ରହ ବା ସଞ୍ଚୟନ ପ୍ରସଙ୍ଗ ହୋଇଥିବାରୁ ଅନ୍ୟ ବିଭାଗଗୁଡ଼ିକ ସଂପର୍କରେ ଏଠାରେ ଚର୍ଚ୍ଚା କରିବା ଅପ୍ରାସଙ୍ଗିକ । ଏହାର ଅନ୍ୟଏକ କାରଣ ହେଉଛି ଲୋକଗୀତ ଓ କାହାଣୀର ବିପୁଳ ବ୍ୟବହାର ଏବଂ ପରିମାଣାତ୍ମକ ଦୃଷ୍ଟିରୁ ତାହାର ବୃହତ୍ କ୍ଷେତ୍ର ।

ଓଡ଼ିଶାର ଜନଜାତିର ଆବାସସ୍ଥଳୀ ଅନୁଯାୟୀ ସେମାନଙ୍କର ଗ୍ଫରୋଟି ଲୋକକ୍ଷେତ୍ର ରହିଛି, ଯଥା : ଉପକୂଳ ଅଞ୍ଚଳ, ପଶ୍ଚିମାଞ୍ଚଳ, ଉତ୍ତରାଞ୍ଚଳ ଓ ଦକ୍ଷିଣାଞ୍ଚଳ । ସେହିପରି ସେମାନଙ୍କ ଭାଷା କ୍ଷେତ୍ର ମଧ୍ୟ ଭିନ୍ନ ଭାଷା ପରିବାର ଅନ୍ତର୍ଗତ, ଯଥା : ଅଷ୍ଟ୍ରିକ୍, ଦ୍ରାବିଡ଼, ଇଣ୍ଡୋ-ଆର୍ଯ୍ୟ ଭାଷା ପରିବାର । ଏହି କାରଣରୁ ଭିନ୍ନ ଲୋକକ୍ଷେତ୍ର ଅନ୍ତର୍ଗତ ଭିନ୍ନ ଭାଷାର ଆଦିବାସୀ ରହୁଥିବାରୁ ବାଚିକ ପରଂପରାରେ ଅନେକ ଭିନ୍ନତା ଦେଖାଯାଏ । ତେଣୁ ଭିନ୍ନ ଭିନ୍ନ ଜନଜାତିଙ୍କ ଲୋକଗୀତ ଓ ଲୋକକାହାଣୀ ନିର୍ଦ୍ଦିଷ୍ଟ ଭୌଗୋଳିକ ପରିମଣ୍ଡଳ ମଧ୍ୟରେ ଆବଦ୍ଧ । ପୁଣି ଜନସଂଖ୍ୟାର ସ୍ୱଳ୍ପତା ଓ ବ୍ୟାବହାରିକତାର ଅନୁଦାର ଭାବ କାରଣରୁ ଏହା ଏବେ ଧ୍ୱଂସପଥର ଯାତ୍ରୀ । ବୋଧହୁଏ ଏହି କାରଣରୁ ଏଗୁଡ଼ିକର ସଂଗ୍ରହ ଓ ଲିପିକରଣ କରିବାର ବାସ୍ତବତାକୁ ଗ୍ରହଣ କରାଯାଇପାରେ ।

ଏବେ ଆମେ ଚର୍ଚ୍ଚା କରିବା ଲୋକଗୀତ ସଂପର୍କରେ । ଏକ ନିର୍ଦ୍ଦିଷ୍ଟ ସମାଜ ହିଁ ଏହି ଲୋକଗୀତର ନିର୍ମାଣକର୍ତ୍ତା । ଏହାର ପ୍ରସ୍ତୁତି ପଛରେ ରହିଛି ଅନେକଙ୍କ ନିରନ୍ତର ପ୍ରୟାସ । ଗାୟନ ପ୍ରକ୍ରିୟାରୁ ମୂଳତଃ ଏହା ତିନିଭାଗରେ ବିଭକ୍ତ; ୧.ଏକକ ଲୋକଗୀତ(ଜଣେ ବ୍ୟକ୍ତିର ସଂପୃକ୍ତି ଥିବ), ୨.ସମୂହ ବା ଗୋଷ୍ଠୀ ସଂଗୀତ(ଏକାଧିକ ଲୋକ ଏକ ସମୟରେ ଗାନ କରିଥାନ୍ତି), ୩.ଦୁଇଜଣଙ୍କ ଦ୍ୱାରା ପରିବେଷିତ ଲୋକଗୀତ(ପ୍ରଶ୍ନୋତ୍ତରୀ ବା ଜବାବ ସୁଆଲ) ।

ସେହିପରି ଲୋକଗୀତର ପରିବେଷଣ ଆଧାରାନୁଯାୟୀ ଲୋକଗୀତକୁ ମଧ୍ୟ ତିନିଭାଗରେ ବିଭକ୍ତ କରାଯାଇପାରେ; ୧.ବିନା ବାଦ୍ୟଯନ୍ତ୍ରରେ ଗୀତ, ୨.ବାଦ୍ୟ

ସହିତ ଗୀତ, ୩.ନୃତ୍ୟ ଓ ବାଦ୍ୟ ସହିତ ଗୀତ । ତେବେ ଜନଜାତି ସମାଜରେ ଏହି ସମସ୍ତ ପ୍ରକାରର ଲୋକଗୀତ ଦେଖିବାକୁ ମିଳେ । ପୁନଶ୍ଚ ଲୋକଗୀତର ଉଦ୍ଦେଶ୍ୟ ଯେପରି ବିଷୟବିନ୍ୟାସ, ତା'ର ପ୍ରୟୋଗ ଓ ବ୍ୟବହାର କ୍ଷେତ୍ର, କାର୍ଯ୍ୟ-କାରଣ ସଂପର୍କ, ବ୍ୟବହାରକାରୀ ବା ଗାୟକର ବୟସ, ଗାୟନଶୈଳୀ, ଭାଷା, ବ୍ୟବହୃତ ବାଦ୍ୟଯନ୍ତ୍ର, ଗାୟକର ବେଶଭୂଷାର ମଧ୍ୟ ଏହି ମୌଖିକ ପରଂପରା ସହିତ ନିବିଡ଼ ସଂପର୍କ ଅନୁଭବ କରିହୁଏ । ତେବେ ଓଡ଼ିଶାର ଅଧିବାସୀ ଥିବା ଜନଜାତି ଗୋଷ୍ଠୀର ପରସ୍ପର ଠାରୁ ଭିନ୍ନତା ସତ୍ତ୍ୱେ ଅନେକ ସାମଞ୍ଜସ୍ୟ ମଧ୍ୟ ଦେଖିବାକୁ ମିଳେ । ଯେହେତୁ ସେମାନେ ଏ ମାଟିର ମୂଳ ବାସିନ୍ଦା ତେଣୁ ସେମାନଙ୍କ ବାଚିକ ପରଂପରାରେ କେତେକ ସାଧାରଣ ଉଦ୍ଦେଶ୍ୟ ବାରି ହୋଇପଡ଼େ; ସେମାନଙ୍କ ଲୋକଗୀତରେ ଥିବା ସେହି ବୈଶିଷ୍ଟ୍ୟଗୁଡ଼ିକ ହେଲା -

୧. ଲୋକଗୀତ ହୃଦୟରୁ ହୃଦୟ ଯୋଡ଼ିବା ସହିତ ମନୋରଂଜନର ଏକ ପ୍ରମୁଖ ମାଧ୍ୟମ ।
୨. ଏହା ଆବେଗ, ଅନୁଭବ ଓ ଅଭିଜ୍ଞତାରେ ସମୃଦ୍ଧ ।
୩. ଏହା ଲୋକମୁଖରେ ପ୍ରଚ୍ରରିତ ହେଉଥିବା କାରଣରୁ ସରଳତା ଉପରେ ଗୁରୁତ୍ୱ ଦେଇଥାଏ ।
୪. ଅତ୍ୟନ୍ତ ମୌଳିକ ହୋଇଥିବା କାରଣରୁ ଲୋକଜୀବନ ସଂପର୍କରେ ଜାଣିହୁଏ ।
୫. କର୍ମକର୍ମାଣି, ରୀତି-ନୀତି, ପ୍ରଥା-ପରଂପରା ଓ ବିଶ୍ୱାସ ଆଧାରିତ ହୋଇଥାଏ ।
୬. ଆକାର ଦୃଷ୍ଟିରୁ ଏହା ତିନିଧାଡ଼ିରୁ ଆରମ୍ଭକରି ଅତି ଦୀର୍ଘ(ଗାଥାକାବ୍ୟ) ହୋଇଥାଏ ।
୭. ଏହା ସଂଗୀତ ଗର୍ଭିତ ଓ ଆବଶ୍ୟକସ୍ଥଳେ ସାଂଗୀତିକ ପ୍ରୟାସ ପାଇଁ ଜାଇଫୁଲ, ଧନମାଳି କିମ୍ବା ଲେ..ଲେ... ରେଲୋ, ରେଲା ପ୍ରଭୃତିର ପ୍ରୟୋଗ ।
୮. ପ୍ରାତ୍ୟହିକ ଜୀବନଚର୍ଯ୍ୟା ଦ୍ୱାରା ପ୍ରଭାବିତ ।
୯. ବୌଦ୍ଧିକତା ଅପେକ୍ଷା ସୌନ୍ଦର୍ଯ୍ୟ ଉପରେ ଗୁରୁତ୍ୱ ।
୧୦. ଏହା ଏକ ମିଶ୍ରକଳା ଏବଂ ଲୋକସାହିତ୍ୟର ଅନେକ ବିଭବର ପ୍ରୟୋଗ ଏଥିରେ ହୋଇଥାଏ ।

ଓଡ଼ିଶାର ବାଷଠି ଆଦିବାସୀ ଗୋଷ୍ଠୀ ଥିଲେ ମଧ୍ୟ ସେମାନଙ୍କର ମୌଖିକ ପରଂପରା ଅତ୍ୟନ୍ତ ବ୍ୟାପକ ନୁହେଁ । ଏହାର କାରଣ ସେମାନଙ୍କ ଭାଷାକ୍ଷେତ୍ର । ଏପରିକି

ଗୋଟିଏ ଅଞ୍ଚଳରେ ରହୁଥିବା ଭିନ୍ନଭିନ୍ନ ଗୋଷ୍ଠୀ ଏକ ଭାଷାର ଲୋକଗୀତ ବ୍ୟବହାର କରିଥାନ୍ତି । ପୁଣି କେତେକ କ୍ଷେତ୍ରରେ ଆଞ୍ଚଳିକ ଭାଷା ବା ବୋଲି ଦ୍ୱାରା ତାହା ପ୍ରଭାବିତ । ଉଦାହରଣ ସ୍ୱରୂପ କୋରାପୁଟ ଅଞ୍ଚଳରେ ଗଦବା, ପରଜା, ଭତରା, ଗଣ୍ଡ, କନ୍ଧ, କୋୟା ଲୋକଙ୍କର ମୌଳିକ ଭାଷାର ଗୀତ ଥିବା ସତ୍ତ୍ୱେ ସେମାନେ ଦେଶିଆ ଭାଷାର ଗୀତ ଗାନ କରିଥାନ୍ତି । ଏହି ଦେଶିଆ ଭାଷା ସଂଯୋଜକ ଭାଷା ଓ ସରଳ ହୋଇଥିବା କାରଣରୁ ଏହି ଗୀତର ଆଦର ବଢ଼ିଛି । ତେବେ ଅଧିକାଂଶ ଆଦିବାସୀର ମୌଳିକ ଭାଷାର କ୍ଲିଷ୍ଟତା ଓ ନୂତନ ପିଢ଼ି ଦ୍ୱାରା ସେ ଭାଷା ପ୍ରତି ଅନାଗ୍ରହ କାରଣରୁ ସେମାନଙ୍କ ଲୋକଗୀତଗୁଡ଼ିକ ଅବଲୁପ୍ତି ପଥରେ ଅଗ୍ରସର ।

ଏବେ ଆସିବା ଆଦିବାସୀ ମୌଖିକ ପରଂପରାରେ ପ୍ରଚଳିତ ଥିବା ଲୋକକାହାଣୀ ବା ଲୋକଗଳ୍ପ ପ୍ରସଙ୍ଗକୁ । ତେବେ ଅନେକ ଲୋକପୁରାଣ ବା ମିଥ୍‌ଧର୍ମୀ କାହାଣୀ ଜନଜାତି ସମାଜରେ ଦେଖାଯାଏ । ଅନେକ କିମ୍ବଦନ୍ତୀ ଓ ଜନଶ୍ରୁତି ମଧ୍ୟ କାହାଣୀର ରୂପ ନେଇଥାଏ । ଏହା ବ୍ୟତୀତ ଲୋକଗଳ୍ପ ଭାବରେ ସାମାଜିକ ବ୍ୟବସ୍ଥା, ଚଳଣି, ପର୍ବପର୍ବାଣି, ପ୍ରଥା, ପରଂପରା, କୌଳିକବୃତ୍ତି ଓ ଜୀବନପ୍ରଣାଳୀ ଭିତରୁ କିଛି ପ୍ରସଙ୍ଗ ଜନ୍ମ ନେଇଥାଏ । ଏହା ଗୋଟିଏ ଗୋଷ୍ଠୀର ସର୍ଜନଶୀଳତା ଓ ଆବିଷ୍କାରୀ ମନ ଦ୍ୱାରା ପ୍ରଭାବିତ । ଏହି ଲୋକକଥାଗୁଡ଼ିକ ମନକୁ ଖେଦମୁକ୍ତ କରିବାକୁ, ଉତ୍ସବ ଓ ପର୍ବକୁ ମୁଖରିତ କରିବାକୁ ଏବଂ ମନୋରଂଜନ ଉଦ୍ଦେଶ୍ୟକୁ ଚରିତାର୍ଥ କରିବା ଉଦ୍ଦେଶ୍ୟରେ ସୃଷ୍ଟ । ପୁଣି ଗପଗୁଡ଼ିକୁ ରସୋତୀର୍ଣ୍ଣ କରିବା ପାଇଁ ଗପ ମଝିରେ ପଦ୍ୟାକୃତି ବଚନିକା ତ' କେତେବେଳେ ଲୋକଗୀତର ପ୍ରୟୋଗ ଦେଖିବାକୁ ମିଳେ । ତେବେ ସେମାନଙ୍କ ଲୋକଗଳ୍ପ ଶୁଣିଲେ ମନେହୁଏ ସେଗୁଡ଼ିକ ଅତ୍ୟନ୍ତ ସ୍ୱାଭାବିକ ଓ ସ୍ୱଚ୍ଛନ୍ଦ ଭାବରେ ବ୍ୟକ୍ତିମାନସରୁ ଆସି ମୌଖିକ ପ୍ରବାହ ଭିତରେ ଗତିଶୀଳ ହୋଇଛି । ମିଥ୍‌ଧର୍ମୀ ଗଳ୍ପଗୁଡ଼ିକ ପାରମ୍ପରିକ ଓ ପବିତ୍ର ଗପ ଭାବରେ ଗୃହୀତ ହୋଇଥିଲାବେଳେ ଅନ୍ୟ ଗଳ୍ପଗୁଡ଼ିକ ଗୋଷ୍ଠୀ ଜୀବନତତ୍ତ୍ୱ ବଖାଣିବାରେ ସମର୍ଥ ।

ଜନଜାତି ସମାଜରେ ଲୋକଗୀତ ତୁଳନାରେ ଲୋକଗଳ୍ପର ବ୍ୟବହାର ଅତ୍ୟଳ୍ପ । ଏହା ପୁଣି କଥାକାରର ଦୃଷ୍ଟିଭଙ୍ଗୀ ଉପରେ ନିର୍ଭରଶୀଳ । କାରଣ, ଲୋକଗୀତ ଅପେକ୍ଷା ଲୋକଗଳ୍ପର କଥନ ପାଇଁ ବିଶେଷ ଅବସର ନଥାଏ । ଏହା ପୁନଶ୍ଚ ଦୀର୍ଘ ହୋଇଥିବା କାରଣରୁ ସମସ୍ତଙ୍କ ପାଇଁ ଗଳ୍ପକଥନ ସୁଗମ ହୋଇ ନଥାଏ । ଏପରିକି ପ୍ରତିଟି ପର୍ବପର୍ବାଣିରେ ଲୋକଗୀତ ପ୍ରାଧାନ୍ୟଲାଭ କରିଥିବା କାରଣରୁ ଗଳ୍ପର ବ୍ୟବହାର ବିଶେଷ ଦେଖିବାକୁ ମିଳେନାହିଁ । ଜନଜାତି ଲୋକଗଳ୍ପ ସେଥିପାଇଁ ବହୁ ପ୍ରକାରର ନୁହେଁ ଆମ ଓଡ଼ିଆ ଲୋକଗଳ୍ପ ପରି । ଗବେଷଣା କାଳରେ ଯେତିକି ବି ଏହି ମୌଖିକ

ପରଂପରା ବିଷୟରେ ଜାଣିବାକୁ ମିଳିଛି ସେଥିରୁ ଅନୁଭବ ହୋଇଛି ଯେ ସେମାନଙ୍କ ଲୋକକଥା ଚାରିପ୍ରକାରର; ଯଥା : ୧.ପଶୁପକ୍ଷୀ, ବୃକ୍ଷଲତା ସଂପର୍କିତ କାହାଣୀ, ୨.ଧର୍ମ-ଲୋକଶିକ୍ଷା ସଂପର୍କିତ କାହାଣୀ, ୩.ରହସ୍ୟ ଓ ଅଲୌକିକ କାହାଣୀ, ୪.ହାସ୍ୟ ଓ ମନୋରଂଜନଧର୍ମୀ କାହାଣୀ । ତେବେ ଅଧିକାଂଶ କାହାଣୀଧାରା ଗତାନୁଗତିକ ।

ଆଦିବାସୀ ଲୋକଗଳ୍ପ ମଧ୍ୟରୁ ପରଜା, ସାନ୍ତାଳ, କନ୍ଧ, କୋୟାର ଗଳ୍ପ ପରଂପରା ଅତ୍ୟନ୍ତ ଉଚ୍ଚକୋଟୀର । ଶ୍ରୋତାକୁ ବାନ୍ଧି ରଖିବାରେ ସେମାନଙ୍କ ଗପର ସାମର୍ଥ୍ୟ ବାରି ହୋଇପଡ଼େ । ମାତ୍ର ପୁରାତନ ଗୋଷ୍ଠୀର ବଣ୍ଡା, ଡିଡାୟୀ, ମାଙ୍କିଡ଼ିଆ, ବିରହୋର ପ୍ରଭୃତିଙ୍କ ଗଳ୍ପରେ ପ୍ରାୟତଃ କଳାତ୍ମକତା ନାହିଁ । ତଥାପି ଗଳ୍ପକଥକମାନେ ପାରଂପରିକ କାହାଣୀ ସହିତ ତାଙ୍କ ସୁବିଧା ମୁତାବକ ଉପକାହାଣୀ ଖଞ୍ଜିଥିବା ଦେଖିବାକୁ ମିଳେ । ଜନଜାତି ଗବେଷଣାକାଳରେ ମୋ ଦ୍ୱାରା ସଂଗୃହୀତ ଗପମାନଙ୍କ ଆଧାରରେ ସେମାନଙ୍କ ଗଳ୍ପରେ ଯେଉଁ ବୈଶିଷ୍ଟ୍ୟଗୁଡ଼ିକ ଦେଖିଛି ତାହା ଏହିପରି -

୧. ପଶୁ-ପକ୍ଷୀଙ୍କ ବର୍ଣ୍ଣନାରେ ଗଳ୍ପର ପ୍ରାଧାନ୍ୟ ।

୨. ପଶୁ-ପକ୍ଷୀ ସହିତ ମଣିଷର ଯୌନ ସମ୍ପର୍କ ।

୩. ମନ୍ତ୍ରଶକ୍ତି ଉପରେ ଆସ୍ଥା ସ୍ଥାପନ ।

୪. ଅସମ୍ଭବକୁ ସମ୍ଭବ କରିବା ପାଇଁ ଗୁଣିଆର ସାହାଯ୍ୟ ନେବା ।

୫. ମନୋରଂଜନକୁ ଗୌଣକରି ଜୀବନର ଦୁଃଖମୟ ଦିଗକୁ ଅଧିକ ପ୍ରାଧାନ୍ୟ ଦେବା ।

୬. ବ୍ୟକ୍ତି ଓ ସମାଜ ଭିତରେ ଐକ୍ୟ ସ୍ଥାପନର ପ୍ରଚେଷ୍ଟା ।

୭. ଜୀବ-ଜଡ଼ ପ୍ରତି ସମଦୃଷ୍ଟି ।

୮. ଗଳ୍ପରେ ନୀତିଶିକ୍ଷା ଓ ସାମାଜିକ ପରିବର୍ତ୍ତନର ସ୍ୱର ।

୯. ରାଜା-ରାଣୀ ସଂପର୍କିତ ଗଳ୍ପ ବଦଳରେ ସାଧାରଣ ଲୋକଚରିତ୍ରର ପ୍ରୟୋଗ ।

୧୦. ଲୋକତନ୍ତ୍ରର କୌଳିକ ଆଦର୍ଶ ଦ୍ୱାରା ପ୍ରଭାବିତ ।

ବୋଧହୁଏ ଏହି ସବୁ କାରଣରୁ ଭିନ୍ନ ଭିନ୍ନ ଜନଜାତି ଗୋଷ୍ଠୀର କାହାଣୀର ଶୈଳୀଗତ, ବିଷୟଗତ ପ୍ରଭେଦ ସତ୍ତ୍ୱେ ସେଗୁଡ଼ିକ ଲୋକଜୀବନର ନିଛକ ଚିତ୍ର ବହନ କରିବା ସହିତ ମୌଖିକ ଗଳ୍ପକଳାକୁ ଅମର କରି ରଖିପାରିଛି ।

ବିଗତ ଦୁଇଦଶନ୍ଧିରୁ ଅଧିକ ସମୟ ଧରି ଜଗତୀକରଣର ପ୍ରଭାବ ପଡ଼ିଛି ଏହି ମୌଖିକ ସାହିତ୍ୟ ଉପରେ । କାରଣ, ପାଞ୍ଚରୁ ଛଅଦଶନ୍ଧି ଧରି ଓଡ଼ିଶାର ଆଦିବାସୀ ସମାଜ ଅନେକ ସମସ୍ୟାକୁ ସାମ୍ନା କରିଛି । ନଦୀବନ୍ଧ ଯୋଜନାରେ ବିସ୍ଥାପନ ହୋଇଛି,

ଦାଦନ, ଗୋତିପ୍ରଥା, ଶିଳ୍ପକରଣର ପ୍ରତିକ୍ରିୟା ପରି ସମସ୍ୟାକୁ ସେମାନେ ଅଙ୍ଗେ ନିଭେଇଛନ୍ତି । ଅନେକ ଗାଁ ଉଜୁଡ଼ି ଯାଇଛି, ଜଙ୍ଗଲ, ଜମି ଓ ଜଳ ସମସ୍ୟାରେ ସେମାନେ ଯୁଝିଛନ୍ତି ତା' ସହିତ ମାଓବାଦୀ ସମସ୍ୟା ସେମାନଙ୍କ ଜୀବନଧାରାକୁ ନିସ୍ତରଙ୍ଗ କରିଦେଇଛି । ଅତଏବ ସେମାନଙ୍କ ଜୀବନଧାରା ଧ୍ୱସ୍ତ ହେବା ସହ ଆଧୁନିକ ଶିକ୍ଷାର ପ୍ରଭାବ ଓ ଯୁବପିଢ଼ିଙ୍କର ପରଂପରା ପ୍ରତି ଅନାସକ୍ତ ଭାବ ଏହି ମୌଖିକ ପରଂପରାର ବାଧକ ସାଜିଛି । ତେବେ ଦୁଇଦଶନ୍ଧି ତଳେ ଯେଉଁ ଜନଜାତି ଗୋଷ୍ଠୀର ଅନେକ ପ୍ରକାରର ଲୋକଗୀତ ଓ ଲୋକକାହାଣୀର ପ୍ରଚଳନ ଥିଲା ତାହା ଏବେ ଅବଲୁପ୍ତିର ଶେଷ ପାହାଚରେ ଦଣ୍ଡାୟମାନ । ବିଶେଷକରି ବାଚିକ ପରଂପରାର ସମସ୍ତ ବିଭାଗ ମଧ୍ୟରୁ କେବଳ ଲୋକଗୀତ ହିଁ ବ୍ୟବହାର ହେଉଛି ବିଧିରକ୍ଷା ପାଇଁ । ନହେଲେ ସେହି ସବୁସ୍ଥାନରେ ଦେଶିଆ ଗୀତର ଆଲବମ୍ ଓ ଆଧୁନିକ ଓଡ଼ିଆ ଆଲବମ୍ ଗୀତର ଲୋକପ୍ରିୟତା ବଢ଼ିଛି । ଅତଏବ ଆଦିବାସୀର ଲୋକପରଂପରା ଅତ୍ୟନ୍ତ ସଂକଟାପନ୍ନ ଅବସ୍ଥାରେ । ଯଦିଓ ଆମ ଓଡ଼ିଆ ଲୋକସାହିତ୍ୟର ମଧ୍ୟ ସମଦଶା ପଡ଼ିଛି । ତଥାପି ଆମ ପୂର୍ବଜମାନେ ବିଭିନ୍ନ ସଞ୍ଚୟନରେ ତାହାକୁ ସଂଗ୍ରହକରି ଲିପିବଦ୍ଧ କରିଥିବାରୁ ଏବେବି ସେସବୁ ମୁଦ୍ରିତ ରୂପରେ ରହିଛି, ଯାହା ଜନଜାତି ଲୋକସାହିତ୍ୟ କ୍ଷେତ୍ରରେ ବିଶେଷ ସମ୍ଭବ ହୋଇନାହିଁ । ଆଜି ପର୍ଯ୍ୟନ୍ତ ବାଷଠି ଜନଜାତିଙ୍କର ଅଳ୍ପକିଛି ଲୋକଗୀତ ଓ ଲୋକକାହାଣୀ ସଂଗୃହୀତ ହୋଇ ସେହି ଧାରାର ଭିତ୍ତି ସ୍ଥାପନ କରିଛନ୍ତି ।

ପୂର୍ବରୁ ବିଶିଷ୍ଟ ଜନଜାତି ଗବେଷକ ବେରିୟାର ଏଲଓ୍ୱିନ୍ ତାଙ୍କର 'ଟ୍ରାଇବାଲ୍ ମିଥ୍ସ ଅଫ୍ ଓଡ଼ିଶା'ର ଦୁଇଟି ସଂକଳନରେ ଅନେକ ମିଥ୍ଧର୍ମୀ କାହାଣୀକୁ ଇଂରାଜୀରେ ଲେଖି ସମଗ୍ର ବିଶ୍ୱଦରବାରରେ ପହଞ୍ଚାଇଛନ୍ତି । ଏହା ହେଉଛି ଓଡ଼ିଶାର ଆଦିବାସୀ ବାଚିକ ପରଂପରାର ପ୍ରଥମ ମୁଦ୍ରିତ ସଂକଳନ । ଆଦିବାସୀ ଲୋକଗଳ୍ପ ସଞ୍ଚୟନର ଏହି ପରଂପରା ପରବର୍ତ୍ତୀ ସମୟରେ ଆଉ କେତେ ସଂକଳନଙ୍କ ପ୍ରୟାସରେ ପାଠକଙ୍କ ପାଖରେ ପହଞ୍ଚି ପାରିଛି । ତେବେ ଦୁଇହଜାର ମସିହା ପରବର୍ତ୍ତୀ ସମୟରେ ଗବେଷକଙ୍କ ଦୃଷ୍ଟିଆକର୍ଷଣରେ ଏହା ସମର୍ଥ ହୋଇଛି । ଯଦିଓ ପୂର୍ବରୁ ଅନେକ ଗବେଷକ ନିର୍ଦ୍ଦିଷ୍ଟ ଜନଜାତିଙ୍କ ସାହିତ୍ୟ ଓ ସଂସ୍କୃତି ସଂପର୍କରେ ଗବେଷଣାକାଳରେ ସେହି ଜନଜାତିର ଲୋକକାହାଣୀକୁ ତାଙ୍କ ନିବନ୍ଧରେ ସ୍ଥାନିତ କରିଛନ୍ତି । ତେବେ ସାମଗ୍ରିକ ଉଦ୍ୟମ କେତୋଟି ପୁସ୍ତକରେ ଦେଖିବାକୁ ମିଳିଛି । ଉଦାହରଣସ୍ୱରୂପ ଭୁବନେଶ୍ୱରରେ ତ୍ରିଶକ୍ତି ପ୍ରକାଶନ ଗୋପୀନାଥ ମହାନ୍ତି(ଆଇ.ଏ.ଏସ୍.) ଓ ଅନ୍ୟ କେତେକଙ୍କ ସଂପାଦନାରେ 'ସଉରା ଲୋକକଥା'(୨୦୦୫), 'ଜୁଆଙ୍ଗ ଲୋକକଥା'(୨୦୦୬), 'କୋୟା ଲୋକକଥା'(୨୦୦୭) ପ୍ରକାଶ କରିଛନ୍ତି । ସେହିପରି ଓଡ଼ିଶା ସାହିତ୍ୟ ଏକାଡ଼େମୀ

'ଆଦିବାସୀ ଲୋକକାହାଣୀ'(୨୦୧୪) ଡ.ଦମୟନ୍ତୀ ବେଶ୍ରା ଓ ଡ.ନାକୁ ହାଁସଦାଙ୍କ ସଂପାଦନାରେ ପ୍ରକାଶ କରିଛନ୍ତି । ମାତ୍ର ୨୦ପ୍ରକାରର ଜନଜାତିଙ୍କ କିଛି କିଛି ଲୋକଗଳ୍ପକୁ ନେଇ ସଂକଳକ ଡ.ଖଗେଶ୍ୱର ମହାପାତ୍ର 'କଥାନି'(୨୦୦୬) ପ୍ରସ୍ତୁତ କରିଛନ୍ତି, ଯାହାର ପ୍ରକାଶକ ସାହିତ୍ୟ ଏକାଡ଼େମୀ । ଏହା ବ୍ୟତୀତ ଲକ୍ଷ୍ମଣ ମାନ୍ଦ୍ରାଙ୍କ 'ବଣ୍ଡା କଥା କାହାଣୀ'(୨୦୧୮), ଅନାଦିକଡ଼ାଙ୍କ 'କୁଟିଆ କାତାନି'(୨୦୧୮)କୁ ରାଜ୍ୟ ଜନଶିକ୍ଷା ଓ ନିରନ୍ତର ଶିକ୍ଷା ସାଧନକେନ୍ଦ୍ର ପ୍ରକାଶ କରିଛନ୍ତି । ସେହିପରି ଅନ୍ୟକିଛି ଜନଜାତି ପୁସ୍ତକରେ ପ୍ରକାଶିତ ଗଳ୍ପକୁ ଗ୍ରହଣକଲେ ସମୁଦାୟ ଗଳ୍ପସଂଖ୍ୟା ଚାରିଶହ ମଧ୍ୟରେ ରହିବ । ପୁଣି ଏଥିରୁ ଅର୍ଦ୍ଧାଧିକ ଗପ ବିଭିନ୍ନ ସଂକଳନରେ ଏକାଧିକଥର ସ୍ଥାନିତ ହୋଇଛି । କେତେକ ଗପ ଓଡ଼ିଆ ଲୋକଗଳ୍ପର ବିକୃତରୂପ ଭାବରେ ସ୍ଥାନିତ ଯେଉଁଥିରେ ଆଦିବାସୀର ପରମ୍ପରା ବ୍ୟାହତ, ଯାହା ଦେଖିଲେ ବିସ୍ମିତ ହେବାକୁ ପଡ଼େ ।

ଏବେ ଆସିବା ଆଦିବାସୀର ଲୋକଗୀତ ପ୍ରସଙ୍ଗକୁ । ତେବେ ଲୋକଗଳ୍ପ ପରି ଏହାର ସଂକଳନ ବା ସଞ୍ଚୟନ ବିଶେଷ ଦେଖିବାକୁ ମିଳେନାହିଁ । ଓଡ଼ିଶାର ଆଦିବାସୀଙ୍କ ଲୋକଗୀତକୁ ନେଇ ପ୍ରଥମ ସଂକଳନ ପ୍ରକାଶ ପାଏ ୧୯୪୭ମସିହାରେ । ଏହାର ସଂକଳକ ଲକ୍ଷ୍ମୀନାରାୟଣ ସାହୁ 'ଗାନ୍ଧର୍ବିକା ଶତଦଳ' ସଂକଳନରେ କନ୍ଧ, ସଉରା, ଗଣ୍ଡ, ଗଦବା, ସାନ୍ତାଳ, ପରଜା, କୋୟା ପ୍ରଭୃତି ଗୋଷ୍ଠୀର ଗୀତ ସଂଗ୍ରହ କରି ପ୍ରକାଶ କରିଥିଲେ; ବର୍ତ୍ତମାନ ତାହା ଅମିଳକ । ସେହିପରି ବିଶିଷ୍ଟ କଥାକାର ଗୋପୀନାଥ ମହାନ୍ତି ତାଙ୍କ କୋରାପୁଟ ରହଣି ସମୟରେ ପରଜା, କନ୍ଧଭାଷାର ଅନେକ ଗୀତ ସଂଗ୍ରହକରି ପ୍ରକାଶ କରିଥିଲେ 'କନ୍ଧ-ପରଜା ସ୍ତୋତ୍ର'(୧୯୫୭) ସଂକଳନରେ । ପରବର୍ତ୍ତୀ ସମୟରେ ୧୯୭୭ରେ ସୀତାକାନ୍ତ ମହାପାତ୍ରଙ୍କ ଦ୍ୱାରା ମୁଣ୍ଡା ଓ ଓରାଓଁ ଗୀତର ଅନୁବାଦ ସଂକଳନ 'ସାରହୁଲ୍‌ର ଜହ୍ନ' ପ୍ରକାଶ ପାଇଥିଲା । ଏଥିରେ ମୂଳ ଆଦିବାସୀ ଗୀତ ସହିତ ଓଡ଼ିଆ ଅନୁବାଦ ଥିଲା । ପରେ ସୀତାକାନ୍ତ ଛଅଟି ଆଦିବାସୀ ଗୋଷ୍ଠୀର (ସାନ୍ତାଳ, ମୁଣ୍ଡା, ଓରାଓଁ, କନ୍ଧ, ପରଜା, କୋୟା) ମୂଳ କବିତାକୁ ସ୍ଥାନିତ ନକରି ତାହାର ଓଡ଼ିଆ ଅନୁବାଦକୁ ନେଇ ପାଠକଙ୍କୁ ଭେଟି ଦେଇଛନ୍ତି 'ଶାଳଗଛ ଫୁଲରେ ନଇଁଛି(୨୦୦୧)ରେ । ମାତ୍ର ଏହି ଅନୁବାଦ କବିତାଗୁଡ଼ିକରୁ କନ୍ଧ ଓ ପରଜା କବିତା ସବୁ ଗୋପୀନାଥ ମହାନ୍ତିଙ୍କ 'କନ୍ଧ-ପରଜା ସ୍ତୋତ୍ର'ର ଓଡ଼ିଆ ଅନୁଦିତ କବିତା ସହିତ ସମାନ ମନେହୁଏ । ମାତ୍ର 'ଶାଳଗଛ ଫୁଲରେ ନଇଁଛି'ର ଆଦିବାସୀ ଗୀତଗୁଡ଼ିକୁ ଆମେ ମୌଖିକ ସାହିତ୍ୟ ଭାବେ ଗ୍ରହଣ କରିପାରିବା ନାହିଁ । ପରବର୍ତ୍ତୀ ସମୟରେ କିଛି ଗବେଷଣା ନିବନ୍ଧରେ ଭିନ୍ନଭିନ୍ନ ଗୋଷ୍ଠୀର ମୌଖିକ ଗୀତ ସ୍ଥାନିତ ହେବା ସହ 'ଦେଶିଆ ଗୀତ'ର କେତେଗୁଡ଼ିଏ ସଂକଳନ ପ୍ରକାଶ ପାଇଛି, ଯାହା ଯଥେଷ୍ଟ ନୁହେଁ ।

ତେବେ ଉଭୟ ଲୋକକାହାଣୀ ଓ ଲୋକଗୀତ ସଞ୍ଚୟନରେ ଅନେକ ତ୍ରୁଟି ମଧ୍ୟ ପରିଲକ୍ଷିତ ହୋଇଛି । ଏହାର କାରଣ ପ୍ରତ୍ୟକ୍ଷ ଭାବରେ ଆଦିବାସୀ ଗାଁମାନଙ୍କରୁ ଯାଇ ମୌଖିକ ସାହିତ୍ୟ ସଂଗ୍ରହ ବେଳେ ସଂଗ୍ରାହକଙ୍କ ଉକ୍ତ ଭାଷାଜ୍ଞାନର ଅଭାବ । ପୁଣି କେତେକ ସ୍ଥଳରେ ପରୋକ୍ଷ ଭାବରେ ସେସବୁ ସଂଗ୍ରହ ବେଳେ ସେଥିରେ କିଛି ପରିବର୍ତ୍ତନ ହୋଇଥିବା ଦେଖିବାକୁ ମିଳେ । ଯଦିଓ ମୌଖିକ ସାହିତ୍ୟ ପରିବର୍ତ୍ତନଶୀଳ, ମାତ୍ର ସେଥିରେ ଅପମିଶ୍ରଣ ମୂଳସାହିତ୍ୟର କ୍ଷତି କରିଥାଏ । ତଥାପି ଜଗତୀକରଣ ପ୍ରଭାବରୁ ମୌଖିକ ସାହିତ୍ୟ ଯେ ତ୍ରୁଟିଶୂନ୍ୟ ଭାବରେ ଏବେ ସଂଗ୍ରହ କରାଯାଇ ପାରିବ ଏହା ଏକପ୍ରକାରର ମିଛ ଆଶ୍ୱାସନା । କାରଣ ଆଦିବାସୀ ଗାଁମାନଙ୍କରେ ବୟସ୍କଙ୍କ ସଂଖ୍ୟା କମିଯିବା ଏବଂ ଯୁବପିଢ଼ିର ମୌଖିକ ସାହିତ୍ୟ ପ୍ରତି ଅନାଦର ଏହାର କାରଣ । ତଥାପି ସମୟ ଆସିଛି ସେମାନଙ୍କ ମୌଖିକ ସାହିତ୍ୟର ସଂଗ୍ରହକରି ଭବିଷ୍ୟତ ପିଢ଼ି ପାଇଁ ସାଇତି ରଖିବା । ହୁଏତ କେହି କେହି ପ୍ରଶ୍ନ କରିପାରନ୍ତି ଏଭଳି ସଂଗ୍ରହ ସମୟ ଓ ଅର୍ଥର ଅପଚୟ ନୁହେଁ ତ ? କିଏ ପଢ଼ିବ ସେ ସାହିତ୍ୟ ? ଏହାଦ୍ୱାରା କ'ଣ ଉପକାର ହେବ ? ଏହି ପ୍ରଶ୍ନର ଊର୍ଦ୍ଧ୍ୱରେ ଏକ ଉତ୍ତର ହେଉଛି, ଏହା ଏକ ଜାତୀୟ କର୍ତ୍ତବ୍ୟ ।

ପ୍ରକୃତରେ ଜାତୀୟ କର୍ତ୍ତବ୍ୟ ପାଳନ ନ୍ୟାୟରେ ଆଦିବାସୀ ଓ ଅଣଆଦିବାସୀ ଗବେଷକ ସେହି ଲୋକସାହିତ୍ୟର ପୁନରୁଦ୍ଧାର କରିବାର ସମୟ ଆସିଛି । ଯଦିଓ ଏହା ବହୁ ବିଳମ୍ବ ହୋଇଗଲାଣି । ତଥାପି ଏହାର ସଂଗ୍ରହ ଦ୍ୱାରା ଅନେକ ଉପକାର ହୋଇପାରିବ । ତେବେ ଆଦିବାସୀ ମୌଖିକ ସାହିତ୍ୟର ଲିଖିତ ସଂକଳନରେ କ'ଣ ଉପକାର ହୋଇପାରେ ତାହା ଉଲ୍ଲେଖ କରିବା ପ୍ରାସଙ୍ଗିକ ହେବ ।

୧. ଆଦିବାସୀ ସମାଜର ସାଂସ୍କୃତିକ ଅଧ୍ୟୟନରେ ସହାୟକ ହେବ ।
୨. ଐତିହ୍ୟ ଅନୁସନ୍ଧାନରେ ସହାୟକ ।
୩. ତୁଳନାତ୍ମକ ଲୋକଧାରା ସଂପର୍କରେ ଜାଣି ହେବ ।
୪. ଏହାଦ୍ୱାରା ଉଚ୍ଚତର ଗବେଷଣା କରାଯାଇ ପାରିବ ।
୫. ମାନବ ବିଜ୍ଞାନ ଓ ମନୋବିଜ୍ଞାନ ଅଧ୍ୟୟନ କରାଯାଇ ପାରିବ ।
୬. ଲୋକସାହିତ୍ୟଚର୍ଚ୍ଚା, ଆଲୋଚନା, ବ୍ୟାଖ୍ୟା ପାଇଁ ବାଟ ଫିଟିବ ।
୭. ମୌଖିକ ପରଂପରା ଆଧାରରେ ଭାଷାତାତ୍ତ୍ୱିକ ଓ ନନ୍ଦନତାତ୍ତ୍ୱିକ ବିଶ୍ଳେଷଣ କରିହେବ ।
୮. ଅବହେଳିତ ଜାତିର ବିକାଶ ପ୍ରକ୍ରିୟାର ପଥ ଅନ୍ୱେଷଣ ।
୯. ଜନଜାତିଙ୍କ ସାଂସ୍କୃତିକ ଉପଲବ୍ଧିକୁ ଶକ୍ତିଶାଳୀ କରିବାରେ ସାମର୍ଥ୍ୟ ପ୍ରଦାନ ।

ତିନି ପୋଇଲା ମାଣ୍ଡିଆ
ଚ଼ରି ପୋଇଲା ବାଜରା
ମିଶି ମୋ ଗୀତ
ଆ ଦୌଡ଼ିଦୌଡ଼ି ଆ
ନାଚିବା ଗୀତ ଗାଇବା ।

ନୃତ୍ୟ ଓ ସଙ୍ଗୀତର ଯୁଗଳବନ୍ଦୀ ଭିତରେ ଋତୁ ଚହଟୁଥିବ । ଖାଲି ଧାଂଡ଼ା-ଧାଂଡ଼ୀ ନୁହନ୍ତି, ପାହାଡ, ଜଙ୍ଗଲ, ଝରଣା, ଜହ୍ନ, ପକ୍ଷୀ, ମେଘ, ଗଛଲତା ସମସ୍ତେ ନାଚି ଚ଼ଲିଥିବେ; ଯେଉଁଠୁ ମରଣର ଭୟ ବାଟଭାଙ୍ଗି ଚ଼ଲିଯାଉଥିବ ଆଉ ଆପଣ ଦେଖିପାରିବେ ପ୍ରକୃତି ଭିତରେ ଥିବା ଜୀବନର ସରାଗ ଟିକକ ।

ସାଧାରଣତଃ ଲୋକନୃତ୍ୟଗୁଡ଼ିକ ଦୁଇ ଭାଗରେ ବିଭକ୍ତ (୧) ଏକକ ନୃତ୍ୟ, (୨) ଦଳଗତ ନୃତ୍ୟ । ତେବେ ଜନଜାତି ପରମ୍ପରାରେ ଏକକ ନୃତ୍ୟ ଦେଖିବାକୁ ମିଳେନାହିଁ । ଯେ କୌଣସି ନୃତ୍ୟ ଦଳଗତ ଭାବରେ ପ୍ରଦର୍ଶିତ ହୋଇଥାଏ । ପୁଣି ଏହି ଦଳଗତ ନୃତ୍ୟକୁ ଅଂଶଗ୍ରହଣକାରୀ ଆଧାରରେ ତିନି ଭାଗରେ ବିଭକ୍ତ କରାଯାଇ ପାରେ; (୧) କେବଳ ମହିଳାମାନଙ୍କ ଦ୍ୱାରା ପ୍ରଦର୍ଶିତ ନୃତ୍ୟ, (୨) କେବଳ ପୁରୁଷମାନଙ୍କର ନୃତ୍ୟ, (୩) ଉଭୟ ମହିଳା ଓ ପୁରୁଷମାନଙ୍କ ଦ୍ୱାରା ପରିବେଷିତ ନୃତ୍ୟ ।

ଲୋକସଂସ୍କୃତି ଗବେଷକ ଡାନ୍‌ବେନ୍ ଆମସ୍ (Dan Ben Amas) ଲୋକସଂସ୍କୃତିର କେତେଗୁଡ଼ିଏ ବିଭାବ (Generes) ସ୍ଥିର କରିଛନ୍ତି । ସେହି ବିଭାବଗୁଡ଼ିକ ହେଲା – (୧) କଥୋପକଥନ ମୂଳକ, (୨) କ୍ରୀଡା ଭିତ୍ତିକ, (୩) କାହାଣୀ ଧର୍ମୀ ଓ (୪) ସ୍ଥିତିଶୀଳ ବିଭାବ । ସେ ଲୋକନୃତ୍ୟକୁ କ୍ରୀଡ଼ା ଭିତ୍ତିକ ବିଭାବ ବା Play gener ଭାବରେ ଗ୍ରହଣ କରିଛନ୍ତି । ମାତ୍ର ଏହା ଠିକ୍ ମନେହୁଏ ନାହିଁ, କାରଣ ତାଙ୍କ ପ୍ରବର୍ତ୍ତିତ ସମସ୍ତ ବିଭାବଗୁଡ଼ିକ ଜନଜାତି ଲୋକନୃତ୍ୟରେ ଦେଖିବାକୁ ମିଳେ । ଏହା ଏକ ମିଶ୍ରକଳା ହୋଇଥିବାରୁ କ୍ରୀଡ଼ା ଭିତ୍ତିକ ବିଭାବ(ନୃତ୍ୟ), କଥୋପକଥନ ମୂଳକ ବିଭାବ(ମୌଳିକ ଗୀତ), ଆବଶ୍ୟକ ସ୍ଥଳେ କାହାଣୀ ଧର୍ମର ବିଭାବ(Fictive gener) ଯଥା: ଗାଥାଗୀତ, ଦୀର୍ଘଗୀତ ଆଞ୍ଚଳିକ ଇତିହାସର ବ୍ୟବହୃତ ହୁଏ । ଆମସ୍ ସ୍ଥିତିଶୀଳ ବିଭାବ(Static gener) ଭିତରେ ଲୋକକଳା, ଚିତ୍ରକଳା ଓ ମୃଣ୍ମୟ ଶିଳ୍ପକୁ ଗ୍ରହଣ କରିଛନ୍ତି । ତାଙ୍କ ମତରେ ଉପରୋକ୍ତ ତିନୋଟି ବିଭାବରେ ସ୍ରଷ୍ଟା ଓ ଭୋକ୍ତାଙ୍କ ମଧ୍ୟରେ ପ୍ରତ୍ୟକ୍ଷ ସମ୍ପର୍କ ଥାଏ । ତେବେ ଲୋକନୃତ୍ୟରେ ବ୍ୟବହୃତ ବେଷଭୂଷା, ଅଙ୍ଗଚିତ୍ର, ଅଳଙ୍କାରକୁ Static gener ଭାବେ ଗ୍ରହଣ କରିବାରେ କୌଣସି

ଅସୁବିଧା ନାହିଁ । ତେଣୁ ଏହା କେବଳ Play gener ଅନ୍ତର୍ଭୁକ୍ତ ନହୋଇ ଏକ ପୂର୍ଣ୍ଣାଙ୍ଗ ବିଭାବ ରୂପରେ ଗ୍ରହଣ କରିବାରେ କୌଣସି ଅସୁବିଧା ଥିବା ମନେହୁଏ ନାହିଁ । ଜନଜାତି ଲୋକନୃତ୍ୟରେ ଗୀତ, ବାଦ୍ୟ, ନୃତ୍ୟ, ବର୍ଣ୍ଣନାଧର୍ମିତା, ବେଶଭୂଷାର ଏକ ମିଳିତ ସମାବେଶ ଦେଖିବାକୁ ମିଳେ । ଏପରିକି ପ୍ରକୃତି କୋଳରେ ପରିବେଷିତ ହେଉଥିବାରୁ ଏହା ପର୍ଯ୍ୟାବରଣ ସମନ୍ୱିତ ଓ ସମୀକୃତ ।

ଜନଜାତି ଲୋକନୃତ୍ୟର ଚାରୋଟି ପ୍ରକାର୍ଯ୍ୟ ରହିଛି, ଯେଉଁ କାର୍ଯ୍ୟ - କାରଣ ସମ୍ବନ୍ଧ ପାଇଁ ସେମାନଙ୍କ ନୃତ୍ୟର ସୃଷ୍ଟି । ଗବେଷଣା କାଳରେ ହୃଦ୍‌ବୋଧ ହୋଇଛି(୧) ସାମାଜିକ ପୃଷ୍ଠଭୂମି(Social context) (୨) ସାଂସ୍କୃତିକ ସମ୍ପର୍କ(Cultural relations) (୩) ସାମାଜିକ ନିୟନ୍ତ୍ରଣ(Social control) (୪) ଶିକ୍ଷଣ ପ୍ରକ୍ରିୟା(Educational process) କାରଣରୁ ନୃତ୍ୟଗୁଡ଼ିକ ଜୀବନଧାରା ସହିତ ଅତ୍ୟନ୍ତ ନିବିଡ଼ । ଲୋକନୃତ୍ୟର ଏହି ଚାରି ପ୍ରକାର୍ଯ୍ୟ ସମ୍ପର୍କରେ ଅବଲୋକନ ପାଇଁ ସ୍ୱତଃ ପ୍ରଶ୍ନ ଆସେ ଯେ, କେଉଁ ସାମାଜିକ କାରଣରୁ ନୃତ୍ୟଗୁଡ଼ିକ ଅନୁଷ୍ଠିତ ହୁଏ ? ତାହାର ସାଂସ୍କୃତିକ ବିନ୍ୟାସ କିପରି ? ସମାଜ ବ୍ୟବସ୍ଥାକୁ ତାହା କିପରି ନିୟନ୍ତ୍ରଣ କରେ ? ଏହା ପାରମ୍ପରିକ ଶିକ୍ଷା ଓ ବିଧି ବ୍ୟବସ୍ଥାକୁ ପୀଢ଼ିରୁ ପୀଢ଼ି କିପରି ସଞ୍ଚରିତ କରେ ?

ଉପରୋକ୍ତ ପ୍ରଶ୍ନର ଉତ୍ତର ସ୍ୱରୂପ ଆମେ ଦେଖୁ ଯେ ଜନଜାତିର ଲୋକନୃତ୍ୟଗୁଡ଼ିକର ଉପଲକ୍ଷ ତିନି ପ୍ରକାରର; ଯଥା: (କ) ଧାର୍ମିକ ଉଦ୍ଦେଶ୍ୟ, (ଖ) ପର୍ବପର୍ବାଣି ଓ (ଗ) ସାମାଜିକ ଉଦ୍ଦେଶ୍ୟର ପରିପୂର୍ତ୍ତି । ଏହି ତିନୋଟି କାରଣ ପାଇଁ ସେମାନଙ୍କ ନୃତ୍ୟ ସମର୍ପିତ । ଧାର୍ମିକ ଉତ୍ସବରେ ନୃତ୍ୟ କେବଳ ଈଶ୍ୱରୀୟ ଓ ଆଧ୍ୟାତ୍ମିକ ବିଚାରଧାରାକୁ ଦର୍ଶାଉଥିବା ବେଳେ ପର୍ବପର୍ବାଣି ଭିତ୍ତିକ ନୃତ୍ୟରେ କେତେକାଂଶରେ ଧାର୍ମିକ ଭାବନା ଓ ଉତ୍ସବ ତଥା ପର୍ବର ଉଦ୍ଦେଶ୍ୟ ବୁଝି ହୁଏ । ତେବେ ସାମାଜିକ ନୃତ୍ୟ ବିଭିନ୍ନ କର୍ମକର୍ମାଣି ଯଥା: ବିବାହ, ପିଲାଜନ୍ମ, ମୃତାହକର୍ମ ଏବଂ ମନୋରଞ୍ଜନ ପାଇଁ ପରିବେଷିତ ହୋଇଥାଏ । ଏପରିକି ନୃତ୍ୟ ଯେ ସାଂସ୍କୃତିକ ସମ୍ପର୍କ ଓ ସମାଜ ବ୍ୟବସ୍ଥାର ନିୟନ୍ତ୍ରଣ କରେ ଏହା ସର୍ବସମ୍ମତ ଭାବେ ସ୍ୱୀକୃତ । ସାମାଜିକ ଶିକ୍ଷଣ ପ୍ରକ୍ରିୟା ମଧ୍ୟ ନୃତ୍ୟ ଦ୍ୱାରା ସମ୍ଭବ ହୋଇଥାଏ । ନୃତ୍ୟରେ ବ୍ୟବହୃତ ଗୀତ, ଲୋକମିଥ୍, ସର୍ଜନଶୀଳତା ଓ ବିବିଧତା କାରଣରୁ ଏହା ସେମାନଙ୍କ ମନୋରଞ୍ଜନର ଶ୍ରେଷ୍ଠ ମାଧ୍ୟମ ଭାବରେ ଗୃହୀତ । କାରଣ ନୃତ୍ୟ, ବାଦ୍ୟ ଓ ସଙ୍ଗୀତର ଐକତାନ ସେମାନଙ୍କ ଭାବାବେଗକୁ ଉର୍ଦ୍ଧ୍ୱଗାମୀ କରାଇବାରେ ସାମର୍ଥ୍ୟ ରଖିବା ସହିତ ଦୁଃଖ-ଶୋକ ଭୁଲିବା ପାଇଁ ଅନ୍ତଃପ୍ରେରଣା ସୃଷ୍ଟି କରିଥାଏ ।

ଜନଜାତିଙ୍କ ଲୋକନୃତ୍ୟ ପାଇଁ କୌଣସି ମଞ୍ଚର ଆବଶ୍ୟକତା ପଡ଼ି ନଥାଏ ।

ନିଶାଣୀମୁଣ୍ଡା, ଗ୍ରାମଦେବ-ଦେବୀଙ୍କ ପୀଠ, ଧାଂଡ଼ା-ଧାଂଡ଼ୀ ବସା ସମ୍ମୁଖରେ ଥିବା ଚଟାଣ କିମ୍ବା ଗ୍ରାମ ମଝିଦେଇ ଯାଇଥିବା ରାସ୍ତାରେ ନୃତ୍ୟ କରାଯାଇଥାଏ ।

ନୃତ୍ୟ ପାଇଁ ସେହିପରି ନିର୍ଦ୍ଦିଷ୍ଟ ସମୟ ମଧ୍ୟ ଧାର୍ଯ୍ୟ ହୋଇ ନଥାଏ । ସକାଳଠାରୁ ରାତି ପର୍ଯ୍ୟନ୍ତ ଯେ କୌଣସି ସମୟ ନୃତ୍ୟ ପାଇଁ ଉପଯୋଗୀ । ବିଶେଷ କରି ଚଇତି ପରବ, ପୁଷ୍ ପରବ ପରି ବିଭିନ୍ନ ପର୍ବ ସମୟରେ ସେମାନେ ନାଚିନାଚି ରାତି ମଧ୍ୟ ପୁହାଇ ଦେଇ ପାରନ୍ତି । ନୃତ୍ୟର ଅବଧି ମଧ୍ୟ ସର୍ବନିମ୍ନ ପଚିଶ ମିନିଟ୍‌ରୁ ଆରମ୍ଭ କରି କେତେ ଘଣ୍ଟା ପର୍ଯ୍ୟନ୍ତ ତାହା ନିରବଚ୍ଛିନ୍ନ ଭାବରେ ଚାଲିପାରେ । ନୃତ୍ୟଗୁଡ଼ିକ ବାଦ୍ୟର ତାଳେତାଳେ ଚାଲୁଥିଲା ବେଳେ ଦଳରୁ କିଛି ନର୍ତ୍ତକ ବିରାମ ନେଇ ପାରନ୍ତି କିମ୍ବା ଆଉକିଛି ନର୍ତ୍ତକ ସେହି ଦଳରେ ଯୋଗ ଦେଇ ପାରନ୍ତି । ନିର୍ଦ୍ଦିଷ୍ଟ ଧରାବନ୍ଧା ନିୟମ ନଥିବା କାରଣରୁ ଏହା ଅନେକ ସମୟ ପର୍ଯ୍ୟନ୍ତ ଚାଲିପାରେ କିମ୍ବା ଯେ କୌଣସି ବ୍ୟକ୍ତି ଯେକୌଣସି ସମୟରେ ନାଚରେ ଅଂଶଗ୍ରହଣ କରିପାରେ ।

ଏବେ ଆସିବା ଶୈଳୀ ପ୍ରସଙ୍ଗକୁ । ସେମାନଙ୍କ ନୃତ୍ୟର ଶୈଳୀ ପ୍ରଦର୍ଶନ ନିର୍ଭରଶୀଳ ଓ ଏହା ଚାରିପ୍ରକାରର; (୧) ବୃତ୍ତାକାର ଶୈଳୀ, (୨) ଅର୍ଦ୍ଧବୃତ୍ତାକାର ଶୈଳୀ, (୩) ଅଙ୍ଗଭଙ୍ଗୀ ପ୍ରଦର୍ଶନ ଭିତ୍ତିକ ଶୈଳୀ ଏବଂ (୪) ଶୋଭାଯାତ୍ରା ଶୈଳୀ ।

ଧାଂଡ଼ା-ଧାଂଡ଼ୀ ବା ନର୍ତ୍ତକମାନେ ବୃତ୍ତାକାରରେ ଛିଡ଼ାହୋଇ ନୃତ୍ୟ କଲାବେଳେ ଦୁଇ ପାହୁଣ୍ଡ ଆଗକୁ ପୁଣି ଏକ ପାହୁଣ୍ଡ ପଛକୁ ଆସନ୍ତି । ପଛକୁ ଆସିଲା ବେଳେ ସେମାନେ ସାମ୍ନାକୁ ନ ଅନାଇ ପଛକୁ ଅନାଇଥାନ୍ତି । ଏହି ନୃତ୍ୟ ବେଳେ ନର୍ତ୍ତକଜଣକ ତାଙ୍କ ଡାହାଣ ହାତଟିକୁ ତାଙ୍କ ଦକ୍ଷିଣ ପାର୍ଶ୍ୱରେ ଥିବା ନର୍ତ୍ତକର କାନ୍ଧ ଉପରେ ରଖିବା ସହିତ ବାମ ହାତଟି ବାମପାର୍ଶ୍ୱରେ ଥିବା ନର୍ତ୍ତକର ଅଣ୍ଟାରେ ଗୁଡ଼ାଇଥାନ୍ତି । ଏହି ନୃତ୍ୟ ବେଳେ ମୁଖ୍ୟବାଦକ ଅନେକ ସମୟରେ ବୃତ୍ତର କେନ୍ଦ୍ରରେ ଥାଇ ବାଜା ବଜାଇଥାନ୍ତି । ସାଧାରଣତଃ ଏହି ବୃତ୍ତାକାର ଶୈଳୀ ପୁରାତନ ଜନଜାତି ସମାଜରେ ବିଶେଷ ଭାବରେ ଦେଖାଯାଇଥାଏ ।

ଅନ୍ୟ ଏକ ଶୈଳୀ ହେଉଛି ଅର୍ଦ୍ଧବୃତ୍ତାକାର ଶୈଳୀ । ଅର୍ଦ୍ଧବୃତ୍ତରେ ଛିଡ଼ା ହେଇଥିବା ନର୍ତ୍ତକମାନେ ବାଦ୍ୟର ତାଳେତାଳେ କେନ୍ଦ୍ରାଞ୍ଚଳକୁ ଯାଇଥାନ୍ତି ପୁଣି ତ୍ୱରିତ ମୂଳସ୍ଥାନକୁ ଫେରିଥାନ୍ତି । ତେବେ ଏହି ଶୈଳୀରେ ନର୍ତ୍ତକ ବେଳେ ଡାହାଣକୁ ପୁଣି ବାମକୁ ଝୁଲିଝୁଲି ନୃତ୍ୟ କରୁଥିବାରୁ ଏହା ଦୂରକୁ ସାମୁଦ୍ରିକ ତରଙ୍ଗ ସଦୃଶ ପ୍ରତୀୟମାନ ହୁଏ । ତୃତୀୟ ପ୍ରକାର ଶୈଳୀରେ ନର୍ତ୍ତକ ଅପେକ୍ଷା ବାଦ୍ୟକାରର ଭୂମିକା ବେଶି । ତେବେ ନର୍ତ୍ତକକୁ ଏଥିରେ ଶାରୀରିକ କୌଶଳ ପ୍ରଦର୍ଶନ କରିବାକୁ ପଡ଼ିଥାଏ । ନର୍ତ୍ତକ ଓ ବାଦ୍ୟକାର ଉପରକୁ ଡେଇଁ ପୁଣି ଭୂମି ଉପରେ ପାଦ କଚାଡ଼ିଥାନ୍ତି । କେତେକ

ସ୍ଥଳରେ ହାତରେ ଧନୁତୀର, ଟାଙ୍ଗିଆ ଆଦି ସେମାନେ ଧରିଥାନ୍ତି । ବୋଧହୁଏ ଏହି ନୃତ୍ୟଶୈଳୀ କାରଣରୁ କେବଳ ଧାଂଡାମାନେ ଏପରି ନୃତ୍ୟରେ ଅଂଶଗ୍ରହଣ କରିଥାନ୍ତି । ଏହି ଶୈଳୀର ନୃତ୍ୟର ମୁଖ୍ୟ ଉଦ୍ଦେଶ୍ୟ ହେଲା ଉତ୍ତେଜିତ କରିବା । ବାଦ୍ୟ ସହିତ ଶାରୀରିକ କୌଶଳ ଭିତ୍ତିକ ଏହି ନୃତ୍ୟକୁ ଆପଣ ଆଧୁନିକ ଆରୋବିକ୍ ଡ୍ୟାନ୍ସ ସହିତ ତୁଳନା କରିପାରନ୍ତି । ତେବେ ଜନଜାତି ଲୋକନୃତ୍ୟର ସବୁଠାରୁ ସହଜଶୈଳୀ ହେଉଛି ଶୋଭାଯାତ୍ରା ଭିତ୍ତିକ ଶୈଳୀ । ବିଶେଷ କରି ଗ୍ରାମ ପରିକ୍ରମା ଉଦ୍ଦେଶ୍ୟରେ ଏହି ଶୈଳୀ ଉଦ୍ଦିଷ୍ଟ । ଉଭୟ ମହିଳା ଓ ପୁରୁଷମାନେ ଶୋଭାଯାତ୍ରାରେ ବାଦ୍ୟର ତାଳେତାଳେ ସରଳ ରୈଖିକ ଧାରାରେ ଗତି କରିଥାନ୍ତି । ଆବଶ୍ୟକସ୍ଥଳେ ନର୍ତ୍ତକମାନେ ସର୍ପିଳ ଗତିରେ ନାଚିଥାନ୍ତି ।

ଜନଜାତିଙ୍କ ନୃତ୍ୟ ପାଇଁ କୌଣସି ମଞ୍ଚ କି ବାହ୍ୟ ଦର୍ଶକର ଆବଶ୍ୟକତା ନଥାଏ । କାରଣ, ଗାଁର ଆବାଳ ବୃଦ୍ଧ ବନିତା ସମସ୍ତେ ନୃତ୍ୟର ଅଂଶଗ୍ରହଣକାରୀ । ଏପରିକି ନୃତ୍ୟ ପାଇଁ ବୟସର କଟକଣା ମଧ୍ୟ ନଥାଏ । ସେହିପରି ଗାଁରେ ଥିବା ଭିନ୍ନ ଜନଜାତିର ଲୋକେ ଏକତ୍ର ନାଚୁଥିବା ଦେଖିବାକୁ ମିଳେ । ତେବେ ଜନଜାତିର ଲୋକନୃତ୍ୟଦଳ ଯେତେବେଳେ ନିଜ ଗାଁ ବାହାରକୁ ପେଶାଦାର ଭାବରେ ସାଂସ୍କୃତିକ ଉତ୍ସବରେ ଅଂଶଗ୍ରହଣ ପାଇଁ ଯାଆନ୍ତି ସେଠାରେ ନିର୍ଦ୍ଦିଷ୍ଟ ମଞ୍ଚ ମିଳିବା ସହିତ ଅନେକ ଦର୍ଶକ ନୃତ୍ୟ ଦେଖିବା ପାଇଁ ଅପେକ୍ଷା କରିଥାନ୍ତି । ଏପରିକି ନର୍ତ୍ତକମାନେ ଏହି ପ୍ରଦର୍ଶନ ବେଳେ ବେଶଭୂଷା ଓ ସାଜସଜ୍ଜା ପ୍ରତି ଗୁରୁତ୍ୱ ମଧ୍ୟ ଦେଇଥାନ୍ତି, ଯାହା ଗ୍ରାମୀଣ ପରିବେଶରେ ଗୁରୁତ୍ୱହୀନ ମନେ ହୋଇଥାଏ । ଜନଜାତିର ଗାଁ ବାହାରେ ହେଉଥିବା ନାଚ ପାରମ୍ପରିକତାକୁ ଛାଡ଼ି ସଂପ୍ରସାରିତ ଓ କେତେକ ସ୍ଥଳରେ ରୂପାନ୍ତରିତ ହୋଇଥାଏ । ଏଠାରେ ନୃତ୍ୟର ଗଠନ ରୂପ(Form), ପ୍ରକାର୍ଯ୍ୟ(Funtion) ବଦଳିବା ସହିତ ରୂପାନ୍ତରଣ(Transformation) ହୋଇଥାଏ । ବ୍ୟାବହାରିକ ନିୟମ ଦୃଷ୍ଟିରୁ ତାହା ସମ୍ପୂର୍ଣ୍ଣ ଶୁଦ୍ଧ ଲୋକନୃତ୍ୟ ହୋଇ ରହେନାହିଁ ।

ଏବେ ଚର୍ଚ୍ଚା କରିବା ଜନଜାତି ନୃତ୍ୟରେ ବ୍ୟବହୃତ ବାଦ୍ୟଯନ୍ତ୍ର ସମ୍ପର୍କରେ । ସେମାନେ ଢେମ୍‌ସା, ମାଦଳ, ଢୋ଼ଲ, ଡୁଙ୍ଗଡୁଙ୍ଗା, ମହୁରୀ, ଚାଙ୍ଗୁ, ଟାମକ, ଡେକା, ଶିଙ୍ଗା ଆଦି ବ୍ୟବହାର କରନ୍ତି । ତେବେ ସବୁ ଜନଜାତି ଏକପ୍ରକାରର ବାଦ୍ୟଯନ୍ତ୍ର ବ୍ୟବହାର କରନ୍ତି ନାହିଁ । ଯେପରି 'ଢେମ୍‌ସା ନୃତ୍ୟ'ର ଢେମ୍‌ସା ବାଦ୍ୟ ପ୍ରମୁଖ ହୋଇଥିଲା ବେଳେ 'ଚାଙ୍ଗୁନୃତ୍ୟ'ରେ ଚାଙ୍ଗୁବାଦ୍ୟର ପ୍ରମୁଖ ଭୂମିକା ରହିଛି । ସେହିପରି ଶିକାର ନୃତ୍ୟ ଓ ଶିଙ୍ଗନୃତ୍ୟରେ ଢୋ଼ଲ ଓ ଶିଙ୍ଗା ବ୍ୟବହାର ହୋଇଥାଏ । କେଉଁକେଉଁ ଜନଜାତିରେ ଟିଡ଼ିବିଡ଼ି, କାଠିଝୁମୁକା, ନାଗରା, ଡାପ, ଘୁଙ୍ଗୁର ଆଦିର ପ୍ରଚଳନ ରହିଛି ।

ତେବେ ସବୁଠାରୁ ଗୁରୁତ୍ୱପୂର୍ଣ୍ଣ କଥା ହେଉଛି ଏହି ସବୁ ବାଦ୍ୟଗୁଡ଼ିକ ହେଉଛି ଲୋକବାଦ୍ୟ । ଯାହା ସେମାନେ ନିଜର ଆବଶ୍ୟକତାର ପରିପୂର୍ତ୍ତି ପାଇଁ ଗ୍ରାମୀଣ ଓ ଅରଣ୍ୟ ପରିବେଶରୁ ମିଳୁଥିବା ସାମଗ୍ରୀରୁ ନିର୍ମାଣ କରିଥାନ୍ତି । ଯାହା ଲୋକନୃତ୍ୟ ଭାବରେ ଜନଜାତିଙ୍କ ନୃତ୍ୟକୁ ଆକର୍ଷଣୀୟ କରିବାରେ ସମର୍ଥ । ଗାଁର ଅଭିଜ୍ଞ ବାଦ୍ୟକାରମାନେ ବାଦ୍ୟ ବଜାଇବା ସହିତ ଯୁବକମାନଙ୍କୁ ଶିକ୍ଷା ଦେଇଥାନ୍ତି । ତେବେ ଧାଂଡାବସାରେ ରହୁଥିବାବେଳେ ଧାଂଡାମାନେ ହିଁ ସେହିଠାରୁ ପ୍ରଥମେ ବାଦ୍ୟଯନ୍ତ୍ର ବଜାଇବା ଶିକ୍ଷା ନେଇଥାନ୍ତି । କେତେକ ଜନଜାତି ଗାଁରେ ଜନଜାତି ବର୍ଗର ଲୋକଙ୍କ ସହିତ ଡମ୍ବମାନେ ମଧ୍ୟ ବାଦ୍ୟଯନ୍ତ୍ର ବଜାଇଥାନ୍ତି ।

ଓଡ଼ିଶାର ଜନଜାତିଙ୍କ ଲୋକନୃତ୍ୟ ମଧ୍ୟରେ ରହିଛି ଢେମ୍‌ସା ନୃତ୍ୟ, ବଣ୍ଡା ନୃତ୍ୟ, ରିଂଜୋଡି ନୃତ୍ୟ, ଶିଙ୍ଗ ନୃତ୍ୟ, ମାଟି ମନ୍ଦର ନାଚ, ଶିକାର ନୃତ୍ୟ, ଲାଗ୍‌ଣେ ନୃତ୍ୟ, ଘଙ୍ଗୁ ନାଚ ଆଦି । ତେବେ ଢେମ୍‌ସା ନୃତ୍ୟ ହେଉଛି ବହୁଳ ପ୍ରଚଳିତ । ବିଶେଷ କରି କୋୟା, ପରଜା, ଭତରାଙ୍କ ସହିତ ଅବିଭକ୍ତ କୋରାପୁଟ ଜିଲ୍ଲାର ଅନ୍ୟ ଜନଜାତି ସମାଜରେ ମଧ୍ୟ ଏହାର ଆଦର ରହିଛି । ଏପରିକି ଏହି ନୃତ୍ୟ ଏବେ ଜନଜାତିର ଗାଁରୁ ବାହାରି ଦେଶ-ବିଦେଶରେ ନିଜର ପରିଚୟ ତିଆରି କରିପାରିଛି ।

ଜନଜାତିର ନୃତ୍ୟ ଓ ସଙ୍ଗୀତ ଅଭିନ୍ନ ହୋଇଥିବା କାରଣରୁ ଭିନ୍ନଭିନ୍ନ ନୃତ୍ୟ ପାଇଁ ଭିନ୍ନଭିନ୍ନ ଗୀତ ରହିଛି । କେତେକ ନୃତ୍ୟରେ ନର୍ତ୍ତକମାନେ ଗୀତ ଗାଉଥିଲା ବେଳେ କେତେକ ନୃତ୍ୟରେ ବାଦ୍ୟକାରମାନେ ଗୀତ ଗାଇଥାନ୍ତି । ଏପରି କିଛି ଦଳଗତ ନୃତ୍ୟ ଅଛି ଯେଉଁଠି ନାଚିଲା ବେଳେ ତରୁଣ-ତରୁଣୀ ଅଲଗା ଭାବରେ ଦଳଗତ ସଙ୍ଗୀତ ପରିବେଷଣ କରନ୍ତି । ନୃତ୍ୟର ଉଦ୍ଦେଶ୍ୟକୁ ଆଖି ଆଗରେ ରଖି ଗୀତ ସଂରଚନା କରାଯାଇଥାଏ । ଗୀତରେ ଏକପଦରୁ ଆରମ୍ଭ କରି ଆଠପଦ ପର୍ଯ୍ୟନ୍ତ ରହିଥାଏ । ଅନେକ ସମୟରେ ଘୋଷାପଦଟି ବାରମ୍ବାର ଉଚ୍ଚାରିତ ହୁଏ । ଯଦି ନାଚ ସମୟରେ ଗୀତର କୌଣସି ପଦ ମନେ ନ ପଡ଼ିଲା ସେଠାରେ ସେମାନେ ନୂଆପଦ ଯୋଡ଼ି ଦିଅନ୍ତି; ଯେମିତି ଜାଇଫୁଲ, ଧନମାଳି, କୁରେଇଫୁଲ ପରି ପ୍ରତୀକାତ୍ମକ ଶବ୍ଦ । ସେହିପରି ବଣ୍ଡାନୃତ୍ୟରେ 'ଲେଲେ,ଲେଲୋ....ରାସୁରିଲୋ, ବାଁସୁରୀଲୋ'; ମାଟି ମନ୍ଦର ନାଚରେ ରିରିରି ଲୋରି ଲୋରି' ବାରମ୍ବାର ଉଚ୍ଚାରିତ ହୋଇଥାଏ ।

ଧାର୍ମିକ ଉଦ୍ଦେଶ୍ୟରେ ଯେଉଁ ନୃତ୍ୟ ପରିବେଷିତ ହୋଇଥାଏ ସେଠାରେ ଗାନ କରାଯାଉଥିବା ଗୀତରେ ଥାଏ ଦେବ-ଦେବୀ ସମ୍ପର୍କୀତ ମିଥ୍ ଓ ଦେବ-ଦେବୀଙ୍କ ମାହାତ୍ମ୍ୟ । ପର୍ବପର୍ବାଣି ଭିତ୍ତିକ ନୃତ୍ୟରେ ଗାନ କରାଯାଉଥିବା ଗୀତରେ ପ୍ରକୃତି, ବର୍ଷା, ଆକାଶ, ଜହ୍ନ, ପକ୍ଷୀ, କ୍ଷେତ, ହଳଦୀ କିଆରି ଆଦି ଭିନ୍ନ ଭାବରେ ରୂପ

ପାଇଥାନ୍ତି । ତେବେ ମନୋରଞ୍ଜନଧର୍ମୀ ନୃତ୍ୟ ବେଳେ ଗୀତରେ ପରସ୍ପର ପ୍ରତି ବ୍ୟଙ୍ଗ, ପ୍ରଶ୍ନୋତ୍ତରୀ, କଥୋପକଥନ ଓ ଆନନ୍ଦ ପ୍ରଦାନକାରୀ ଶବ୍ଦର ବିପୁଳ ପ୍ରୟୋଗ ଦେଖିବାକୁ ମିଳିଥାଏ । ପ୍ରକୃତରେ ଏହି ନୃତ୍ୟ ଓ ଗୀତ ମିଶି ଜନଜାତିର ଗାଁରେ ମାନବିକ ଆବେଦନ ସୃଷ୍ଟି କରିବାରେ ସମର୍ଥ ହୋଇଥାନ୍ତି; ଯାହା ତାଙ୍କ କଳାତ୍ମକତାକୁ ଗଣଧର୍ମୀ କରିବାର ସାମର୍ଥ୍ୟ ରଖିଥାଏ ।

ଜନଜାତି ଲୋକନୃତ୍ୟର ବିବିଧ ଦିଗକୁ ବିଶ୍ଳେଷଣ କଲେ ସେଥିରେ ମିଶ୍ରଲୋକଧାରା ଅନୁଭବ କରିହୁଏ । ଯେମିତି ନାଚର ଅଙ୍ଗଭଙ୍ଗୀ ବା ଶୈଳୀରୁ ପ୍ରଦର୍ଶନଶୀଳ ଲୋକଧାରା(Performative folklore), ପରିବେଷିତ ହେଉଥିବା ଗୀତରୁ ବାଚିକ ଲୋକଧାରା(Verbal folklore), ରୂପଚର୍ଯ୍ୟା, ଶୃଙ୍ଗାର ଓ ବେଷଭୂଷାରୁ ଭୌତିକ ଲୋକଧାରା(Material folklore), ନାଚର ଉଦ୍ଦେଶ୍ୟ (ଦେବ-ଦେବୀ, କୃଷି, ପର୍ବପର୍ବାଣି ଇତ୍ୟାଦି)ରୁ ପ୍ରଥାସିଦ୍ଧ ଲୋକଧାରା(Coustemery folklore) ଆଦି ଦେଖିବାକୁ ମିଳେ । ମାତ୍ର ଏହା ପ୍ରଦର୍ଶନ ଭିତ୍ତିକ କଳା ହୋଇଥିବାରୁ ଆଲେଖ୍ୟ ଲୋକଧାରା(Written folklore) ଏହା ଅନ୍ତର୍ଗତ ନୁହେଁ, ମାତ୍ର ଏହି ଲୋକନୃତ୍ୟ ଡିଜିଟାଲ୍ ମାଧ୍ୟମରେ ଉପଲବ୍ଧ ହେଉଥିବା କାରଣରୁ ଏବଂ ରେକର୍ଡ କରାଯାଇ ପାରୁଥିବାରୁ କେତେକାଂଶରେ ଏହା ଆଲେଖ୍ୟ ଲୋକଧାରା ଭାବେ ଗ୍ରହଣ ଯୋଗ୍ୟ ।

ଜନଜାତି ଲୋକନୃତ୍ୟରେ ଅନେକଗୁଡ଼ିଏ ବୈଶିଷ୍ଟ୍ୟ ପରିଲକ୍ଷିତ ହୁଏ । ଯାହାକୁ ଆପଣ ସାଧାରଣ ଲକ୍ଷଣ ବୋଲି କହିପାରନ୍ତି ତାହାହେଲା ସେହି ନୃତ୍ୟର ଶୈଳୀ, ସରଳତା ଓ ନିରାଡମ୍ବରତା । ବୋଧହୁଏ ଏହି କାରଣ ପାଇଁ ଲୋକନୃତ୍ୟକୁ ବାଦ୍‌ଦେଇ ଜୀବନ ଜୀଇଁବା ସେମାନଙ୍କ ପାଇଁ ଅତ୍ୟନ୍ତ କଷ୍ଟକର ମନେହୁଏ । ପ୍ରଥମରେ ସେମାନଙ୍କ ନାଚ ଆବେଗତାରେ ଭରା, ସେଥିରେ ପୁଣି କବିତା ଗର୍ଭିତ ଲୋକଗୀତ, ପୁଣି ଗୀତଟି ବାଦ୍ୟଯନ୍ତ୍ରର ସମାହାରରେ ଏପରି ମୁଖରିତ ହୋଇଉଠେ ଯେ ସବୁକିଛି ମିଶି ସେମାନଙ୍କ ଲୋକଜୀବନର ଆତ୍ମା ଫୁଟି ଦିଶୁଥାଏ । ଜଣେ ଯଦି ଜନଜାତିର ଗାଁରେ ପ୍ରାକୃତିକ ପଟ୍ଟଭୂମିରେ ଜନଜାତିର ନୃତ୍ୟ ଦେଖୁଦେଖୁ ବିଭୋର ହୋଇଯାଏ, ତେବେ ସେଥିରେ କିଛି ଅତିରଞ୍ଜନ ନାହିଁ ବୋଲି ଆମକୁ ଭାବିବାକୁ ପଡ଼ିବ । ତାହା ଏଥିପାଇଁ ଯେ -

(୧) ସେଥିରେ ଅଛି ଲୋକପ୍ରଥା, ଲୋକାଚାର ଲୋକଜୀବନର ମହାର୍ଘ ମୁହୂର୍ତ୍ତ ।

(୨) ପ୍ରାକୃତି ସୌନ୍ଦର୍ଯ୍ୟ ଓ ଜୀବନଚର୍ଯ୍ୟାର ସରଳପଣ ।

(୩) ପ୍ରେମ, ପ୍ରଣୟର ମୂର୍ଚ୍ଛନା ସହିତ ଜୀବନଧର୍ମୀ ହେବାର ଆବେଦନ ।

(୪) ପରମ୍ପରା ସହ ବ୍ୟକ୍ତି ସ୍ୱାତଂତ୍ରକୁ ସମ୍ମାନ ।

(୫) କଳାତ୍ମକ ଶୃଙ୍ଖଳା ଓ ବିଚାର ଅପେକ୍ଷା କଳାତ୍ମକ ସରଳତା ଉପରେ ଆସ୍ଥା ସ୍ଥାପନ ।

ପ୍ରକୃତରେ ଜନଜାତିର ଲୋକନୃତ୍ୟରେ ଏମିତି ଉପାଦାନ ରହିଛି ଯାହା ଭିତରୁ ଭାବ ଓ ରସ ଉଭୟଟିକୁ ସାଧାରଣ ମଣିଷଟିଏ ଅନୁଭବ କରିପାରେ; ମାତ୍ର ଗବେଷକଟିଏ ତା' ଭିତରୁ ଖୋଜିଚାଲେ ସମାହିତ ହୋଇଥିବା ଲୋକବିଜ୍ଞାନ ତତ୍ତ୍ୱକୁ । ପ୍ରଦର୍ଶନର ଆଧାରକୁ ବିଶ୍ଳେଷଣ କରିବା(ପ୍ରଦର୍ଶନ ତତ୍ତ୍ୱ) ସହିତ ସର୍ଜନଶୀଳତାର(ସଂରଚନାତ୍ମକ ତତ୍ତ୍ୱ) ବିଚାର କରିଥାଏ । ସେହିପରି ନର୍ତ୍ତକର ମାନସିକତା ଓ ମାନସଭୂମିର ଅଧ୍ୟୟନ(ମନୋସମୀକ୍ଷଣ ତତ୍ତ୍ୱ), ଗୌରବ ପ୍ରଖ୍ୟାପନକାରୀ ଉପାଦାନ(ଜାତୀୟତାବାଦୀ ତତ୍ତ୍ୱ), ଅନ୍ୟନୃତ୍ୟ ସହିତ ତୁଳନା(ତୁଳନାତ୍ମକ ତତ୍ତ୍ୱ) ଏବଂ ସେହି ଜାତି ବା ଗୋଷ୍ଠୀର ମାନସଭୂମିର ବିଶ୍ଳେଷଣ(ନୃତାତ୍ତ୍ୱିକ ତତ୍ତ୍ୱ) ଲୋକସଂସ୍କୃତି ଗବେଷକର ଲକ୍ଷ୍ୟ ହୋଇଥାଏ । ତେଣୁ ଜଣେ ସାଧାରଣ ଭୋକ୍ତା ଓ ଗବେଷକର ଦୃଷ୍ଟିନେଇ ଜନଜାତି ଲୋକନୃତ୍ୟକୁ ଅନୁଶୀଳନ କଲେ ମନେହେବ ଏହା ସଂଭୋଗ ଓ ସନ୍ନ୍ୟାସର ମିଳିତ ରୂପ ।

ପ୍ରକୃତରେ ଜନଜାତିର ଏହି ପ୍ରଦର୍ଶନ ଭିତ୍ତିକ ଲୋକକଳା ସହଜରେ ଅନତିକ୍ରମଣୀୟ ଯେଉଁଠି ଆପଣ କେବଳ ଜନଜାତିର ଜୀବନଧାରାକୁ ଦେଖନ୍ତି ନାହିଁ, ଅନୁଭବ କରନ୍ତି ସେମାନଙ୍କର ଅଶେଷ ସ୍ୱପ୍ନ ଓ ଅସୁମାରୀ ସମ୍ଭାବନାକୁ । ସେମାନଙ୍କ ନୃତ୍ୟକୁ ଦେଖୁଦେଖୁ ଆପଣ ବି ସେମାନଙ୍କ ସହିତ ଗାଇ ଉଠନ୍ତି -

ଶୀରି ପରବତେ ଝାଲିଆ ମୟୂର
ଟେଁକ ଟେଁକାଇଲା
ତମର ଆମର ପୀରତି ନନୀ
ଦଇବ ବେଟେୟଲା....
ନନୀରେ....ଏ....ଏ....ଏ ।

ପ୍ରାକୃତିକ ପରିବେଶରେ ନା ସେସବୁ ଫ୍ୟୁଜନ୍ ଡାନ୍ସ ପରି ମନେହୁଏ, ନା ନଷ୍ଟ ହୋଇଥାଏ ତା'ର ନୃତ୍ୟକଳା । ବରଂ ସମୟ ସହିତ ସେଇଠି ମତୁଆଲା ହେଇଉଠେ ଚଇତି ସଞ୍ଜ, କୁରେଇ ଫୁଲର ପେଣ୍ଟାରେ ଶୋଭାପାଏ ଆଦିବାସୀ ତରୁଣୀର ଖୋସା । ମନେହୁଏ ସେଠି ଆପଣ ନୁହନ୍ତି, ଯେମିତି କେହି ଡଙ୍ଗରିଆ ପ୍ରତୀକ୍ଷା କରିଛି ସାରହୁଲ୍‌ର ଜହ୍ନକୁ ଓ ଶାଳବଣର ସଙ୍ଗୀତକୁ । ନୃତ୍ୟାୟିତ ପାଦର ଛନ୍ଦରେ ନାଚି

ଉଠୁଛି ଡଙ୍ଗର ଭୂଇଁ, ଆଉ ପବନର ଗୀତ ବଣ, ପାହାଡ ଡେଇଁ ବାସ୍ନାୟିତ ଆବେଗରେ ଚହଟି ଯାଉଛି ଦୂର ଦିଗବଳୟ ଆଡକୁ ।

■

ସହାୟକ ଗ୍ରନ୍ଥସୂଚୀ

(୧) ଦକ୍ଷିଣାଞ୍ଚଳୀୟ ଓଡ଼ିଶା ଜନଜାତି ସଂସ୍କୃତି ଓ ସାହିତ୍ୟ-ପାତ୍ର ଦେବାଶିଷ, ଓଡ଼ିଶା ରାଜ୍ୟ ପାଠ୍ୟପୁସ୍ତକ ପ୍ରଣୟନ ଓ ପ୍ରକାଶନ ସଂସ୍ଥା, ଭୁବନେଶ୍ୱର, ୨୦୧୫

(୨) Tribal Dance & Song - S.G. Deogaonkar & Shailaja, Concept Publishing Company, New Delhi, 2003

(୩) ଲୋକସଂସ୍କୃତି : ସିଦ୍ଧାନ୍ତ ଓ ପ୍ରୟୋଗ - ମିଶ୍ର ମହେନ୍ଦ୍ର କୁମାର, ଓଡ଼ିଶା ରାଜ୍ୟ ପାଠ୍ୟପୁସ୍ତକ ପ୍ରଣୟନ ଓ ପ୍ରକାଶନ ସଂସ୍ଥା, ଭୁବନେଶ୍ୱର, ୨୦୧୨

(୪) Towards a definition of folklore - Amos Dan Ben, (Ed.) Paredoes and Beuman, Austin, 1972

(୫) ଓଡ଼ିଶାର ଜନଜାତି : ଏକ ସାମାଜିକ ଓ ସାଂସ୍କୃତିକ ଅଧ୍ୟୟନ - ପାତ୍ର ଦେବାଶିଷ, ଓଡ଼ିଆ ଭାଷା ପ୍ରତିଷ୍ଠାନ, ଭୁବନେଶ୍ୱର, ୨୦୨୦

ଜନଜାତି ଲୋକକଳା ପ୍ରସଙ୍ଗ

ଲୋକସଂସ୍କୃତି ଆଧାରରେ ପରିବେଷିତ ହେଉଥିବା ସମସ୍ତ ପ୍ରକାରର ଦୃଶ୍ୟକଳା ହେଉଛି ଲୋକକଳା ଅନ୍ତର୍ଭୁକ୍ତ । ଏହା ଲୋକଜୀବନର ସାଂସ୍କୃତିକ ମହତ୍ତ୍ୱକୁ ପ୍ରତିବିମ୍ବିତ କରିଥାଏ । ଏପରିକି ଏହା ଲୋକଧାରା (Folklore) ଓ ସାଂସ୍କୃତିକ ଐତିହ୍ୟ (Cultural Heritage)କୁ ପରିଭାଷିତ କରିବାରେ ସମର୍ଥ । ତେବେ ଏହି କଳାତ୍ମକତା ସହିତ ପରଂପରା ଓ ସାମାଜିକ ମୂଲ୍ୟବୋଧ ଜଡ଼ିତ । ପିଢ଼ି ପରେ ପିଢ଼ି ପରିବାର ଭିତରେ ବା ଗୋଟିଏ ଗୋଷ୍ଠୀ ମଧ୍ୟରେ ଲୋକକଳା ଅଭ୍ୟାସ କାରଣରୁ ବଞ୍ଚି ରହିଥାଏ ।

ଜନଜାତିର ଲୋକକଳା ହେଉଛି ପାର୍ଥିବ ସଂସ୍କୃତି ଅନ୍ତର୍ଗତ ଦୃଶ୍ୟକଳା । ଅନ୍ୟ ଅର୍ଥରେ ଏହା ଆଦିମ ଲୋକକଳା ଓ ସାଂସ୍କୃତିକ କଳା ଭାବରେ ମଧ୍ୟ ପରିଚିତ । ଭାରତବର୍ଷର ଲୋକକଳା ଯେପରି ପ୍ରାଚୀନ, ତାହାର ରୁଚି ଓ କାରୁକଳାର ଗଭୀରତା ଓ ସ୍ୱାତଂତ୍ର୍ୟ ସେହିପରି ଆକର୍ଷକ । କାରଣ ଲୋକକଳା ଯେବେ ପ୍ରଥା ଓ ପରଂପରା ଜଡ଼ିତ ହୋଇଯାଏ ସେତେବେଳେ ତା'ର ମହତ୍ତ୍ୱ ବୃଦ୍ଧି ପାଇଥାଏ । ତେବେ ଆଦିବାସୀ ଲୋକକଳା ଯେ ଅନ୍ୟ ଲୋକକଳା(ପ୍ରାଦେଶିକ ଲୋକକଳା)ର ଜନନୀ ଏହା ଗ୍ରହଣ କରିବାକୁ ହେବ । କାରଣ ସେମାନଙ୍କ ଲୋକକଳାର ଅନନ୍ୟ ପ୍ରମାଣ ଆଜିବି ଶୈଳକଳା (Rock Painting) ରୂପରେ ବିଭିନ୍ନ ଗୁମ୍ଫାରେ ବିଦ୍ୟମାନ । ଅବକ୍ଷୟମାଣ ସମୟ ବି ସେହି ଚିତ୍ରକଳାକୁ କ୍ଷୟ କରିପାରି ନାହିଁ, ତାହାର ରଙ୍ଗ ଓ ନିର୍ମାଣ ସ୍ଥାନ କାରଣରୁ ।

ଏବେ ଆସିବା ଓଡ଼ିଶାର ଜନଜାତିର ଲୋକକଳା ପ୍ରସଙ୍ଗକୁ । ସେମାନଙ୍କ ଲୋକକଳାକୁ ବହୁଧା ବିଭକ୍ତ କରାଯାଇପାରେ, କ)ଚିତ୍ରକଳା, ଖ) କାରୁକଳା, ଗ)ନୃତ୍ୟ ଓ ସଂଗୀତକଳା, ଘ)ଲୋକକଥା ଓ ଲୋକଗୀତ ଇତ୍ୟାଦି । ତେବେ ଲୋକକଳା ଅନ୍ତର୍ଭୁକ୍ତ ମୌଖିକ ପରଂପରା ଯଥା : ଗୀତ, କାହାଣୀ ଆଦି ସିଧାସଳଖ ଲୋକଧାରା ଅନ୍ତର୍ଭୁକ୍ତ । ମାତ୍ର ନୃତ୍ୟ, ଚିତ୍ର, କାରୁକାର୍ଯ୍ୟ ଆଦି ଲୋକଧାରା ଦ୍ୱାରା

ବିଶେଷ ପ୍ରଭାବିତ । ପୂର୍ବରୁ ଜନଜାତି ଚିତ୍ରକଳା ଓ କାରୁକଳା ସଂପର୍କରେ ଆଲୋଚନା କରାଯାଇ ନଥିବାରୁ ଏହି ଦୁଇଟି ବିଷୟରେ ଏଠାରେ ଆଲୋଚନା ହେବା ଗ୍ରହଣ ଯୋଗ୍ୟ । କାରଣ ଲୋକଗୀତ, ଲୋକକାହାଣୀ, ଲୋକନୃତ୍ୟ ସଂପର୍କରେ ପୂର୍ବରୁ କେତୋଟି ଆଲୋଚନାରେ କୁହାଯାଇଛି । ମାତ୍ର ଓଡ଼ିଶାର ଆଦିବାସୀ ଲୋକକଳାକୁ ଜାଣିବା ଓ ଜଣାଇବା ଏହି ଆଲେଖ୍ୟର ଉଦ୍ଦେଶ୍ୟ ।

ପ୍ରକୃତରେ ସାଧାରଣ ଲୋକଙ୍କ ଦ୍ୱାରା ପାରଂପରିକ ସାଧନ ମାଧ୍ୟମରେ ସୃଷ୍ଟି କରାଯାଉଥିବା କଳା ହେଉଛି ଲୋକକଳା । ସେହି ସାଧାରଣ ଶିଳ୍ପୀ ଜଣକ କୌଣସି ପେଷାଗତ ପ୍ରଶିକ୍ଷଣ ପାଇ ନଥାନ୍ତି ବା କୌଣସି ଆଧୁନିକ ଯନ୍ତ୍ରପାତିର ବ୍ୟବହାର କରି ନଥାନ୍ତି, ଅଥଚ ପୂର୍ବ ପିଢ଼ି ଦ୍ୱାରା ଅନୁପ୍ରାଣିତ ହୋଇ ଅଭ୍ୟାସଗତ ଭାବେ ସେହି ଲୋକକଳାର ସୃଷ୍ଟି କରିଥାନ୍ତି । ଓଡ଼ିଶାର ଆଦିବାସୀ ଲୋକକଳାର ଇତିହାସ ଅବଲୋକନ କଲେ ଏହି ପାରଂପରିକତା ସ୍ପଷ୍ଟ ହୋଇଥାଏ । କାରଣ ହଜାର ହଜାର ବର୍ଷ ତଳେ ଶୈଳକଳାରେ ରୂପ ପାଇଥିବା ଚିତ୍ରଧାରା ଏବେବି ଅକ୍ଷୁଣ୍ଣ ରହିଛି ।

ଓଡ଼ିଶାର ବିକ୍ରମଖୋଲ, ଉଲାପଗଡ଼, ମାଣିକମଡ଼ା, ଉଷାକୋଠି, ଯୋଗୀମଠ, ଗୁଡ଼ହାଣ୍ଡି, ଦିଗପହଣ୍ଡି, ନରାଜ ପ୍ରଭୃତି ଅଞ୍ଚଳର ପାହାଡ଼ ଗୁମ୍ଫାରେ ଅଙ୍କା ଯାଇଥିବା ପ୍ରାଚୀନ ଚିତ୍ରକଳାର ସ୍ରଷ୍ଟା ଓଡ଼ିଶାର ପୁରାତନ ଜନଜାତିମାନେ ନୁହନ୍ତି କି ? ଆମ ଓଡ଼ିଶାର ପାରଂପରିକ ଚିତ୍ରକଳାଠାରୁ ସେହି ଚିତ୍ରକଳା ଆହୁରି ପ୍ରାଚୀନ । ସେହି ପ୍ରାଚୀନ ଚିତ୍ରକଳାରେ ବ୍ୟବହୃତ କଳା, ହଳଦିଆ, ଧଳା ଓ ଗେରୁଆ ରଙ୍ଗ(ଖଣିଜ ରଙ୍ଗ)ର ବ୍ୟବହାର ଓ ହଜାର ହଜାରବର୍ଷ ଧରି ନିଖୁଣ ରହିଥିବା କାରଣରୁ ତାହା ଚିତ୍ରଶିଳ୍ପୀର ମୌଳିକ କଳାକୁଶଳତାକୁ ବୁଝାଉ ନାହିଁକି ? ଅତଏବ ଆମ ଗୁମ୍ଫାଚିତ୍ରରେ ଅଙ୍କିତ ଶିକାର ଦୃଶ୍ୟ, ଜୀବ-ଜନ୍ତୁମାନଙ୍କ ରୈଖିକଚିତ୍ର ଆମ ଆଦିବାସୀ ପରଂପରାର କଳାତ୍ମକ ନିଦର୍ଶନର ବ୍ୟାଖ୍ୟା କରେ । ସେହିସବୁ ଅଙ୍କିତ ଚିତ୍ରଗୁଡ଼ିକ ସେମାନଙ୍କର ଲୋକକଳା ପ୍ରତି ଆଭିମୁଖ୍ୟ ଓ ମୌଖିକ ପରଂପରାର ପ୍ରାକ୍ ଚିତ୍ରଭାଷା ସଂପର୍କରେ ଜାଣିହୁଏ । ଓଡ଼ିଶାର ଗୁମ୍ଫାମାନଙ୍କରେ ଅଙ୍କିତ ଚିତ୍ରଗୁଡ଼ିକ ଏହିପରି - ବୃଷଭ, ଗାଈ, ମଣିଷ, ଶିକାର ଦୃଶ୍ୟ(ହରିଣ ଓ ଧନୁତୀର ଧରିଥିବା ମଣିଷ, ଗଣ୍ଡା ଓ ଢାଲ ଧରିଥିବା ମଣିଷ), ଅନ୍ୟାନ୍ୟ ରୈଖିକ ଚିତ୍ର, କୃଷିକର୍ମର ଦୃଶ୍ୟ, ନୃତ୍ୟରତା ନାରୀ-ପୁରୁଷ, ବୃତ୍ତ, ବର୍ଗକ୍ଷେତ୍ର, ଆଙ୍ଗୁଳିଛାପ ପରି ଶତାଧିକ ଚିତ୍ର । ମାତ୍ର ଆଶ୍ଚର୍ଯ୍ୟର କଥା ଏଥି ମଧ୍ୟରୁ ପକ୍ଷୀର କୌଣସି ଚିତ୍ର ନାହିଁ । ପୁନଶ୍ଚ ଚିତ୍ରଗୁଡ଼ିକ ଏପରି ଅଙ୍କନ କରାଯାଇଛି ତାହା ଯେପରି କୌଣସି ବାର୍ତ୍ତା ବା ବକ୍ତବ୍ୟକୁ ପ୍ରତିନିଧିତ୍ୱ କରୁଛି । ଏହି ଚିତ୍ରଲିପିରୁ ହୁଏତ ଉଭୟ 'ଚିତ୍ର' ଓ 'ଲିପି'ର ଜନ୍ମ ପରବର୍ତ୍ତୀ କାଳରେ ହୋଇଥିବା ସମ୍ଭବ ।

ପ୍ରାଚୀନ ଆଦିବାସୀ ଲୋକକଳାର ବିଶେଷକିଛି ପରିବର୍ତ୍ତନ ଘଟି ନାହିଁ । ଲୋକକଳାର ଉଦ୍ଦେଶ୍ୟ ସେବେ ଯାହା ଥିଲା ପରଂପରା ଅନୁକ୍ରମରେ ସେଥିରେ ପରିବର୍ତ୍ତନ ଆସିଛି । ପ୍ରାଗୈତିହାସିକ ମାନବ କେବଳ ଚିତ୍ରଲିପି ମାଧ୍ୟମରେ ନିଜକୁ ବ୍ୟକ୍ତ କରୁଥିଲା ଅଥଚ ସାମାଜିକ ଜୀବନ ଆଧାରରେ ଗୋଟିଏ ସାଂସ୍କୃତିକ ପରଂପରାକୁ ଧରି ରଖିବାରେ ସମର୍ଥ ହୋଇଛି ସେହି କଳା । କାର୍ଯ୍ୟ-କାରଣ ପ୍ରସଙ୍ଗରୁ ହିଁ ଭିନ୍ନଭିନ୍ନ ଜନଜାତିର କଳାବିନ୍ୟାସରେ କିଛି ପ୍ରଭେଦ ଓ ସାମ୍ୟ ରହିଛି । ଉଦ୍ଦେଶ୍ୟ କିନ୍ତୁ ସମାନ ମନେହୁଏ । ତେବେ ଯେଉଁ ଉଦ୍ଦେଶ୍ୟ ନେଇ ସେମାନଙ୍କ ଘରୁ ଓ କାରୁକଳାର ସୃଷ୍ଟି ତାହା ଏହିପରି -

୧. ଲୋକଧାରା ପ୍ରଭାବିତ ହୋଇଥିବାରୁ ଲୋକସଂସ୍କୃତିର ଗୁରୁତ୍ୱ ବୃଦ୍ଧି ପାଇଁ କଳାର ଆବଶ୍ୟକ ।

୨. ଧାର୍ମିକ ପ୍ରସଙ୍ଗ କାରଣରୁ ଲୋକକଳା ଉପରେ ଗୁରୁତ୍ୱ ।

୩. କୁ-ଦୃଷ୍ଟିରୁ ଘର ଏବଂ ଧାର୍ମିକ ରୀତିନୀତିକୁ ସୁଗମ କରିବା ପାଇଁ ଚିତ୍ରାଙ୍କନ ।

୪. କେତେକ ଜନଜାତିର ମୃତକଙ୍କ ଉଦ୍ଦେଶ୍ୟରେ ଚିତ୍ର ।

୫. ନିଜ ଗୋଷ୍ଠୀର ସ୍ୱାତଂତ୍ର୍ୟ ଚିହ୍ନଟ ପାଇଁ କଳାର ସହାୟତା ।

୬. ଘର ଗୃହୋପକରଣ, ଆସବାବପତ୍ର, ବସ୍ତ୍ର ଓ ଅଳଙ୍କାରର ସୌନ୍ଦର୍ଯ୍ୟ ବୃଦ୍ଧି ନିମନ୍ତେ କଳାର ଉପଯୋଗିତା ।

ଯଦିଓ ମନୋରଂଜନ ଓ ନାନ୍ଦନିକ ଅଭିପ୍ରାୟ ଉଦ୍ଦେଶ୍ୟରେ ସଂପ୍ରତି କେତେକ ସ୍ଥଳରେ ଚିତ୍ରକଳାର ପ୍ରୟୋଗ କରାଯାଉଛି ଓ ସେଥିରେ ଆଧୁନିକ ଚିତ୍ରକଳାର ମିଶ୍ରଣ ମଧ୍ୟ ଦେଖିବାକୁ ମିଳୁଛି ।

ଆଦିବାସୀ ଚିତ୍ରକଳାର ଅଙ୍କନ ସ୍ଥଳ ଅନୁଯାୟୀ ତାକୁ ବିଭିନ୍ନ ଭାଗରେ ବିଭକ୍ତ କରାଯାଇପାରେ; ଯଥା : କ)କାନ୍ଥ ଚିତ୍ରକଳା, ଖ)ଦ୍ୱାରବନ୍ଧ ଓ ଦର୍ଜାରେ ଅଙ୍କିତ ଚିତ୍ରକଳା, ଗ)ପୂଜା ସ୍ଥଳରେ ଅଙ୍କିତ ଚିତ୍ରକଳା, ଘ) ବ୍ୟବହାର୍ଯ୍ୟ ସାମଗ୍ରୀରେ ଅଙ୍କିତ ଚିତ୍ର, ଙ) ଶରୀର ଚିତ୍ରକଳା ବା ଚିତାକୁଟା ବା ଅଙ୍ଗଆଲେଖନ । ସେହିପରି ସେମାନଙ୍କ ଦ୍ୱାରା ପ୍ରସ୍ତୁତ କାରୁକଳା, ହସ୍ତଶିଳ୍ପ ଓ କାଷ୍ଠଶିଳ୍ପମାନଙ୍କରେ ଚିତ୍ର ସହିତ ଖୋଦେଇ ଦେଖିବାକୁ ମିଳେ । ଲୋକକଳା ଅନ୍ତର୍ଗତ ହସ୍ତକଳାରୁ ସେମାନଙ୍କ କଳାକାରିତାର ନୈପୁଣ୍ୟ ବାରି ହୁଏ । ବିଶେଷକରି ସେମାନଙ୍କ ଅଳଙ୍କାର, ବସ୍ତ୍ର, ଅନ୍ୟାନ୍ୟ ଉପକରଣ ଯଥା : ବାଦ୍ୟଯନ୍ତ୍ର, ପଗଡ଼ି, ବାକ୍ସରୁ ତାହାର ସ୍ୱାତଂତ୍ରତା ଜାଣି ହୁଏ । ଏପରିକି ସେମାନଙ୍କ ଦ୍ୱାରା ପ୍ରସ୍ତୁତ ମୃତ୍ତିକାଶିଳ୍ପ (ମାଟି ନିର୍ମିତ ବାସନ, ପାଣିପାତ୍ର, ଖେଳନା ଇତ୍ୟାଦି), ଧାତୁଶିଳ୍ପ(ଡୋକ୍ରା କାଷ୍ଟିଙ୍ଗ), ମଧ୍ୟ ଲୋକକଳା ଅନ୍ତର୍ଭୁକ୍ତ ।

ଓଡ଼ିଶାରେ ଥିବା ବାଷଠି ଜନଜାତିଙ୍କ ମଧ୍ୟରୁ ଦଶ-ବାରଟି ଜନଜାତିର ଲୋକକଳା ଅତ୍ୟନ୍ତ ପ୍ରଭାବଶାଳୀ । ଏହାର କାରଣ ହେଉଛି ସେମାନଙ୍କର ଜନସଂଖ୍ୟା ଓ ସାଂସ୍କୃତିକ ବୈଶିଷ୍ଟ୍ୟ । ତେବେ ଅଳ୍ପସଂଖ୍ୟକ ଜନଜାତିରୁ ଯେଉଁମାନେ ପୁରାତନ ଜନଜାତି ଅନ୍ତର୍ଗତ ସେମାନଙ୍କର ଚିତ୍ରକଳା ଏତେ ପ୍ରଭାବଶାଳୀ ନୁହେଁ । ତେବେ ବଣ୍ଡା, ସଉରା, କନ୍ଧ, ଜୁଆଙ୍ଗ, ସାନ୍ତାଳ, ପାଉଡ଼ିଭୂୟାଁ ଜନଜାତିର ଚିତ୍ରକଳାର ସ୍ୱାତଂତ୍ରତା ରହିଛି । ସେ ସମସ୍ତ ଚିତ୍ରକଳାର ଭିନ୍ନ ଭିନ୍ନ ନାମ ରହିଛି । ଯେପରିକି -

୧. ସଉରା ଚିତ୍ରକଳା - ଇଡ଼ିତାଲ

୨. କନ୍ଧ ଚିତ୍ରକଳା - ମାଞ୍ଜିଗୁଣ୍ଡା

୩. କୁଟିଆକନ୍ଧ ଚିତ୍ରକଳା - ଟିକାଙ୍ଗ୍‌ଗୁଡ଼ା

୪. ସାନ୍ତାଳ ଚିତ୍ରକଳା - ଚିଇଃତା

୫. ପାଉଡ଼ିଭୂୟାଁ ଚିତ୍ରକଳା - ଝାଞ୍ଜରା

ଏହା ବ୍ୟତୀତ ଅନ୍ୟ ଜନଜାତିରେ ଚିତ୍ରକଳା ଉଚ୍ଚକୋଟିର ହୋଇଥିଲେ ମଧ୍ୟ ତାକୁ ଚିହ୍ନିତ କରିବା ପାଇଁ ସେମାନଙ୍କର କୌଣସି ନାମର ବ୍ୟବହାର ନାହିଁ ।

ସବୁ ଧର୍ମ ପରି ଜନଜାତି ଧାର୍ମିକଭାବର କେନ୍ଦ୍ରୀୟ ଚେତନା ହେଉଛନ୍ତି ଦେବତା । ସେହି ଦେବତା ବା ଈଶ୍ୱରଙ୍କର ତିନିଗୋଟି ମୌଳିକ ରୂପକୁ ସେମାନେ ଆକାଶ, ପୃଥିବୀ ଓ ବାୟୁ ରୂପରେ ଦେଖିଛନ୍ତି । ଅତଏବ ପ୍ରକୃତିର ଏହି ମିଳିତ ରୂପ ଜଡ଼ ଓ ଜୀବଜଗତ ହେଉଛି ସେମାନଙ୍କ ଚିତ୍ରକଳାର ମୂଳାଧାର । ତେବେ ପ୍ରାରମ୍ଭିକ ପର୍ଯ୍ୟାୟରେ ଭାବ ଆଦାନ-ପ୍ରଦାନ ପାଇଁ ଅଙ୍କିତ ହେଉଥିବା ଚିତ୍ର ଈଶ୍ୱରୀୟ ଅନୁଭବ, ପ୍ରଥା-ପରଂପରା ରୂପରେ ବ୍ୟାପ୍ତ ହୋଇଛି । ତେବେ ଏହି ଚିତ୍ର ଅଙ୍କନ କରିବା ପଛରେ କିଛି କିଛି ଲୋକ ବିଶ୍ୱାସ ରହିଛି । ଯେପରିକି -

୧. ଘରେ ନିର୍ଦ୍ଦିଷ୍ଟ ଚିତ୍ର ଥିଲେ ଈଶ୍ୱରଙ୍କ କୃପାବୃଷ୍ଟି ହେବ ।

୨. ପୂର୍ବଜଙ୍କ ଆତ୍ମା(ଡୁମା)ର ଶୁଭଦୃଷ୍ଟି ପରିବାର ଉପରେ ରହିବ ।

୩. କୃଷି ଓ ଅର୍ଥନୀତିର ଉନ୍ନତି ହେବ ।

୪. ପର୍ଯ୍ୟାବରଣ ଦ୍ୱାରା କୌଣସି ଅନିଷ୍ଟ ହେବନାହିଁ ।

୫. ସାମାଜିକ ରୀତିନୀତି ଓ ସାଂସ୍କୃତିକ ଅନୁଷ୍ଠାନର ସୁପରିଚାଳନା ହେବ ।

ଏବେ କିଛି ଆଦିବାସୀ ଚିତ୍ର ସଂପର୍କରେ ଚର୍ଚ୍ଚା କରିବା । ପ୍ରଥମେ ଆସିବା ସଉରା ଚିତ୍ରକଳା 'ଇଡ଼ିତାଲ' ପାଖକୁ । ସଉରା ଭାଷାରେ ଇଡ଼ିତାଲର ଅର୍ଥ ହେଉଛି କାନ୍ଥ ଚିତ୍ର । ସଉରା ଘରକୁ ଆପଣ କେବେ ଯଦି ଯାଉଛନ୍ତି ତେବେ ଏହି ଚିତ୍ରକଳାର ବିଶେଷତ୍ୱ ଆପଣ ଜାଣିପାରିବେ । କାନ୍ଥ ଓ କବାଟରେ ଆୟତକ୍ଷେତ୍ର, ବର୍ଗକ୍ଷେତ୍ର ବା

ବୃତ୍ତ ମଧ୍ୟରେ ଏହି ଚିତ୍ର ଅଙ୍କନ କରାଯାଇଥାଏ । ଏଥିରେ ଅଙ୍କିତ ଚିତ୍ର ପାଇଁ ପ୍ରାକୃତିକ ରଙ୍ଗର ବ୍ୟବହାର ସହିତ ପ୍ରକୃତି ପ୍ରମୁଖ ସ୍ଥାନ ଗ୍ରହଣ କରିଥାଏ । ଇଡ଼ିତାଲ ଅଙ୍କନର ମୂଳକଥା ହେଉଛି ଦେବତା ଓ ପୂର୍ବଜଙ୍କୁ ସନ୍ତୁଷ୍ଟ କରିବା । ଅନେକ ଚିତ୍ର ଗବେଷକ ଏହି ସଉରାଚିତ୍ରର ପ୍ରାଗୈତିହାସିକ ତଥା ହରପ୍ପା-ମହେଞ୍ଜୋଦାର ଚିତ୍ରକଳାର ସାମଞ୍ଜସ୍ୟ ଦେଖିଛନ୍ତି । ତେବେ ସଉରାଙ୍କ ପାଇଁ ଏହି 'ଇଡ଼ିତାଲ'(ଚିତ୍ର) ଈଶ୍ୱରଙ୍କ ପ୍ରତୀକ । ଏପରିକି ଗୃହଦେବତା ବା ଇଷ୍ଟଦେବ ଭାବରେ ସେମାନେ ଏହି ଚିତ୍ରକୁ ପୂଜା କରିଥାନ୍ତି । ଏହି ଚିତ୍ରରେ ମଣିଷ, ଜୀବଜନ୍ତୁ, ଗଛଲତା ସମସ୍ତେ ସ୍ଥାନ ପାଇଥାନ୍ତି । ତେବେ ଏମିତି କିଛି ଚିତ୍ର ଅଛି ଯାହା ନିର୍ଦ୍ଦିଷ୍ଟ ଉଦ୍ଦେଶ୍ୟ ନେଇ ଅଙ୍କନ କରାଯାଇଥାଏ । କୋରାପୁଟ ଓ ରାୟଗଡ଼ରେ ଜନଜାତି ଗବେଷଣା କାଳରେ ତାହା ମୋ ଦୃଷ୍ଟିକୁ ଆସିଛି । ସେଥିରୁ କିଛି ଚିତ୍ରର ନାମ ଓ ଉଦ୍ଦେଶ୍ୟ ଉପସ୍ଥାପନ କରାଗଲା ।

ଚିତ୍ରର ନାମ	**ଅଙ୍କନର ଉଦ୍ଦେଶ୍ୟ**
୧. କାର୍ଯ୍ୟା ଆନିତାଲ(ଇଡ଼ିତାଲ) -	କୌଣସି ବ୍ୟକ୍ତିଙ୍କ ମୃତ୍ୟୁ ଘଟିଲେ ପୂର୍ବଜଙ୍କ ଆବାହନ ପାଇଁ ଏହା ଅଙ୍କା ଯାଇଥାଏ ।
୨. ଇଡ଼ାଇସୁମ୍ ଆନିତାଲ -	ଶିଶୁର ନାମକରଣ ସମୟରେ ପୂର୍ବଜଙ୍କ ଆବାହନ ଉଦ୍ଦେଶ୍ୟରେ ଅଙ୍କନ ।
୩. ତିଞ୍ଜୁମାନ ଆନିତାଲ -	ପୁତ୍ରସନ୍ତାନ ଜନ୍ମ ହେଲେ ଅଙ୍କିତ ଚିତ୍ର ।
୪. ଆଣ୍ଡ ମଯାପୁର ଆନିତାଲ -	ବିହନବୁଣା ସମୟରେ ଧରିତ୍ରୀଙ୍କୁ ଆବାହନ ।
୫. ଜେନାଙ୍ଗ୍ ଇସୁମ୍ ଆନିତାଲ -	ଝିଅର କାନଫୋଡ଼ା ଉତ୍ସବରେ ଏହି ଚିତ୍ର ଅଙ୍କା ଯାଇଥାଏ ।
୬. ଫଗୁ ସିମ୍ପୁର ଆନିତାଲ -	ଚଷ ପରେ ବିଶ୍ରାମ ଉଦ୍ଦେଶ୍ୟରେ ।
୭. ବାରୁ ଆନିତାଲ -	ବାରୁଦେବତାଙ୍କୁ ଆବାହନ(ଏହା ଏକ ପ୍ରକାରର ଶିକାର ଚିତ୍ର) ।
୮. ବନ୍ନୋଂସୁମ୍ ଆନିତାଲ -	ମୃତ ବଡ଼ଭାଇର ଦଶାହ ସମୟରେ ଅଙ୍କିତ ଚିତ୍ର ।
୯. ଲବସୁମ୍ ଆନିତାଲ -	ଝିଅପିଲା ବେଜୁଣୀବିଦ୍ୟା ଶିଖିବା ସମୟରେ ଦେବତାଙ୍କୁ ଆବାହନ ।
୧୦. ଇଲ୍ଲଡ଼ାସୁମ୍ ଆନିତାଲ -	ପୁଅ ପିଲା ପୂଜାରୀ କିମ୍ବା ଦିଶାରୀ କାର୍ଯ୍ୟ ଶିକ୍ଷା ନେଲାବେଳେ ଦେବତାଙ୍କ ଆବାହନ ଉଦ୍ଦେଶ୍ୟରେ ଅଙ୍କିତ ଚିତ୍ର ।

୧୧. ବର୍ଣ୍ଣାମ୍‌ସୁମ୍ ଆନିତାଲ - ଗର୍ଭବତୀ ସ୍ତ୍ରୀର ପୀଡ଼ା ଉପଶମ ପାଇଁ ଦେବତାଙ୍କୁ ଆବାହନ ।

୧୨. ମାଣ୍ଡୁ ଆସୁମ୍ ଆନିତାଲ - ବେଜୁଣୀର ମୃତ୍ୟୁ ହେଲେ ଦଶାହରେ ଅଙ୍କିତ ଚିତ୍ର ।

ଏପରିକି ନିର୍ଦ୍ଦିଷ୍ଟ ଉଦ୍ଦେଶ୍ୟରେ ଅନେକ ସଉରା ଚିତ୍ର ଅଙ୍କା ଯାଉଥିଲେ ବି ଘର ସୌନ୍ଦର୍ଯ୍ୟକରଣ ପାଇଁ ତାହାର ଭୂମିକା ରହିଛି । ଚିତ୍ରରେ ତ୍ରିଭୁଜ, ସମାନ୍ତରାଳ ଗାର, ବିନ୍ଦୁ, ଫୁଲ, ତରଙ୍ଗାୟିତ ଧାଡ଼ି ମଧ୍ୟ କେତେକ କ୍ଷେତ୍ରରେ ଦେଖିବାକୁ ମିଳେ । ତେବେ ସଉରାଙ୍କ ଦ୍ୱାରା ଅଙ୍କା ଯାଉଥିବା ଇଡ଼ିତାଲ 'ସଉରା ପେଣ୍ଟିଂ' ଭାବରେ ଓଡ଼ିଶା ଓ ଓଡ଼ିଶା ବାହାରେ ଲୋକପ୍ରିୟତା ଅର୍ଜ୍ଜନ କରିବା ସହିତ ଆଦିବାସୀ ଚିତ୍ରକଳାର ପ୍ରତିନିଧିତ୍ୱ କରୁଛି ।

ଏବେ ଆଲୋଚନା କରିବା କନ୍ଧ ଚିତ୍ରକଳା 'ମାଞ୍ଜିଗୁଣ୍ଡା' ସଂପର୍କରେ । କନ୍ଧ ଜନଜାତିର ଅନେକ ପ୍ରଭାଗ ରହିଛି; ସେମାନଙ୍କ ମଧ୍ୟରୁ ଡଙ୍ଗରିଆ କନ୍ଧ ଓ କୁଟିଆ କନ୍ଧ ଓଡ଼ିଶାର ପୁରାତନ ଜନଜାତି ତାଲିକାରେ ଅନ୍ତର୍ଭୁକ୍ତ । କନ୍ଧର ଏକ ପ୍ରଭାଗ ହୋଇଥିବା ସତ୍ତ୍ୱେ କୁଟିଆକନ୍ଧଙ୍କର ଏକ ସ୍ୱତନ୍ତ୍ର ଚିତ୍ରକଳା ରହିଛି ଯାହା 'ଟିକାଙ୍ଗଗୁଡ଼ା' ଭାବରେ ପରିଚିତ । ତେବେ ମାଞ୍ଜିଗୁଣ୍ଡାଠାରୁ ଏହା ଗୁଣାତ୍ମକ ଦୃଷ୍ଟିରୁ କମ୍ ଆକର୍ଷକ । କନ୍ଧମାନେ ସାଧାରଣତଃ ଚିତ୍ରରେ ଧଉଳଚୁନା ଓ ଗେରୁ ରଙ୍ଗ ବ୍ୟବହାର କରିଥାନ୍ତି । ଉଭୟ ଘରର ବାହାର କାନ୍ଥ ଓ ଭିତର କାନ୍ଥରେ ଝୋଟି ପରି ଅଙ୍କା ଯାଇଥାଏ । ତେବେ ସଉରାଚିତ୍ର ଅଙ୍କନରେ ପୂଜାପାଠ ହେଉଥିବା ବେଳେ କନ୍ଧଚିତ୍ରକଳାରେ ସେମିତି କିଛି ହୁଏନାହିଁ । ମାତ୍ର ମେରିଆପର୍ବ ଓ କେଡୁପର୍ବ ସମୟରେ କାନ୍ଥରେ ଧାଡ଼ିଧାଡ଼ି ତ୍ରିଭୁଜ ଅଙ୍କନ କରିଥାନ୍ତି । ପୁଣି ଓଡ଼ିଆଘରେ ମାଣବସା ସମୟରେ ଯେପରି ଆଙ୍ଗୁଳିଛାପ ଦେବା ଓ ପିଠୋଉ ଛିଞ୍ଚିବା ପରି ଚିତ୍ର ମଧ୍ୟ କନ୍ଧମାନେ କରିଥାନ୍ତି । ଏପରିକି ପଦ୍ମଫୁଲ ଝୋଟି ମାଣବସା ସମୟରେ ଅଙ୍କା ହେଲା ପରି ସେମାନେ କେତେକ ସ୍ଥଳରେ ଆଙ୍କି ଥା'ନ୍ତି । ଏହା ଓଡ଼ିଆ ଝୋଟି-ଚିତା ପରଂପରାର ପ୍ରଭାବ ହୁଏତ ହୋଇପାରେ ? କୁଟିଆ କନ୍ଧଙ୍କର ବିଶେଷ କିଛି ଚିତ୍ର ବଦଳରେ ଆଙ୍ଗୁଠି ଛାପ, ଛକି, ଗାର, ଟୋପା ମାଧ୍ୟମରେ ନିଜ କଳାତ୍ମକତା ପ୍ରଦର୍ଶନ ହୋଇଥାଏ । ସେମାନଙ୍କର ଝୋଟିଦେବା ସ୍ଥାନ ହେଉଛି ବାହାର କାନ୍ଥରେ ତଳୁ ଦୁଇଫୁଟ୍ ଉପର ପର୍ଯ୍ୟନ୍ତ ଏବଂ ଦ୍ୱାରବନ୍ଧର ତିନିପାଖ । କନ୍ଧ ଚିତ୍ରକଳାର ଏହି ନମୁନା ସେମାନଙ୍କ ଦ୍ୱାରା ବ୍ୟବହୃତ ହେଉଥିବା ବସ୍ତ୍ରରେ ମଧ୍ୟ ଦେଖିବାକୁ ମିଳେ ।

ଡଙ୍ଗରିଆ କନ୍ଧଙ୍କ ବସ୍ତ୍ରରେ ଧଳା, ନାଲି ଓ ନାରଙ୍ଗୀ ରଙ୍ଗରେ ଅଙ୍କିତ ବା ବୁଣା

ଯାଇଥିବା ଚଉଡ଼ା ଧଡ଼ି, ତ୍ରିଭୁଜ, ବିନ୍ଦୁ, ଗାର, କୁଟିଆକନ୍ଧଙ୍କ ବସ୍ତ୍ରରେ ଧଳାଲୁଗାରେ ନାଲିଧଡ଼ି ପୁଣି ନୃତ୍ୟ ସମୟରେ ଶରୀର ସଜ୍ଜା ପାଇଁ ଧଳା ଓ ନାଲିରଙ୍ଗ ବ୍ୟବହୃତ ହୁଏ । କନ୍ଧମାନଙ୍କର ଚିତ୍ରକଳା ଓ ଶାଢ଼ୀରେ ବୁଣା ଯାଇଥିବା ଚିତ୍ର ପ୍ରାୟତଃ ସମାନ ।

ସାନ୍ତାଳୀ ଚିତ୍ରକଳା 'ଚିଇଃତା' ଅଙ୍କନ ଅତ୍ୟନ୍ତ ସହଜ ଓ ପାରଂପରିକ ହୋଇଥିଲେ ହେଁ ଏହା ଦେଖିବାକୁ ସୁନ୍ଦର । ଗୋଟିଏ ଧାଡ଼ିରେ ଥିବା ଘରଗୁଡ଼ିକରେ ପ୍ରାୟତଃ ଏକାପ୍ରକାରର ଚିତ୍ର ଅଙ୍କା ହୋଇଥିବାରୁ ଏହା ଅତ୍ୟନ୍ତ ସୌନ୍ଦର୍ଯ୍ୟବର୍ଦ୍ଧକ । ପୁଣି ଚିତ୍ରଗୁଡ଼ିକ ଆକର୍ଷିତ କରିବାର ମୁଖ୍ୟ କାରଣ ହେଉଛି କାନ୍ଥର ରଙ୍ଗ । ଘରର କାନ୍ଥଗୁଡ଼ିକ ଗେରୁମାଟି କିମ୍ବା କାଇମାଟିରେ ଲିପା ଯାଇଥିବାରୁ ଚିତ୍ରଗୁଡ଼ିକ ସ୍ପଷ୍ଟ ଦେଖାଯାଏ । ଚିତ୍ର ଭାବରେ ସେମାନେ ଗଛଲତା, ଫୁଲ, ରୈଖିକ ଚିତ୍ର ଆଦି ଆଙ୍କି ଥା'ନ୍ତି । ଗୃହସଜ୍ଜାର ଏହି ଶୈଳୀରେ ସଉରାଙ୍କ ଗୃହସଜ୍ଜାଶୈଳୀ ମିଶିଥାଏ । ଯେମିତି ସଉରାମାନେ କାନ୍ଥରେ ନାଲି, ପିଣ୍ଡାରେ କଳା ବା ପାଉଁଶିଆ ଏବଂ ଘରର ଖୁଣ୍ଟରେ ଧଳାରଙ୍ଗର ବ୍ୟବହାର କରିଥା'ନ୍ତି, ଠିକ୍ ସେହିପରି କେତେକ ଗାଁରେ ସାନ୍ତାଳୀ ଘରମାନଙ୍କରେ ଦେଖିବାକୁ ମିଳେ ।

ପାଉଡ଼ିଭୂୟାଁ ଜନଜାତିର ଚିତ୍ରକଳା 'ଝାଞ୍ଚରା' ଭାବରେ ପରିଚିତ । ସେମାନଙ୍କର ଚିତ୍ରକଳା ଧାର୍ମିକ ଅନୁଷ୍ଠାନ ଉଦ୍ଦେଶ୍ୟରେ ଅଭିପ୍ରେତ । କାରଣ ପ୍ରତିଟି ଧାର୍ମିକ ଅନୁଷ୍ଠାନ ସମୟରେ କାନ୍ଥଲିପି ନୂତନ ଚିତ୍ର ଅଙ୍କା ଯାଇଥାଏ । ଚିତ୍ର ଭାବରେ ସେମାନେ ଗଛଲତା, ଫୁଲ, ପକ୍ଷୀ(ଶୁଆ, ମୟୂର), ଶିକାରଚିତ୍ର, ପ୍ରାକୃତିକ ଦୃଶ୍ୟ ଆଦି ଅଙ୍କନ କରିଥାନ୍ତି । ଏହି ଚିତ୍ର ପାଇଁ ଧଳା, ନାଲି, ସବୁଜ, କଳାରଙ୍ଗ ଆଦି ପ୍ରାକୃତିକ ଉପାଦାନରୁ ସଂଗ୍ରହ କରି ବ୍ୟବହାର କରନ୍ତି ।

ଜୁଆଙ୍ଗ ଚିତ୍ରକଳାରେ କାନ୍ଥ ଚିତ୍ରରେ ପଶୁପକ୍ଷୀ, ତ୍ରିଭୁଜ, ଗାର, ବୃତ୍ତ, ଲତା, ରୈଖିକ ଚିତ୍ର ଅଙ୍କା ଯାଇଥାଏ । ଏପରିକି ସେମାନଙ୍କର ଗୃହୋପକରଣରେ ମଧ୍ୟ ବିଭିନ୍ନ ପ୍ରକାରର ଚିତ୍ର ଦେଖିବାକୁ ମିଳେ । ଘରର କବାଟ, ଦ୍ୱାରବନ୍ଧ, ପାନିଆ, ଲାଉତଙ୍କି ପ୍ରଭୃତି ମଧ୍ୟ ତାଙ୍କ ସଫଳ କଳାତ୍ମକତାର ନିଦର୍ଶନ । ବଣ୍ଡା, ଡିଡ଼ାୟୀ ଏହି ଦୁଇ ଜନଜାତିର କାନ୍ଥରେ କେବଳ ଚଉଡ଼ାଗାର ସହିତ ଦ୍ୱାରବନ୍ଧର ତିନି ପାର୍ଶ୍ୱରେ କଳା କିମ୍ବା ନାଲି ଚଉଡ଼ାଗାର ଦେଖିବାକୁ ମିଳେ । ମାତ୍ର ଚକତିଆ ଭୁଞ୍ଜିଆଙ୍କ ଘରର କାନ୍ଥ ଓ ଖୁଣ୍ଟରେ ରଙ୍ଗ(ନାଲି କିମ୍ବା ଧଳା) ଲଗା ଯାଇଥାଏ କିନ୍ତୁ କାନ୍ଥରେ କୌଣସି ଚିତ୍ର ଅଙ୍କା ଯାଇନଥାଏ ।

ପ୍ରାଚୀନ ଜନଜାତି ତାଲିକାରୁ ବିରହୋର, ମାଙ୍କଡ଼ିଆ, ଲୋଧା, ପାହାଡ଼ିଖଡ଼ିଆ ପ୍ରଭୃତିଙ୍କର ଚିତ୍ରକଳାର ବିଶେଷ କୌଣସି ନମୁନା ମିଳେ ନାହିଁ ।

ବିଶେଷକରି ଯାଯାବର ଜୀବନ, ଦୁର୍ବଳ ଅର୍ଥନୀତି ଏବଂ ସାଂସ୍କୃତିକ ଉଦାସୀନତା ହୁଏତ ଏହାର କାରଣ ହୋଇପାରେ । ତେବେ ଅନ୍ୟ ଜନଜାତିଙ୍କର ଓଡ଼ିଆ ସମାଜ ସହିତ ସମନ୍ୱୟ କାରଣରୁ କେତେକ କ୍ଷେତ୍ରରେ ଆଦିବାସୀ ଲୋକକଳାରେ ଆର୍ଯ୍ୟ ପ୍ରଭାବ ପରିଲକ୍ଷିତ ହୁଏ ।

କେତେକ ଜନଜାତିର କାନ୍ଥ ବ୍ୟତୀତ ଘରେ ତିଆରି ହୋଇଥିବା ଥାକ ବା ଠଣାର ଚତୁଃପାର୍ଶ୍ୱରେ ଚିତ୍ର ଅଙ୍କନ କରାଯାଇଥାଏ । ସଂପ୍ରତି ଅନେକ ଜନଜାତି ଚିତ୍ରକଳାରେ ଆର୍ଯ୍ୟ ପରଂପରା ଅନୁସରଣ ପୂର୍ବକ ଦୁର୍ଗା, ଲକ୍ଷ୍ମୀ, ଶ୍ରୀଜଗନ୍ନାଥ, ଓଁ ଆଦି ଦେଖିବାକୁ ମିଳେ । ଯାହାହେଉନା କାହିଁକି ଆଦିବାସୀ ଚିତ୍ରକଳା ତାହାର ପରଂପରାକୁ ନେଇ ମହୀୟାନ ଏବଂ ତାହା ଅତ୍ୟନ୍ତ ଅର୍ଥବ୍ୟଞ୍ଜକ । ତେବେ ସେହି ଚିତ୍ର ଯେ ଗୋଟିଏ ଜନଜୀବନର ପ୍ରତିନିଧିତ୍ୱ କରିବାରେ ସମର୍ଥ ଏହା ସ୍ୱୀକାର କରାଯାଇପାରେ ।

ଏବେ ଆମେ ଚର୍ଚ୍ଚା କରିବା ଆଦିବାସୀର ଶରୀର କଳା ବା ଚିତାକୁଟା ସଂପର୍କରେ । ଏହା ଆଦିବାସୀର କାନ୍ଥ ଚିତ୍ରକଳା ପରି ଅତ୍ୟନ୍ତ ପ୍ରାଚୀନ । ଓଡ଼ିଶାର ଅଧିକାଂଶ ଆଦିବାସୀ ମହିଳାଙ୍କ ସମେତ କନ୍ଧ ଓ ପରଜାଗୋଷ୍ଠୀର ପୁରୁଷମାନେ ମଧ୍ୟ ଚିତାକୁଟାଇ ଥା'ନ୍ତି । କେତେକ ଆଦିବାସୀ ସମାଜରେ ଏହାକୁ 'ବାନାଗୋଦ୍‌କି' କହନ୍ତି । ସାଧାରଣତଃ ଚିତାକୁଟୁଣୀମାନେ ଏହି ଶରୀର କଳାରେ ପାରଙ୍ଗମ । ଏହି କୁଟୁଣୀମାନେ ଶରୀର ଚିତ୍ର ଆଙ୍କିବା ପୂର୍ବରୁ ଅଙ୍ଗାରରେ ଭୂଇଁରେ ଆଙ୍କି ଦେଖାଇଥା'ନ୍ତି । ତେବେ ଭିନ୍ନଭିନ୍ନ ଗୋଷ୍ଠୀର କେତେକ ସ୍ୱତଂତ୍ର ଚିତା ଦେଖିବାକୁ ମିଳୁଥିବାରୁ ସେମାନେ କେଉଁ ଗୋଷ୍ଠୀର ତାହା ଚିହ୍ନିବାକୁ ସହଜ ହୋଇଥାଏ ।

ଯେମିତି ଗଣ୍ଡମାନେ କପାଳରେ ଚନ୍ଦ୍ରମା ଅଙ୍କନ କରୁଥିଲାବେଳେ କନ୍ଧମାନେ ମୁହଁ ଓ ଗାଲରେ ବିନ୍ଦୁ, ବୃତ୍ତ ଏବଂ ସମାନ୍ତରାଳରେଖା ଅଙ୍କନ କରିଥାନ୍ତି । ବଣ୍ଡା, ପରଜା, ଗଣ୍ଡିଆ, କୋୟା, ସାନ୍ତାଳ ମହିଳାମାନେ ଶରୀରରେ ପଶୁପକ୍ଷୀ, ଦେବ-ଦେବୀର ସାଂକେତିକ ଚିତ୍ର, ବୃତ୍ତ, ଅର୍ଦ୍ଧବୃତ୍ତ, ବିଛା, ସୂର୍ଯ୍ୟ ଆଦି କୁଟେଇ ଥା'ନ୍ତି । କିଛି ଲୋକବିଶ୍ୱାସ କାରଣରୁ ଏବଂ ଶରୀରର ସୌନ୍ଦର୍ଯ୍ୟ ବୃଦ୍ଧି କରିବା ପାଇଁ ସେମାନେ ଚିତା କୁଟାଇଥାନ୍ତି । ଚିତା କୁଟାଇଲା ବେଳେ କୁଟୁଣୀମାନେ ଛୁଇଁ ସାହାଯ୍ୟରେ ଫୋଡ଼ି କଳାଗୁଣ୍ଡ ଓ ଶାଳକାଠର ପାଣିରୁ ପ୍ରସ୍ତୁତ ଏକ ମିଶ୍ରଣକୁ ବ୍ୟବହାର କରନ୍ତି । ତେବେ ଏହା କେତେବେଳେ ଈଷତ୍ ନୀଳ ବା କଳା ଦେଖାଯାଏ । ପାରଂପରିକ ଲୋକକଳା ଭାବରେ ଅଙ୍ଗରେ ଯେଉଁ ଚିତ୍ର ଅଙ୍କନ କରାଯାଏ ସେଥିରୁ କିଛି ଉପସ୍ଥାପନ କରାଗଲା ।

ଶରୀରର ଅଂଶ	ଅଙ୍କିତ ଚିତ୍ର
କପାଳ	ଟେକା, ଚନ୍ଦ୍ରମା, ବିଛୁ, ଅର୍ଦ୍ଧବୃତ୍ତ, ବିନ୍ଦୁ, ସମାନ୍ତରାଳରେଖା
ଆଣ୍ଠୁ	ଫୁଲିଆ
ଗୋଡ଼	ଚକମକ୍ ଗାର, ହିରଣ
ଜଙ୍ଘ	କାଜେରୀ
ଗାଲ	ଛୋଟଫୁଲ, ବିନ୍ଦୁ, ରେଖା, ତ୍ରିଭୁଜ
ଛାତି	ହଳଦୀଗଣ୍ଠି, ବିନ୍ଦୁ
ବେକ	ଜଞ୍ଜିର, ଫୁଲହାର
ହାତ	ମୁଠି, ମୟୂର, ଫୁଲ, ପକ୍ଷୀ
ଆଙ୍ଗୁଠି	ଫୁଲ, ବିଛା
ପିଠି	ଫୁଲ, ବିଛା
ବାହୁ	ବିଛୁ, ଭୁଜ, ଦେବ-ଦେବୀ, ଗାର
ଥୋଡ଼ି	ଚଢ଼େଇ ପାଟ, ଥୋଡ଼ିରେଖା
ନାକ	ବିନ୍ଦୁ, ନାକରେଖା, ଛୋଟଫୁଲ

ତେବେ ଏହି ଲୋକକଳାର ଏକ ପ୍ରତୀକାତ୍ମକ ବିଚାର ରହିଛି । ନିର୍ଦ୍ଦିଷ୍ଟ କିଛି ଚିତା ରହିଛି ତାହା ଅଙ୍କିତ ହୋଇଥିଲେ ତରୁଣୀଟି ବିବାହଯୋଗ୍ୟା ବୋଲି ଜାଣିହୁଏ । ଆଉ କିଛି ଚିତାରୁ ତରୁଣୀଟି ବିବାହିତା ବୋଲି ଜାଣିହୁଏ । ଅତଏବ ଜନଜାତିର ଏହି ଚିତାକୁଟା ପରମ୍ପରାରେ ଯେଉଁ କଳାତ୍ମକତା ରହିଛି ତାହା ସେମାନଙ୍କର ଲୋକକଳା ଓ ସୌନ୍ଦର୍ଯ୍ୟବୋଧର ଅନନ୍ୟ ପରିଚୟ ଦେବାରେ ସମର୍ଥ ।

ଆଦିବାସୀ ସମାଜ ଦ୍ୱାରା ପ୍ରାକୃତିକ ଉପାଦାନ ସଂଗ୍ରହ କରାଯାଇ ଅନେକ ପ୍ରକାରର ହସ୍ତଶିଳ୍ପ ପ୍ରସ୍ତୁତ କରାଯାଇଥାଏ, ଯାହା ଲୋକକଳା ଅନ୍ତର୍ଭୁକ୍ତ । ନିଜର ନିତ୍ୟ ବ୍ୟବହାର୍ଯ୍ୟ ସାମଗ୍ରୀ ପ୍ରସ୍ତୁତି ପାଇଁ ସେମାନେ କାଠ, ବାଉଁଶ, ପଥର, ମାଟି, ରେଶମ, ଘାସ, ଧାତବ ପଦାର୍ଥ, ଶିଙ୍ଗ ଆଦି ସଂଗ୍ରହ କରି ତାଙ୍କ କଳାତ୍ମକତାକୁ ରୂପ ଦେଇଥାନ୍ତି । କାଠ, ବାଉଁଶ, ପଥରରେ ପ୍ରସ୍ତୁତ ବ୍ୟବହାର୍ଯ୍ୟ ସାମଗ୍ରୀରେ ଫୁଲ, ପତ୍ର, ଲତା, ରେଖା, ତ୍ରିଭୁଜ ଆଦି ଅଙ୍କନ କରିଥାନ୍ତି । ଏହା ବ୍ୟତୀତ କାର୍ପାସ ବସ୍ତ୍ର ଓ ରେଶମ ବସ୍ତ୍ର ହସ୍ତତନ୍ତ ଦ୍ୱାରା ପ୍ରସ୍ତୁତି ବେଳେ ବିଭିନ୍ନ ଡିଜାଇନ୍ ସେମାନେ କରନ୍ତି ଯାହା ତାଙ୍କ ଚିତ୍ରକଳା ଅନୁସରଣରେ ପ୍ରସ୍ତୁତ । ନୃତ୍ୟ ସମୟରେ ବ୍ୟବହୃତ ରଙ୍ଗବେରଙ୍ଗର ପୋଷାକ, ପଗଡ଼ିରେ ପାରଂପରିକ ଭାବେ ପକ୍ଷୀର ପର, ରଙ୍ଗବେରଙ୍ଗର

ସୂତା, ମାଳି, କଉଡ଼ି ଏବଂ ଆବଶ୍ୟକ ସ୍ଥଳରେ କେତେକ ଜନଜାତିରେ ଗୟଳଶିଙ୍ଗ ଲଗାଇଥା'ନ୍ତି ।

ପିତ୍ତଳ ଓ ଆଲୁମିନିୟମ୍ ଧାତୁକୁ ତରଳାଇ ପ୍ରସ୍ତୁତ ହୋଇଥିବା ଅନେକ ପ୍ରକାର ଉପକରଣ ଓ ଗୃହସଜ୍ଜା ସାମଗ୍ରୀ ଆଦିବାସୀ ଲୋକକଳାର ଅନନ୍ୟ ନିଦର୍ଶନ । ଏହି ଧାତବ ପଦାର୍ଥରେ ସେମାନେ ପୂଜା ଉପକରଣ, ଅଳଙ୍କାର, ସୌଖୀନ ସାଜସଜ୍ଜା ସାମଗ୍ରୀ ପ୍ରସ୍ତୁତ କରିଥାନ୍ତି । ଏପରିକି ବିଭିନ୍ନ ପ୍ରକାରର ପଶୁ-ପକ୍ଷୀ ଓ ପ୍ରତୀକାତ୍ମକ ବାଦ୍ୟଯନ୍ତ୍ର, ଆଦିବାସୀ ନୃତ୍ୟରତା ତରୁଣ-ତରୁଣୀ, ଉପହାର ସାମଗ୍ରୀ ହସ୍ତଶିଳ୍ପକଳା ଭାବରେ ସେମାନଙ୍କ ସୌନ୍ଦର୍ଯ୍ୟବୋଧକୁ ବଖାଣିବାରେ ସମର୍ଥ । ଏପରିକି ସେମାନଙ୍କ ବାଦ୍ୟଯନ୍ତ୍ରରେ ମଧ୍ୟ ସୌନ୍ଦର୍ଯ୍ୟ ବୃଦ୍ଧି ପାଇଁ ସେମାନେ କାରୁକାର୍ଯ୍ୟ କରିଥାନ୍ତି ।

ଆମେ ଆଦିବାସୀ ଲୋକକଳାର କେତୋଟି ସ୍ୱତଂତ୍ର ବ୍ୟାବହାରିକ ଦିଗ ଓ ଲୋକବିଶ୍ୱାସ ସଂପର୍କରେ ସାରଣୀରେ ଉପସ୍ଥାପନ କରିବା ଯାହା ଗବେଷଣା କାଳରେ ଦୃଷ୍ଟିକୁ ଆସିଛି ।

ହସ୍ତଶିଳ୍ପ / ଚିତ୍ରକଳା	**କାର୍ଯ୍ୟ-କାରଣ ପ୍ରସଙ୍ଗ ଓ ବିଶ୍ୱାସ**	**ଜନଜାତି**
୧.ବାଉଁଶ ପାନିଆ	ପ୍ରେମିକ-ପ୍ରେମିକାକୁ ଉପହାର ଦେଲେ ସଂପର୍କ ସୁଦୃଢ଼ ରହେ / ପୁରୁଷମାନଙ୍କର ରସିକପଣ ଜଣାପଡ଼େ	ଜୁଆଙ୍ଗ, କୁଟିଆକନ୍ଧ
୨.ଦାନ୍ତି ପାନିଆ (ପଶୁ-ପକ୍ଷୀ ଆକାର)	ଯୁବତୀମାନେ ଜୁଡ଼ା ବାନ୍ଧି ମୁଣ୍ଡରେ ପାନିଆ ଖୋସିବା ପରଂପରା ଓ ସୌନ୍ଦର୍ଯ୍ୟରେ ସହାୟକ	ଗଣ୍ଡ
୩. କାଇଁଚମାଳି, କଉଡ଼ିମାଳି ଇତ୍ୟାଦି	ରଙ୍ଗିନ୍ ମାଳି ପିନ୍ଧିଲେ ଶରୀରର କଳାରଙ୍ଗରେ ଭାରି ମାନିବ ଓ ସୌନ୍ଦର୍ଯ୍ୟ ବୃଦ୍ଧିରେ ସହାୟକ	ବଣ୍ଡା, କୋୟା, ଗଣ୍ଡ ଇତ୍ୟାଦି
୪. ମଣିଷ, ବଳଦ, ଶୁଆ, ମୟୂର ଆଦି କାନ୍ଥଚିତ୍ର	ସତ୍ୟର ପ୍ରତୀକ ଭାବରେ ବ୍ୟବହୃତ, ଏହି ଚିତ୍ର ଅଙ୍କନ ଓ ଦର୍ଶନ ଦ୍ୱାରା ଜଣେ ସତ୍ୟପଥରୁ ବିଚ୍ୟୁତ ହୋଇନଥାଏ	ସାନ୍ତାଳ, ବାଥୁଡ଼ି ଇତ୍ୟାଦି
୫. ମୟୂର ଚିତ୍ର ଅଙ୍କନ	ଏହା ଅଙ୍କନ କଲେ ଘରକୁ ସମୃଦ୍ଧି ଆସିଥାଏ	ଉତ୍ତର ଓଡ଼ିଶାର ଅଧିକାଂଶ ଜନଜାତି
୬. ହାତୀ ଚିତ୍ର ଅଙ୍କନ	ଏହି ଚିତ୍ର ଅଙ୍କନ ଦ୍ୱାରା ବର୍ଷା ଠିକ୍ ସମୟରେ ହୋଇଥାଏ, ହାତୀକୁ ବର୍ଷାର ପ୍ରତୀକ ଭାବରେ ଗ୍ରହଣ କରାଯାଇଛି ।	ସାନ୍ତାଳ
୭. ଶରୀରରେ ଚିତା କୁଟାଇବା	କୁ-ଦୃଷ୍ଟିରୁ ରକ୍ଷା କରିବା ସହିତ ମୃତ୍ୟୁ ପରେ ଯମଦଣ୍ଡ ମିଳି ନଥାଏ	କୋୟା, କନ୍ଧ, କୁଟିଆ, ଗଣ୍ଡ ଇତ୍ୟାଦି

୮. ଭିତର ଘର ଝୋଟିଚିତା	ପୂର୍ବପୁରୁଷ ବା ଡୁମାଦେବତାଙ୍କୁ ସନ୍ତୁଷ୍ଟ କରିବା ପାଇଁ ଚିତ୍ର, ଏହାଦ୍ୱାରା ପୂର୍ବଜଙ୍କ ଆଶୀର୍ବାଦ ମିଳିଥାଏ ।	ଦକ୍ଷିଣ ଓଡ଼ିଶାର ଅଧିକାଂଶ ଜନଜାତି
୯. ଚିତ୍ରିତ କାଠମୁଖା	ମନୋରଞ୍ଜନ ସହିତ ରସ ସୃଷ୍ଟିରେ ସହାୟକ	ସାନ୍ତାଳଙ୍କ ମେଲାଙ୍ଗ ଓ ଦେଶିଆ ନାଟରେ ଆବଶ୍ୟକ ବେଳେ ବ୍ୟବହୃତ
୧୦.ଇଡ଼ିତାଲ କୋଠିଚିତ୍ର	ପ୍ରେତମାନେ ଚିତ୍ରକୋଠିର ଚିତ୍ରରେ ବାସ କଲେ ସେମାନେ ଶାନ୍ତି ପାଇବେ ଓ ପରିବାରର ମଙ୍ଗଳ ହେବ	ସଉରା

ସଂପ୍ରତି ଜଗତୀକରଣର ପ୍ରଭାବ ଆଦିବାସୀର ଲୋକକଳା ଉପରେ ପଡ଼ିଛି । ଯାହାଦ୍ୱାରା ସେମାନଙ୍କ ଲୋକକଳାରେ ନବସର୍ଜନ, ମିଶ୍ରଣ ହେବା ସହିତ କେତେକ ସ୍ଥଳରେ ତାହା ପତନୋନ୍ମୁଖୀ । ଇଡ଼ିତାଲ୍‌ର ବଜାର ଚାହିଦା ବଢ଼ିଛି ଓ ଆଧୁନିକ ଚିତ୍ରକଳାର ମିଶ୍ରଣ ଫଳରେ ତାହା ଆଦିବାସୀ ଲୋକକଳାର ପ୍ରତୀକ ଭାବରେ ପରିଚିତ । ସେହିପରି ହସ୍ତଶିଳ୍ପରେ ଡୋକ୍ରାକାଷ୍ଟିଂ, ଟେରାକୋଟା ଶିଳ୍ପ ଆଦିର ଆଧୁନିକ ପ୍ରଶିକ୍ଷଣ ଫଳରେ ଲୋକଧାରା ଦିଗଟିର ପରଂପରା ଓ ସଂସ୍କୃତି ହଜିବା ସହିତ କେବଳ ବାଣିଜ୍ୟ-ବିପଣୀର ବଜାର ଚାହିଦା ଦ୍ୱାରା ପ୍ରଭାବିତ । କେତେକ କ୍ଷେତ୍ରରେ ଲୋକନୃତ୍ୟରେ ବ୍ୟବହୃତ ପାରଂପରିକ ମୁଖା, ପଗଡ଼ି, ବେଶ-ଭୂଷା, ଅଳଙ୍କାର ମଧ୍ୟରେ ଆଧୁନିକତାର ମିଶ୍ରଣ ଘଟିଛି । ନୃତ୍ୟରେ ଫ୍ୟୁଜନ୍ ହେବା ଫଳରେ ପରଂପରା ଅଲୋଡ଼ା । ତଥାପି ଜନଜାତିର ଲୋକକଳା ଯେତେଦିନ ଯାଏଁ ତା'ର ସର୍ଜନ କର୍ତ୍ତାଙ୍କ ଦ୍ୱାରା ଜୀଇଁ ରହିଥିବ, ସେତେଦିନ ଯାଏଁ ତାହାର ମୌଳିକତା ଯେକୌଣସି ବ୍ୟକ୍ତିଙ୍କୁ ଆକର୍ଷିତ କରିବାରେ ସମର୍ଥ ହେବ, ଏହା ନିଃସନ୍ଦେହରେ କୁହାଯାଇପାରେ ।

■

ସହାୟକ ଗ୍ରନ୍ଥସୂଚୀ :

୧. ଓଡ଼ିଆ ସାହିତ୍ୟ ଓ ଆଦିବାସୀ ସଂସ୍କୃତି - ଓଡ଼ିଶା ସାହିତ୍ୟ ଏକାଡ଼େମୀ, ୧୯୮୧
୨. ଓଡ଼ିଶାର ଆଦିବାସୀ; ସେନାପତି, ରବୀନ୍ଦ୍ରମୋହନ, ବିଦ୍ୟାଭାରତୀ, ୨୦୦୬
୩. ଓଡ଼ିଶାର ଜନଜାତି: ଏକ ସାମାଜିକ ଓ ସାଂସ୍କୃତିକ ଅଧ୍ୟୟନ; ପାତ୍ର, ଦେବାଶିଷ, ଓଡ଼ିଆ ଭାଷା ପ୍ରତିଷ୍ଠାନ, ୨୦୨୦ ।

ଜନଜାତି ଲୋକପରମ୍ପରାରେ ସବୁଜ ଦୃଷ୍ଟି

ମଣିଷ ଓ ପ୍ରକୃତି ମଧ୍ୟରେ ଥିବା ପାରସୂଚିକତା, ନିର୍ଭରଶୀଳତା ଜୀବନପ୍ରବାହର ଏକ ପ୍ରମୁଖ ରୂପ । ଏହି ପ୍ରବାହର ନିତ୍ୟ ନୂତନ ଓ ବିବିଧ ବୈଚିତ୍ର୍ୟ ଭାବ ନେଇ ମଣିଷର ପରିଧିକୁ ବିସ୍ତାରିତ କରେ । ଅନେକ ସମୟରେ ଏହି ବିସ୍ତାରିତ ଭାବ ବ୍ୟକ୍ତିସତ୍ତାକୁ ଅନନ୍ତସତ୍ତା ସହିତ ଯୋଡ଼ିଦିଏ । ଅନନ୍ତସତ୍ତାରେ ସମାହିତ ମାନସିକତା ତା' ଚାରିପଟେ ଥିବା ଜଙ୍ଗଲ, ଝରଣା, ଶାଳବଣ, କୋଇଲିଗୀତ, ଡଙ୍ଗରକ୍ଷେତ ସହିତ ଅନେକ ସମୟରେ ମିତ ବସେ । ପରିବେଶ ଓ ଅନୁଭୂତିର ଯୁଗଳମୁଦ୍ରା ନୂତନ ଅନ୍ୱେଷଣ ପାଇଁ ତାକୁ ଉତ୍ସାହିତ କରେ । ବ୍ୟକ୍ତି ସେତେବେଳେ ମୁଖରିତ ହୁଏ ଆଉ ତା' ଭିତରର ସରଳତା ତାକୁ ନେଇଯାଏ ବିଶ୍ୱାୟନର ସବୁଜ ପରିବେଶକୁ । ସେ ଦେଖେ ଗଛ, ଜଙ୍ଗଲ, ଅରଣ୍ୟ; ମାତ୍ର ଗଛ ଖାଲି ଗଛ ହୋଇ ରହେନାହିଁ ବରଂ ଚେତନାର ଉତ୍ତରଣରେ ତାହା ବଦଳିଯାଏ ସବୁଜ ଦୃଷ୍ଟିରେ । ସେହି ଦୃଷ୍ଟି ତାକୁ ଯୋଡ଼ିଦିଏ ଗଛ ସହିତ, ଜଙ୍ଗଲ ସହିତ, ପ୍ରକୃତି ସହିତ ।

ସକାଳର ସୁରୂଜ ଉଠିଲା ବେଳକୁ ଆମ ଗାଡ଼ି ପହଞ୍ଚିଲାଣି ପୂର୍ବଘାଟ ପର୍ବତମାଳାର ଅଙ୍କାବଙ୍କା ରାସ୍ତାରେ । ଆମ ଚାରିପାଖର ପାହାଡ଼ରେ ଭରି ଯାଇଥିଲା ଶାଶ୍ୱୀୟ ସବୁଜତା । କେଉଁଠି କେଉଁଠି ଡଙ୍ଗରକ୍ଷେତରେ ହସୁଥିଲା ସୁନାର ଫସଲ । ଜନଜାତିର ଜୀବନ ଅନ୍ୱେଷଣ ଓ ଗବେଷଣା ପାଇଁ ଆମେ ଚାଲିଥିଲୁ ମାଲକାନଗିରି ଅଭିମୁଖେ । ରାସ୍ତାର କଡ଼େକଡ଼େ ଥିବା ଶାଳ-ଶାଗୁଆନଗଛ ସବୁ କାକରରେ ଭିଜି ଥିଲା । ଜାଙ୍ଗଲିକ ସୁଷମା ଭରା ବିଜନ ବନଭୂଇଁ ମୁଖରିତ ହେଉଥିଲା ଝରଣାର ଝର୍ଝର ଶବ୍ଦରେ ଆଉ ପକ୍ଷୀର କୁଜନରେ । ବଣ-ପାହାଡ଼ ଡେଇଁ ଆମେ ପହଞ୍ଚିଲୁ ଇରାଲଗୁଣ୍ଡିରେ ଯେଉଁଠି କୋୟା ସଂସ୍କୃତି ଓ ପରମ୍ପରାର ମହକ ଆମକୁ ଆମୋଦିତ କରୁଥିଲା ।

ଜନଜାତି ଜୀବନଚର୍ଯ୍ୟା ଉପରେ ଆମର ଗବେଷଣା କରିବା କଥାଶୁଣି ଗାଁ ମୁଖିଆ ଆମ ରହିବାର ବ୍ୟବସ୍ଥା କଲେ । ଆମକୁ ସହଯୋଗର ହାତ ବଢ଼ାଇଲା

ପାଠପଢ଼ିଥିବା ଆଦିବାସୀ ଯୁବକ ନନ୍ଦୁକବାସୀ । ଯିଏକି ସମସ୍ତ ତଥ୍ୟ ଯୁକ୍ତିସିଦ୍ଧ ଭାବରେ ଆମ ପାଖରେ ଉପସ୍ଥାପନ କରିବାର ଦାୟିତ୍ୱ ନେଇଥିଲା । ସେ କହୁଥିଲା, ଆଦିବାସୀ ସଂସ୍କୃତି କେତେ ମହାନ । ତେବେ ବିଶେଷକରି ପ୍ରକୃତି ଓ ବୃକ୍ଷଲତା କିପରି ସେମାନଙ୍କ ଜୀବନର ମୂଳାଧାର ତାହା ବଖାଣିବା ପୂର୍ବରୁ ଆମ ସମସ୍ତଙ୍କୁ ଗ୍ରାମଦେବୀଙ୍କ ଆସ୍ଥାନ 'ନିଶାଣୀ ମୁଣ୍ଡା' ପାଖକୁ ନେଇଗଲା । ଯେଉଁଠି ଗୋଟିଏ ବୃକ୍ଷତଳେ ତାଙ୍କ ଆସ୍ଥାନ ଥିଲା । ବୃକ୍ଷ କିପରି ଆଦିବାସୀ ଜୀବନରେ ଶୁଭଙ୍କର ପ୍ରତୀକ ତାହା ସେ ବୁଝାଇବାରେ ଲାଗିଲା ।

ବୃକ୍ଷପୂଜା ଆଦିବାସୀ ସମ୍ପ୍ରଦାୟର ଏକ ପରମ ବିଭବ । କୌଣସି ବୃକ୍ଷର ଫଳ ଖାଇବା ପୂର୍ବରୁ ଆଦିବାସୀମାନେ ସେହି ବୃକ୍ଷକୁ ପୂଜା କରିଥାନ୍ତି । କାରଣ ଏହି ବୃକ୍ଷ ହିଁ ସେମାନଙ୍କୁ ଖାଦ୍ୟ, ବସ୍ତ୍ର ଓ ବାସଗୃହ ଯୋଗାଇଥାଏ । ଏପରିକି ଏହି ବୃକ୍ଷ ଉପାସନା ପରମ୍ପରାରୁ ଯେ 'ପର୍ଣ୍ଣଶବରୀ' ଓ 'ଦାରୁଦେବତା'ଙ୍କ ସୃଷ୍ଟି ତାହା ନନ୍ଦୁକବାସୀ ବର୍ଣ୍ଣନା କଲା । ପୁଣି ଦୁର୍ଗାପୂଜାରେ ବିଲ୍ୱବୃକ୍ଷ ଉପାସନା ଓ ନବପତ୍ର ପ୍ରଚଳନ ଏହି ଜନଜାତି ସଭ୍ୟତାରୁ ଆର୍ଯ୍ୟସଭ୍ୟତା ଆହରଣ କରିଛି । ଆଦିବାସୀମାନେ ବୃକ୍ଷ ସହିତ ମାଟି, ଜଳ ଓ ସୂର୍ଯ୍ୟଙ୍କୁ ବି ପୂଜା କରିଥାନ୍ତି । କାରଣ ଏହି ପ୍ରକୃତି ହିଁ ସକଳଶକ୍ତିର ଆଧାର । ଏହି ଯୁକ୍ତି ଯେପରି ଭାବେ ବୈଦିକ, ସେହିପରି ଭାବରେ ବୈଜ୍ଞାନିକ । ଆପଣ ଯେତେ ବି ଆଦିବାସୀ ଗାଁ ଦେଖିବେ ସେଠାରେ ଲୋକଦେବତା ଭାବରେ କାଠର ଖୁଣ୍ଟଟିଏ ପୂଜା ପାଉଥିବେ । କେବଳ ସେତିକି ନୁହେଁ ଏହି ବୃକ୍ଷ ଉପାସନା ପୁଣି ଆପଣ ଭିନ୍ନ ଭିନ୍ନ ଭାବରେ ମଧ୍ୟ ଦେଖିବାକୁ ପାଇବେ ।

ନନ୍ଦୁକବାସୀ ଆମକୁ ଗାଁ ଶେଷ ମୁଣ୍ଡରେ ଥିବା ଏକ ଛୋଟ ଜଙ୍ଗଲ ଆଡ଼େ ବୁଲାଇ ନେଲା । କହିଲା ଏହା ହେଉଛି 'ପବିତ୍ର ବନ' । ଅଧିକାଂଶ ଆଦିବାସୀ ଗାଁରେ ଏହିପରି ପବିତ୍ର ବନଟିଏ ରହିଥାଏ । ଯାହା ଧର୍ମୀୟ ପରମ୍ପରା ଓ ବୈଜ୍ଞାନିକ ଦୃଷ୍ଟିଭଙ୍ଗୀକୁ ପ୍ରତିପାଦିତ କରେ । ଉକ୍ତ ବନରେ ନିମ୍ବ, ବେଲ, ହରିଡ଼ା, ଶାହାଡ଼ା, ଆମ୍ବ, ପଣସ, ପିଜୁଳି, ବାହାଡ଼ା, ଅଁଳା, କରମା, ଶାଳ, ଅସନ, ପିଆଶାଳ, ଶାଗୁଆନ ପରି ଅନେକ ଔଷଧୀୟ ବୃକ୍ଷ ଥିଲା । ଏହି ପବିତ୍ର ବନରୁ ଆଦିବାସୀମାନେ ଲୋକ ଚିକିତ୍ସା ପଦ୍ଧତିରେ ବ୍ୟବହୃତ ଚେରମୂଳ ସଂଗ୍ରହ କରନ୍ତି । ଗାଁ ଲୋକଙ୍କ ବିଶ୍ୱାସ ଏହି ପବିତ୍ର ବନ ହେଉଛି ବନଦେବୀଙ୍କ ଆଶ୍ରୟସ୍ଥଳ । ଏହି ଜଙ୍ଗଲରୁ ଗଛ କାଟିଲେ କି ନିଆଁ ଲଗାଇଲେ ଗାଁରେ ଅନିଷ୍ଟ ହେଉଥିବା ବିଶ୍ୱାସ ରହିଛି । ତେଣୁ 'ପବିତ୍ର ବନ' ଆଦିବାସୀଙ୍କ ଆସ୍ଥା ଓ ବିଶ୍ୱାସର ପ୍ରତୀକ ।

ଆମେ ଗାଁକୁ ଫେରିବା ବାଟରେ କିଛି ଭିନ୍ନ ଧରଣର ଗଛ ଦେଖି ସେ ଗଛ

ବିଷୟରେ ଜାଣିବା ପାଇଁ ପଚାରିବାରୁ ନନ୍ଦୁକବାସୀ କହିଲା - ଏହା ହେଉଛି ମହୁଲଗଛ, ଆଉ ପ୍ରତିଟି ଘର ଅଗଣାରେ ଥିବା ଗଛଟି ହେଉଛି ସଲପଗଛ । ମହୁଲ ଓ ସଲପଗଛ ଆଦିବାସୀଙ୍କ ଅର୍ଥନୈତିକ ଅଭିବୃଦ୍ଧିରେ ପ୍ରମୁଖ ଭୂମିକା ଗ୍ରହଣ କରିଥାଏ । ଏହି ଦୁଇ ବୃକ୍ଷକୁ ସେମାନେ ରୋଜଗାରିଆ ପୁଅ ଭାବରେ ଗ୍ରହଣ କରିବା ସହିତ ତାହାର ବିଶେଷ ଯତ୍ନ ନେଇଥାନ୍ତି ।

ଯେଉଁ ଆଦିବାସୀର ଘରବାଡ଼ିରେ ସଲପ ଗଛଟିଏ ଥିବ, ସେ ଯେ ସ୍ୱଚ୍ଛଳ ତାହା ତାଙ୍କ ସମାଜରେ ଗ୍ରହଣ କରନ୍ତି । ଏହି ଗଛର ଚାରା ରୋପଣର ୧୦-୧୨ବର୍ଷ ମଧ୍ୟରେ ଗଛରେ ଚଅଁର ବା ପିଲ ଆସେ । ଏହି ଚଅଁରରେ ଫୁଲ ଫୁଟିବା ପୂର୍ବରୁ ତା'ର ଅଗ୍ରଭାଗକୁ କାଟି ସଲପ ରସ ସଂଗ୍ରହ ପାଇଁ ଏକ ମାଠିଆ ଝୁଲାଇ ଦିଆଯାଏ । ଏହି ରସ ପାନୀୟ ଭାବରେ ବ୍ୟବହାର ହୁଏ । ସଲପଗଛ ତା' ଜୀବନକାଳରେ ୧୦ରୁ ଅଧିକ ଚଅଁର ଦେଇଥାଏ । ପ୍ରତ୍ୟେକ ଚଅଁରରୁ ଦୈନିକ ୧୦-୧୨ଲିଟର ରସ ପ୍ରାୟ ଚାରିମାସ ପର୍ଯ୍ୟନ୍ତ ବାହାରେ । ଦୈନିକ ହାରାହାରି ଦୁଇଶହରୁ ତିନିଶହଟଙ୍କା ହିସାବରେ ପ୍ରତିଟି ସଲପଗଛ ତିନିଲକ୍ଷରୁ ଅଧିକ ଟଙ୍କାର ରସ ଦେଇଥାଏ । ଏହି କାରଣରୁ ସଲପଗଛର ମାଲିକାନା ଥିବା ଲୋକଙ୍କ ଅବସ୍ଥା କିଛି ପରିମାଣରେ ସ୍ୱଚ୍ଛଳ ।

ସେହିପରି ଚୈତ୍ରମାସ ଆସିଲେ ମହୁଲଗଛରୁ ଫୁଲ ସଂଗ୍ରହ କରନ୍ତି ଜନଜାତି । ଫୁଲ ସଂଗ୍ରହ ପରେ ତାକୁ ଶୁଖାଇ ସେଥିରୁ ଖାଦ୍ୟ ଓ ପାନୀୟ କରନ୍ତି । ବଳକା ଫୁଲ ବିକି ବେଶ୍ କିଛି ପଇସା ରୋଜଗାର କରନ୍ତି । ମହୁଲଗଛରେ ଫଳ ହେଲେ ତାହାକୁ 'ଟୋଲ' କୁହାଯାଏ । ସେହି ଟୋଲ ପାକଳ ହେଲେ ସେଥିରୁ ତେଲ ପ୍ରସ୍ତୁତ କରାଯାଏ । ଆଦିବାସୀମାନେ ଏହି ତେଲ ରୋଷେଇରେ ବ୍ୟବହାର କରିବା ସହିତ କେହି କେହି ମହୁଲ ମଞ୍ଜିକୁ ବିକି ଅର୍ଥ ଉପାର୍ଜନ କରନ୍ତି ।

ତେବେ ଏହି ଦୁଇଗଛ ବ୍ୟତୀତ ପଣସ, ଆମ୍ବ, ତେନ୍ତୁଳି, ବାଉଁଶ କରଡ଼ି ଆଦି ଜୀବନ ଧାରଣର ମାଧ୍ୟମ ସାଜିଥାଏ । ଆମ ଚାରିପାଖରେ ଜଙ୍ଗଲକୁ ଅନାଇ ନନ୍ଦୁକବାସୀ କହିଲା, 'ପ୍ରକୃତି ଗଛଲତା ଅଛି ତ ଆମେ ଅଛୁ, ସେ ନଥିଲେ ଆମେ ବି ନଥାନ୍ତୁ' ।

ପ୍ରଶ୍ନଟିଏ ମନକୁ ଆସିଲା, ପଚାରିଲି - ତମେ ସବୁ ଯଦି ଜଙ୍ଗଲକୁ ଏତେ ଭଲପାଉଛ, ଜଙ୍ଗଲରେ ନିଆଁ ଲଗାଉଛ କାହିଁକି ?

'ଜଙ୍ଗଲ ଆମର ଘରବାବୁ, କେହି କ'ଣ ନିଜ ଘରେ ଜାଣିଶୁଣି ନିଆଁ ଲଗାଏ । ଆମ ପୂର୍ବପୁରୁଷମାନେ ପୋଡୁ ଚାଷ କରିବା ପାଇଁ ବଣରେ ନିଆଁ ଲଗାଉଥିଲେ । କେହି କେହି ମହୁଲ ଫୁଲ ଫୁଟିବା ଆଗରୁ ଗଛ ତଳେ ଥିବା ଶୁଖିଲାପତ୍ରରେ ନିଆଁ ଲଗାନ୍ତି, ଫୁଲ ସାଉଁଟିବା ସହଜ ହେବ ବୋଲି । ତେବେ ଅସାବଧାନତା ପାଇଁ

ଜଙ୍ଗଲରେ ନିଆଁ ଚରିଯାଏ । ଜଙ୍ଗଲ, ଜୀବଜନ୍ତୁ, ପରିବେଶ ନଷ୍ଟ ହୋଇଯାଏ । ସେଥିପାଇଁ ଆମକୁ ବି କଷ୍ଟହୁଏ । ଯାହାହେଉ ଏବେ ଶିକ୍ଷା ଓ ସଚେତନତା କାରଣରୁ ଜଙ୍ଗଲରେ ନିଆଁ ଲଗାଇବା ଓ ଶିକାର କରିବା ବନ୍ଦ ରହିଛି । ଏବେ ଆମ ଆଦିବାସୀ ଲୋକେ ବୁଝିଲେଣି ଜଙ୍ଗଲ ଥିଲେ ହିଁ ସେମାନଙ୍କ ଜୀବନଧାରା ଠିକ୍ ରହିବ । ଝୁଣା, ମହୁ ପରି ଜଙ୍ଗଲଜାତ ଦ୍ରବ୍ୟ ବି ସୁଲଭ ହେବା ସହିତ ପଶୁପାଳନ ସହଜ ହେବ, ତେବେ ପ୍ରାକୃତିକ ସମ୍ବଳ ଭାବରେ ଜଙ୍ଗଲ କିପରି ଆଦିବାସୀର ଜୀବନ ସହିତ ଜଡ଼ିତ ତାହା ବୁଝାଇବାରେ ଲାଗିଥିଲା ନନ୍ଦୁକବାସୀ ।

ସାଂସ୍କୃତିକ ଭାବ ଦୃଷ୍ଟିରୁ ବିଚାର କଲେ ଜନଜାତିର ଅଧିକାଂଶ ବାଦ୍ୟଯନ୍ତ୍ର ଯଥା - ଢୋଲ, ମାଦଳ, ବଂଶୀ, ଟମକ, ଡୁଙ୍ଗ୍‌ଡୁଙ୍ଗା ଆଦି କାଠ ବାଉଁଶରୁ ପ୍ରସ୍ତୁତ; ଏହା ମଧ୍ୟ ପର୍ଯ୍ୟାବରଣ ଉପଯୋଗୀ । ସେହିପରି ବଣ୍ଡା ଆଦିବାସୀମାନେ କେରଙ୍ଗ ଗଛର ବଲ୍କଲରୁ ପ୍ରସ୍ତୁତ ସୂତାରେ ବସ୍ତ୍ର ତିଆରି କରିଥାନ୍ତି । ଏପିରିକି ମୁଣ୍ଡରେ ଖଜୁରୀ ପତ୍ରର ପଟି ମଧ୍ୟ ଲଗାଇଥାନ୍ତି । କେତେକ ଆଦିବାସୀ ଗୋଷ୍ଠୀ ଫଳର ମଞ୍ଜିରୁ ଅଳଙ୍କାର ପ୍ରସ୍ତୁତ କରି ବ୍ୟବହାର କରନ୍ତି । ସେହିପରି ଚିତାକୁଟାଇବା ବେଳେ ସେମାନେ ଶାଳଗଛରୁ ସଂଗୃହୀତ ଅଠାରୁ କଳାରଙ୍ଗ ବାହାର କରି ବ୍ୟବହାର କରିଥାନ୍ତି । ଆଦିବାସୀ ଲୋକନୃତ୍ୟ ଓ ପର୍ବପର୍ବାଣୀ ବେଳେ ଗଛର ଡାଳପତ୍ର, ଫୁଲ ଇତ୍ୟାଦି ବେଶଭୂଷାରେ ବ୍ୟବହୃତ ହୁଏ । ଏପରିକି ତାଙ୍କ ଲୋକଗୀତ ଓ ମନ୍ତ୍ରରେ ବୃକ୍ଷରାଜି, ପ୍ରକୃତି, ଫଳ-ଫୁଲ ଓ ଦୃଶ୍ୟମାନ ଜଗତର କଥା ରହିଛି; ଯେମିତି -

ଧାଂଡ଼ା - ତୁମେ ମଲ୍ଲିଫୁଲ ଆଉ ଚମ୍ପାଫୁଲ ପିନ୍ଧିଛକି ଧାଂଡ଼ୀ ।
ଧାଂଡ଼ୀ - ତୁମେ ମୟୂରଚୁଳ ପିନ୍ଧିଛ କି ଧାଂଡ଼ା ।
ଧାଂଡ଼ା - ତୁମେ କୁରେଇଫୁଲ ମଥାରେ ଖୋସିଛ କି ଧାଂଡ଼ୀ ।
ଧାଂଡ଼ୀ - ତୁମେ ସୁନାରିଫୁଲ ହାତରେ ଘୁଡ଼ାଇଛ କି ଧାଂଡ଼ା ।

ଉପରୋକ୍ତ ଗୀତରୁ ଆମେ ବୁଝିପାରିଲୁ ସେମାନଙ୍କ ପ୍ରକୃତି ପ୍ରାଣତା ଓ ଜୀବନର ଶାଶ୍ୱତ ତଥା ସୌନ୍ଦର୍ଯ୍ୟମୟ ଦିଗକୁ । ଗୀତ ଗୁଣୁଗୁଣଉଥିଲା ନନ୍ଦୁକବାସୀ ।

ଆମେ ଗାଁ ବାହାରେ ଥିବା ଡଙ୍ଗର କ୍ଷେତ ଆଡ଼େ ବୁଲି ବାହାରିଲୁ । କ୍ଷେତରେ ଧାନ, ମାଣ୍ଡିଆ ଶୋଭା ପାଉଥିଲା । ଆମର ଧ୍ୟାନ ଭଙ୍ଗକରି ସେହି ଗାଁର ଆଉ ଜଣେ ବୟୋବୃଦ୍ଧ କହିଲେ, ଏହିସବୁ ଚାଷରେ ଆମେ ପ୍ରକୃତି ଉପରେ ନିର୍ଭରଶୀଳ । ଜୈବିକ ଖତ ହିଁ ପ୍ରୟୋଗ ହେଉଛି ଚାଷରେ । ଆମେ କୌଣସି ରାସାୟନିକ ଔଷଧ ଓ ସାର ବ୍ୟବହାର କରି ବନଭୂମିକୁ ନଷ୍ଟ କରିବାକୁ ଚାହୁଁନା । ସେଥିପାଇଁ ଆଦିବାସୀ ଅଞ୍ଚଳର କୃଷି ସାମଗ୍ରୀର ବଜାରଦର ଅଧିକ ଏବଂ ଚାହିଦା ବି ଅଧିକ ।

ଇରାଲଗୁଣ୍ଡି ଗାଁ ଭିତରେ ବୁଲୁଥିବା ବେଳେ ନନ୍ଦୁକବାସୀ କହିଲା, ଆମର ଯେତିକି ଲୋକଗୀତ, ଲୋକ କାହାଣୀ, ମିଥ୍ ଅଛି ସବୁଥିରେ ରହିଛି ପ୍ରକୃତି, ପରିବେଶ, ମାଟି, ସୂର୍ଯ୍ୟ, ପାଣି, ପବନ, ନଦୀ, ପର୍ବତ, ଝରଣାର କଥା । ଏପରିକି ଆମ ବଞ୍ଚିବାର ଦର୍ଶନରେ ବି ସେ ପ୍ରକୃତି । ସେ ବୁଝାଇଲା ପରି କହିଲା, ବିବାହ ପରେ କନ୍ୟା ବିଦାୟ ଗୀତରେ କେମିତି ପଶୁପକ୍ଷୀର କଥା ରହିଛି-

ଚିଟକାଲ୍ ସଂଗୋ ସିନ୍ନେ ଓ ଟାନେ
ପାପଡ଼୍ ପୋଇଡ଼ା ମା' ବୋଂଦ୍
ନାଲ୍‌ମା ପାପା ବଢ଼େଗୁମ୍
ତାରା ମୁତାପାଲା ଦାନାଲତାମ୍ ।

(ଓଡ଼ିଆ ଅର୍ଥ - ଚକଚକିଆ ଗୁଣ୍ଡୁଚି ମୂଷା ଡେଇଁଡେଇଁ ଜୀବନ କଟେଇବ । ମହୁଲଗଛର ବୃନ୍ତରେ କଢ଼ ଧରିଲାଣି । କପୋତୀ ପରି ଗୁମୁରି-ଗୁମୁରି କାନ୍ଦନା । ତୋ ସ୍ୱାମୀ ଆଜିଠାରୁ ତୋତେ ଭାଇ ଭଳି ସ୍ନେହ କରିବ ।)

ଆମେ ଜନଜାତିର ସେହି ଗାଁରେ ବୁଲିଲୁ । ସେମାନଙ୍କ ସଂସ୍କୃତି, ପ୍ରକୃତି କୈନ୍ଦ୍ରିକ ଜୀବନ ଓ ବିଶ୍ୱାସ ସମ୍ପର୍କରେ ଅନେକ ତଥ୍ୟ ସଂଗ୍ରହ କଲୁ । ଆମେ ପୂର୍ବରୁ ଅନ୍ୟ ଜନଜାତିଙ୍କ ସମ୍ପର୍କରେ ଗବେଷଣା କାଳରେ ଜାଣିଥିଲୁ ଯେ, ଗଛରେ ଯେତେବେଳେ ନୂଆପତ୍ର କଅଁଳି ଆସେ ସେମାନେ ପର୍ବପାଳନ କରନ୍ତି । ବିଶେଷକରି ବସନ୍ତ ଋତୁରେ ମୁଣ୍ଡା ଜନଜାତିର ଲୋକ 'ସାରହୁଲ୍ ପର୍ବ' ପରି ପ୍ରକୃତି ଉପାସନାର ପର୍ବ ଉତ୍ସାହର ସହ ପାଳନ କରନ୍ତି । ଠିକ୍ ସେହିପରି ସାନ୍ତାଳମାନେ ପାଳନ କରନ୍ତି 'ଫୁଲ ଭାଙ୍ଗୁଣି ପର୍ବ'; ଯେଉଁଥିରେ ଶାଳଗଛର ଫୁଲକୁ ପୂଜା କରାଯାଏ । ଭତରା ଜନଜାତିର ଲୋକେ ବର୍ଷା ପାଇଁ 'ବାଲିଯାତ୍ରା', କୋୟାମାନ ଭଲ ଋଷ ପାଇଁ 'ଭୀମଡୁ ପାଣ୍ଡୁମ୍' ଆଦି ପାଳନ କରନ୍ତି । ଏପରିକି ଅଧିକାଂଶ ଆଦିବାସୀବର୍ଗର ଲୋକଙ୍କର ଗୋତ୍ର ସନ୍ତକ ପଶୁପକ୍ଷୀ, ଗଛଲତା, ଫୁଲଫଳର ନାମରୁ ସଂଗୃହୀତ । ଏହା ପ୍ରକୃତି ପ୍ରତି ଆଦିବାସୀଙ୍କ ନିବିଡ଼ ସମ୍ପର୍କକୁ ସୂଚାଇଥାଏ । ସମସ୍ତ ଜନଜାତିର ଲୋକଗୀତ ଓ ମୌଖିକ ପରମ୍ପରାରେ ପ୍ରକୃତି ହିଁ ପ୍ରତିଫଳିତ ।

ଆମେ ସେହି ଗାଁରୁ ବାହାରିଲା ବେଳକୁ ସୂର୍ଯ୍ୟ ପଶ୍ଚିମରେ । ରାସ୍ତାରେ ଆମେ କେବଳ ଆଦିବାସୀଙ୍କ ସବୁଜ ଦୃଷ୍ଟି ଓ ଲୋକବୈଜ୍ଞାନିକ ଦୃଷ୍ଟି ସମ୍ମତ ଅନୁଭବର କଥା ଚର୍ଚ୍ଚା କରୁଥିଲୁ । ଦଳଟିଏ ଉପରେ ଆମର ଦୃଷ୍ଟିନିବଦ୍ଧ ହେଲା । ସେମାନେ ଗୀତ ଗାଉଥିଲେ -

ଏ ଲୟାରେ ଏ.....ଏ
ବରଷା ଦିନରେ ବଡ଼ କାକର୍
ପଣ୍ଡମାସେ ବଡ଼ ଶୀତ୍
ମୁଦି ଦେବାକେ ଲୋବ୍ ଲାଗ୍‌ଲେ
ଆଲେ ଗାଇଦେନା, ଚଇତି ପରବ ଗୀତ୍ ।

ଚଇତି ପରବ କିନ୍ତୁ ଆସି ନଥିଲା । ପ୍ରକୃତି ସମାହିତ ମଣିଷ ଯେ ସବୁବେଳେ ଆନନ୍ଦର ମୂର୍ଚ୍ଛନାରେ ବୁଡ଼ିରହେ ଆମର ହୃଦ୍‌ବୋଧ ହେଲା । ବଣପାହାଡ଼ ଘେରା ଗାଁର ଗ୍ରାମୀଣ କବିର ସୌନ୍ଦର୍ଯ୍ୟ ଦୃଷ୍ଟିର କଳାତ୍ମକତା ଶବ୍ଦରେ ସଞ୍ଚରିତ ହେଉଥିଲା ଆମ ଭିତରେ । ପାହାଡ଼, ଝରଣା, ଜଙ୍ଗଲ ଗୀତ ଗାଉଥିଲା । ପରିବର୍ତ୍ତିତ ଜନଜାତିର ବିଶ୍ୱ ଭିତରେ ବାରି ହୋଇ ପଡୁଥିଲା ସେମାନଙ୍କର ଶାଶ୍ୱତ ବ୍ୟାକୁଳତା । କେହି ଯେମିତି ଆମ ଭିତରୁ ପ୍ରାର୍ଥନା କରୁଥିଲା, 'ହେ ଈଶ୍ୱର ! ତୋ ଗଛ, ବୃଛ, ପ୍ରାଣୀ ଆଉ ମଣିଷମାନଙ୍କୁ ତୁ ଘଣ୍ଟଘୋଡ଼ାଇ ରଖିଥା' ।

■

ସହାୟକ ସୂଚୀ :

୧. ଓଡ଼ିଶାର ଜନଜାତି : ଏକ ସାମାଜିକ ଓ ସାଂସ୍କୃତିକ ଅଧ୍ୟୟନ - ପାତ୍ର ଦେବାଶିଷ, ଓଡ଼ିଆ ଭାଷା ପ୍ରତିଷ୍ଠାନ - ୨୦୨୦
୨. ଲୋକ ସଂସ୍କୃତି : ସିଦ୍ଧାନ୍ତ ଓ ପ୍ରୟୋଗ - ମିଶ୍ର ମହେନ୍ଦ୍ର କୁମାର, ଓଡ଼ିଶା ରାଜ୍ୟ ପାଠ୍ୟପୁସ୍ତକ ପ୍ରଣୟନ ଓ ପ୍ରକାଶନ ସଂସ୍ଥା-୨୦୧୨ ।

ଜନଜାତିର ବାସଗୃହ ପ୍ରସଙ୍ଗ

ବାସଗୃହ ମଣିଷର ଏକ ମୌଳିକ ଆବଶ୍ୟକତା । ତେବେ ସାମାଜିକ ଜୀବନରେ ବାସଗୃହ ପରି ଏକ ସୁରକ୍ଷିତ ଆଶ୍ରୟସ୍ଥଳୀ ନିର୍ମାଣ ପଛରେ ରହିଛି ମାନବଜାତିର ବିବର୍ତ୍ତନିକ ଇତିହାସ । ପ୍ରାଗୈତିହାସିକ ମାନବ ଅରଣ୍ୟ ଗୁହାରେ ରହୁଥିବା ବେଳେ ସଂସ୍କୃତି ଓ ସଭ୍ୟତାର ବିକାଶ କାରଣରୁ ବାସଗୃହର ସୃଷ୍ଟି । ଜୀବଜନ୍ତୁଙ୍କ ଆକ୍ରମଣରୁ ରକ୍ଷା ପାଇବା ପାଇଁ ତଥା ପ୍ରାକୃତିକ କ୍ରିୟା-ପ୍ରତିକ୍ରିୟା ଯଥା: ଖରା, ବର୍ଷା, ପବନ, ଥଣ୍ଡାରୁ ନିଜକୁ ସୁରକ୍ଷିତ ରଖିବା ପାଇଁ ବାସଗୃହ ଯେ ଆଦିମାନବର ଉତ୍ତର ପିଢ଼ିମାନେ ନିର୍ମାଣ କରିଥିବେ ଏହା ନିଃସନ୍ଦେହ । ତେବେ ସେ ବାସଗୃହ ଖାଲି କ'ଣ ବସବାସ କରିବାର ଏକ ଆନୁଷଙ୍ଗିକ ବ୍ୟବସ୍ଥା ? ତାହା ହୋଇଥିଲେ ଆମେ ବାସଗୃହର ବିଭିନ୍ନ ଆକାର, ରୂପ, ବୈଶିଷ୍ଟ୍ୟ ଜାଣିପାରି ନଥାନ୍ତେ । କାରଣ, ମାନବସଭ୍ୟତାର ବିକାଶରେ ପରିବର୍ତ୍ତିତ ହୋଇଥିବା ବାସଗୃହ ବ୍ୟକ୍ତିର ସାମାଜିକ ଓ ସାଂସ୍କୃତିକ ଜୀବନଧାରାର ଏକ ପରିପୂରକ ରୂପେ ଉଭା ହୋଇଛି । ଅତଏବ ଘର ଯେ ଖାଲି ଘର ନୁହେଁ ତାହା ଆମକୁ ଗ୍ରହଣ କରିବାକୁ ପଡ଼ିବ । ତେବେ ଆଧୁନିକ ଜ୍ଞାନ-ବିଜ୍ଞାନ ଓ ପ୍ରଯୁକ୍ତି କୌଶଳ ସତ୍ତ୍ୱେ ଆମେ ଯଦି କେବେ ଆଦିବାସୀର ଗାଁକୁ ଯିବା ସେତେବେଳେ ଆମେ ଜାଣିପାରିବା ଯେ ସେମାନଙ୍କ ବାସଗୃହଗୁଡ଼ିକ ଅତ୍ୟନ୍ତ ପାରଂପରିକ ଓ ମୌଳିକ ଆବଶ୍ୟକତାର ପରିପୂର୍ତ୍ତି ପାଇଁ ନିର୍ମିତ । ମାତ୍ର ଗବେଷକର ଆଖିରେ ସେମାନଙ୍କର ସେହି ବାସଗୃହ ସାଧାରଣ ନୁହେଁ ବରଂ ଅନନ୍ୟ ଓ ଅସାଧାରଣ ତାହାର କଳାତ୍ମକତା ତଥା ପାରଂପରିକ ପ୍ରଥାସିଦ୍ଧ ଜ୍ଞାନ ପାଇଁ । ଅତଏବ ଓଡ଼ିଶାର ଆଦିବାସୀଙ୍କ ଆବାସସ୍ଥଳୀରେ ଥିବା ବାସଗୃହ ସଂପର୍କରେ ବିଶେଷ କେଉଁଠି ଚର୍ଚ୍ଚା ହୋଇନଥିବା କାରଣରୁ ସେ ସଂପର୍କରେ ଆଲୋଚନା ପ୍ରାସଙ୍ଗିକ ମନେହୁଏ ।

ଓଡ଼ିଶାର ଆଦିବାସୀଙ୍କ ବାସଗୃହଗୁଡ଼ିକର ଗଠନଶୈଳୀ ଅତ୍ୟନ୍ତ ପ୍ରାଚୀନ ଓ ପାରଂପରିକ । ଏହାର କାରଣ ପଛରେ ରହିଛି ସେମାନଙ୍କ ଗାଁର ଭୌଗୋଳିକ

ଅବସ୍ଥିତି । ବିଶେଷକରି ସେହି ଗାଁସବୁ ଅରଣ୍ୟ ଓ ପାର୍ବତ୍ୟାଞ୍ଚଳରେ ଗଢ଼ି ଉଠିଥିବାରୁ ଗୃହ ନିର୍ମାଣରେ କେବଳ ପ୍ରାକୃତିକ ସମ୍ବଳର ଉପଯୋଗ ତାହା ପୁଣି ନିମ୍ନତମ ଆବଶ୍ୟକତାର ପରିପୂରଣ ପାଇଁ । ସେଠାକାର ପରିବେଶ, ସେମାନଙ୍କ ଅର୍ଥନୀତି, ଗୃହନିର୍ମାଣ ପାଇଁ ମିଳୁଥିବା ସାମଗ୍ରୀ ଉପରେ ତାହା ଅତ୍ୟନ୍ତ ନିର୍ଭରଶୀଳ । ଯଦି ଆପଣ କେବେ କୌଣସି ଆଦିବାସୀ ଗାଁ ବୁଲିବାର ସୁଯୋଗ ପାଇବେ ତେବେ ଦେଖିବେ ଗାଁଗୁଡ଼ିକ ପାହାଡ଼ର ପାଦଦେଶରେ, ଝରଣାକୂଳରେ ଗଢ଼ି ଉଠିଥିବ । କେତେକ ଗାଁର ମଝିରାସ୍ତାର ଦୁଇକଡ଼େ ଘରଗୁଡ଼ିକ ସମାନ୍ତରାଳ ପରି ଗଢ଼ି ଉଠିଥିଲା ବେଳେ ଆଉ କେତେକ ଗାଁରେ ଘରଗୁଡ଼ିକ ଏଣେତେଣେ ଗଢ଼ି ଉଠିଥାଏ । ସେଥିପାଇଁ କୌଣସି ନିୟମ ଅନୁସୃତ ହେଲାପରି ମନେହୁଏ ନାହିଁ । ମାତ୍ର ବ୍ୟକ୍ତିଟିଏ ନିଜର ବାସଗୃହ ନିର୍ମାଣ ବେଳେ ଅନେକଗୁଡ଼ିଏ ନିୟମ ପାଳନ କରିଥାଏ ଏପରିକି ପ୍ରତିଟି ଘର ଗୋଟିଏ ପ୍ରକାର ପରି ମନେ ହୋଇଥାଏ । ଓଡ଼ିଶାର ସମସ୍ତ ଜନଜାତିଙ୍କ ସାମାଜିକ ଜୀବନଧାରାକୁ ଲକ୍ଷ୍ୟକଲେ ମନେହେବ ସେମାନଙ୍କ ବାସଗୃହ ମୂଳତଃ ଦୁଇପ୍ରକାରର, ୧.ସ୍ଥାୟୀ ବାସଗୃହ, ୨.ଅସ୍ଥାୟୀ ବାସଗୃହ । ଯାଯାବର ଓ ଅର୍ଦ୍ଧଯାଯାବର ଆଦିବାସୀମାନେ ଅସ୍ଥାୟୀ ବାସଗୃହ ନିର୍ମାଣ କରୁଥିଲାବେଳେ ଅନ୍ୟମାନେ ସ୍ଥାୟୀ ବାସଗୃହ ନିର୍ମାଣ କରିଥାନ୍ତି । ଉଦାହରଣ ସ୍ୱରୂପ 'ବିରହୋର' ଆଦିବାସୀ ଗୋଷ୍ଠୀର 'କୁମ୍ଭା' ଯାହା ଅସ୍ଥାୟୀ ଘର; କେବଳ ପତ୍ର, ବାଉଁଶରେ ତିଆରି ।

ବ୍ୟାବହାରିକ ଦୃଷ୍ଟିକୋଣରୁ ଆଦିବାସୀ ଗାଁରେ ୪ପ୍ରକାରର ଗୃହ ଦେଖିବାକୁ ମିଳେ । ସେଗୁଡ଼ିକ ହେଲା - ୧.ବ୍ୟକ୍ତିଗତ ବାସଗୃହ, ୨.ଧାଂଡ଼ା-ଧାଂଡ଼ୀ ଘର, ୩.ଦେବ-ଦେବୀଙ୍କ ଆସ୍ଥାନ, ୪.ଗୃହପାଳିତ ପଶୁ ରଖିବା ପାଇଁ ଘର । ତେବେ ଏହି ଚାରିପ୍ରକାର ଘର ମଧ୍ୟରୁ ଗୃହପାଳିତ ପଶୁଙ୍କ ପାଇଁ ନିର୍ମିତ ଘର ସବୁଠାରୁ ଛୋଟ ଆକାରର ହୋଇଥିବା ବେଳେ ଧାଂଡ଼ା-ଧାଂଡ଼ୀ ଘର ଆକାରରେ ବଡ଼ । ପୁଣି ଘରର ଛପର ଅନୁଯାୟୀ ବାସଗୃହକୁ ବିଭିନ୍ନ ଭାଗରେ ବିଭକ୍ତ କରାଯାଇପାରେ । ଯଥା : ଚାଳଛପର, ଟିଣଛପର, ଖପରଲିଛପର, ଟାଇଲଛପର, ଆଜବେଷ୍ଟସ୍ ଛପର ଇତ୍ୟାଦି । ମାତ୍ର ଆଦିବାସୀ ଗାଁମାନଙ୍କରେ ମାଟି ନିର୍ମିତ ଚାଳଛପର ଘର ଅଧିକ ଭାବରେ ଦେଖିବାକୁ ମିଳେ ।

ବାସଗୃହର ଆକାର ଦୃଷ୍ଟିରୁ ତାହା ତିନିପ୍ରକାରର ଯଥା : ବର୍ଗାକାର, ଆୟତାକାର ଓ ବୃତ୍ତାକାର । ଏହି ତିନିପ୍ରକାର ଘର ମଧ୍ୟରୁ ବୃତ୍ତାକାର ଘର ଅତ୍ୟଳ୍ପ ହୋଇଥିଲା ବେଳେ ବର୍ଗାକାର ବାସଗୃହ ଅତ୍ୟନ୍ତ ସୁଲଭ । ଧାଂଡ଼ା-ଧାଂଡ଼ୀ ବସାଗୁଡ଼ିକ ଆୟତାକାର ହୋଇଥିବା ବେଳେ କେତେକ ଗାଁରେ ଦେବ-ଦେବୀ ପୀଠ ବୃତ୍ତାକାର ଘରେ ଅବସ୍ଥାପିତ

ହୋଇଥାଏ । ତେବେ ଗଦବା ଜନଜାତିରେ କେଉଁଠି କେଉଁଠି ବୃତ୍ତାକାର ବାସଗୃହ ଦେଖିବାକୁ ମିଳେ ।

ଆଦିବାସୀ ସମାଜରେ ବାସଗୃହ ନିର୍ମାଣ ପାଇଁ ସାଧାରଣତଃ ବାଉଁଶ, କାଠ, ଚିକିଟାମାଟି, ପଥର, ଇଟା, ଘାସ, ନଡ଼ା, ପତ୍ର, ଟାଇଲ୍, ଟିଣ, ଖପର ଆଦି ଆବଶ୍ୟକ ହୋଇଥାଏ । ତେବେ ବାସଗୃହରେ ବ୍ୟବହୃତ କଞ୍ଚାମାଲ ଓ ଘରର ଆକାରରୁ ସେହି ବ୍ୟକ୍ତିର ଆର୍ଥନୀତିକ ଦିଗଟି ସ୍ପଷ୍ଟ ହୋଇଯାଏ । ତେବେ ଗୃହନିର୍ମାଣ ପାଇଁ ସେମାନେ ପ୍ରକୃତି ଉପରେ ନିର୍ଭରଶୀଳ ହୋଇଥିବା କାରଣରୁ ଘରଗୁଡ଼ିକ ସାଧାରଣ ଲାଗେ ।

ଅଧିକାଂଶ ଆଦିବାସୀ ବାସଗୃହଗୁଡ଼ିକ ଏକ ପ୍ରକୋଷ୍ଠ ବିଶିଷ୍ଟ । ମାତ୍ର ସେହି ଗୋଟିଏ ପ୍ରକୋଷ୍ଠର ବହୁମୁଖୀ ବ୍ୟବହାର ହୋଇଥାଏ । ସେହି ମୁଖ୍ୟ ଗୃହଟି ଶୟନକକ୍ଷ, ରୋଷେଇଶାଳ ଓ ଭଣ୍ଡାରଘର ଭାବରେ ବ୍ୟବହୃତ ହୁଏ । ତେବେ ଶୟନ ସ୍ଥାନଠାରୁ ରୋଷେଇ ସ୍ଥାନକୁ ଭିନ୍ନ କରିବା ପାଇଁ ଅଳ୍ପଉଚ୍ଚର ଏକ କାନ୍ଥ ଦିଆଯାଇଥାଏ, ନଚେତ ଘରର ଚଟାଣଠାରୁ ରୋଷେଇ ସ୍ଥାନର ଚଟାଣ ସାମାନ୍ୟ ଉଚ୍ଚା କରାଯାଇଥାଏ । ଏପରିକି ଘରର ଐଶାନ୍ୟ କୋଣରେ ପୂର୍ବଜଙ୍କ ଉଦ୍ଦେଶ୍ୟରେ ଏକ ଆସ୍ଥାନ ରଖାଯାଇଥିବା ଦେଖିବାକୁ ମିଳେ । ପୁଣି ଘରର ଚାଳ ତଳେ ଏକ ଭାଡ଼ି ତିଆରି କରାଯାଇଥାଏ ଗୃହୋପକରଣ ରଖିବା ପାଇଁ । ଘରର କାନ୍ଥରେ ଥାଏ ଦୁଇ-ତିନୋଟି ଥାକ ବା ଠଣା । କାନ୍ଥଗୁଡ଼ିକ ଅଳ୍ପ ଉଚ୍ଚତା ହୋଇଥିବାରୁ ଆଦିବାସୀର ଘରଗୁଡ଼ିକ ନୁଆଁଣିଆ । ଘରର ବାରଣ୍ଡା ଅଳ୍ପ ଓସାର ବିଶିଷ୍ଟ ପୁଣି ତାହା ଭୂମିଠାରୁ ଅଳ୍ପଉଚ୍ଚରେ ରହିଥାଏ । ତେବେ ପିଣ୍ଡାର କଡ଼େକଡ଼େ ଅଳ୍ପ କାନ୍ଥ ଉଠିଥାଏ ନିରାପତ୍ତା କାରଣରୁ । ତେବେ ଘରେ ପିଣ୍ଡା ରହିବା ବାଧ୍ୟତାମୂଳକ ନୁହେଁ, ଅନେକ ଆଦିବାସୀ ଗାଁରେ ପିଣ୍ଡା ନଥିବା ଘର ମଧ୍ୟ ଦେଖିବାକୁ ମିଳେ । ବାସଗୃହଗୁଡ଼ିକ ଝରକାବିହୀନ ହୋଇଥିବାରୁ ଭିତର ଅତ୍ୟନ୍ତ ଅନ୍ଧାରୁଆ ଏବଂ ଗୃହକୁ ପ୍ରବେଶ କରିବା ପାଇଁ ଗୋଟିଏ ମାତ୍ର ଦରଜା ରହିଥାଏ ।

ଘରର କାନ୍ଥଗୁଡ଼ିକ ଇଟା, ପଥର ଓ ଚିକିଟା ମାଟି ବ୍ୟବହୃତ ହୋଇ ତିଆରି ହୋଇଥିଲା ବେଳେ କେତେକ ଘରର କାନ୍ଥ, ବାଉଁଶ ଝାଟିମାଟି ପ୍ରସ୍ତୁତ । ତେଣୁ କାନ୍ଥର ମୋଟେଇ କମ୍-ବେଶି ହୋଇଥିବା କାରଣରୁ ଘର ତିଆରି ପାଇଁ ୧୫ଦିନରୁ ୩୦ଦିନ ପର୍ଯ୍ୟନ୍ତ ସମୟ ଲାଗିଥାଏ । ଘର ତିଆରିରେ ଘରର ସମସ୍ତ ସଦସ୍ୟଙ୍କ ଶ୍ରମଦାନ ରହିଥାଏ । ଆବଶ୍ୟକସ୍ଥଳେ ସହଯୋଗ ଭିତ୍ତିରେ ମୂଲମଜୁରି(ଅଦଲ-ବଦଳ) ଦ୍ୱାରା କିମ୍ବା ନିର୍ଦ୍ଦିଷ୍ଟ ମୂଲ୍ୟ ପ୍ରଦାନ କରି ଅନ୍ୟ ଲୋକ ଦ୍ୱାରା ଘର ତିଆରି କାର୍ଯ୍ୟ କରାଯାଇଥାଏ ।

ଆଦିବାସୀ ସମାଜରେ ଗୃହପ୍ରତିଷ୍ଠା ପୂର୍ବରୁ ଦିଶାରୀ, ପୂଜାରୀ କିମ୍ବା ଗୁରୁମାଈଙ୍କର ସହଯୋଗ ନିଆଯାଇଥାଏ । ଏପରିକି ଶୁଭ-ଅଶୁଭ ଶକୁନ ଉପରେ ଆଦିବାସୀ ସମାଜ ଗୁରୁତ୍ୱ ଦେଇଥାନ୍ତି । ନୂଆଘର କରିବା ପୂର୍ବରୁ ପ୍ରଥମେ ଦିଶାରୀ, ପୂଜାରୀଙ୍କ ଦ୍ୱାରା ଉପଯୁକ୍ତ ସ୍ଥାନ ଚୟନ କରାଯାଏ । ବଣ୍ଡା ଆଦିବାସୀ ସମାଜରେ ଗୃହନିର୍ମାଣ ପୂର୍ବରୁ ଗୃହକର୍ତ୍ତା ଗୃହନିର୍ମାଣ ସ୍ଥଳରୁ ଗାତଖୋଳି ମୁଠାଏ ମାଟି ନେଇ ଦିଶାରୀ ପାଖକୁ ଯାଆନ୍ତି । ଦିଶାରୀ ପରଦିନ ସକାଳେ ଗୃହନିର୍ମାଣ ସ୍ଥାନରେ ପହଞ୍ଚି ଗାତରେ ଆମ୍ବଡାଳ ପୋତି ସଂଗୃହୀତ ମାଟି ସହିତ ଅରୁଆଚାଉଳ ମିଶାଇ ଗାତରେ ବୁଣି ଦିଅନ୍ତି । କିଛି ସମୟ ପରେ ଗାତରୁ ଚାଉଳ ସଂଗ୍ରହକରି ଯୋଡ଼ା ଯୋଡ଼ା କରି ରଖାଯାଏ । ଶେଷକୁ ଗୋଟିଏ ଚାଉଳ ବଳକା ହେଉଥିଲେ ସେହି ସ୍ଥାନଟି ଗୃହନିର୍ମାଣ ପାଇଁ ଅତ୍ୟନ୍ତ ମଙ୍ଗଳସୂଚକ ।

ଏହାପରେ ଗୃହସ୍ଥର ମଙ୍ଗଳକାମନା କରି ପୂଜା କରିବା ସହିତ ଦିଶାରୀ ଗୋଟିଏ ଖୁଣ୍ଟ ସ୍ଥାପନ କରନ୍ତି । ତାହା ଘରର ମଝିଖୁଣ୍ଟ ହୋଇଥାଏ ଏବଂ ଗୃହସ୍ଥଙ୍କ ଦ୍ୱାରା 'ମୂଳଦେଇ' ଭାବରେ ପର୍ବପର୍ବାଣି ସମୟରେ ପୂଜା ପାଇଥାନ୍ତି । ସେହି ମଝିଖୁଣ୍ଟକୁ ଆଶ୍ରାକରି ଘର ନିର୍ମାଣ ହୋଇଥାଏ । 'କୋୟା' ସମାଜରେ ମଧ୍ୟ ଗୃହନିର୍ମାଣ ବେଳେ ଦିଶାରୀଙ୍କ ଦ୍ୱାରା ପୂଜାପାଠ ହୋଇଥାଏ ଏବଂ ଗୃହନିର୍ମାଣ ସରିଲେ ଘୁଷୁରି ମାରି ଗାଁରେ ବାଣ୍ଟିବାର ବିଧି ରହିଛି । ସାନ୍ତାଳ ସମାଜରେ ମଧ୍ୟ ଶୁଭଖୁଣ୍ଟି ପୋତିବାର ପରଂପରା ରହିଛି । ତେବେ ଅଧିକାଂଶ ସାନ୍ତାଳଘରଗୁଡ଼ିକ ଦୁଇବଖରା ବିଶିଷ୍ଟ ହୋଇଥାଏ । ଭିତର ବଖରାରେ ସେମାନେ ଇଷ୍ଟଦେବ-ଦେବୀଙ୍କୁ ସ୍ଥାପନ କରିବା ସହ ପିତୃପୁରୁଷଙ୍କୁ ପୂଜା କରିଥାନ୍ତି । ସେହିପରି ଓରାଓଁ ଜନଜାତିରେ ଗୃହନିର୍ମାଣ ପୂର୍ବରୁ ଧାର୍ମେଶ(ପୂଜକ)ଙ୍କ ନିର୍ଦ୍ଦେଶରେ ଅରୁଆଚାଉଳ, ହଳଦୀପାଣି ମାଧ୍ୟମରେ ଭୂମିପୂଜନ କରାଯାଇଥାଏ । ଗୃହକର୍ତ୍ତା ମାଟି ଖୋଳିବା ପରେ ନିଅଁ ପକାଯାଇଥାଏ । ଗୃହନିର୍ମାଣ ପରେ 'ଡାଣ୍ଡାକାଟ୍‌ନା' ପୂଜା ଓ ଭୋଜି ଅର୍ପଣ ପରେ ଗୃହପ୍ରବେଶ ହୁଏ । ସବୁଠାରୁ ଆଶ୍ଚର୍ଯ୍ୟର କଥା ଓରାଓଁ ଜନଜାତିର ବାସଗୃହରେ ସର୍ବାଧିକ ପ୍ରକୋଷ୍ଠ ଓ କବାଟ-ଝରକା ଦେଖିବାକୁ ମିଳେ ।

ଅଧିକାଂଶ ଆଦିବାସୀ ସଂପ୍ରଦାୟର ଲୋକେ ଗୃହନିର୍ମାଣ ପରେ ନିୟମିତ ବ୍ୟବଧାନରେ ଛପର ମରାମତି ସହିତ ଘର ଲିପି ଥା'ନ୍ତି । କେତେକ ଖାଲି ମାଟିରେ ଘର ଲିପୁଥିଲା ବେଳେ ଆଉ କେତେକ ଗୋବରରେ ଲିପିଥା'ନ୍ତି । ବାଥୁଡ଼ି ଜନଜାତିର ଲୋକେ ଭାଲିଆତେଲ ଦେଇ ଲିପାପୋଛା କରନ୍ତି, ସେମାନେ କହନ୍ତି ଏହାଦ୍ୱାରା ପାଣିଛିଟାରୁ କାନ୍ଥ ଓ ପିଣ୍ଡା ସୁରକ୍ଷିତ ରହିଥାଏ ଓ କାନ୍ଥ ସୁନ୍ଦର ଦିଶିଥାଏ । ତେବେ ଆଦିବାସୀର କାନ୍ଥକଳା ଆଦିବାସୀର ବାସଗୃହକୁ ଅତ୍ୟନ୍ତ ସୁନ୍ଦର ଓ ରୁଚିପୂର୍ଣ୍ଣ କରିଥାଏ ।

ପ୍ରକୃତରେ ଆଦିବାସୀର ଘରରୁ ଓ କାରୁକଳାର ଉତ୍ପତ୍ତି ଓ ବିକାଶର ଇତିହାସକୁ ଯଦି ଅଧ୍ୟୟନ କରିବା ତେବେ ହୃଦ୍‌ବୋଧ ହେବ ଯେ ଏହି ବାସଗୃହ ହିଁ ପ୍ରମୁଖ ଭୂମିକା ଗ୍ରହଣ କରିଛି । କନ୍ଧ ଚିତ୍ରକଳା ମାଞ୍ଜିଗୁଣ୍ଡା, ସଉରା ଚିତ୍ରକଳା 'ଇଡ଼ିତାଲ', ପାଉଡ଼ିଭୂୟାଁ ଚିତ୍ରକଳା 'ଝାଂଜରା', କୁଟିଆକନ୍ଧ ଚିତ୍ରକଳା 'ଟିକାଂଗୁଡ଼ା', ସାନ୍ତାଳୀ ଚିତ୍ରକଳା, କିଶାନ୍ ଚିତ୍ରକଳା ସମେତ ଅନ୍ୟ ଆଦିବାସୀ ଚିତ୍ରକଳା ପାଇଁ ଘରକାନ୍ଥ ପାଲଟିଛି କାନ୍‌ଭାସ୍ । ସେହିପରି ଘରର ଖୁଣ୍ଟ, କବାଟ ଓ ଦ୍ୱାରବନ୍ଧ ଜନ୍ମ ଦେଇଛି ଭାସ୍କର୍ଯ୍ୟ କଳାକୁ । ଘରକାନ୍ଥକୁ ସୁନ୍ଦର କରିଦବା ପାଇଁ ସେମାନେ ପାରଂପରିକ ରଙ୍ଗ ବ୍ୟବହାର କରିବା ସହିତ ବିବିଧ ଚିତ୍ର ଆଙ୍କି ଥା'ନ୍ତି । କାନ୍ଥ ଚିତ୍ର ଭାବରେ ମଣିଷ, ପଶୁ, ଗଛଲତା, ଚନ୍ଦ୍ରସୂର୍ଯ୍ୟ, ବିନ୍ଦୁ, ବୃତ୍ତ, ତ୍ରିଭୁଜ, ଫୁଲ, ସରଳରେଖା ତଥା ଅନେକ ପ୍ରତୀକଧର୍ମୀ ଚିତ୍ର ଆଙ୍କଥା'ନ୍ତି । ଘରର କବାଟ ଓ ଖୁଣ୍ଟରେ ମଧ୍ୟ ବିଭିନ୍ନ ପ୍ରକାରର ଚିତ୍ର ଖୋଦେଇ ହୋଇଥାଏ । ଏଥିରୁ ପ୍ରମାଣିତ ହୁଏ ଯେ ନିଜବାସଗୃହ ପ୍ରତି ସେମାନଙ୍କର କେଉଁପରି କଳାତ୍ମକ ଦୃଷ୍ଟିଭଙ୍ଗୀ ରହିଛି । ତେବେ ଆଦିବାସୀ ବାସଗୃହରେ ଯେଉଁ ସାଧାରଣ ବୈଶିଷ୍ଟ୍ୟଗୁଡ଼ିକ ରହିଛି ତାହା ଉପସ୍ଥାପନ କରାଗଲା -

୧. ଆଦିବାସୀ ଘରଗୁଡ଼ିକ ପ୍ରାକୃତିକ ସମ୍ବଳ ଉପଯୋଗରେ ନିର୍ମିତ ।
୨. ଅଧିକାଂଶ ଘର ମାଟି ଓ ଛପର ତିଆରି ତଥା ନୁଆଁଣିଆ ।
୩. ବାସଗୃହଗୁଡ଼ିକ ବର୍ଗକ୍ଷେତ୍ର ଓ ଆୟତକ୍ଷେତ୍ର ସଦୃଶ ।
୪. ଏହା ସାଧାରଣତଃ ଝରକାବିହୀନ ଓ ଏକ ଦରଜା ବିଶିଷ୍ଟ ।
୫. ଅଧିକାଂଶ ଘର ଏକ ପ୍ରକୋଷ୍ଠ ବିଶିଷ୍ଟ ଓ ଏହା ଶୟନ, ରୋଷେଇ, ଭଣ୍ଡାର ଭାବେ ବ୍ୟବହୃତ ।
୬. ଘରର ପିଣ୍ଡା ଅଣଓସାରିଆ ଓ କେତେକ ସ୍ଥଳେ ତାହା ପିଣ୍ଡାବିହୀନ ।
୭. ଗୃହନିର୍ମାଣ ବେଳେ ପୂଜାର୍ଚ୍ଚନା ବାଧ୍ୟତାମୂଳକ ଓ ଘର ମଝିରେ ପୂର୍ବଜଙ୍କ ଉପାସନା ।
୮. ଅଧିକାଂଶ ଘରର ଛପର ତଳେ ଏକ ଆଟୁ ବା କାଠପଟାର ଭାଡ଼ି ରହିଥାଏ ।
୯. ଗୃହ ଭିତରର ସାଜସଜ୍ଜାକୁ ଗୁରୁତ୍ୱ ନ ଦେଇ ବାହାର କାନ୍ଥରେ ଚିତ୍ରକଳାର ଅଙ୍କନ ।
୧୦. ପ୍ରତିଟି ପର୍ବପର୍ବାଣିରେ ଗୃହଦେବତା ଓ ପୂର୍ବଜଙ୍କ ଉପାସନା ଉପରେ ଗୁରୁତ୍ୱ ।

ଏହା ବ୍ୟତୀତ ଭିନ୍ନଭିନ୍ନ ଜନଜାତିରେ ଆଉ କିଛି କିଛି ଭିନ୍ନତା ଦେଖିବାକୁ ମିଳେ । ଯେପରି ବଣ୍ଡା ଜନଜାତିରେ ପୁଅ ବିବାହ କଲେ ମୂଳ ଘରଠାରୁ ଅଳ୍ପଟିକିଏ

ଛାଡ଼ି ଆଉଗୋଟିଏ ବାସଗୃହ ତିଆରି ହୁଏ । ଓରାଓଁ ଜନଜାତିରେ ତ' ପରିବାରର ସମସ୍ତଙ୍କର ଅଲଗା ପ୍ରକୋଷ୍ଠ ଥାଏ ଓ ପ୍ରତି ଘରେ ଝରକା ରହିଥାଏ । ବାଥୁଡ଼ି ଘରଗୁଡ଼ିକର ପିଣ୍ଡା ବହୁତ ଉଚ୍ଚା ହୋଇଥିବା ବେଳେ ଡଙ୍ଗରିଆ କନ୍ଧଙ୍କ ଘରର ଚାଳ ମାଟି ପାଖରୁ ୨-୩ଫୁଟ ଛାଡ଼ି ରହିଥାଏ । ହିଲ୍ ଖଡ଼ିଆ ବା ପାହାଡ଼ୀ ଖଡ଼ିଆ ଜନଜାତି ଶାଳପଟାରେ ଘରର କାନ୍ଥ କରିବା ସହିତ ତା' ଉପରେ ଚିକିଟା ମାଟିର ପ୍ରଲେପ ଦେଇଥାନ୍ତି । ଲୋଧାମାନଙ୍କର ଘରର ପିଣ୍ଡା ବହୁତ ଚଉଡ଼ା ହୋଇଥିବା ବି ଦେଖିବାକୁ ମିଳେ ।

ଏବେ ଆମେ ଧାଂଙ୍ଗ୍ଡ଼ା-ଧାଂଙ୍ଗ୍ଡ଼ୀ ବସା ସଂପର୍କରେ ଆଲୋଚନା କରିବା । ଏହା ଗ୍ରାମର ମଧ୍ୟଭାଗରେ କିମ୍ବା ଗୋଟିଏ ପାର୍ଶ୍ୱରେ ଥିବା ଏକ ବୃହତ୍ ବାସଗୃହ ଯାହା ଅବିବାହିତ ତରୁଣ କିମ୍ବା ତରୁଣୀଙ୍କ ଶୟନାଗାର ଭାବରେ ବ୍ୟବହୃତ । ପୂର୍ବରୁ ପ୍ରତି ଆଦିବାସୀ ଗାଁରେ ଏହିପରି ଦୁଇଟି ଲେଖାଏଁ ଶୟନାଗାର ଥିଲା । ଗୋଟିଏ ଧାଂଙ୍ଗ୍ଡ଼ାମାନଙ୍କ ପାଇଁ ଅନ୍ୟଟି ଧାଂଙ୍ଗ୍ଡ଼ୀମାନଙ୍କ ପାଇଁ । ସଂପ୍ରତି ଆଉ କୌଣସି ଆଦିବାସୀ ଗାଁରେ ଏହି ବସାଘର ସୁଲଭ ନୁହେଁ । ତଥାପି ପରଂପରାକୁ ବଜାୟ ରଖିବା ପାଇଁ କେଉଁଠି କେଉଁଠି କେବଳ ଧାଂଙ୍ଗ୍ଡ଼ୀ ବସା ରହିଛି । ଜୁଆଙ୍ଗଙ୍କ ମଣ୍ଡଘର ବା ମଜାଙ୍ଗ, ବଣ୍ଡାମାନଙ୍କର ସେଲାନିଡିଙ୍ଗୋ ଓ ଇଂଗେରସିନ୍, ପରଜାମାନଙ୍କର ଧାଂଙ୍ଗ୍ଡ଼ା-ଧାଂଙ୍ଗ୍ଡ଼ୀ ଇଲ୍ ଏହାର ନମୁନା ମାତ୍ର । ଏହି ଗୃହଟି ମାଟି ନିର୍ମିତ ବୃହଦାକାର ଘର । ଯେଉଁଥିରେ ଗୋଟିଏ ମାତ୍ର ପ୍ରକୋଷ୍ଠ ରହିଛି । କେଉଁଠି ଏହା ଚାଳଛପର କିମ୍ବା ଟାଇଲଛପର । ଏହା ଗାଁ ଲୋକଙ୍କର ସାମୂହିକ ଶ୍ରମଦାନରେ ତିଆରି ହୋଇଥାଏ । ଏହି ବସା ଶୟନ ବ୍ୟତୀତ ନୃତ୍ୟ-ଗୀତ ଶିକ୍ଷା, ପତ୍ରଦନା ବୁଣିବା, ଅବସର ସମୟ କଟାଇବା ପାଇଁ ବ୍ୟବହାର ହୁଏ । ତେବେ ପ୍ରତ୍ୟେକ ଆଦିବାସୀ ସମାଜରେ ଏହି ଗୃହ ପ୍ରତିଷ୍ଠା ପାଇଁ କିଛି ନିର୍ଦ୍ଦିଷ୍ଟ ନିୟମ ରହିଛି । ଉଦାହରଣସ୍ୱରୂପ ବଣ୍ଡାର ଧାଂଙ୍ଗ୍ଡ଼ୀବସା(ସେଲାନି ଡିଙ୍ଗୋ) ପ୍ରତିଷ୍ଠା ବିଷୟରେ ଆଲୋଚନା କରିବା ।

ବଣ୍ଡା ସମାଜରେ ଧାଂଙ୍ଗ୍ଡ଼ୀବସା କରିବା ପାଇଁ ଦଶହରା ସମୟରେ ଗ୍ରାମ ମଧ୍ୟବର୍ତ୍ତୀ ଏକ ସ୍ଥାନରେ ଗର୍ତ୍ତଟିଏ ଖୋଳାଯାଇ ବାଉଁଶଖୁଣ୍ଟ ପୋତି ଉପରେ ଚାଳଛପର କରାଯାଏ । ଏହା ପରେ ମାଟିକାନ୍ଥ ନିର୍ମାଣ ଓ ଦ୍ୱାରବନ୍ଧ ଲଗାଯାଏ । ଏହି ଧାଂଙ୍ଗ୍ଡ଼ୀବସାର ମୁଖ୍ୟଦ୍ୱାର ପାଖରେ ଏକ ଜଗୁଆଳି ଘର ମଧ୍ୟ କରାଯାଇଥାଏ ଯେଉଁଠି ଜଣେ ବୃଦ୍ଧା ରହି ଝିଅଙ୍କ ଗତିବିଧିକୁ ନିରୀକ୍ଷଣ କରିଥାନ୍ତି । ଘର ଭିତରେ ଥିବା ଗର୍ତ୍ତ ନିକଟରେ ପୂଜା କରାଯାଇ କୁକୁଡ଼ା କିମ୍ବା ଘୁଷୁରିଟିଏ ବଳି ଦିଆଯାଏ । ସେହି ଗର୍ତ୍ତଟିକୁ ବାସ୍ତୁଦେବତାଙ୍କ ବିଜେସ୍ଥଳ ବୋଲି ବିବେଚନା କରାଯାଏ । ତେବେ ଆଦିବାସୀର

ବାସଗୃହ ପରି ଧାଂଡ଼ା-ଧାଂଡ଼ୀବସା କାନ୍ଥରେ ବିଶେଷ ଚିତ୍ର କିଛି ଦେଖିବାକୁ ମିଳେ ନାହିଁ । କେତେକ ଜନଜାତିର ଧାଂଡ଼ାଘରଗୁଡ଼ିକ କିଛି ବିଶେଷ କାର୍ଯ୍ୟ ପାଇଁ ବ୍ୟବହୃତ ହୁଏ । ସେଗୁଡ଼ିକ ହେଲା -

୧. ଧାଂଡ଼ାମାନଙ୍କର ଶୟନକକ୍ଷ ସହ ନୃତ୍ୟ ଓ ସଂଗୀତ ଶିକ୍ଷାଗୃହ ।

୨. ଆବଶ୍ୟକ ସ୍ଥଳେ ଗ୍ରାମର ବୈଠକ ଓ ବିଚାର ଏଠାରେ ଅନୁଷ୍ଠିତ ହେବା ।

୩. ଗାଁକୁ କେହି ଅତିଥି ଆସିଲେ ଏହା ଅତିଥିଗୃହ ଭାବେ ବ୍ୟବହାର ହେବା ।

୪. ଆବଶ୍ୟକସ୍ଥଳେ ଗ୍ରାମୀଣ କୋଠଘର ଭାବେ ବ୍ୟବହୃତ ।

୫. ଅବସର ବିନୋଦନ କେନ୍ଦ୍ର ଭାବେ ବ୍ୟବହୃତ ଇତ୍ୟାଦି ।

ଏବେ ଦେବ-ଦେବୀ ପୀଠର ସ୍ଥାପନ ପାଇଁ ଗ୍ରାମର ମଧ୍ୟଭାଗରେ ଥିବା ଏକ ବଖୁରିଆ ଛପରଘର ବା 'ନିଶାଣୀ ମୁଣ୍ଡା' ସଂପର୍କରେ ଆଲୋଚନା କରିବା । ସାଧାରଣ ଭାବରେ ଏହା ଗ୍ରାମଦେବୀଙ୍କ ପୀଠ । ବଣ୍ଡାଙ୍କର 'ବୁରୁସୁଂ', ପରଜାଙ୍କର 'ନିଶାଣୀ ମୁଣ୍ଡା', ସାନ୍ତାଳଙ୍କର 'ଜାହେରାଥାନ୍', ଓରାଓଁମାନଙ୍କର 'ସାର୍‌ନା ପୀଠ' ପରି ଅନ୍ୟ ଜନଜାତିରେ ମଧ୍ୟ ଦେବୀପୀଠ ରହିଛି । ଗ୍ରାମ ପ୍ରତିଷ୍ଠା ପୂର୍ବରୁ ପୂଜକଙ୍କ ଦ୍ୱାରା ସ୍ଥାନ ନିରୂପଣ କରି ଏକ ନିଶାଣ ବା ଚିହ୍ନ ଦିଆଯାଇ ଦେବଦେବୀଙ୍କୁ ଏକ ଗୃହରେ ପ୍ରତିଷ୍ଠା କରାଯାଏ । ତେବେ କେତେକ ଜନଜାତିରେ ଏହି ଦେବ-ଦେବୀଙ୍କୁ ଗୃହ ଭିତରେ ନରଖି ଗଛମୂଳରେ ରଖାଯାଇଥାଏ । ପୁଣି କେତେକ ପୀଠରେ ଚାରିକଡ଼େ କେବଳ କାନ୍ଥ ଥାଏ ଏବଂ ଉପରେ ଛପର ହୋଇ ନଥାଏ । ଯେଉଁ ଗାଁରେ ଦେବ-ଦେବୀ ପୀଠ ପାଇଁ ସ୍ୱତଂନ୍ତ୍ର ଗୃହ ଥାଏ ତାହା ଆକାରରେ ଅତ୍ୟନ୍ତ ଛୋଟ ଏବଂ ଅଳ୍ପ ଉଚ୍ଚତା ବିଶିଷ୍ଟ କାନ୍ଥରେ କିଛି କିଛି ଝୋଟି ଅଙ୍କା ଯାଇଥାଏ । ଏହାର କାନ୍ଥରେ ଦରଜା କି ଝରକା ଲଗାଯାଇ ନଥାଏ । ପ୍ରବେଶପଥ ଖୋଲା ରହିଥାଏ ।

ଆଦିବାସୀ ଗାଁମାନଙ୍କର ଆଉଏକ ପ୍ରକାରର ଘର ନିର୍ମାଣ କରାଯାଇଥାଏ ଯାହା ଗୃହପାଳିତ ପଶୁଙ୍କ ପାଇଁ ଉଦ୍ଦିଷ୍ଟ । ସେହି ଘରର ଆକାର ଦ୍ୱି-ଛାତ ବିଶିଷ୍ଟ ଭାଡ଼ି, ଉପରେ କୁକୁଡ଼ା ଓ ତଳେ ଘୁଷୁରି ରହିବା ଉଦ୍ଦେଶ୍ୟରେ; ପୁଣି ଗୁହାଳ ପରି ଗୋରୁ, ଛେଳି, ଘୁଷୁରି ରହିବା ପାଇଁ ବ୍ୟବହୃତ ହୁଏ । ଆର୍ଥିକ ସ୍ୱଚ୍ଛଳତା ଥିବା ଲୋକ କାନ୍ଥ ଉଠାଇ ଏକ ବଖୁରିଆ ଗୁହାଳଘର ବାସଗୃହର ଗୋଟିଏ ପାର୍ଶ୍ୱରେ କରିଥାନ୍ତି । ତେବେ ସାଧାରଣତଃ ବାଉଁଶତାଟି, କାଠପଟା ଆଦି ସାହାଯ୍ୟରେ ଭାଡ଼ି ତିଆରି କରାଯାଇଥାଏ । ନିଜର ଆର୍ଥନୀତିକ ବିକାଶରେ ଗୃହପାଳିତ ପଶୁର ପ୍ରମୁଖ ଭୂମିକା ଥିବାରୁ ସେସବୁକୁ ସୁରକ୍ଷିତ ରଖିବା ପାଇଁ ଆଦିବାସୀ ସମାଜରେ ବିଶେଷ ଧ୍ୟାନ ଦିଆଯାଇଥାଏ ।

ପ୍ରକୃତରେ ଆଦିବାସୀଙ୍କର ଗୃହନିର୍ମାଣ କଳାକୁ ଅନୁଧ୍ୟାନ କଲେ ମନେହେବ ତାହା ସେମାନଙ୍କର ଆବଶ୍ୟକତା ଭିତରୁ ଜନ୍ମ ନେଇଛି । ଘରକୁ ସେମାନେ ଏକ ସୌଖିନ ଆବଶ୍ୟକତା ଅପେକ୍ଷା ଏକ ବାସ୍ତବ ଦୃଷ୍ଟିରୁ ଗ୍ରହଣ କରିଛନ୍ତି । ଯେହେତୁ ଅନେକ ଗୋଷ୍ଠୀର ଲୋକେ ଘରର ବାହାରେ ଅଧିକ ସମୟ ବିତାଇଥାନ୍ତି ତେଣୁ ସେମାନେ କେବଳ ରାତ୍ରକାଳୀନ ବିଶ୍ରାମସ୍ଥାନ ଭାବେ ବାସଗୃହକୁ ବିଚାର କରନ୍ତି । ବୋଧହୁଏ ଏହି କାରଣରୁ ସେମାନଙ୍କ ଦ୍ୱାରା ପ୍ରତିଷ୍ଠିତ ଗୃହଗୁଡ଼ିକ ଯେତେ ମାତ୍ରାରେ ଯତ୍ନଶୀଳ ଭାବରେ ରକ୍ଷଣାବେକ୍ଷଣ ହେବା କଥା ତାହା ହୋଇପାରେ ନାହିଁ । ତଥାପି ସେମାନଙ୍କ ଦ୍ୱାରା ପ୍ରତିଷ୍ଠିତ ବାସଗୃହ ହେଉକି ଦେବ-ଦେବୀ ପୀଠ ଏହା ସର୍ବଦା ସେମାନଙ୍କ ପାଇଁ ପବିତ୍ର ଓ ଆସ୍ଥାସୂଚକ । ତେବେ ସେମାନଙ୍କର ସେହି ଗୃହ ଓ ବାସ୍ତୁକଳା ଯେ ଆଧୁନିକ ଗୃହ ଓ ବାସ୍ତୁକଳାର ଜନ୍ମଦାତା ଏହା ଆମକୁ ଗ୍ରହଣ କରିବାକୁ ପଡ଼ିବ ।

(ଏଥିରେ ବ୍ୟବହୃତ ସମସ୍ତ ତଥ୍ୟ ବିଭିନ୍ନ ସମୟରେ କ୍ଷେତ୍ର ପର୍ଯ୍ୟବେକ୍ଷଣ ଦ୍ୱାରା ସଂଗୃହୀତ)

'ଦେଶିଆ ଭାଷା' ପ୍ରସଙ୍ଗ

ଭାରତବର୍ଷରେ ସର୍ବାଧିକ ଭାଷା ବ୍ୟବହୃତ ହେଉଥିବା ପ୍ରଦେଶ ହେଉଛି ଓଡ଼ିଶା । ଏଠାକାର ଅଧିବାସୀମାନେ ନବେ ପ୍ରକାରରୁ ଅଧିକ ଭାଷା ବ୍ୟବହାର କରୁଥିଲା ବେଳେ ଓଡ଼ିଶାର ନିଜର ଭାଷାସଂଖ୍ୟା ପଚାଶ; ସେଥିରୁ ଅଧିକାଂଶ ହେଉଛି ଓଡ଼ିଶାର ଜନଜାତିଙ୍କ ଭାଷା । ପୁଣି ୨୦୧୧ ଭାଷାଭିତ୍ତିକ ଜନଗଣନା ତାଲିକାରେ ମାତୃଭାଷା ଓଡ଼ିଆ ଅନ୍ତର୍ଗତ ଭାଷା ଉପତାଲିକାରେ ଓଡ଼ିଆ ବ୍ୟତୀତ ଭତ୍ରୀ, ଭୂୟାଁ, ଭୂମିଜାଲି, ଦେଶିଆ, ପର୍ଜୀ, ରେଲି ଓ ସମ୍ବଲପୁରୀ ସମେତ ୧୫ଟି ଅନ୍ୟ ଭାଷାର ଲୋକସଂଖ୍ୟା ଉଲ୍ଲେଖ ଅଛି । ତେବେ ଆମ ଆଲୋଚନାର ବିଷୟ 'ଦେଶିଆ ଭାଷା' ସମ୍ପର୍କରେ ହୋଇଥିବା କାରଣରୁ 'ଦେଶିଆ' ଭାଷାଭାଷୀଙ୍କ ସଂଖ୍ୟା କେତେ ତାହା ଉଲ୍ଲେଖ କରାଯାଇ ବିଶ୍ଳେଷଣ କରାଯିବା ପ୍ରାସଙ୍ଗିକ ହେବ । ଏହି ତଥ୍ୟ ଅନୁଯାୟୀ 'ଦେଶିଆ ଭାଷା' ବ୍ୟବହାରକାରୀଙ୍କ ସଂଖ୍ୟା ୨,୨୫,୧୮୮ । ମାତ୍ର ଏହା ଯେ ପ୍ରକୃତ ସଂଖ୍ୟା ତାହା ଭାବିଲେ ବିସ୍ମିତ ହେବାକୁ ପଡ଼େ । କାରଣ ଏହି ତଥ୍ୟ ସଂଗ୍ରହ ବେଳେ ଭାଷା ବ୍ୟବହାରକାରୀ ଅନେକ ଭାଷା ବ୍ୟବହାର କରୁଥିଲେ ମଧ୍ୟ ମାତୃଭାଷାର ନାମ ହିଁ ଉଲ୍ଲେଖ କରିଥାଏ । ତେବେ ଅନେକ ସମୟରେ ଅନ୍ୟ ବିକଳ୍ପ ଭାଷାଗୁଡ଼ିକ ସେ ବହୁଳ ବ୍ୟବହାର କରୁଥିଲେ ମଧ୍ୟ ସେ ସମ୍ପର୍କରେ ତଥ୍ୟ ପ୍ରଦାନ ପାଇଁ ସରକାରୀ ସୁଯୋଗ ମଧ୍ୟ ନଥାଏ । ମାତ୍ର କ୍ଷେତ୍ର ପର୍ଯ୍ୟବେକ୍ଷଣରୁ ଅଲଗା ତଥ୍ୟ ଆସିଥାଏ ।

ସେହିପରି ଅନ୍ୟ ଏକ ସରକାରୀ ତଥ୍ୟ ଅନୁଯାୟୀ(ଭାରତ ସରକାରଙ୍କ ଜନଗଣନା) କୋରାପୁଟର ଭୂମିଆ; କୋରାପୁଟ, ଗଞ୍ଜାମ, ନବରଙ୍ଗପୁରର ଓମାନ୍ତ୍ୟା; କୋରାପୁଟ, ରାୟଗଡା, ମାଲକାନଗିରିର ପରଜା ଜନଜାତି ଗୋଷ୍ଠୀ 'ଦେଶିଆ ଭାଷା' ବ୍ୟବହାର କରିଥାନ୍ତି । ତେବେ ପରଜାମାନେ ଦେଶିଆ ସହିତ ପର୍ଜୀ ଭାଷାର ବ୍ୟବହାର କରୁଥିବା ଉଲ୍ଲେଖ ଅଛି, ମାତ୍ର ସଂଖ୍ୟା ଉଲ୍ଲେଖ ନାହିଁ । ମାତ୍ର ସଂଖ୍ୟା ଦୃଷ୍ଟିରୁ ଦେଖିଲେ ଏହି ତିନି ଜନଜାତିଙ୍କ ଲୋକସଂଖ୍ୟା ପାଞ୍ଚଲକ୍ଷରୁ କିଛି ଅଧିକ ଓ ଦେଶିଆ ଭାଷାଭାଷୀଙ୍କ

ସଂଖ୍ୟା ଏହାର ଅଧା । ଅତଏବ ଦେଶିଆ ଭାଷୀଙ୍କୁ ଚିହ୍ନଟର ଆଧାର କିଛି ଜଣା ପଡେନାହିଁ । ତେବେ ଯାହା ହେଉନା କାହିଁକି 'ଦେଶିଆ ଭାଷା'ର ଅସ୍ତିତ୍ୱ ରହିଛି, ଏହାର ଭାଷିକ ଓ ସମୃଦ୍ଧ ପରମ୍ପରା ରହିଛି । ଏପରିକି ଏହାର ଭାଷାକ୍ଷେତ୍ର, ବ୍ୟାକରଣ ଓ ସୃଷ୍ଟି ଇତିହାସ ଅନେକ ସମୟରେ ବିସ୍ମିତ କରିଥାଏ ।

ଅନେକଙ୍କ ମନରେ ପ୍ରଶ୍ନଉଠେ 'ଦେଶିଆ' ଏକ ଭାଷା ନା ଉପଭାଷା ? ଯଦି ଏହା ଉପଭାଷା ତେବେ ଲୋକ ମୁଖରେ 'ଦେଶିଆ ଭାଷା' ଭାବରେ କାହିଁକି ପରିଚିତ ? ପ୍ରକୃତରେ ଏହା ଅବିଭକ୍ତ କୋରାପୁଟ ଅଞ୍ଚଳରେ ବହୁଳ ବ୍ୟବହୃତ ହେଉଥିବା ଏକ ଉପଭାଷା । ଏହାକୁ ଆପଣ ଏକ ଆଞ୍ଚଳିକ ରୂପ ବା 'ବୋଲି' ଭାବରେ ମଧ୍ୟ ଗ୍ରହଣ କରିପାରନ୍ତି । କେହିକେହି ଏହାକୁ ଆଦିବାସୀ ଓଡ଼ିଆ ଭାବରେ ଗ୍ରହଣ କରନ୍ତି । 'ଦେଶିଆ'ର ପ୍ରତିଶବ୍ଦ ଭାବେ 'ଦେଶିଆ ଓଡ଼ିଆ', 'କୋରାପୁଟ ଓଡ଼ିଆ'(କୋରାପୁଟିଆ) ଶବ୍ଦର ପ୍ରଚଳନ ମଧ୍ୟ ରହିଛି । ଏପରିକି ଅବିଭକ୍ତ କୋରାପୁଟ ସୀମାନ୍ତରେ ଥିବା ଛତିଶଗଡ଼ର ବସ୍ତର ଜିଲ୍ଲାରେ ମଧ୍ୟ ଦେଶିଆର ପ୍ରଚଳନ ଅଛି । ନେଦରଲାଣ୍ଡର ଭାଷା ବିଜ୍ଞାନୀ ଡ.ଫ୍ଲେକ୍ସି 'ଛତିଶଗଡ଼ୀ ଦେଶିଆ' ସମ୍ପର୍କରେ ଗବେଷଣା ପତ୍ରରେ ଯେଉଁ ତଥ୍ୟ ଉପସ୍ଥାପନ କରିଛନ୍ତି ତାହା ଅନୁଶୀଳନ କଲେ ମନେହୁଏ ଓଡ଼ିଶାର ଦେଶିଆ ଭାଷା ଓ ଛତିଶଗଡୀ ଦେଶିଆ ଉଭୟେ ସମାନ । କେବଳ ସେଥିରେ କିଛି ହିନ୍ଦୀ ଓ ଛତିଶଗଡ଼ୀ ଶବ୍ଦର ପ୍ରୟୋଗ ଦେଖିବାକୁ ମିଳେ । ଛତିଶଗଡ଼ରେ ମଧ୍ୟ ଦେଶିଆକୁ ଏକ ଭାଷା ଭାବରେ ଗ୍ରହଣ କରିଥାନ୍ତି । ଯଦିଓ ଦେଶିଆ ଏକ ଉପଭାଷା ବା ବିଭାଷା ମାତ୍ର, ଲୋକମୁଖରେ ତାହା ସହିତ ଭାଷା ଶବ୍ଦଟି ଯୋଡ଼ିହୋଇ ଦେଶିଆ ଭାଷା ଭାବରେ ପରିଚିତ । ଯେପରି ସମ୍ବଲପୁରୀ ଏକ ଉପଭାଷା ହୋଇଥିଲା ବେଳେ ଲୋକମୁଖରେ ତାହା 'ସମ୍ବଲପୁରୀ ଭାଷା' ଭାବରେ ପରିଚିତ । ତେବେ ଏଠାରେ ଦେଖିବାକଥା ଯେ 'ଦେଶିଆ'କୁ ସରକାରୀ ଭାବରେ ଏକ ଉପଭାଷାର ମାନ୍ୟତା ମିଳି ନଥିବା କାରଣରୁ ଦେଶିଆ ଏକ ଉପଭାଷା ବୋଲି ସରକାରୀ ନଥିପତ୍ରରେ ଉଲ୍ଲେଖ ନାହିଁ, ମାତ୍ର ଏହା ଯେ ଏକ ପ୍ରଚଳିତ ଭାଷାରୂପ ତାହାକୁ କେହି ଅସ୍ୱୀକାର କରିପାରିବେ ନାହିଁ ।

ଅନେକ ଭାଷା ଗବେଷକଙ୍କ ମତରେ ଦେଶିଆ ଏକ ସଂଯୋଜକ ଭାଷା(Lingua franca) । ଅବିଭକ୍ତ କୋରାପୁଟ ଅଞ୍ଚଳର ଜନଜାତି ଗୋଷ୍ଠୀ ସାମୂହିକ ଭାବରେ ନିଜକୁ ଦେଶିଆ ଭାବେ ଗ୍ରହଣ କରିଥାନ୍ତି । ସବୁ ଆଦିବାସୀ ଗୋଷ୍ଠୀର ନିଜନିଜର ଭାଷିକ ପରମ୍ପରା ଥିବା ସତ୍ତ୍ୱେ ଆନ୍ତଃ ଆଦିବାସୀ ଗୋଷ୍ଠୀର ସହାବସ୍ଥାନ ପାଇଁ ଓ ଭାବ ବିନିମୟ ଉଦ୍ଦେଶ୍ୟରେ ସୃଷ୍ଟ ଏହି ଭାଷା 'ଦେଶିଆ' ନାମରେ ପରିଚିତ

ହୋଇଥିବା ସମ୍ଭବ । ବିଶେଷତଃ ଆଦିବାସୀ ଅଞ୍ଚଳର ଏହା ଏକ ବାଣିଜ୍ୟିକ ଭାଷା(Trade language) ଭାବରେ ହୁଏତ ଆଦିବାସୀ ହାଟ-ବଜାରରେ ବ୍ୟବହୃତ ହୋଇଥିବ ଓ ପରେ ଏହା ସାମାଜିକ ଜୀବନକୁ ପରିବ୍ୟାପ୍ତ ହୋଇଥିବ । ଏପରିକି ଆଦିବାସୀ କ୍ଷେତ୍ରରେ ଥିବା ଅଣଆଦିବାସୀମାନେ ସେମାନଙ୍କ ସହିତ ବାଚିକ ଯୋଗାଯୋଗ ପାଇଁ ଏହି 'ବୋଲି'ର ସାହାଯ୍ୟ ନେଉଥିବା କାରଣରୁ ଏହାର କ୍ଷେତ୍ର ପରିବ୍ୟାପ୍ତ ହୋଇଥିବା ମନେହୁଏ । ଅବିଭକ୍ତ କୋରାପୁଟ ବ୍ୟତୀତ ଛତିଶଗଡ଼ର ବସ୍ତର ଅଞ୍ଚଳ ଏବଂ ଆନ୍ଧ୍ରପ୍ରଦେଶର ଆର୍କୁଭ୍ୟାଲି ଅଞ୍ଚଳରେ ଦେଶିଆ ଭାଷାର ବହୁଳ ବ୍ୟବହାର ରହିଛି ।

ଏହିଭଳି ଭାଷା ସୃଷ୍ଟିର ମୂଳ କାରଣ ହୋଇଥିବ ଏକତ୍ର ସହାବସ୍ଥାନ କରୁଥିବା ଭିନ୍ନ ଭାଷା ଗୋଷ୍ଠୀର ଜନଜାତିଙ୍କ କାରଣରୁ । ଧରାଯାଉ ବଣ୍ଡା, ଗଦବା ଆଦି ଜନଜାତି ଅଷ୍ଟ୍ରିକ ଭାଷା ପରିବାର ଅନ୍ତର୍ଗତ ହୋଇଥିଲା ବେଳେ ଗୋଣ୍ଡି, କନ୍ଧ, କୋୟା, ଦୁରୁଆମାନଙ୍କର ଭାଷା ଦ୍ରାବିଡ଼ ପରିବାର ଅନ୍ତର୍ଗତ । ପୁନଶ୍ଚ ଭୂମିଆ, ହଲବୀ, ଭତ୍ରୀ, ଓମାନ୍ତ୍ୟା ଜନଜାତିର ଭାଷା ଭାରତୀୟ ଆର୍ଯ୍ୟ ପରିବାର ଅନ୍ତର୍ଭୁକ୍ତ । ପ୍ରତ୍ୟେକଙ୍କର ଭାଷା ପରସ୍ପରଠୁ ଭିନ୍ନ ଏପରିକି ଗୋଟିଏ ଗୋଷ୍ଠୀର ଲୋକେ ଅନ୍ୟ ଭାଷା ବୁଝିବା ଅତ୍ୟନ୍ତ କଷ୍ଟକର । ତେଣୁ ସାମାଜିକ, ଆର୍ଥନୀତିକ ଓ ସାଂସ୍କୃତିକ ସହାବସ୍ଥାନ ପାଇଁ ଏହି ଭାଷା ସୃଷ୍ଟି ହୋଇଥିବା ଗ୍ରହଣଯୋଗ୍ୟ । ଏପରିକି ଅଷ୍ଟ୍ରିକ, ଦ୍ରାବିଡ଼ ଓ ଆର୍ଯ୍ୟ ଭାଷାର ମିଳନରୁ 'ଦେଶିଆ'ର ସୃଷ୍ଟି ବୋଲି ଭାଷା ଗବେଷକଙ୍କ ମତ । କେତେକ ଭାଷା ଗବେଷକ ଦେଶିଆ ଭାଷାର ଉତ୍ପତ୍ତି ସମୟକୁ ପଞ୍ଚଦଶ ଶତାବ୍ଦୀ ଓ ତାହାର ପ୍ରୋସାହକ ଭାବରେ ତତ୍କାଳୀନ ନନ୍ଦପୁର ରାଜା ବିନାୟକ ଦେବଙ୍କ ଶାସନକାଳକୁ ଗ୍ରହଣ କରିଛନ୍ତି । ଏହା ବାସ୍ତବଯୋଗ୍ୟ ଏଥିପାଇଁ ମନେହୁଏ ଯେ ତାଙ୍କ ଶାସନକାଳରୁ ଦଶହରା ପର୍ବ ସମୟରେ ସମସ୍ତ ଆଦିବାସୀ ଗାଁମାନଙ୍କରୁ ମୁଖିଆ ସମେତ ଅନେକ ଲୋକଙ୍କର ମିଳନ କରାଉଥିଲେ । ଷୋଡ଼ଶ ଦିବସୀୟ ଏହି ଉତ୍ସବରେ ସେମାନଙ୍କର ଲୋକନୃତ୍ୟ ଓ ଲୋକଗୀତର ପରିବେଷଣ ହେଉଥିଲା । ଅତଏବ ବହୁବିଧ ଜନଜାତିର ଭାଷିକ ମିଳନରୁ ସମସ୍ତଙ୍କ ବୋଧଗମ୍ୟ ହେଲାପରି 'ଦେଶିଆ ଭାଷା' ସୃଷ୍ଟି ହୋଇଥିବା ଅସମ୍ଭବ ନୁହେଁ ।

ଏବେ ଆସିବା ଦେଶିଆ ଭାଷା କ୍ଷେତ୍ର ପ୍ରସଙ୍ଗକୁ । ଓଡ଼ିଶାରେ ଥିବା ବାଷଠି ପ୍ରକାରର ଜନଜାତିଙ୍କ ମଧ୍ୟରୁ ଅବିଭକ୍ତ କୋରାପୁଟ ଜିଲ୍ଲାରେ ୫୨ ପ୍ରକାରର ଜନଜାତିଙ୍କ ସହାବସ୍ଥାନ ରହିଛି । ପ୍ରାୟତଃ ୫୦୦ ବର୍ଷ ଧରି ସେମାନେ ଦେଶିଆ ଭାଷା ବ୍ୟବହାର କରିଆସୁଛନ୍ତି । ଭୌଗୋଳିକତା ଦୃଷ୍ଟିରୁ ଦେଶିଆ ଭାଷାର ପାଞ୍ଚଟି ଉପକ୍ଷେତ୍ରକୁ ଚିହ୍ନଟ କରାଯାଇଛି । ସେଗୁଡ଼ିକ ହେଲା –

(୧) କୋରାପୁଟ ଉପକ୍ଷେତ୍ର ଅନ୍ତର୍ଗତ ନନ୍ଦପୁର, ଲମତାପୁଟ, ଜୟପୁର, ସିମିଳିଗୁଡ଼ା, ବୈପାରୀଗୁଡ଼ା, କୋରାପୁଟ, କୁନ୍ଦ୍ରା, ଦଶମନ୍ତପୁର, ବୋରିଗୁମ୍ମା, ପଟାଙ୍ଗୀ, ନାରାୟଣପାଟଣା, ବନ୍ଧୁଗାଁ ଓ ଲକ୍ଷ୍ମୀପୁର ବ୍ଲକ୍ ଅଞ୍ଚଳ ।

(୨) ମାଲକାନଗିରି ଉପକ୍ଷେତ୍ର ଅନ୍ତର୍ଗତ ମୋଟୁ, ପଡ଼ିଆ, କାଲିମେଳା, ଚିତ୍ରକୋଣ୍ଡା, କୋରୁକୋଣ୍ଡା, ମାଥିଲି, ମାଲକାନଗିରି ବ୍ଲକ୍ ଅଞ୍ଚଳ ।

(୩) ରାୟଗଡ଼ ଉପକ୍ଷେତ୍ର ଅନ୍ତର୍ଗତ ରାୟଗଡ଼, ପଦ୍ମପୁର, ଗୁଡ଼ାରି, ଗୁଣପୁର ବ୍ଲକ୍ ଅଞ୍ଚଳ ।

(୪) ଇନ୍ଦ୍ରାବତୀ ଉପକ୍ଷେତ୍ର ଅନ୍ତର୍ଗତ ନବରଙ୍ଗପୁର, କୋଟପାଡ୍, ନନ୍ଦାହାଣ୍ଡି, କଷାଗୁମୁଡ଼ା, ତେନ୍ତୁଳିଖୁଣ୍ଟି ବ୍ଲକ୍ ଅଞ୍ଚଳ ।

(୫) ଉମରକୋଟ ଉପକ୍ଷେତ୍ର ଅନ୍ତର୍ଗତ ଚନ୍ଦାହାଣ୍ଡି, ପାପଡାହାଣ୍ଡି, ଉମରକୋଟ, ଡାବୁଗାଁ, ଝରିଗାଁ ଓ ରାଇଘର ବ୍ଲକ୍ ଅଞ୍ଚଳ ।

ଏହିସବୁ ଉପକ୍ଷେତ୍ରରେ ଥିବା ଆଦିବାସୀମାନେ କେବଳ ନୁହନ୍ତି ଅଣ-ଆଦିବାସୀମାନଙ୍କର କଥୋପକଥନରେ ମଧ୍ୟ ପ୍ରମୁଖ ଭୂମିକା ଗ୍ରହଣ କରିଛି ଦେଶିଆ ଭାଷା । ଏପରିକି ଆଦିବାସୀଙ୍କ ଲୋକସାହିତ୍ୟ କ୍ଷେତ୍ର ଯଥା : ଲୋକଗୀତ, ଲୋକନାଟ ଓ ଲୋକଗଳ୍ପ କ୍ଷେତ୍ରକୁ ମଧ୍ୟ ପ୍ରଭାବିତ କରିଛି । ଅତଏବ ଅବିଭକ୍ତ କୋରାପୁଟର ଜୀବନସ୍ରୋତ ପାଲଟିଥିବା ପ୍ରମୁଖ ଭାଷାର ସ୍ଥାନ ନେଇପାରିଛି 'ଦେଶିଆ ଭାଷା' । ଏହାର କାରଣ ହେଉଛି -

(୧) ଏହି ଭାଷାର ଗଠନ ପ୍ରକ୍ରିୟା ଅତ୍ୟନ୍ତ ସରଳ ଓ ପ୍ରାକୃତିକ ।

(୨) ମୁଣ୍ଡା, ତେଲୁଗୁ ଏବଂ ଓଡ଼ିଆ ଶବ୍ଦ ଏଥିରେ ସହଜରେ ବ୍ୟବହାର କରିହୁଏ ।

(୩) ସ୍ୱତଂତ୍ର 'ଦେଶିଆ ନାଟ୍' ମାଧ୍ୟମରେ ଏହି ଭାଷା ସହଜରେ ପ୍ରଚାର ହୋଇପାରିଛି ।

(୪) ଆନ୍ତଗୋଷ୍ଠୀ ଭାବ ଆଦାନପ୍ରଦାନ ପାଇଁ ଏହାର ବିପୁଳ ବ୍ୟବହାର ।

ସୁତରାଂ ଏହା ଏକ ଆଞ୍ଚଳିକ 'ବୋଲି' ବା 'ଉପଭାଷା' ହୋଇଥିଲେ ମଧ୍ୟ ଏହାର ବ୍ୟାପ୍ତି ବାରି ହୋଇଯାଏ । ଏବେ ଧ୍ୱନିତାତ୍ତ୍ୱିକ, ରୂପତାତ୍ତ୍ୱିକ ବୈଶିଷ୍ଟ୍ୟ ସହିତ ଦେଶିଆ ଶବ୍ଦଭଣ୍ଡାର ସମ୍ପର୍କରେ ଆଲୋକପାତ କରିବା

ଧ୍ୱନିତାତ୍ତ୍ୱିକ ବୈଶିଷ୍ଟ୍ୟ :

(୧) ମହାପ୍ରାଣ ଧ୍ୱନି ଅଳ୍ପପ୍ରାଣ ଧ୍ୱନିରେ ପରିବର୍ତ୍ତିତ; ଯଥା : ଭାତ > ବାତ, ଘର > ଗର, ଭଲ > ବଲ

(୨) 'ହ' ଧ୍ୱନିର ଲୋପ; ଯଥା : ହାଣ୍ଡି > ଆଣ୍ଡି, ମହୁରିଆ > ମଇରା, ଶହେ > ଶଏ

(୩) 'ଣ' ବଦଳରେ 'ନ' ହୋଇଥାଏ; ଯଥା : ପାଣି > ପାନି, ପଣସ > ପନସ୍, ମାଣ > ମାନ

(୪) କେତେକ ସ୍ଥଳରେ ବର୍ଣ୍ଣର ଲୋପ ଘଟିଥାଏ; ମହାପ୍ରଭୁ > ମହାପ୍ରୁ, ଅଣ୍ଡିରା > ଅଣ୍ଡ୍ରା, ଯିବା > ଜୁ

(୫) ଶବ୍ଦଗୁଡ଼ିକ ସ୍ୱରାନ୍ତ ନ ହୋଇ ସ୍ୱରଧ୍ୱନିର ଲୋପ; ପରବ > ପରବ୍, ଡଙ୍ଗର > ଡଙ୍ଗର୍, ମାଷ୍ଟ୍ରେ > ମାଷ୍ଟର୍

(୬) ସଂଯୁକ୍ତ ବ୍ୟଞ୍ଜନର ସରଳୀକରଣ; ରକ୍ତ > ରକତ୍, ପଦ୍ମ > ପଦମ୍, ଆମ୍ବ > ଆମ୍

(୭) ଅନେକ ସ୍ଥାନରେ 'ଗ' ବଦଳରେ 'ଙ୍ଗ' ହୋଇଥାଏ; ମାଗିଆଣିଲା > ମାଙ୍ଗିଆନ୍‌ଲା

(୮) ସ୍ୱତଃ ନାସିକ୍ୟ ବ୍ୟଞ୍ଜନର ବହୁଳ ପ୍ରୟୋଗ; ଯଥା : ବେଣ୍ଟ > ବେଁଟ୍, ମୟୂର > ମଁଜୁର, ସାପ > ସାଁପ

ରୂପତାତ୍ତ୍ୱିକ ବୈଶିଷ୍ଟ୍ୟ :

	(୧) ଏକବଚନ	**ବହୁବଚନ**
	ମୁଇଁ / ମୋକେ	ଆମ୍‌କେ
	ତୁଇ / ତୋକେ	ତାଙ୍କେ
	ସେ	ସେମନ୍

	(୨) ପୁଂଲିଙ୍ଗ	**ସ୍ତ୍ରୀଲିଙ୍ଗ**
	ଡୋକ୍ରା(ବୁଢ଼ା)	ଡୋକ୍ରୀ(ବୁଢ଼ୀ)
	ଧାଂଡା(ଯୁବକ)	ଧାଂଡୀ(ଯୁବତୀ)
	ସତ୍‌ରା(ଶଶୁର)	ସତ୍‌ରି(ଶାଶୂ)
	ଡେଙ୍ଗା	ଡେଙ୍ଗି

(୩) ପ୍ରଶ୍ନସୂଚକ : କାଇଟା, କାକେ, କେମନ୍, କି, ଇତ୍ୟାଦି ।

(୪) ନାସ୍ତିବାଚକ : ନକର୍, ନା କର୍‌ଲା, ନାଇଁଆଚେ, ନ ଆସି, ନାଇ

(୫) ଅସ୍ତିବାଚକ : ହଇ, ଆଁ

(୬) କ୍ରିୟାରୂପ : ବର୍ତ୍ତମାନ କାଳ – କାଇସି, ଆଇସି
ଅତୀତ କାଳ – କାଇଲୁସ୍, ଗାଲାୟ
ଭବିଷ୍ୟତ କାଳ – ପାକାଇବି, କର୍‌ବି

(୭) ଯୁଗ୍ମଶବ୍ଦ : ଟାକା ପାଇସା, ମିସ୍‌ମିସା, କୁଟ୍‌କୁଟା, ପିଲାଜିଲା

(୮) ବାକ୍ୟଗଠନ ପଦ୍ଧତି :

ସରଳ ବାକ୍ୟ – ତମେ ବଡ଼େ ନିକ ଲାଗଲାସ୍‌ନି । (ତୁମେ ବଡ଼ ସୁନ୍ଦର ଲାଗୁଛ ।) ଗାଗଡ଼ ତୋର ନିମାନ ଆଚେକି । (ତୁମ ଦେହ ଭଲ ଅଛି ତ !)

ଯୌଗିକ ବାକ୍ୟ - ତାର୍ ସାଙ୍ଗେ ମୁଇଁ ମିଶା ହାଟ୍ ଯିବି ଆର୍ ଉତ୍‌ରିଲା ବେଲକୁ ଭାରି ଆଇବି । (ତା' ସାଙ୍ଗରେ ମୁଁ ହାଟକୁ ଯିବି ଆଉ ବେଳ ବୁଡ଼ିବା ବେଳକୁ ଫେରିଆସିବି ।)

ଜଟିଳ ବାକ୍ୟ - ଗାଓଁର ନାଇକ୍ ଚାଲାନ୍‌କେ ଡାକି କଇଲା; ଗାଓଁର ଲକକେ ଡାକିଦେସ୍, ପୁଷ୍‌ପରବ୍ କରିବାକେ ଦିଶାରୀ ଆଇଲା ଆଚେ । (ଗାଁର ନାଇକ ଚଲାଣକୁ ଡାକି କହିଲା; ଗାଁଲୋକଙ୍କୁ ଡାକିଦେ', ପୁଷ ପରବ କରିବା ପାଇଁ ଦିଶାରୀ ଆସିଛି ।)

ଏହି ପଦ୍ଧତିରୁ ଜଣାପଡେ କର୍ତ୍ତା, କର୍ମ, କ୍ରିୟା ଓ କ୍ରିୟା ବିଶେଷଣଗୁଡ଼ିକର ନିର୍ଦ୍ଦିଷ୍ଟ ଶୃଙ୍ଖଳା ନାହିଁ । ତେଣୁ ସହଜ ଭାବରେ ଏସବୁର ସ୍ଥାନ ପରିବର୍ତ୍ତନ କାରଣରୁ ଦେଶିଆ ଭାଷା ବ୍ୟବହାର ଅତ୍ୟନ୍ତ ସହଜ ହୋଇଥାଏ ।

(୯) ଶବ୍ଦ ଗଠନ : ସେହିପରି ଶବ୍ଦ ଗଠନ ପାଇଁ ବିଶେଷ୍ୟ, ବିଶେଷଣ, କ୍ରିୟା ଧାତୁରେ ପ୍ରତ୍ୟୟ ସଂଯୋଗ ହୋଇ ଅନେକ ଶବ୍ଦ ସୃଷ୍ଟି ହୋଇଥାଏ । କେତେକ କ୍ଷେତ୍ରରେ ଓଡ଼ିଆର କ୍ରିୟାପଦଗୁଡ଼ିକୁ ସାମାନ୍ୟ ବ୍ୟତିକ୍ରମ କରି ଦେଶିଆ କ୍ରିୟାର ସୃଷ୍ଟି ହୋଇଥିବା ଦେଖିବାକୁ ମିଳେ ।

କ୍ରିୟା : ଲାଗ୍‌ଛି(ଲାଗୁଛି), ନାପିବା(ମାପିବା), କଇଲା(କହିଲା), ଖେଟ୍‌ବା(ପହଞ୍ଚିବା)

ପ୍ରତ୍ୟୟ ଯୋଗ : ଅଲସ୍+ଇୟା=ଅଲସିୟା, ତଣ୍ଡ+ଉଆ=ତଣ୍ଡୁଆ

ଦେଶିଆ ଶବ୍ଦ	**ଓଡ଼ିଆ**
ନନି	ଝିଅ
ଆବା	ବାପା
ଆମା	ମା'
ଲୁଲା	ଓଠ
ପାଇ	ପାଦ
ମେଟାକାଲୁ	ଗୋଇଠି
ଗର୍	ଘର
ବେଇଁ	ଗୁହାଳ
ନଲି	ବନ୍ଧୁକ
କାଡ୍‌ନି	ବାଘ
ଅଁସ	ହଂସ
କାପା	ବେଙ୍ଗ
ଜନା	ମକା

ଧୁଙ୍ଗିଆ ଧୂଆଁପତ୍ର

କୁମୁଡ଼ା ବୋଇତାଲୁ

ଏହିଭଳି ହଜାର ହଜାର ଶବ୍ଦ ଦେଶିଆ ଶବ୍ଦ ଭଣ୍ଡାରରେ ରହିଛି । ଯେଉଁ କାରଣରୁ ବାକ୍ୟ ସଂରଚନା ବା ଦେଶିଆ ମୌଖିକ ସାହିତ୍ୟ ପାଇଁ ଶବ୍ଦର ଅଭାବ ପଡେନାହିଁ । ତେବେ ଦେଶିଆ ଭାଷାର ସବୁଠାରୁ ଶ୍ରେଷ୍ଠ ବିଭବ ହେଉଛି ତା'ର ଲୋକଗୀତ । ଶବ୍ଦ ବୈଚିତ୍ର୍ୟ କାରଣରୁ ଗୀତଗୁଡ଼ିକ ଅତ୍ୟନ୍ତ ମନମତାଣିଆ । ଯେକୌଣସି କୋରାପୁଟିଆ ଲୋକେ ସେହି ଦେଶିଆ ଗୀତକୁ ମୁହେଁମୁହେଁ ଗାଇଦେଇ ପାରନ୍ତି । ଏପରିକି ଗୀତକୁଡ଼ିଆ ଆଉ ଗୀତକୁଡିଆଣୀମାନଙ୍କ ଦ୍ୱାରା ଏସବୁ ଦେଶିଆ ଗୀତର ପ୍ରଚାର ଓ ପ୍ରସାର ହେଇପାରିଛି । ସଂପ୍ରତି ଅନେକ ଦେଶିଆ ଗୀତର ଆଲବମ୍‌ର ଚାହିଦା ଆଦିବାସୀ ଅଞ୍ଚଳରେ ମଧ୍ୟ ବଢ଼ିଛି । ତେବେ ବିଭିନ୍ନ ପର୍ବ ସମୟରେ ଗାନ କରାଯାଉଥିବା ଦେଶିଆ ଲୋକଗୀତରୁ ଏଠାରେ କିଛି ଉପସ୍ଥାପନ କରିବା ପ୍ରାସଙ୍ଗିକ ହେବ ।

ଚଇତିପରବ ବେଳେ ଧାଂଡା-ଧାଂଡୀ ପଳାଶଫୁଲ, ଗଛର ନବପଲ୍ଲବ ଓ ଚଢ଼େଇର କଳରବ ଶୁଣି ଭାବନ୍ତି ଯେ ଚୈତ୍ରମାସ ହେଉଛି ଗୀତ ଗାଇବା ଓ ମିଳନର ସମୟ ତେଣୁ ସେମାନେ ଗୀତ ଫାନ୍ଦି ଗାଆନ୍ତି -

(୧) ଧାଂଡା- ରଣ ବୋଲ କାଠ ଦୁଆର ବନ୍ଧ
ଲାଗିଛି ଝୁମ୍ପି ଲାନ୍ତର
କେତେ ଦୂରେ ଥିଲେ ଏ ନିନା ତୋର
କେବେ ନ କରିବୁ ଦୂର ।

ଧାଂଡୀ- ସୁନାକୁ ଟାଙ୍ଗଣା ଲୁହାକୁ ଝାଲଣା
ହୀରା ମାନେକକୁ ଜଉ
ତମର ଆମର ଭେଟ୍‌ଘାଟ୍ ହେଲେ
ହସି ମାତି ଦିନ ଯାଉ ।

(୨) ଶିରୀ ପରବତେ ଡାଲିଆ ମଜୁର
ଟେକ ଟେକେଇଲା
ତମର ଆମର ପୀରତି ନନୀ
ଦଇବ ବେଟେଇଲା । (ଧାଂଡା ଗୀତ)

(୩) ମଲିଫୁଲ ଦନା ଦନା
ସେବତି ଫୁଲ୍ ବଡ଼ ବାସ୍‌ନା
ଚାକିଲେ ଜାନିବ ସିନା । (ଧାଂଡୀ ଗୀତ)

'ଦେଶିଆ ଭାଷା' ଏକ ମୌଖିକ ଭାଷା ହୋଇଥିବା କାରଣରୁ ଏବଂ ଏହାର ଲିପି ନଥିବା ଯୋଗୁ ଏହାର ସାହିତ୍ୟ ଓଡ଼ିଆ ସମେତ ଯେକୌଣସି ଲିପି ସାହାଯ୍ୟରେ ଲିପିବଦ୍ଧ କରାଯାଇ ପାରେ । ଦେଶିଆ ସାହିତ୍ୟର ଅନେକ ପୁସ୍ତକ ଓଡ଼ିଆ ଲିପିରେ ରଚିତ । ଏହା ଉପରେ ବିବିଧ ଗବେଷଣା ମଧ୍ୟ ଜାରି ରହିଛି । ଆଦିବାସୀ ଉନ୍ନୟନ ପରିଷଦର ତଥ୍ୟ ଅନୁଯାୟୀ ଭତରା, ଭୂମିଆ, ଦୁରୁଆ, ଗଦବା, ହଲବା, କୋଟିଆ, ମାଟିଆ, ଓମାନ୍ତ୍ୟା, ପେଣ୍ଟିଆ, ପରଜା ପରି ଅନେକ ଜନଜାତି ଦେଶିଆକୁ ପ୍ରମୁଖ ଭାଷା ଭାବରେ ବ୍ୟବହାର କରନ୍ତି । ଅବଶ୍ୟ ଏହି ଭାଷାରେ ଲିପି ତିଆରି ଯୋଜନା ରହିଛି କି ନାହିଁ ସେ ସମ୍ପର୍କୀତ କୌଣସି ତଥ୍ୟ ନାହିଁ । ମାତ୍ର ଦେଶିଆ ଭାଷାର କ୍ଷେତ୍ର କ୍ରମଶଃ ବଢ଼ିବା କାରଣରୁ ଆଦିବାସୀର ମୌଳିକ ଭାଷାଗୁଡ଼ିକ ପ୍ରତି ବିପଦ ଦେଖାଦେଇଛି । କିନ୍ତୁ ଅବିଭକ୍ତ କୋରାପୁଟର ଆଦିବାସୀମାନଙ୍କ ମଧ୍ୟରେ ସାମାଜିକ ଓ ସାଂସ୍କୃତିକ ସମନ୍ୱୟ ରଖିବା ପାଇଁ ଦେଶିଆ ଭାଷା ପ୍ରମୁଖ ଭୂମିକା ଗ୍ରହଣ କରିଛି ଏପରିକି ଅଣଆଦିବାସୀ କ୍ଷେତ୍ର ସହିତ ଜଡ଼ିତ ସେମାନଙ୍କର ଆର୍ଥନୀତିକ ଦିଗ ଓ ବିକାଶରେ 'ଦେଶିଆ ଭାଷା' ଯୋଗସୂତ୍ର ଓ ଜୀବନଧାରାର ଭାଷା ପାଲଟିଛି ଏହା ନିଃସନ୍ଦେହରେ ଗ୍ରହଣ କରାଯାଇ ପାରେ ।

ସହାୟକ ସୂଚୀ :

(୧) ଦେଶିଆ ଜ୍ଞାନକୋଷ - ସଂକଳକ : ପାଢ଼ୀ ରାଜେନ୍ଦ୍ର, ଉପାଧ୍ୟାୟ ବିଜୟ, ଆଦିବାସୀ ଭାଷା ସଂସ୍କୃତି ଏକାଡେମୀ, ୨୦୧୦

(୨) ଦକ୍ଷିଣ ଓଡ଼ିଶାର ରେଲି ଓ ଦେଶିଆ ଉପଭାଷା - ପଣ୍ଡା ସନ୍ତୋଷିନୀ, ତୃପ୍ତି, ଭୁବନେଶ୍ୱର, ୨୦୧୫

(୩) ଓଡ଼ିଶାର ଜନଜାତି : ଏକ ସାମାଜିକ ଓ ସାଂସ୍କୃତିକ ଅଧ୍ୟୟନ - ପାତ୍ର ଦେବାଶିଷ, ଓଡ଼ିଆ ଭାଷା ପ୍ରତିଷ୍ଠାନ, ୨୦୨୦

(୪) Cultural Heritage of odisha, Vol - XI, Ed: Mohanty Gopinath & others, SLVFMSS, BBSR, 2008

(୫) Language wise Population of odisha - Census - 2011 Report

(୬) Chhatishgarhi Desia - Rau flexi, Linguistics Department, Leiden University, Netherlands.

ଜନଜାତି ଭାଷା ଗବେଷଣା ଓ ଗୋପୀନାଥ ମହାନ୍ତି

ଜୀବନର ରଙ୍ଗ, ସ୍ୱପ୍ନ ଓ କଳ୍ପନା ସହିତ ସମୟର ସରସପଣ ଝରେ ଶବ୍ଦରେ । ସେ ଶବ୍ଦ ବଦଳିଯାଏ ଜ୍ୟାମିତିରେ ଆଉ ବାଢ଼ିଦିଏ ଅମରତ୍ୱର ଅର୍ଘ୍ୟ; ଯେମିତି ମଥାରେ ଅବିର, ପଖାରେ ହଳଦୀଗୁଣ୍ଡା, ଗହୀର ଜଙ୍ଗଲରେ ସମୁଦ୍ରର ନେଳିକଳା, ଶାଳବଣ ବୋଝେଇ ପାହାଡ, ସମୁଦ୍ରର ଓଦାନିଃଶ୍ୱାସ, ବାଉଁଶବଣର ପବନ, ବର୍ଷା ମଝିରେ ଗୋଟିଏ ଶୁଖିଲା ରାତି, ଗଛକାଖରେ ମହୁଫେଣା, ଚଢ଼େଇ ଭସାଣ ଆକାଶ, ବାଟଭୁଲା ମହୁମାଛି ଆଦି । କଥାସାହିତ୍ୟରେ ଏପରି ଅଦ୍ଭୁତ ଶବ୍ଦ ସଂସ୍କରର ଶ୍ରେୟ ଯାଏ ବିଶିଷ୍ଟ କଥାକାର 'ପରଜା', 'ଦାଦିବୁଢ଼ା', 'ଅମୃତର ସନ୍ତାନ ପରି ଓଡ଼ିଆ ଗଦ୍ୟ କ୍ଲାସିକ୍ ସ୍ରଷ୍ଟା ଗୋପୀନାଥ ମହାନ୍ତିଙ୍କ ନିକଟକୁ । ଶବ୍ଦ ସ୍ଥାପତ୍ୟର ଏହି ମହାନ ସ୍ରଷ୍ଟାଙ୍କୁ ଆମେ ଏଯାବତ୍ ଜଣେ କଥାଶିଳ୍ପୀ ଭାବରେ ମୂଲ୍ୟାୟନ କରିଆସିଛୁ । ତେବେ ଜଣେ ଜନଜାତି ଭାଷାବିଜ୍ଞାନୀ ଭାବରେ ଗୋପୀନାଥଙ୍କ ଭାଷା ପୁସ୍ତକଗୁଡ଼ିକର ଅନୁଶୀଳନ ସାଂପ୍ରତିକ ସମୟରେ ଅତ୍ୟନ୍ତ ଜରୁରୀ ମନେହୁଏ । ଯାହାଦ୍ୱାରା ଗୋପୀନାଥ ମହାନ୍ତିଙ୍କ ପରି ଜଣେ ଭାଷାଗବେଷକଙ୍କ ଜନଜାତି ଭାଷା ପ୍ରତି ଥିବା ଅନୁରାଗ ଓ ଅଜଣା ତଥ୍ୟ ପାଠକ ଓ ଗବେଷକଙ୍କ ପାଖରେ ଅଲୋଡା ହୋଇ ରହିବନାହିଁ ।

ଭାଷା ସମ୍ପର୍କୀତ ବୈଜ୍ଞାନିକ ଆଧାରର ଗବେଷଣାକୁ ଭାଷାବିଜ୍ଞାନ କୁହାଯାଏ । ଜଣେ ଭାଷାବିଜ୍ଞାନୀ ଭାଷାର ନିର୍ମାଣ ପଦ୍ଧତିର ବିଶ୍ଲେଷଣ ଓ ତାହାର ବର୍ଣ୍ଣନା ଅନ୍ତର୍ଭୁକ୍ତ ବିବିଧ ଦିଗର ବିଶ୍ଳେଷଣ କରନ୍ତି । ଯେପରି ଭାଷାର ଧ୍ୱନି, ଧ୍ୱନି ପ୍ରକ୍ରିୟା, ରୂପ ପ୍ରକ୍ରିୟା, ଶବ୍ଦ-ବାକ୍ୟର ଗଠନ ଓ ବ୍ୟବହାର ଶୈଳୀ ଏପରିକି ଶବ୍ଦର ମୂଳ ଉତ୍ସ ନିର୍ଣ୍ଣୟ କରିବା ଜଣେ ଭାଷାବିଜ୍ଞାନୀ ବା ଭାଷାଗବେଷକର କାର୍ଯ୍ୟ । ତେବେ ଜଣେ ଭାଷାବିଜ୍ଞାନୀ ଭାବରେ ଗୋପୀନାଥ ଜନଜାତି ଭାଷାର ବିବିଧ ପଦ୍ଧତି ଆକଳନ କରି ନିଜର ଶ୍ରେଷ୍ଠତ୍ୱ ପ୍ରତିପାଦନ କରିଛନ୍ତି ।

ଗୋପୀନାଥଙ୍କ ଭାଷାଗବେଷଣାକୁ ଆମେ ପାଞ୍ଚ ଭାଗରେ ବିଭକ୍ତ କରିପାରିବା -

(୧) ବିବର୍ତ୍ତନିକ ଭାଷାବିଜ୍ଞାନ (ଯେଉଁଥିରେ ଭାଷାର ଐତିହାସିକ ବିବର୍ତ୍ତନ ବର୍ଣ୍ଣିତ)

(୨) ବର୍ଣ୍ଣନାତ୍ମକ ଭାଷାବିଜ୍ଞାନ (ଭାଷା ସମ୍ପର୍କୀତ ବର୍ଣ୍ଣନା, ଶବ୍ଦ ସଂଗ୍ରହ, ବାକ୍ୟ ସଂଗ୍ରହ)

(୩) ବିଷୟଭିତ୍ତିକ ଭାଷାବିଜ୍ଞାନ (ଶବ୍ଦ ଉତ୍ପତ୍ତି, ବ୍ୟାକରଣ, କାଳ ନିର୍ଣ୍ଣୟ ଇତ୍ୟାଦି)

(୪) ତୁଳନାତ୍ମକ ଭାଷାବିଜ୍ଞାନ (ଗୋଟିଏ ଭାଷା ସହିତ ଅନ୍ୟ ଭାଷା ଓ ଶବ୍ଦର ତୁଳନା)

(୫) ପ୍ରୟୋଗାତ୍ମକ ଭାଷାବିଜ୍ଞାନ (ସୂତ୍ର ମାଧ୍ୟମରେ ଭାଷାଶିକ୍ଷଣ ଉପାଦାନ)

ଏହା ବ୍ୟତୀତ ସେ ଭାଷାବିଜ୍ଞାନ ଅନ୍ତର୍ଗତ ଥିବା ସମାଜତାତ୍ତ୍ୱିକ, ମନସ୍ତାତ୍ତ୍ୱିକ, ଶୈଳୀ, ସାଂସ୍କୃତିକ ବିନ୍ୟାସର ବିଶ୍ଳେଷଣ ଜଣେ ମାନବତତ୍ତ୍ୱବିଦ୍ ଭାବରେ ମଧ୍ୟ କରିଛନ୍ତି । ଅବିଭକ୍ତ କୋରାପୁଟ ଜିଲ୍ଲାରେ ଗୋପୀନାଥଙ୍କ ଅବସ୍ଥାନ (ମେ' ୧୯୪୦ ରୁ ମାର୍ଚ୍ଚ ୧୯୪୪ କୋରାପୁଟ ଓ ତା' ପରର ପାଞ୍ଚମାସ ଜୟପୁର ପୁଣି ଅକ୍ଟୋବର ୧୯୫୨ ରୁ ନଭେମ୍ବର ୧୯୫୪ ରାୟଗଡ଼ାରେ) ଓ ଜନଜୀବନ ଆଧାରିତ ସାହିତ୍ୟ ସୃଷ୍ଟି ସହିତ ଗାଁ-ଗାଁ ବୁଲି ଶବ୍ଦ ସଂଗ୍ରହ କରି ତା'ର ବୈଜ୍ଞାନିକ ବିଶ୍ଳେଷଣ କରି ଭାଷାସୂତ୍ର ବାହାର କରିବା ବିସ୍ମୟକର ମନେହେଲେ ମଧ୍ୟ ଅତ୍ୟନ୍ତ ବାସ୍ତବ । ତେବେ ଗୋପୀନାଥଙ୍କ ରଚିତ ଭାଷା ପୁସ୍ତକ ଛପାଯିବାରେ ବି ଏକ ଐତିହାସିକ ଘଟଣା ନିହିତ ।

ବିନୋବାଜୀ ଏବଂ ଗୋପବନ୍ଧୁ ଚୌଧୁରୀଙ୍କର ବିଶ୍ୱାସ ଥିଲା ଭାଷାଶିକ୍ଷା ପୁସ୍ତକ ଦ୍ୱାରା ଆଦିବାସୀ ଗାଁମାନଙ୍କରେ ସର୍ବୋଦୟ କାମ କରିବାରେ ନିଶ୍ଚିତ ସହାୟକ ହେବ । ତେଣୁ ସେମାନେ ଗୋପୀନାଥ ମହାନ୍ତିଙ୍କର କନ୍ଧ ଓ ଗଦବା ଭାଷାର ଦୁଇଟି ପୁସ୍ତକ ସର୍ବସେବା ସଙ୍ଘ, ୱାର୍ଦ୍ଧା ଦ୍ୱାରା ଛାପିବାକୁ ଆଗ୍ରହପ୍ରକାଶ କଲେ ଓ ପୁସ୍ତକ ଦୁଇଟି ଛପାହେଲା । ସେହିପରି ସଓରା ଭାଷାର ପୁସ୍ତକଟି ଉତ୍କଳ ବିଶ୍ୱବିଦ୍ୟାଳୟର ଆଞ୍ଚଳିକ ଗବେଷଣା କେନ୍ଦ୍ର ଦ୍ୱାରା ପ୍ରକାଶିତ ହୋଇଥିଲା । ତେବେ ଯେଉଁ ପାଞ୍ଚଟି ପୁସ୍ତକରୁ ତାଙ୍କର ଭାଷା ଗବେଷଣାର ବିବିଧ ଦିଗ ଜଣାପଡେ ତାହା ହେଲା -

(୧) ଗଦବା ଭାଷା - (୧୯୫୬)

(୨) କୁଭୀକନ୍ଧ ଭାଷାତତ୍ତ୍ୱ (୧୯୫୬)

(୩) କୁଭୀଲୋକୁତି ନେହି ପଣ୍ବୁ (୧୯୫୬)

(୪) କନ୍ଧ ପରଜାସ୍ତୋତ୍ର ଓ ସଙ୍ଗୀତ (୧୯୫୭)

(୫) ସଉରା ଭାଷା (୧୯୬୮)

୧. ଗଦବା ଭାଷା :

ବାଷଠି ପୃଷ୍ଠାର ଏହି ଭାଷା ପୁସ୍ତକର ପ୍ରକାଶକାଳ ୧୯୫୬ ମସିହା । ଏହି ପୁସ୍ତକର ପ୍ରାରମ୍ଭରେ ଲେଖକ ଗଦବା ଜନଜାତି ଗୋଷ୍ଠୀର ନୃତାତ୍ତ୍ୱିକ ବିଶ୍ଳେଷଣ କରି ସେମାନଙ୍କୁ ମେଲାନିଡ୍-କୋଲିଡ୍ ଶାଖା ଅନ୍ତର୍ଗତ ଭାବରେ ଗ୍ରହଣ କରିଛନ୍ତି । ଗୋପୀନାଥଙ୍କ ଗବେଷଣା କାଳରେ ଗଦବା ଭାଷା ବ୍ୟବହାରକାରୀଙ୍କ ସଂଖ୍ୟା ଥିଲା ୪୩ହଜାରରୁ ସାମାନ୍ୟ ଅଧିକ । କାରଣ ଏହି ଭାଷା ଥିଲା ଗଦବା ଓ ପାରେଙ୍ଗାମାନଙ୍କର ଭାବ ପ୍ରକାଶର ମାଧ୍ୟମ । ତେବେ ଗୋପୀନାଥଙ୍କ ପୂର୍ବରୁ ଗଦବାଭାଷା ସମ୍ପର୍କରେ କୌଣସି ପୁସ୍ତକ ନଥିଲା, ଆଉ ଏହି ଭାଷା ପୁସ୍ତକ ପାଇଁ ତାଙ୍କୁ ଅନେକ କଷ୍ଟ ସ୍ୱୀକାର କରିବାକୁ ପଡ଼ିଥିଲା । କାରଣ ସିଏ ସଂଗୃହୀତ ଶବ୍ଦ ଓ ବାକ୍ୟରୁ ଓଲଟ କ୍ରମରେ ସୂତ୍ର ବାହାର କରିଥିଲେ । ତାଙ୍କ କ୍ଷେତ୍ର ପର୍ଯ୍ୟବେକ୍ଷଣ ହୋଇଥିଲା ଡୁଡୁମା ଜଳପ୍ରପାତ ଅଞ୍ଚଳ, ଲମ୍ତାପୁଟ, ନନ୍ଦପୁର, ସେମିଳିଗୁଡ଼ା, ଗୁନେଇଁପଡ଼ା ଓ ପଟାଙ୍ଗୀ ଅଞ୍ଚଳକୁ ନେଇ । ତେବେ ଏହି ଭାଷା ସଂଗ୍ରହରେ ଲେଖକଙ୍କର ନୂଆ ଅନୁଭବ ହୋଇଥିଲା ଯେ, 'ଡୁଡୁମା ଜଳପ୍ରପାତ ପାଖେ ଚୀନ ଲୋକମାନଙ୍କର ଛାଇ ଆବିଷ୍କାର କରିବାକୁ ସୁବିଧା ହେଲା' (ମୁଖବନ୍ଧରେ ବର୍ଣ୍ଣିତ) ।

ଗଦବା ଭାଷା ପୁସ୍ତକରେ ଲେଖକ ବିଶେଷ୍ୟ, ବିଶେଷଣ, ସର୍ବନାମ, ଅବ୍ୟୟ, କ୍ରିୟା, କାରକ, ବିଭକ୍ତି, ଧାତୁରୂପର ସୂତ୍ର, ଶବ୍ଦ ଭଣ୍ଡାର, କାଳର ପରିବର୍ତ୍ତନ, ଧାତୁରୂପ ଓ ଣିଜନ୍ତ ପ୍ରକରଣ ସମ୍ପର୍କରେ ଚର୍ଚ୍ଚା କରିଛନ୍ତି । ବହୁବଚନର ଚିହ୍ନ ଭାବେ ପ୍ରତିଟି ଶବ୍ଦ ପଛରେ 'ନେ' ଲାଗିଥିବା ବର୍ଣ୍ଣିତ । ବିଭକ୍ତିର ଅନ୍ୟ ଚିହ୍ନଗୁଡ଼ିକର କିଛି ଉଦାହରଣ ଗ୍ରହଣ କରାଯାଇ ପାରେ -

୨ୟା ବିଭକ୍ତି 'କୁ'ର ଚିହ୍ନ - (୧) ଲେଇ

ଉଦାହରଣ : ମଣିଷକୁ - ରେମ୍ ଲେଇ

ସ୍ଥାନକୁ ଅର୍ଥରେ - (୨) ବୋ

ଉଦାହରଣ : ଘରକୁ ଯାଅ - ଡିଏନ୍ ବୋ ଇଆ

୫ମ ବିଭକ୍ତିର ଚିହ୍ନ 'ଠ', 'ଠାରୁ' -

(୧) 'କୁର' - କେବଳ ମନୁଷ୍ୟ ସୂଚକ ସର୍ବନାମ ଅର୍ଥରେ

(୨) 'ଡି', 'ଡିକେ'

ଘରୁ - ଡିଏନ୍‌ଡିକେ

୬ଷ୍ଠୀ ବିଭକ୍ତିର ଚିହ୍ନ 'ର'-'ନୁ'

ଉଦାହରଣ : ଗଦବାର ବଳଦ - ଗୁତବ୍‌ନୁ ଗୁଲାଇ

୭ମୀ ବିଭକ୍ତିର ଚିହ୍ନ 'ରେ', 'ଠାରେ', 'ଠି' ସ୍ଥାନରେ 'ବୁ'ର ପ୍ରୟୋଗ

ଉଦାହରଣ : ବଣରେ - ବିରଂବୁ

ଧାତୁରୂପର ସୂତ୍ର ମଧ୍ୟ ନିର୍ଦ୍ଧାରଣ କରିଛନ୍ତି ଗୋପୀନାଥ । 'ପୁରୁଷ' ଅନୁସାରେ କେତୋଟି ସର୍ବନାମ ପଦ ସେ ଖୋଜି ପାଇଛନ୍ତି । ଯଥା : ମୁଁ-ନିଂ, ତୁ-ନୋଂ, ସେମାନେ-ମାଏ ଇତ୍ୟାଦି । ତେବେ ପ୍ରତ୍ୟେକ କାଳର ରୂପରେ ପୁରୁଷର ଏହି ଚିହ୍ନ ଧାତୁରୂପ ଶେଷରେ ସଂଯୁକ୍ତ ହୋଇ ଧାତୁରୂପର ଗୋଟିଏ ଅଂଶ ହୋଇ ଉଚ୍ଚାରିତ ହୁଏ; ଯଥା : ମୁଁ କରୁଛି-ନିଂ ଡେମ୍ ଡେମ୍‌ନିଂ, ତୁ କଲୁ-ନୋଂ ଡେମ୍‌ନେଂ । ଏଥିରୁ ଜଣାପଡେ ଯେ କାଳ ଅନୁଯାୟୀ ଧାତୁର ଯେଉଁ ପରିବର୍ତ୍ତନ ଘଟେ ତାହାକୁ ପ୍ରଥମେ ଜାଣିବାକୁ ପଡ଼ିବ । ତାହାପରେ ବିଭିନ୍ନ ପୁରୁଷ ଅନୁଯାୟୀ ଧାତୁର ସେହି ରୂପ ଗଢ଼ିବାପାଇଁ କେବଳ ପରିବର୍ତ୍ତିତ ଧାତୁ ପଛରେ ପୁରୁଷର ସର୍ବନାମ ଯୋଡ଼ିଦେଲେ ହିଁ ଧାତୁରୂପ ହୁଏ । ବର୍ତ୍ତମାନ କାଳରେ ଧାତୁର କେବଳ ଦ୍ୱିତ୍ୱ ହୁଏ, ଯଥା : କରିବା-ଡେମ୍ ବଦଳରେ ଡେମ୍ ଡେମ୍ । ଅତୀତ କାଳରେ ମୂଳ ଧାତୁରେ ପ୍ରତ୍ୟୟ ସବୁ ଆଗମ ହୁଏ ଧାତୁ ଶେଷରେ; ଯଥା :

ତୁର୍(ବାହାରିବା) ତୁର୍+ଗୁ(ପ୍ରତ୍ୟୟ)=ତୁର୍‌ଗୁ

ଡାଏ(ଚଢ଼ିବା) ଡାଏ+ଗୁ(ପ୍ରତ୍ୟୟ)=ଡାଏଗୁ

ଭବିଷ୍ୟତ କାଳରେ ଧାତୁର ପରିବର୍ତ୍ତିତ ରୂପ ଆଣିବା ପାଇଁ ମୂଳଧାତୁ ଶେଷରେ କେବଳ 'ତୁ' ସଂଯୋଗ କରିବାକୁ ପଡ଼ିଥାଏ; ଯଥା: ଅବ୍(କାମୁଡ଼ିବା)-ଅବ୍‌ତୁ । ଗୋପୀନାଥ ଏହି ପୁସ୍ତକରେ ଅନୁଜ୍ଞାସୂଚକ କ୍ରିୟା, ବିଧିଲିଙ୍, ଅନଦ୍ୟତନ କାଳ(ଅତୀତର ଅସମ୍ପୂର୍ଣ୍ଣ କ୍ରିୟା ଯଥା: ମୁଁ ଯାଉଥିଲି-ଇଗିନିଂତୁଗୁ) ସମ୍ପର୍କରେ ସବିଶେଷ ଆଲୋଚନା ଉଦାହରଣ ସହିତ କରିଛନ୍ତି । ଏପରିକି ଗଦବା ଭାଷାରେ ବ୍ୟବହୃତ ୧୫୨ଟି ଧାତୁରୂପ ଚିହ୍ନଟ କରିଛନ୍ତି । କେବଳ ସେତିକି ନୁହେଁ ପ୍ରତ୍ୟେକ ଧାତୁର ବିଭିନ୍ନ କାଳର ପ୍ରୟୋଗ ବିଧି ମଧ୍ୟ ଉଲ୍ଲେଖ କରିଛନ୍ତି । ସେଥିରୁ କେତୋଟି ଧାତୁର ଉଦାହରଣ ଆମେ ଦେଖିବା -

(୧) ହେବା - 'ତୁ' ଧାତୁ

ମୁଁ ଅଛି - ମିଂ ତୁତୁନିଂ

(୨) ଯିବା - 'ଇ' ଧାତୁ

ମୁଁ ଯାଉଛି - ନିଂ ଉଇନିଂ

(୩) କରିବା - 'ଡେମ୍' ଧାତୁ

ମୁଁ କଲି - ଡେମ୍‌ନିଂ

(୪) ଦେଖିବା - 'ଯୁ' ଧାତୁ

ମୁଁ ଦେଖୁଛି - ନିଂ ଯୁଯୁନିଂ

ସେହିପରି ପିଇବା-ଇଡ୍, ଶୋଇବା-ଡୁ, ହସିବା-ଲୁଡ୍, ଦେବା-ବେଡ୍, ନେବା-ରି, ଧରିବା-ସବ୍, ଡାକିବା-ଆଏ ଇତ୍ୟାଦି । ସେହିପରି ଧାତୁଟିକୁ କରଣାର୍ଥକ କରିବା ପାଇଁ ଧାତୁ ପୂର୍ବରୁ ଅବ୍ ପ୍ରତ୍ୟୟ ଲଗାଇବାକୁ ନିର୍ଦ୍ଦେଶ ମଧ୍ୟ ରହିଛି । ପୁସ୍ତକରେ ସତେଇଶିଟି ଧାତୁର ସବୁକାଳର ପ୍ରୟୋଗ ନିର୍ଦ୍ଦେଶ ସହିତ ଅନ୍ୟ ଧାତୁମାନଙ୍କର ଏକ ତାଲିକା ଦିଆଯାଇଛି । ଗୋପୀନାଥ ଏହି ପୁସ୍ତକରେ ଗଦବା ଶବ୍ଦଭଣ୍ଡାରରେ ପାଞ୍ଚଶହରୁ ଅଧିକ ଶବ୍ଦ ସହିତ ତାହାର ଓଡ଼ିଆ ଅର୍ଥ ନିର୍ଦ୍ଦେଶ କରିଛନ୍ତି ଏବଂ ଶବ୍ଦଗୁଡ଼ିକ ବିଭିନ୍ନ ବିଭାଗ ଯଥା: ଭୂଗୋଳ, ଅଳଙ୍କାର, ଅଙ୍ଗ ଇତ୍ୟାଦିରେ ବର୍ଣ୍ଣିତ ।

ଓଡ଼ିଆ	**ଗଦବା**
ନାଚ	ମେଡିଂ
ଯୁଆଳୀ	ନିନଂ
ମୁଦି	ଓର୍ତ୍ତି
ପାନିଆ	ସୁନାର୍
ଆଜି	ଇସଂ
ନଈ	କିଣ୍ଡା
ସର୍ଦ୍ଦି	ସିତ୍‌ଲି
ନୂଆ	ତିମେ
ଲାଜ	ଗିଆଲ୍

ସର୍ବୋପରି ଗୋପୀନାଥଙ୍କ 'ଗଦବା ଭାଷା' ପୁସ୍ତକ ଅନେକ ସୂତ୍ରକୁ ଭାଷା ଗବେଷକଙ୍କ ନିକଟକୁ ନେଇ ଆସେ । ଏପରିକି ଏହାର ବ୍ୟାବହାରିକ ଦିଗ ମଧ୍ୟ ରହିଛି । ଭୂଦାନକର୍ମୀମାନେ ଏହି ପୁସ୍ତକରୁ ଭାଷାଶିକ୍ଷା କରି ଆଦିବାସୀ ଗଦବା ଅଞ୍ଚଳରେ ତାଙ୍କର ଉଦ୍ଦେଶ୍ୟକୁ ପହଞ୍ଚାଇବାରେ ସମର୍ଥ ମଧ୍ୟ ହୋଇଛନ୍ତି । ଏପରିକି ଗୋପୀନାଥଙ୍କ ଏହି ପ୍ରାରମ୍ଭିକ ଉଦ୍ୟମ ଅଧିକ ଫଳପ୍ରସୂ ହୋଇଛି ତାଙ୍କର ଅନ୍ୟ ଭାଷା ପୁସ୍ତକରେ ।

୨. କୁଭୀକନ୍ଧ ଭାଷାତତ୍ତ୍ୱ :

'କୁଭୀକନ୍ଧ ଭାଷାତତ୍ତ୍ୱ' କନ୍ଧମାନଙ୍କର ଭାଷା କୁଭୀ ସମ୍ପର୍କୀତ ଏକ ବୃହତ୍ ଭାଷା ପୁସ୍ତକ । ଏହାର ପ୍ରକାଶକାଳ ୧୯୫୬ ଏବଂ ପୃଷ୍ଠା ସଂଖ୍ୟା ୨୮୦ । ଏହି ପୁସ୍ତକରେ ପ୍ରଥମେ କନ୍ଧମାନଙ୍କର ନୃତାତ୍ତ୍ୱିକ ବିଶ୍ଳେଷଣ କରିଛନ୍ତି; କିପରି କନ୍ଧମାନଙ୍କ

ନାମାନୁସାରେ 'କୋଣ୍ଡା ଲାଇଟସ୍' ପଥରର ନାମ ହୋଇଛି ଏବଂ ଜାମ୍ବାକା ଓ ପ୍ରାଷ୍ଟା ଦୁଇ ଗୋତ୍ରର କନ୍ଧମାନଙ୍କର ବିକାଶକ୍ରମ ସେ ଦେଖାଇଛନ୍ତି । ଏପରିକି ଓଡ଼ିଆ ଭାଷା ପ୍ରଭାବିତ ଅଞ୍ଚଳର କନ୍ଧମାନେ କୋଣ୍ଡା ପରଜା(କନ୍ଧ ପରଜା) ଓ ତେଲୁଗୁ ପ୍ରଭାବିତ କନ୍ଧମାନେ କୋଣ୍ଡାଦୋରା, ଜାତପ୍‌ଦୋରା, ମାନ୍ନିଦୋରା, ମାଣ୍ଡିଙ୍ଗିଦୋରା ଭାବେ ପରିଚିତ ବୋଲି ଲେଖକ ମତ ରଖିଛନ୍ତି ।

କୁଭୀ, ଗଣ୍ଡି ଓ କୁଇ ଭାଷାକୁ ତୁଳନା କରି ଗୋପୀନାଥ ଏକ ତୁଳନାତ୍ମକ ଭାଷାଚିତ୍ର ଦେଇଛନ୍ତି । ତାଙ୍କ ମତରେ କୁଭୀ ଭାଷାର ପ୍ରାଚୀନ ଗଠନ ରହିଛି । ମାତ୍ର ବିବର୍ତ୍ତନ ଫଳରେ ଓ ଗଡ଼ଜାତ ପ୍ରଭାବରେ 'କୁଭୀ' ରୂପାନ୍ତରିତ ହୋଇ 'କୁଇ' ହୋଇଛି; ଗଣ୍ଡି ଭାଷାରେ ବି ପରିବର୍ତ୍ତନ ଆସିଛି । ମାତ୍ର କୁଭୀର ଭାଷାତତ୍ତ୍ୱ ସୂତ୍ର ଗଣ୍ଡି ଓ କୁଇରେ ଏବେ ବି ପାଳିତ ହେଉଛି । ତେବେ ଏହି ପୁସ୍ତକରେ କୁଭୀ ଭାଷାତତ୍ତ୍ୱ ସହିତ କୁଇର ତୁଳନାତ୍ମକ ଅଧ୍ୟୟନ ହୋଇଛି । ସେହି ତୁଳନାରୁ ଯେଉଁ ପ୍ରଭେଦଗୁଡ଼ିକ ଗୋପୀନାଥ ପାଇଛନ୍ତି ତାହା ଏହିପରି -

(୧) କୁଭିର 'ହ' କୁଇରେ 'ସ' ହୋଇଛି

(୨) କୁଭିର 'ଚ' କୁଇରେ 'ସ' ହୋଇଛି

(୩) କୁଭିର 'ଯ' କୁଇରେ 'ଜ' ହୋଇଛି

(୪) କୁଭିର(ଚନ୍ଦ୍ରବିନ୍ଦୁ) ँ କୁଇରେ 'ନ' ହୋଇଛି କିମ୍ବା ଲୋପପାଇଛି

(୫) କେତୋଟି ପ୍ରତ୍ୟୟ ପରିବର୍ତ୍ତିତ ହୋଇଛି ତାଣା > ତାଙ୍ଗି, ନାହାଁ > ନାଇ, ତିଙ୍ଗ୍ > ତିଙ୍ଗ

(୬) କୁଭିର 'ଲ' କୁଇରେ 'ଡ' ହୋଇଛି

(୭) କୁଭିର କେତୋଟି ଯୁକ୍ତାକ୍ଷର କୁଇରେ ସରଳ ରୂପ ନେଇଛି ଯଥା: ପ୍‌ଡ, କ୍‌ଡ ଇତ୍ୟାଦି କେତେଗୁଡ଼ିଏ ଶବ୍ଦ କିପରି କୁଭିରୁ ରୂପାନ୍ତରିତ ହୋଇଛି କୁଇକୁ ତାହାର ଉଦାହରଣ ମଧ୍ୟ ରହିଛି ।

ଓଡ଼ିଆ	**କୁଭି**	**କୁଇ**
ପତ୍ର	ଆକୁ	ଆକା
ଗାଁ	ନାୟୁ	ନାନୁ
ଚଢ଼େଇ	ପାଟ୍ଟା	ପୋଟା
ହଳଦୀ	ହୀଙ୍ଗା	ସିଙ୍ଗା
ମଲା	ହାତେ	ସାତେ
ଯିବା	ହାଜି	ସାଜି

କୁଭି ଭାଷାର ଅନେକ ବୈଶିଷ୍ଟ୍ୟ ମଧ୍ୟ ରହିଛି ଯାହାକୁ ଗୋପୀନାଥ ପାଠକଙ୍କ ପାଖକୁ ଆଣିଛନ୍ତି, କାରଣ ପୂର୍ବରୁ ରଚିତ କୁଭି ଭାଷା ପୁସ୍ତକରେ ସେସବୁ ଅନାଲୋଚିତ ଥିଲା । ତେବେ ଜଣେ ଭାଷାବିଜ୍ଞାନୀ ପରି କେବଳ ଉଚ୍ଚାରଣକୁ ଶୁଣି ଓ ଲକ୍ଷ୍ୟକରି ସେ ସୂତ୍ରଗୁଡ଼ିକ ଉଲ୍ଲେଖ କରିଛନ୍ତି । ସେହି ବୈଶିଷ୍ଟ୍ୟଗୁଡ଼ିକ ହେଲା -

(୧) ଆ, ଇ, ଉ, ଏ - ଅତିଦୀର୍ଘ ଏବଂ ଏହି ସ୍ୱରବର୍ଣ୍ଣ ବ, ଡ, ଗ ଥିବା ଶବ୍ଦ ସହିତ ଛନ୍ଦି ରହିଥାଏ ।

(୨) ଐ, ଔ, ଘ, ଧ, ଢ ଆଦି ପାଞ୍ଚଟି ଅକ୍ଷରର ଉଚ୍ଚାରଣ ନାହିଁ ।

(୩) ଖ, ଫ, ଞ ଅକ୍ଷରର କ୍ୱଚିତ୍ ବ୍ୟବହାର ଦେଖାଯାଏ ।

(୪) ଅନୁନାସିକ ସଂଯୁକ୍ତ ହୋଇ ଣ୍ଟୁ, ମ୍ବୁ ପ୍ରଭୃତି ବାରମ୍ବାର ଧ୍ୱନିତ ହୁଏ ।

ଏହିସବୁ ମୌଳିକତା ନିର୍ଣ୍ଣୟ ସହିତ କନ୍ଧ ଭାଷାରେ ପ୍ରଚଳିତ ପରଜା ଶବ୍ଦ ତାଲିକା, ବିଶେଷ୍ୟରୁ ବିଶେଷଣ ପଦ ତିଆରି ସୂତ୍ର, କ୍ରିୟାପଦର ବିଶେଷଣ ପଦ ତିଆରି ସୂତ୍ର, ଓଡ଼ିଆ ଭାଷାରୁ ଆସିଥିବା କନ୍ଧ ଭାଷାର କ୍ରିୟା, କାରକ-ବିଭକ୍ତିର ବ୍ୟବହାର ଏବଂ ଧାତୁରୂପଗୁଡ଼ିକର ନିର୍ଣ୍ଣୟ କରାଯାଇଛି । ଏହି ପୁସ୍ତକରେ ତିନିହଜାରରୁ ଅଧିକ କୁଭିଶବ୍ଦ ଓ ଅନେକ ଶବ୍ଦର ବାକ୍ୟ ଗଠନ ପଦ୍ଧତି ଦିଆଯାଇଛି । ଯାହାଫଳରେ ଭାଷା ଶିକ୍ଷଣ ପାଇଁ ଏହା ଅତ୍ୟନ୍ତ ଫଳପ୍ରସୂ ହୋଇପାରିବ । ତେବେ ଶବ୍ଦ ସଂଗ୍ରହବେଳେ ଗୋପୀନାଥ କୁଭି ଭାଷାରେ ଥିବା ଦୁଇପ୍ରକାର ବୋଲି (୧) କର୍କା ପାଟିଆ, (୨) ସୋଡା ବିଶିଆ ମଧ୍ୟରେ ଥିବା ପ୍ରଭେଦକୁ ଜାଣି ପାରିଛନ୍ତି ଓ ଜଣାଇଛନ୍ତି । ଗୋଟିଏ ଉଦାହରଣ ଏଠାରେ ଦିଆ ଯାଇପାରେ - କର୍କା ପାଟିଆରେ ଶବ୍ଦ ଶେଷରେ 'ଆୟୁଁ' ବା 'ଏୟୁଁ' ହୁଏ; ସେହପରି ସୋଡା ବିଶିଆରେ 'ଆସି' ବା 'ଏସି' ହୁଏ ।

ସେ > ଏ ଓ୍ୱାୟୁଁ > ଏ ଓ୍ୱାସି

କୁଭି ଶବ୍ଦ ଭଣ୍ଡାରରୁ କିଛି ଶବ୍ଦ ମଧ୍ୟ ପାଠକମାନଙ୍କ ଗୋଚରାର୍ଥେ ପ୍ରଦାନ କରାଗଲା ।

କୁଭିଶବ୍ଦ	**ଓଡ଼ିଆ ଅର୍ଥ**
ମୁମ୍ବୁ	ମୁହଁ
ଲୁଡା	ଓଠ
ଇଚି	ସାନ
ଜାର୍ଣ୍ଣା	ଜହ୍ନ
ଆୟା	ମାଆ
ପୋୟା	ଶାଶୂ

ହାଟୁ	ଡାକ
ଟାୟୁ	ସ୍ଥାନ
ହିଚୁ	ନିଆଁ

ଆବଶ୍ୟକସ୍ଥଳେ ଗୋପୀନାଥ କୋଟିଆ କନ୍ଧ ଓ ଡଂଗ୍ରିଆ କନ୍ଧର ଅନେକ ଶବ୍ଦ ଏହି ପୁସ୍ତକରେ ସ୍ଥାନିତ କରିଛନ୍ତି ।

କୁଭିକନ୍ଧରେ ବ୍ୟବହୃତ କ୍ରିୟା ଅବିକଳ ସଂସ୍କୃତ ପରି ପ୍ରତ୍ୟେକ କାଳ ପୁରୁଷ ଓ ବଚନ ଅନୁଯାୟୀ ରୂପ ହୁଏ । ଏପରିକି କର୍ତ୍ତା ପରେ ଓ ପୂର୍ବରୁ କ୍ରିୟାର ବ୍ୟବହାର ମଧ୍ୟ ଏହି ଭାଷାରେ ଦେଖାଯାଏ । ପୁଣି ଅନୁଜ୍ଞାସୂଚକ ଅର୍ଥରେ ଧାତୁରୂପର ପଛଆଡେ 'ଡେ' ଯୋଡାଯାଏ; ଯଥା: ୱାମୁଡେ, ତାମୁଡେ ପ୍ରଭୃତି । କେବଳ କ୍ରିୟାର ବିବିଧ ପ୍ରୟୋଗ ନୁହେଁ ଅନେକ ଧାତୁରୂପ ସମ୍ପର୍କରେ ଏଥିରେ ମଧ୍ୟ ଚର୍ଚ୍ଚା କରାଯାଇଛି । ଏହି ଧାତୁଗୁଡ଼ିକ ହେଲା; ମେସ୍ ଧାତୁ- ଦେଖିବା, ୱେଞ୍ଜ ଧାତୁ-ଶୁଣିବା, କାଖ୍ ଧାତୁ-ହସିବା, ଡି ଧାତୁ-ଆସିବା ଇତ୍ୟାଦି । ତେବେ ଧାତୁରେ କେଉଁ ପ୍ରତ୍ୟୟ ଲାଗିଲେ ବିଭିନ୍ନ କାଳକୁ ସେସବୁ ପ୍ରତିନିଧିତ୍ୱ କରିବ ସେ ସମ୍ପର୍କରେ ସବିଶେଷ ବର୍ଣ୍ଣନା ମଧ୍ୟ ରହିଛି । ସ୍ୱରବର୍ଣ୍ଣାନ୍ତ ଧାତୁ, ବ୍ୟଞ୍ଜନବର୍ଣ୍ଣାନ୍ତ ଧାତୁ, ବିଧିଲିଙ୍ଗ, ଅନଦ୍ୟତନ କାଳ, ନାହିଁସୂଚକ କ୍ରିୟାର ଅନେକ ସୂତ୍ରକୁ ଉଦାହରଣ ସହ ବୁଝାଇଛନ୍ତି ଗୋପୀନାଥ ।

ଓଡ଼ିଆ ଭାଷାରୁ କନ୍ଧ ଭାଷାରେ ବ୍ୟବହୃତ କ୍ରିୟାର ଅନେକ ଉଦାହରଣ ମଧ୍ୟ ଦିଆଯାଇଛି । କାରଣ ଓଡ଼ିଆ ଶବ୍ଦରେ ନିଜ ଭାଷାର ଧାତୁ 'କି'(କରିବା), 'ହାଜ୍'(ଯିବା), 'ମା'(ହେବା) ଧାତୁ ଲଗାଇ କିଛି ପ୍ରତ୍ୟୟ ଯୋଡ଼ି କନ୍ଧମାନେ ନିଜ ଭାଷାରେ ମଧ୍ୟ ତାହା ବ୍ୟବହାର କରନ୍ତି ।

ତୁ ଟଙ୍କା ପାଇବୁ - ନିନୁ ଟାକାଆଁ ପା'ଦି ।

ଡାକ୍ତର ରୋଗୀକୁ ବଞ୍ଚେଇଲେ - ଡାଗ୍‌ଦର୍ ରୋଗିଇଁ ବଟୋକିତେୟୁଁ ।

କନ୍ଧମାନେ ଖାଲି ମିଶ୍ରିତ ଭାଷା ବ୍ୟବହାର କରନ୍ତି ନାହିଁ, ବରଂ ଗୁପ୍ତ ଶଶିଠାର ଭାଷା ମଧ୍ୟ ବ୍ୟବହାର କରନ୍ତି । କଥା କହିଲା ବେଳେ ମଝିରେ ଅବାନ୍ତର ଭାବରେ 'ସ୍ୱ' କିମ୍ବା 'ପ୍‌ଡି' ଯୋଡ଼ି ଠାରରେ କଥା ହୁଅନ୍ତି । ତେବେ ଭାଷାବିଜ୍ଞାନ ଦୃଷ୍ଟିକୋଣରୁ ବିଚାର କଲେ 'କୁଭୀକନ୍ଧ ଭାଷାତତ୍ତ୍ୱ' ଏକ ପୂର୍ଣ୍ଣାଙ୍ଗ ଭାଷା ପୁସ୍ତକ ପରି ମନେହୁଏ । କାରଣ ଏଥିରେ ଥିବା ସୂତ୍ର ଓ ପ୍ରୟୋଗବିଧି ଅତ୍ୟନ୍ତ ବିଜ୍ଞାନଧର୍ମୀ ।

୩. ସଓରା ଭାଷା :

ଗୋପୀନାଥ ମହାନ୍ତିଙ୍କ 'ସଓରା ଭାଷା' ପୁସ୍ତକର ରଚନାକାଳ ୧୯୫୪ । ଅଥଚ ଏହା ଉତ୍କଳ ବିଶ୍ୱବିଦ୍ୟାଳୟର ଆଞ୍ଚଳିକ ଗବେଷଣାକେନ୍ଦ୍ର ଦ୍ୱାରା ୧୯୭୮ରେ

ଛପା ଯାଇଥିଲା । ଏହାର ପୃଷ୍ଠା ସଂଖ୍ୟା ୧୪୨ । ଲେଖକଙ୍କ ରାୟଗଡ଼ା ରହଣି ସମୟରେ ପାରଳାଖେମୁଣ୍ଡି ଓ ଗୁଣପୁର ଅଞ୍ଚଳରେ ରହୁଥିବା ସଓରା ଆଦିବାସୀ କ୍ଷେତ୍ରରୁ ଏହି ଭାଷାର ଶବ୍ଦ ଓ ଉତ୍ସ ଖୋଜି ପୁସ୍ତକ ରଚନା କରିଥିଲେ । ସେତେବେଳେ ଲିପିବିହୀନ ଏହି ଭାଷାସୂତ୍ର ବାହାର କରିବା ପାଇଁ ଅନେକ କଷ୍ଟ କରିବାକୁ ପଡ଼ିଥିବ ।

ପୂର୍ବରୁ ଜି.ରାମମୂର୍ତ୍ତି ଇଂରାଜୀରେ ସଓରା ଭାଷାଶିକ୍ଷା ପୁସ୍ତକ ଲେଖିଥିଲେ । ଗୋପୀନାଥ ସେଥିରୁ ଶିଖି ଭାଷା ପ୍ରୟୋଗ କଲାପରେ ସଓରାମାନେ ବୁଝିପାରି ନଥିଲେ । ତେଣୁ ସେହି ଇଂରାଜୀ ପୁସ୍ତକରେ ଥିବା ତ୍ରୁଟି ସୁଧାରିବା ଲକ୍ଷରେ ସଓରା ଲୋକଙ୍କଠାରୁ ସେମାନଙ୍କ ଭାଷାକୁ ସିଧାସଳଖ ସଂଗ୍ରହ କରିଥିଲେ ।

ଏହି ଭାଷା ପୁସ୍ତକରେ ଲାଞ୍ଜିଆ ଓ ମାଲୁଆ ସଓରାଙ୍କ ଭାଷାରେ ଥିବା ଭିନ୍ନତାକୁ ମଧ୍ୟ ଲୋକଲୋଚନକୁ ଅଣାଯାଇଛି । ସଓରା ଶବ୍ଦ ସଂଗ୍ରହ, ଧାତୁଙ୍କ ତାଲିକା ଓ ଧାତୁରୂପ ସୂତ୍ର, କ୍ରିୟାପ୍ରକରଣ, କାରକ-ବିଭକ୍ତି, ଲିଙ୍ଗ ପରିବର୍ତ୍ତନ, କାଳବାଚକ ଶବ୍ଦ, ଶବ୍ଦ ଓ ତା'ର ପରିଭାଷା, ବାକ୍ୟଗଠନ ବ୍ୟବହାର ଶିକ୍ଷା ପ୍ରଦାନର ଉଦ୍ୟମ ହୋଇଛି ।

ସଓରା ଭାଷାର କେତୋଟି ବିଶେଷତ୍ୱ ଏଥିରେ ନିର୍ଦ୍ଦେଶ କରାଯାଇଛି । ସେଥିରୁ ଏଠାରେ କିଛି ଉପସ୍ଥାପନ କରାଗଲା ।

(୧) ପ୍ରଥମା ବିଭକ୍ତିରେ ବାକ୍ୟର ପ୍ରଥମ ଶବ୍ଦଛଡ଼ା ଅନ୍ୟତ୍ର ବିଶେଷ୍ୟପଦର ଆଗରେ ଗୋଟିଏ 'ଆ' ବା 'ଅ' ବ୍ୟବହାର କରାଯିବା ସହ ଶବ୍ଦ ଶେଷରେ 'ଅନ୍' ଯୋଡ଼ାହୁଏ ।

(୨) ବହୁବଚନରେ ଅନେକ ସ୍ଥାନରେ ବିଶେଷ୍ୟ ପଦରେ ଅନୁସ୍ୱାର ପରେ 'ଜି' ଲାଗେ ।

(୩) ସଓରାରେ ମଣିଷ ହୋଇଥିଲେ ବିଶେଷ୍ୟ ପଛରେ 'ବଇ' ଯୋଗ ହୁଏ(ରାଜା-ରାଜାବଇ) ।

(୪) ସଓରା ଭାଷାରେ କୌଣସି ବାଧ୍ୟବାଧକତାର ସୂତ୍ର ନାହିଁ, ତାହା ଚଳନ୍ତି ପ୍ରୟୋଗ ଉପରେ ନିର୍ଭର କରେ । କେତେଗୁଡ଼ିଏ ସୂତ୍ର ପାଇଁ ଏଠାରେ 'ବିକଳ୍ପ', 'ଆର୍ଶପ୍ରୟୋଗ' କରାଯାଇଥାଏ ।

ତେବେ ଗୋପୀନାଥ ଅନେକ ଧାତୁସୂତ୍ର ମଧ୍ୟ ଭାଷାଶିକ୍ଷଣ ପାଇଁ ଉକ୍ତ ଗ୍ରନ୍ଥରେ ଉଲ୍ଲେଖ କରିଛନ୍ତି । ସେହି ଚିହ୍ନଗୁଡ଼ିକ ନିମ୍ନମତେ ପ୍ରୟୋଗ ହୋଇଥାଏ ।

ସୂତ୍ର-୧.ବର୍ତ୍ତମାନ କାଳ - ମୁଁ-ଧାତୁ+ତେନାଇ(ମୁଁ ଖାଉଛି-ଗାଗା ତେନାଇ)

ଆମ୍ଭେମାନେ - ଆ+ଧାତୁ+ତେନାଇ(ଆମ୍ଭେମାନେ ଖାଉଛୁ-ଆଗାଗା ତେନାଇ)

ଅତୀତ କାଳ - ମୁଁ-ଧାତୁ+ଲେନାଇ(ମୁଁ ଖାଇଲି-ଗାଗା ଲେନାଇ)

ଆମ୍ଭେମାନେ - ଆ+ଧାତୁ+ଲେନାଇ(ଆମ୍ଭମାନେ ଖାଇଲୁଁ-ଆଗାଗା ଲେନାଇ)

ଅନୁଜ୍ଞାର ଚିହ୍ନ - ତୁ - ଧାତୁ+ଆନା(ତୁ ଖା-ଗା)

ତୁମ୍ଭେମାନେ - ଧାତୁ+ଆବା(ତୁମ୍ଭେମାନେ ଖାଅ-ଗାବା)

ପ୍ରଥମ ସୂତ୍ରରେ ଏହିପରି ବିଭିନ୍ନ ଧାତୁ କାଳର ପ୍ରୟୋଗବିଧି ଦର୍ଶାଯାଇଛି ।

ସୂତ୍ର-୨. **ଏକବଚନ** - ଧାତୁ+ତାଇ - ବର୍ତ୍ତମାନ କାଳ

ବହୁବଚନ - ଆ+ଧାତୁ+ତାଇ - ବର୍ତ୍ତମାନ କାଳ

ଏକବଚନ - ଧାତୁ+ଲାଇ - ଅତୀତ କାଳ

ବହୁବଚନ - ଆ+ଧାତୁ+ଲାଇ - ଅତୀତ କାଳ

ସେହିପରି ଅନୁଜ୍ଞା, ବିଧିଲିଙ୍ଗ(ଇଚ୍ଛା) ପାଇଁ ବିଭିନ୍ନ ଧାତୁସୂତ୍ର ରହିଛି ।

ସୂତ୍ର-୩. ପରିବର୍ତ୍ତିତ କେତେକ କ୍ଷେତ୍ରରେ ୨ୟ ସୂତ୍ରଠାରୁ ସାମାନ୍ୟ ପାର୍ଥକ୍ୟ ଅଛି ।

ଏକବଚନ - ଧାତୁ+ତେ - ବର୍ତ୍ତମାନ କାଳ

ବହୁବଚନ - ଆ+ଧାତୁ+ତେ - ବର୍ତ୍ତମାନ କାଳ

ଏକବଚନ - ଧାତୁ+ଲେ - ଅତୀତ କାଳ

ବହୁବଚନ - ଆ+ଧାତୁ+ଲେ - ଅତୀତ କାଳ

ଗୋପୀନାଥ ସଓରା ଭାଷାରେ ଥିବା ବିବିଧତାକୁ ଆକଳନ କରିବା ସହ ମୂଳସୂତ୍ର ଓ ବିକଳ୍ପସୂତ୍ର ଦର୍ଶାଇଛନ୍ତି । ୫୦ରୁ ଅଧିକ ଧାତୁରୂପର ପ୍ରୟୋଗବିଧି ବିଭିନ୍ନ ବାକ୍ୟର ଉଦାହରଣ ଦେଇ ବୁଝାଇଛନ୍ତି । ବିଭିନ୍ନ ପ୍ରତ୍ୟୟର ପ୍ରୟୋଗ ଦୁଇହଜାରରୁ ଅଧିକ ସଓରା ଶବ୍ଦର ଅର୍ଥ ଏବଂ ସ୍ଥଳ ବିଶେଷରେ ବୁଝିବା ପାଇଁ ପରିଭାଷା ସଂଯୋଜିତ କରିଛନ୍ତି । ପାଠକଙ୍କ ଗୋଚରାର୍ଥେ କିଛି ସଓରା ଶବ୍ଦ ଏଠାରେ ଦିଆଗଲା -

ସଓରା	**ଓଡ଼ିଆ**
କାନ୍ନେଂ	ଗୀତ
ପଲୁ	ଧଳା
ଲାଆଁ	ଓସାର
ନିଗାଡା	ମନ୍ଦ
ଡ୍ରୋଡେ	କଜିଆ
କିନ୍ତଲ୍	ମଶାଣି
ସାଇନ୍ତା	ହାଟ

ବାମଣି	ବ୍ରାହ୍ମଣ
ମୁଇତା	ପିମ୍ପୁଡି

ତେବେ ଯେଉଁ ଶବ୍ଦଗୁଡ଼ିକ ଓଡ଼ିଆ ଏବଂ ଅନ୍ୟାନ୍ୟ ଭାଷାରୁ ଆସି ସଓରା ଭାଷାରେ ମିଶିଛି ତାକୁ ମଧ୍ୟ ଗୋପୀନାଥ ଚିହ୍ନଟ କରିଛନ୍ତି । ପୁସ୍ତକର ଶେଷପର୍ଯ୍ୟାୟରେ ଦୈନନ୍ଦିନ ବ୍ୟବହାର୍ଯ୍ୟ ବାକ୍ୟର ଓଡ଼ିଆ ରୂପ ଓ ସଓରା ରୂପ ମଧ୍ୟ ପ୍ରଦତ୍ତ ହୋଇଛି ଯାହା ସହଜ ଭାବରେ ଭାଷା ଶିକ୍ଷଣରେ ସହାୟକ ହେବ ।

ଉପରୋକ୍ତ ତିନୋଟି ଭାଷା ପୁସ୍ତକକୁ ଅନୁଧ୍ୟାନ କଲେ ଗୋପୀନାଥ ଯେ ଜନଜାତି ଭାଷାର ଜଣେ ଶ୍ରେଷ୍ଠ ଗବେଷକ ସେଥିରେ ସନ୍ଦେହ ରହିବ ନାହିଁ । କାରଣ, ଭାଷା ଗବେଷଣାର ବିଭିନ୍ନ ପର୍ଯ୍ୟାୟ ଅନୁଯାୟୀ ସେ କାର୍ଯ୍ୟ କରିଛନ୍ତି; (୧) ଶବ୍ଦ ସଂଗ୍ରହ, ଶବ୍ଦର ମୂଳଉତ୍ସ ନିର୍ଣ୍ଣୟ ଓ ପ୍ରୟୋଗବିଧି ଦର୍ଶାଇଛନ୍ତି, (୨) ବ୍ୟାକରଣର ସୂତ୍ର ଓ ବ୍ୟାବହାରିକ ବ୍ୟାକରଣ ଚର୍ଚ୍ଚା ସେଥିରେ ରହିଛି, (୩) ଧାତୁରୂପର ମୂଳଉତ୍ସ ନିର୍ଣ୍ଣୟ, (୪) ତୁଳନାତ୍ମକ ଭାଷାନୁଶୀଳନ ଆଦି । ତାଙ୍କର ଏହି ଗବେଷଣା ଦ୍ୱାରା ଭାଷାର ଲିଖିତ ରୂପ ଏପରିକି ଲିପି ତିଆରି ପାଇଁ ପରବର୍ତ୍ତୀ ସମୟରେ ସହାୟକ ହୋଇଛି । କେବଳ ସେତିକି ନୁହେଁ ସାଂସ୍କୃତିକ ଐତିହ୍ୟର ସଂରକ୍ଷଣ ହେବା ସହ ଆଦିବାସୀ ସାହିତ୍ୟ ସହିତ ଓଡ଼ିଆ ସାହିତ୍ୟ ସମୃଦ୍ଧ ହୋଇଛି । ଯେଉଁ ସମୟରେ କମ୍ପ୍ୟୁଟରକୃତ ଭାଷାବିଜ୍ଞାନର ପ୍ରଚଳନ ନଥିଲା ସେତେବେଳେ ଏହିପରି ଭାଷାଗବେଷଣା ପାଇଁ ଗୋପୀନାଥ ଯେ କେତେ ସମୟ, ସାଧନ, ସମ୍ବଳର ବ୍ୟୟ କରିଥିବେ ଭାବିଲେ ବିସ୍ମିତ ହେବାକୁପଡ଼େ ।

ଭାଷାର ପ୍ରାୟୋଗିକ ରୂପ : କନ୍ଧ କବିତା ଓ ଅନୁବାଦ

ପ୍ରାୟୋଗିକ ରୂପ ଭାଷାର ଉତ୍କର୍ଷ ବୃଦ୍ଧିରେ ସହାୟକ ହୋଇଥାଏ । ତେବେ ଗୋପୀନାଥ ଯେଉଁ ଭାଷା ବ୍ୟବହାର ପୁସ୍ତକସବୁ ରଚନା କରିଥିଲେ ତାହାର ପ୍ରୟୋଗ ମଧ୍ୟ ସେ ଉପଯୁକ୍ତ ଭାବରେ କରିଛନ୍ତି । ନିଜେ ଜଣେ କନ୍ଧଲୋକର ଜୀବନ ଜୀଇଁବା ସହ ସେମାନଙ୍କ ଭାଷାରେ ପରୀକ୍ଷାନିରୀକ୍ଷା ମଧ୍ୟ କରିଛନ୍ତି । ତେବେ ଜନଜାତି ଭାଷାର ପ୍ରୟୋଗ କ୍ଷେତ୍ର ହେଉଛି ଗୋପୀନାଥଙ୍କ ଉପନ୍ୟାସ, ଗଳ୍ପ ଓ କନ୍ଧ ଭାଷାର କବିତା । ଆମେ ଏଠାରେ ଦୁଇଟି କବିତା ପୁସ୍ତକର କଥା ଆଲୋଚନା କରିବୁ ଯାହା କନ୍ଧ ଭାଷାରେ ରଚିତ କବିତା ।

ପ୍ରଥମ କବିତା ପୁସ୍ତକଟି ହେଉଛି 'କୁଭୀ ଲୋକୁତୀ ପୂନୀ ନହୀ ପଣ୍ଡୁ' । ଚବିଶ ପୃଷ୍ଠାର ଏହି ବହିଟିର ରଚନାକାଳ ଓ ପ୍ରକାଶକାଳ ୧୯୫୬, ଏହାର ପ୍ରକାଶକ ଉତ୍କଳ ଖଦୀ ମଣ୍ଡଳ । ଏହାର କବି ହେଉଛନ୍ତି, ପ୍ରାସ୍କାବଁଶ ଗୋପୀ କୁଭେସୀ ରାଚୀତେ

ଅର୍ଥାତ୍ ପ୍ରାସ୍କାବଂଶର କନ୍ଧ ଗୋପୀନାଥ ମହାନ୍ତି । ଜଣେ ବ୍ୟକ୍ତି କେତେ ପରିମାଣରେ ଜନଜାତି ପ୍ରତି ସମର୍ପିତ ଏହା ତାହାର ପ୍ରମାଣ ।

କନ୍ଧଭାଷା ଶିକ୍ଷଣ ପୁସ୍ତକର ବ୍ୟାକରଣ, ସୂତ୍ର, ସଂଗୃହୀତ ଶବ୍ଦକୁ ପରୀକ୍ଷାମୂଳକ ଭାବରେ ନେଇ ପାଞ୍ଚଟି କନ୍ଧଭାଷାର କବିତା ଲେଖିଛନ୍ତି ଗୋପୀନାଥ ସେହି କବିତାଗୁଡ଼ିକର ଶୀର୍ଷକ ଏହିପରି -

୧. ନାୟୁପୁଟେ ପଣ୍ବୁ - ସକାଳ ଗୀତ(ଓଡ଼ିଆରେ)

୨. ଇଟୀ ପାଟ୍ଟୀ - ଟିକି ଚଢ଼େଇ

୩. ଜୀରୁତୀ ପଣ୍ବୁ - ବାଟର ଗୀତ

୪. ଭୂଦାନ ପଣ୍ବୁ - ଭୂଦାନ ଗୀତ

୫. ସେତ୍ରା ଲେସ୍କୁତୀ ପଣ୍ବୁ - ଚଇତ୍ର ମାସର ଗୀତ

ଏହି ପାଞ୍ଚଟି ଶୀର୍ଷକର କନ୍ଧ ଗୀତ ରଚନା କରିବା ସହିତ ପାଞ୍ଚଟି ଓଡ଼ିଆ ଅନୁବାଦ ଗୀତ ମଧ୍ୟ ଏଥିରେ ରହିଛି । ବିଷୟ ଚୟନ ଜନଜାତିଙ୍କ ସାମାଜିକ ବେଷ୍ଟନୀରୁ ପୁଣି ସମୟର ଆବଶ୍ୟକତାକୁ ନେଇ । କେବଳ ଗୋଟିଏ ପଦ ସେହି ଗୀତମାନଙ୍କରୁ ଏଠାରେ ଉଦ୍ଧାର କରାଗଲା -

ମୂଳ କୁଭୀ - ନୀନୁଲ କେପୀତୀ ଏ ଇଟୀ ପାଟ୍ଟାଇଁ
ମ୍ରାନୁ ଆକାତା କୋଗ୍ଗୀନେ ॥ ୧ ॥
ନୀନୁଲ କେପୀତୀ ଇଲାକ୍କା ରାଜୀଇଁ
ହେଂବା ଲେଂଜୁମାମା କାଖୀନେ ॥ ୨ ॥(ଇଟୀପାଟ୍ଟା)

ଓଡ଼ିଆ ଅନୁବାଦ - ତୁମେ ହିଁ ଗଢ଼ିଛ ଏ ଟିକି ଚଢ଼େଇ କି
ଗଛ ଡାଳରେ ସେ ବସେ ॥ ୧ ॥
ତୁମେ ହିଁ ଗଢ଼ିଛ ଏ ଆକାଶ ରାଇଜ
ଯହିଁ ଜହ୍ନମାମୁ ହସେ ॥ ୨ ॥(ଟିକି ଚଢ଼େଇ)

ଏବେ ଆଲୋଚନା କରିବା ଗୋପୀନାଥଙ୍କ 'କନ୍ଧ ପରଜା ସ୍ତୋତ୍ର ଓ ସଙ୍ଗୀତ'ର ଯାହା ଓଡ଼ିଶା ସରକାରଙ୍କ ସାମାଜିକ ଶିକ୍ଷା ବିଭାଗ ଦ୍ୱାରା ୧୯୫୭ରେ ମୁଦ୍ରିତ । ଏହାର ପୃଷ୍ଠାସଂଖ୍ୟା ୮୫ । ଏଥିରେ ରହିଛି ୨୯ଟି କନ୍ଧ ସ୍ତୋତ୍ର ଓ ଗୀତ, ୨ଟି ପେଙ୍ଗପରଜା ଗୀତ, ୨୦ଟି ବଡ଼ ପରଜାର ଗୀତ, ୧୩ଟି ଝୋଡିଆ ପରଜାର ଗୀତ । ମୂଳ ଗୀତ ସହିତ ରହିଛି ଓଡ଼ିଆ ଅନୁବାଦ ।

କନ୍ଧ ଓ ପରଜା ଜନଜୀବନର ଅତ୍ୟନ୍ତ ଗୋପନୀୟ ଥିବା କିଛି ମନ୍ତ୍ର ଓ ସ୍ତୋତ୍ର ଯଥା: ମେରିଆ ସ୍ତୋତ୍ର, ମୃତ୍ୟୁକ୍ରିୟା ସ୍ତୋତ୍ର ଓ ଧାଂଡୀମାନଙ୍କର ଗୋପନୀୟ ଗୀତି

ଇତ୍ୟାଦି ଅତି ଚମତ୍କାର ଢଙ୍ଗରେ ପ୍ରକାଶ ପାଇଛି ପୁଣି ଅନୁବାଦଗୁଡ଼ିକ ଏତେ କାବ୍ୟିକ ହୋଇଛି ଯେ ଜଣେ ନପଢ଼ିଲେ ବିଶ୍ୱାସ କରିପାରିବ ନାହିଁ । ଏପରିକି 'ପରଜା' ଓ 'ଅମୃତର ସନ୍ତାନ' ଉପନ୍ୟାସରେ ଥିବା ଗୀତଗୁଡ଼ିକର ମୂଳଉତ୍ସ ହେଉଛି ଗୋପୀନାଥଙ୍କର ଏହି ସଂଗୃହୀତ ଗୀତ ଓ ତା'ର ଅନୁବାଦ । କନ୍ଧ ଓ ପରଜା ଲୋକେ ସେହି ସ୍ତୋତ୍ର ଓ ଗୀତର ଗାୟନ ବେଳେ ମୂଳ ଗାୟକ ପାଖରୁ, ପୁରୋହିତ ଜାନି ପାଖରୁ ୧୯୪୦-୧୯୪୫ ମଧ୍ୟରେ ସେସବୁ ସଂଗୃହୀତ । ସ୍ତୋତ୍ର ବ୍ୟତୀତ ଦେବତା ବନ୍ଦନା, ପ୍ରେମ ସଙ୍ଗୀତ, ବିବାହ ସଂଗୀତ, ପରବ ଗୀତ ସବୁ ଏଥିରେ ସ୍ଥାନିତ । ଏସବୁ ଗୀତରେ ଅଛି ଉପନିଷଦୀୟ ଚିନ୍ତନର ବାଣୀ, ପାର୍ଥିବ ଜୀବନର ମଧୁର ସନ୍ଦେଶ ଓ ଜୀବନପ୍ରତି ଥିବା ମୁଗ୍ଧ ଅନୁରାଗର ଚିତ୍ର । ତେବେ ଅନୁବାଦଗୁଡ଼ିକ ଅତ୍ୟନ୍ତ ଚମତ୍କାର, ଏଠାରେ ଉଦାହରଣ ଦିଆଯାଇ ପାରେ -

(୧) କାହିଁକି ତେବେ ତୁମେ ଚାଲିଗଲ ?
ତୋଟାରେ ନାଟ ସରି ନାହିଁ
କୁକୁଡା ଡାକି ନାହିଁ
କି ସୁନ୍ଦର ନାଚିନାଚି ବୁଲୁଥିଲ
ତୁମ ହାତର କାଚ ବାଜୁଥିଲା
କୁଆପଥର ଝଡ଼ିବା ଶବ୍ଦ ପରି ।(କନ୍ଧର ପ୍ରେମ ସଙ୍ଗୀତ)

(୨) ଡେମ୍ଫ ଉପରେ ମଲ୍ଲିଫୁଲ ପରି ସୁନ୍ଦର ଯେ
କାଳିଆ ବେଣୀରେ ଝିଲିଝିଲି ଜାଇଫୁଲ
ଫୁଲବେଶ ହୋଇ ବେଣୀ ଦୋହଲାଇ ଆସିବ,
ଆସିବ ମୁଁ ଜାଣେ । (ବରଷାରେ ପ୍ରିୟା-ପରଜା ଗୀତ)

ଗୋପୀନାଥଙ୍କ ଭାଷା(ଉପନ୍ୟାସ ଭାଷା)ର ମୂଳଉତ୍ସ ଏହି ଜନଜାତି ଭାଷାରେ ଥିବା ଜୀବନଦର୍ଶନ, ଯେପରି; ପିଲାଟି ଦିନରୁ ଦୁଃଖ ଯେପରି କଖାରୁଲଟାର ଦୁର୍ଭାଗ୍ୟ ପତ୍ର ହେଲାଦିନୁଁ ଆରମ୍ଭ ହୁଏ, ବାଉଁଶ ଝୁଲିଝୁଲି ମରେ-ରଇତ ବୁଲିବୁଲି ମରେ ।

ପ୍ରକୃତରେ ସଭ୍ୟତାରେ ଉତ୍କର୍ଷ ଆସିଲେ ଭାଷାର ସମୃଦ୍ଧି ହେଲେ କୌଣସି ଜାତିର ଗୋଷ୍ଠୀସଙ୍ଗୀତ ଗଣସଙ୍ଗୀତରେ ରୂପାନ୍ତରିତ ହୋଇପାରେ । ତେବେ ସେହି ଭାଷା ଓ ଗୀତିକା ଭିତରୁ ଗୋପୀନାଥ ଦେଖିଛନ୍ତି ଗୋଟେ ଚିରନ୍ତନ ଜୀବନବୋଧର ଚିତ୍ର । ସେ ବ୍ୟକ୍ତିକୁ ବୁଝିଛନ୍ତି, ବୁଝିଛନ୍ତି ତା'ର ଭାଷା, ଯେଉଁମାନଙ୍କ ପାଇଁ ସେ ସାଧିଛନ୍ତି ଜୀବନର ଉତ୍କର୍ଷତା । ତେବେ ବଣମୁଲକର ମଣିଷ କନ୍ଧ, ସଓରା, ଗଦବାମାନଙ୍କର ଭାଷାକୁ ଚିରସ୍ଥାୟୀ କରିବାର ସୂତ୍ର ସେ ବାଢ଼ି ଦେଇଛନ୍ତି ଆଧୁନିକ

ଭାଷାବିଜ୍ଞାନୀମାନଙ୍କ ପାଇଁ । ତାଙ୍କ ଭାଷାଗବେଷଣା ଓ ତା'ର ପରୀକ୍ଷା ଓ ପ୍ରୟୋଗ ପାଇଁ ଆପଣ କେବେ ଗୋପୀନାଥଙ୍କୁ ଭୁଲିପାରିବେ ନାହିଁ ।

ଏବେ ସମୟ ବଦଳିଛି । ବଦଳିଯାଇଛି ଡଙ୍ଗରିଆର ଜୀବନ । ସେମାନଙ୍କ ସହିତ ତାଙ୍କ ଭାଷା ମଧ୍ୟ ବିସ୍ଥାପିତ ହୋଇଛି । ଏହା ଭିତରେ କେହିକେହି ଭାଷା ଲିପି ସୃଷ୍ଟିହୋଇ ତାକୁ ଧରି ରଖିବାର ପ୍ରଚେଷ୍ଟା ମଧ୍ୟ କରୁଛି । ତେବେ ଯେକେହି ବି ସାହିତ୍ୟିକ ଜନଜାତିର ଜୀବନ ଭିତରକୁ ଅନଉଛନ୍ତି ସେ ଗୋପୀନାଥଙ୍କୁ ନିଶ୍ଚେ ମନେପକେଇବେ । ଆପଣମାନଙ୍କ ପାଇଁ ଏହିସବୁ ଭାଷା ତତ୍ତ୍ୱକୁ ମୋ ଅନୁଭବ ନେଇ ବାଢୁଥିଲା ବେଳେ ମୋର ମନେହେଉଛି, ପୋଡାହେବା ମକ୍କା ଓ ସିଝାହେବା ମକ୍କାକୁ କଥାରେ ଯୋଡ଼ି ଗୀତ ଫାନ୍ଦୁଛି । ହେ, ଶାଳବଣର ସାଓଁତା ତମକୁ ଏ ଜାତିର ଅୟୁତ ପ୍ରଣାମ ।

ସହାୟକ ପୁସ୍ତକ:

୧. ଗଦବା ଭାଷା-ଗୋପୀନାଥ ମହାନ୍ତି, ଅଖିଳ ଭାରତ ସର୍ବସେବା ସଙ୍ଘ, ୧୯୫୬

୨. କୁଭୀକନ୍ଧ ଭାଷାତତ୍ତ୍ୱ-ଗୋପୀନାଥ ମହାନ୍ତି, ଅଖିଳ ଭାରତ ସର୍ବସେବା ସଙ୍ଘ, ୧୯୫୬

୩. ସଓରା ଭାଷା-ଗୋପୀନାଥ ମହାନ୍ତି, ଉତ୍କଳ ବିଶ୍ୱବିଦ୍ୟାଳୟ, ୧୯୭୮

୪. କୁଭୀ ଲୋକୁତୀ ପୂନୀ ନହୀ ପଣ୍ବୁ-ଗୋପୀନାଥ ମହାନ୍ତି, ଉତ୍କଳ ଖଦୀମଣ୍ଡଳ, ୧୯୫୬

୫. କନ୍ଧ ପରଜା ସ୍ତୋତ୍ର ଓ ସଙ୍ଗୀତ-ଗୋପୀନାଥ ମହାନ୍ତି, ସାମାଜିକ ଶିକ୍ଷା ବିଭାଗ, ଓଡ଼ିଶା ସରକାର, ୧୯୫୭

ଜନଜାତିର ଜୀବନଚର୍ଯ୍ୟା ଓ ଶାଳବଣର କବିତା

ସେ ମୋର ଡଙ୍ଗର କ୍ଷେତ
ଯାହା ଉପରେ ପଡ଼ିଛି ମୋ ଲଙ୍ଗଳର ଗାର
ମୁଁ ବର୍ଷିଯାଏ ବର୍ଷାପରି,
ଶସ୍ୟ ହୁଏ ଦେହଛାଇ ତା'ର ।

ଯେଉଁଠି ସ୍ୱପ୍ନ ଓ ଆନନ୍ଦରର ଯାତ୍ରା, ଯେଉଁଠି ପ୍ରତିଟି ସତ୍ତା ଭିତରେ ଜୀବନୀ ଶକ୍ତିର ଆରୋପ, ଯେଉଁଠି ଦୁଃଖ-ସୁଖ ଗହଗହ ହୋଇ ବୋହିଯିବାର ପ୍ରବଣତା; ସେଇଠି କବିତା ଫୁଲ ହୋଇ ଫୁଟିବା ଅନିବାର୍ଯ୍ୟ । ପୁଣି ସେହି କବିତାରେ ଯଦି ଜନଜାତିର ନିରୀହତା ଅଛି, ଦୂରନ୍ତ ଦୁଃଖର ଯନ୍ତ୍ରଣା ଅଛି, ଡଙ୍ଗର ସଂସ୍କୃତିର ଗୁଣୁଗୁଣୁ ସ୍ଥାପତ୍ୟ ଅଛି, ହଳଦୀ ଗୁରୁଗୁରୁ କ୍ଷେତର ଲହଡି ଅଛି ତେବେ ସେ କବିତା ହୋଇଯିବ ସଂପ୍ରୀତି ଓ ସଂବେଦନାର ନୀଳ ରାଗିଣୀ । ପ୍ରୀତିପ୍ରଣବ ଗାଇଗାଇ ଅନ୍ଧାର ଆସୁଥିଲା ତ' ଢେଉ ଢେଉକା ପାହାଡ ଭରି ହେଉଥିଲା ସବୁଜିମାରେ, ପାଳଭୂତ ଦେଖୁଥିଲା ଜୀବନ ପରି ମିଠାଗୀତର ସ୍ୱପ୍ନ । ଗାଁ ମୁଣ୍ଡରେ ଠିଆ ହେଇଥିବା ଫୁଲଶାଢ଼ୀ ବନ୍ଧା ଶାଳ-ଶାଗୁଆନ ଗଛର ନୀରବତା ଭିତରୁ ଉତୁରି ଆସୁଥିଲା କବିତାର ଶବ୍ଦ । କୁନିକୁନି କାକରବିନ୍ଦୁ ପରି ଝରିପଡୁଥିଲା ମହୁଲଗଛର ଫୁଲ । ଛଳଛଳ ଆବେଗରେ, ପରସ୍ତପରସ୍ତ ପଥର ଦେହରେ କେହି ଲେଖିଦେଉଥିଲା ବଢ଼ିଆଳୀ ଦେହର ଗୀତ ।

ଜୀବନର ମଧୁପାର୍ବଣ ଭିତରୁ ଝରଣାର ଛଳନାହୀନତା ପରି ଶବ୍ଦସବୁ ଚହଲିଯାଏ । ପାହାଡ଼, ଜଙ୍ଗଲ, ଝରଣା ସବୁ ମନେହୁଏ ମତୁଆଲା ପରି । ମନେହୁଏ ଡଙ୍ଗର ମଣିଷର ଜୀବନ ଭିତରୁ ଶବ୍ଦସବୁ ଧାଡିବାନ୍ଧି ପୁଲକିତ ହେଉଛନ୍ତି ଆଉ ନୀରବିତ କୋଳାହଳରେ ଭରିଯାଇଛି କବିତାର ଅସରନ୍ତି ଦୃଶ୍ୟପଟ । ସାରହୁଲ୍‌ର ଜହ୍ନ ଦେଖି ବଉଳିଆ ନିଶାରେ ବାଟବଣା ହେଉଛି ମହୁମାଛି । ସବୁରି ଭିତରୁ କବିତା ଝରୁଛି ।

୭୪ | ଡ. ଦେବାଶିଷ ପାତ୍ର

କେହିଜଣେ ଆଙ୍କୁଛି ଶବ୍ଦ ବସାଣର ନୂତନ ଚିତ୍ରପଟ । କବିତା ଖାଲି କବିତା ପରି ଭାବପ୍ରବୋଧକ ହେଉନାହିଁ ବରଂ ଅଶେଷ ସ୍ୱପ୍ନ ଓ ଅସୁମାରୀ ସମ୍ଭାବନାର ଉତ୍ତରଣ ନେଇ ଅମରତ୍ୱର ସରସପଣ ଝରୁଛି । ଯେମିତି କହୁଛି, ଏ କବିତା ଭିଜାଭିଜା ଓ ମିଠାମିଠା ।

ଓଡ଼ିଶାରେ ଥିବା ବାଷଠି ଜନଜାତିଙ୍କର ରହିଛି ନିଜସ୍ୱ ମୌଖିକ ସାହିତ୍ୟ । ସେହିପରି ଓଡ଼ିଆ ସାହିତ୍ୟ ବି ଜନଜାତିର ଜୀବନଚର୍ଯ୍ୟା ଦ୍ୱାରା ପ୍ରଭାବିତ । ଜଳନ୍ଧର ଦେବ, ଗୋପାଳବଲ୍ଲଭଙ୍କ ଆଦ୍ୟ ଉପକ୍ରମଣିକା ଗୋପୀନାଥ, ସୀତାକାଂତ, ପ୍ରତିଭାଙ୍କ ବାଟଦେଇ ପହଞ୍ଚିଛି ଯୁବପିଢ଼ିଙ୍କ ପାଖରେ । ଯଦିଓ ଓଡ଼ିଆ କବିତାରେ ଜନଜାତିର ଅସ୍ତିତ୍ୱ ଓ ଅସ୍ମିତାର ଚିତ୍ର କଥାସାହିତ୍ୟ ପରି ବିପୁଳ ନୁହେଁ, ତଥାପି ତାହା ଯେ ଗୁଣାତ୍ମକ ଦୃଷ୍ଟିରୁ ଅପାଂକ୍ତେୟ ନୁହେଁ ତାହା ଗ୍ରହଣଯୋଗ୍ୟ । ଅତଏବ ଆମେ ସେହି କବିତାର କଥା କହିବା ଯାହା ଜନଜାତିର ଜୀବନଶୈଳୀ, ଫୁଲଫୁଟା ମୁହୂର୍ତ୍ତ, ଆଲୋକିତ ଅନ୍ଧକାର ଓ ଶାଳବଣର ସବୁଜ ଉପତ୍ୟକାରେ ମୁଖରିତ ଏକ ଲ୍ୟାଣ୍ଡସ୍କେପ୍ ଯେଉଁଠି ପଥର ଦେହରେ ଫୁଟେ କବିତାର ଫୁଲ ।

ଜନଜାତି ଜୀବନଚର୍ଯ୍ୟାର କବିତା ଆସିଲେ ଆମେ ହୃଦୟ ବେଦନାସିକ୍ତ ମଧୁର ଗନ୍ଧରେ ଭରପୁର 'ଗାନ୍ଧର୍ବିକା ଶତଦଳ'କୁ ସାମ୍ନାକରୁ । ଲକ୍ଷ୍ମୀନାରାୟଣ ସାହୁ ଜନଜାତି ଜୀବନଧାରାରୁ ଯେ ଓଡ଼ିଆ କବିତା ଅଲଗା ନୁହେଁ ତାହା ଏଥିରେ ପ୍ରମାଣ କରିଦେଇ ଗଲେ । ଯଦିଓ ଏହାର ଅଧିକାଂଶ କବିତା ଜନଜାତି ଲୋକଗୀତର ଓଡ଼ିଆ ଅନୁବାଦ । ଯେଉଁଥିରେ ରହିଛି କନ୍ଧ, କୋୟା, ପରଜା ପରି ପନ୍ଦର ଜନଜାତିର ମାର୍ମିକ ଆବେଦନ । ଜନଜାତିର ଅସ୍ତିତ୍ୱକୁ ଓଡ଼ିଆ ପାଠକଙ୍କ ପାଖରେ ପରଷିବା ଓ ଆଦ୍ୟ ପ୍ରୟାସ ପାଇଁ ସେ ଆମର ନମସ୍ୟ । ଜନଜାତିର ସ୍ୱଜାତି ମାନସିକତା, ମହୁଲବଣ, ଚଢ଼େଇ ଗୀତ ଓ ଲୋକବିଶ୍ୱାସ ଏହି କବିତାରେ ଫୁଟିଉଠିଛି-

ହଳଦୀ ବସନ୍ତ ଏଠିସେଠି ଉଡିବସେ
କିଏ ଆମର ସ୍ନେହ ଆସିଲେ କି ?
ମାମୁର ଝିଅ ଆସିଥିବ ପରା ।(ଗାନ୍ଧର୍ବିକା ଶତଦଳ)

ତେବେ ଓଡ଼ିଆ ସାହିତ୍ୟର ପ୍ରଖ୍ୟାତ କବି ସୀତାକାନ୍ତ ମହାପାତ୍ରଙ୍କ ଆଦିବାସୀ କବିତାଗୁଚ୍ଛ ଓଡ଼ିଆ କବିତା ପାଇଁ ନେଇଆସେ ଅନେକ ସ୍ୱପ୍ନ ଓ ସମ୍ଭାବନା । ୧୯୭୭ରେ କବି ସୀତାକାନ୍ତଙ୍କ ଦ୍ୱାରା ମୁଣ୍ଡା ଏବଂ ଓରାଓଁମାନଙ୍କର ଗୀତର ଓଡ଼ିଆ ଅନୁସୃଜନ ପ୍ରକାଶ ପାଏ 'ସାର୍‌ହୁଲ୍‌ର ଜହ୍ନ' ନାମରେ । ଯେଉଁଠି ଜନଜାତିର ଜୀବନଶୈଳୀ, ଫୁଲଫୁଟା ମୁହୂର୍ତ୍ତ, ପ୍ରାଣ ଛଳଛଳ କଥା ଗୀତିମୟତାରେ ପ୍ରବାହିତ ।

ଜନଜାତିର ଜୀବନ ଯେ ଅତୁଲ୍ୟ, ପୁଣି ବିଷାଦ ଓ ଦୁଃଖରେ ତାହା ଅଧିକତର ଆଶାନ୍ୱିତ ହେବାର ସମ୍ଭାବନାରେ ଭରିଯାଏ ତାହା ଉପଲବ୍ଧି କରିହୁଏ ସୀତାକାନ୍ତଙ୍କ କବିତାରେ ।

ମନୁଷ୍ୟ ଜନ୍ମ ଦି'ଦିନ ପାଇଁ
ସେଥିପାଇଁ ଆମେ ହସିଖେଳି ଭଲପାଇ ବଞ୍ଚିବା
ହେ ପ୍ରିୟ, ଏ ଜୀବନ
ଆଉ ତ ମିଳିବ ନାହିଁ ॥
କୁମ୍ଭାର ହାଣ୍ଡି ଭାଙ୍ଗିଲା ପରେ
ତା' ପାଖକୁ ଆଉ ଲେଉଟି ଆସେନି
ହେ, ପ୍ରିୟ ଏ ଜୀବନ
ଆଉ ତ ଲେଉଟି ଆସିବନି ।(ସାରହୁଲ୍‌ର ଜହ୍ନ)

ପ୍ରକୃତରେ ଏହି କବିତାର ଅନ୍ତଃସ୍ୱର ବିଶ୍ୱର ଯେ କୌଣସି ଜନଜାତିର ଜୀବନାନୁଭବର ସଙ୍କେତ । ପୁନଶ୍ଚ ଜନଜାତି ଜୀବନଧାରାର ଏହି କବିତାରେ ରହିଛି ସକଳ ଉପାଦାନ । ସେଠି ଦୃଶ୍ୟମାନ ହୁଏ ଏକ ନିଟୋଳ ଜୀବନ ତ' ପୁଣି ଝରିପଡୁଥାଏ ଧାଂଡା-ଧାଂଡୀ ଗୋପନ ପ୍ରେମର ଲଳିତପଣ । ଜହ୍ନରାତିରେ କାଜୋଡି ଓ ବାଗ୍‌ଲାମାନେ ଅକୁଳାଣ ସମୟକୁ ବାନ୍ଧିରଖିବାର ପ୍ରୟାସ କରନ୍ତି ଅଥଚ ମନଲୋଭା ଦୁଃଖ ଭିତରେ ପ୍ରୀତିପଣିଆର ଅଭିଷେକ ହୁଏ -

ପୋଡାମକା ଆଉ ସିଝା ମକାକୁ
ଶବ୍ଦରେ ଯୋଡ଼ି
ତୋ ପାଇଁ ମୁଁ ଏଇ ଗୀତ ଫାନ୍ଦିଛି ।
ଆଲୋ ମୋ ଧାଙ୍ଗଡ଼ି
ତୋ ନାକର ସୁନାଫାଶି କି ସୁନ୍ଦର
ତୋରି ମୁହଁକୁ ଝୁରିଝୁରି
ମୋ ଡୁଙ୍ଗ୍‌ଡୁଙ୍ଗାର ତାର କାନ୍ଦୁଛି ।

ଗ୍ରାମାନ୍ତିକ ମହୁଲଜଙ୍ଗଲ ଭିତରେ ଫୁଲ ସାଉଁଟୁଥିବା କେହି ନୀଳମେଘୀ ଦାରିଦ୍ର୍ୟର ଟାଣପଣ ଭାଙ୍ଗି ଧାଂଡା ଆଖିରେ ଉତୁରେଇ ଆଣିଛି ପ୍ରୀତିପଣର ସିଂଫୋନୀ । ଜହ୍ନଆଲୁଅରେ ପୃଥିବୀକୁ ନିଆରା ଭାବେ ଦେଖୁଥିବା ପରଜାର ପ୍ରେମଜୀବନ ଉତୁରି ଆସିଛି ସୀତାକାଂତଙ୍କ 'ଶାଳଗଛ ଫୁଲରେ ନଇଁଛି' କବିତା ଗୁଚ୍ଛରେ ।

ଅସରନ୍ତି ଦୁଃଖ ଭିତରେ ଜାନି ମନେପକାଏ ପବିତ୍ର 'ଡୁମା'କୁ । ଯାହାକୁ ସନ୍ତୁଷ୍ଟ କଲେ କ୍ଷେତରେ ଭଲ ଫସଲ ହେବ, ପରିବାର ବଢ଼ିବ, ଭଲ ଶିକାର ମିଳିବ ।

କେବେପୁଣି ନିଶାଣି ମୁଣ୍ଡାଠାରେ ଦିସାରୀ ଗାଁର ଶୁଭମନାସେ । ଚଇତିପରବର ବେଣ୍ଟ ଶିକାର ବେଳେ କୋୟା ଯୁବକମାନେ ଗୋପନ ଶକ୍ତିକୁ ସ୍ମରଣ କରନ୍ତି । କବିଟିଏ ଅନୁଭବ କରେ ସେମାନଙ୍କ ସମର୍ପଣକୁ ଆଉ କହେ-

ହେ ପାହାଡ ଦେବତା, ଚଗଲାଲି
କୁଟ୍ରା ପଲଙ୍କୁ ଆମ ସାମ୍ନାକୁ
ଆଣିଦିଅ ।
ହେ ପାହାଡ ଦେବତା
ହରିଣପଲଙ୍କୁ ଆମ ସାମ୍ନାକୁ
ଆଣିଦିଅ ।(ଶାଳଗଛ ଫୁଲରେ ନଇଁଛି)

ସେହିପରି ସୁବାସଚନ୍ଦ୍ର ମିଶ୍ରଙ୍କ 'ଚୈତ୍ରଗାନ' ଜନଜାତି ଜୀବନର ଅନ୍ତର୍ଜଗତକୁ ଉଦ୍‌ଭାସିତ କରିଛି । ଚଇତିପରବର ଗୀତକୁଡ଼ିଆ ଓ ଗୀତ୍‌କୁଡ଼ିଆଣିର ହାସ-ପରିହାସ, ଧାଂଡା-ଧାଂଡୀର ପ୍ରେମ, ଡଙ୍ଗର ଜୀବନ ଅତ୍ୟନ୍ତ ମୁଖରିତ । ଓଡ଼ିଆ ଭାଷା ସହିତ ଆଦିବାସୀ ଓ ଦେଶିଆ ଭାଷାର ମିଶ୍ରଣରେ ସୃଷ୍ଟି ଏହି କବିତାଗୁଚ୍ଛ ଭାବ ଓ ପ୍ରେମର ମୃଗମଦ ଗନ୍ଧରେ ଭରା -

ଏ ଧାନ ଜମିରେ ଧନ
ତୋତେ ଦେଖି ମନ
ହେଲା ଛନଛନ,
ଯେତେସବୁ ଗଛବୃଛ
ବରଷାରେ ଭିଜୁଥିଲେ
ସର୍ଜିଥିଲା ମୋ, ମନରେ ଶ୍ରାବଣ ଦହନ ।(ଚୈତ୍ରଗାନ, ଗୀତ-୫୯)

ଜନଜାତି ଜୀବନ ଭିତ୍ତିକ କବିତାରେ ରୂପପାଏ ସେମାନଙ୍କ ମହାର୍ଘ ଜୀବନର ପ୍ରତିଟି ଘଟଣାବଳୀ; ତରଳା ରୂପାର ଜହ୍ନ, କାଠହଣା ଚଢ଼େଇ ଗୀତ, ଚଇତିବେଣ୍ଟ, ଡଙ୍ଗର ହାଟ, ଧୁଙ୍ଗିଆ କ୍ଷେତ, ନିଛାଟିଆ ଝୋଲାକୂଳ, ଧାଂଡ଼ୀର ଫାଳିକିଆ ଖୋସା ଓ ଡଙ୍ଗରିଆର ପ୍ରଣୟପର୍ବ, ଦିଅଁ-ଦେବତା । ପୁଣି କେବେ କବିତା ବାସେ ଧାଂଡ଼ୀ ଦେହର କଞ୍ଚା ହଳଦୀବଟା ଓ ଜଡାତେଲର ଫୁଟରେ । ଏସବୁ ଭିତରେ ହଳଦୀ ବର୍ଣ୍ଣର ଦୁଃଖ ଜମାଟବାନ୍ଧେ । ଅନ୍ଧବିଶ୍ୱାସ, ଦିଶାରୀ, ଦୁର୍ବଳ ଅର୍ଥନୀତି, ସାହୁକାର, ଗୋତିପ୍ରଥା ଧସେଇ ପଶେ କବି ଲେଖନୀରେ । ସେ ଦେଖେ ଡଙ୍ଗରର ଭୋକ, ଖଦି-ଖାଦିର ସମସ୍ୟା । କନ୍ଦ, କରଡି, ମହୁଲ, କାନ୍ଦୁଲ, ଆମ୍ବକୋଇଲି, ବାସି ପେଜରେ କେହି ଯେମିତି କହିଦିଏ ଏଇତ ଜୀବନ, ଡଙ୍ଗର ଜୀବନ -

ତୋ ମଣିଷ ତା' ହାଟରେ
ଜାଣେନି ତା' ଦରବର ମୂଲ
ଶୁଣି ସାହୁକାର ହାତେ
ଶୋଷଣ କଷଣ ସହିହୁଏ କଲବଲ
ସଉଦା ବୋଇଲେ ତାରି ଖାଦିପଟା
ବୋତଲରେ କିଛି ମାଟିତେଲ
ଜଙ୍ଗଲୀ ମଣିଷ ସିଏ
ମାଟିରେ ସରଗ ତା'ର ବଣ ଓ ଜଙ୍ଗଲ ।(କୁରେଇ ଫୁଲର ଖୋସା)

ଧନଞ୍ଜୟ ସ୍ୱାଇଁଙ୍କ 'କୁରେଇ ଫୁଲର ଖୋସା'ରେ ଏହିପରି ଅନେକ ଚିତ୍ର ନିଟୋଳ ଭାବେ ପ୍ରତିଫଳିତ । ସେହିପରି 'କାଜୋଡିର ପ୍ରୀତିଗୀତ'ରେ କବି ସୁବାସ ଚନ୍ଦ୍ର ମିଶ୍ର ପରଷିଛନ୍ତି ଜନଜାତିର ଭାବଭୂମି ଉପରେ ଛିଡ଼ା ହୋଇଥିବା ପ୍ରେମର ତନ୍ମୟ ମୁଦ୍ରା ଓ ବଞ୍ଚିବାର ମୁଗ୍ଧ ଅନୁଭବକୁ । ଜଣେ ଧାଂଡ଼ୀର ପ୍ରଥମ ଅନୁରାଗ, ପ୍ରାପ୍ତି-ଅପ୍ରାପ୍ତିର ସୁଖ-ଦୁଃଖର ଗୀତମୟତାକୁ କାଜୋଡି ମାଧ୍ୟମରେ ଜଣାଇଛନ୍ତି । ଧାଂଡ଼ୀବସାରେ ଥିବା କାଜୋଡି ଧାଂଡ଼ାବସାରୁ ଶୁଣେ ପ୍ରୀତିଗୀତ । ଶାଳବଣର ସବୁଜିମା, ସୋଡ଼ାମାଳି ପରବତର କଥା, ଝୋଲା ଆଉ ଝରଣାର କୁଲୁକୁଲୁ କେବଳ ଜୀବନର ସୁଆଦ ଗୁଣୁଗୁଣଉ ଥାଏ ।

ଜନଜାତିର ଜୀବନରେ ଯେ କେବଳ ଆଜିର ମୂଲ୍ୟଅଛି । କାଲିକି ଆମ୍ବଟାକୁଆର ଜାଉ, ପୋଡାମାଛର ସୁଆଦ, ସିନ୍ଧିକଡା, କାଇଭଜା ମିଳିବ କି ନାହିଁ, ସେଥିରେ ଦୁଃଖ ନାହିଁ । ବରଂ ଦୁଃଖ ଭୁଲି ଏଇ ସାନ ଜୀବନକୁ ଜୀବନ ପରି ମିଠାଗୀତର ସ୍ୱରରେ ଭରିଦେବା ସେମାନଙ୍କ ଜୀବନର ଲକ୍ଷ୍ୟ । ତେଣୁ ତ' କାଜୋଡି, ଗୁରୁପ୍ରିୟା, ଫୁଲମତୀମାନେ ଗାଇଚାଲନ୍ତି-

ଏଣୁ ଏଇ ସାନ ଜୀବନରେ
ଦୁଃଖ ସତ ଦର୍ମୁପରି
ବସୁମାତା ପରି

x x x

ଖୁସିକର, ଗୀତଗାଅ, ନାଚକର
ଏ ଜୀବନ ଅଳ୍ପଦିନ
ଧୂଆଁଶୁଖା ଜିଆଦ ମାଉଁସ
ସରିଯିବା ପରି, ଦିନେ ସରିଯିବ ।(ଗୀତ-୨୭, କାଜୋଡିର ପ୍ରୀତିଗୀତ)

କବି କେବଳ ଡଙ୍ଗର ଭୂଇଁରେ କୁରେଇ ଫୁଲର ମହକ ଅନୁଭବ କରେନାହିଁ । ସେ ଦେଖେ କେଉଁଠି ଡଙ୍ଗରର ମାଟିହାଣି ଧାଂଡ଼ା ବୁଣିଦେଇଛି ଦୁଃଖର ମଞ୍ଜି । ଝୋଲାଟଙ୍କାର ବୋଝ, ଜଙ୍ଗଲ ଜମାନର ଅଦଉତି, ଗୋତି, ଦାଦନ, ବିସ୍ଥାପନ କଳାମେଘର ଶକ୍ତ ପ୍ରହାର ପରି ଅଜାଡି ହେଇପଡେ ମୁଣ୍ଡିଆ ପାହାଡ ଉପରେ । କାଠହଣା ଚଢ଼େଇର ଗୀତ, ମୁଣ୍ଡ ଉପରେ ଥିବା ଶିଆଳୀ ତଲାରୀ, ଧାଂଡ଼ୀର ନୀଳ ଆମଂତ୍ରଣରୁ ସେ ଆଖିଫେରାଇ ନିଏ । ଟାଙ୍ଗିଣିଗୁଡ଼ାରୁ ଖାଣ୍ଡିପଦର, ଇରାଲଗୁଣ୍ଡିରୁ ସର୍ଷୁପଦର, ଶିମିଳିପାଳରୁ ସଲଗମ୍‌ପୁଟ କବି ଦେଖେ ଓ ଶୁଣେ -

ଲୁଟ୍ ହୋଇ ଗଲିଛି ତା' ଫସଲ
ତା' କ୍ଷେତ ତା' ଡଙ୍ଗର
ତା' ଗଛ ବୃକ୍ଷ
ଝୋଲା ଓ ନଦୀର ପାଣି
ମାଟି ତଳର ପାକନା
ଲୁଟି ନିଆଯାଉଛି ତା' ମହୁଲିର ମାଦକତା
ସଲପ୍‌ର ଆମେଜ୍
ଡୁଙ୍ଗଡୁଙ୍ଗା ଓ ଢେମ୍‌ସାର ଡିମ୍‌ଡିମ୍
ନାଟର ତାଳ
ଧାଙ୍ଗଡ଼ୀଙ୍କ ଖିଲିଖିଲି ହସ
ବଣଫୁଲର ମହକ ।(କୋରାପୁଟ-୨; ବସୁନ୍ଧରା ମାଟି) ।

କବି ବିଜୟ ଉପାଧ୍ୟୟଙ୍କ 'ବସୁନ୍ଧରା ମାଟି' ଜନଜାତିଙ୍କ ସମସ୍ୟାରେ ମୁଖରିତ ହେଉଥିଲା ବେଳେ ସମରେନ୍ଦ୍ର ନାୟକଙ୍କ 'ଲାଲପତ୍ର ଓ ନୂତନ ପୃଥିବୀ'ର ପ୍ରତିଟି କବିତା ଜମି, ଜଳ, ଜଙ୍ଗଲ, ଦାଦନ ଓ ବିସ୍ଥାପନର କଥା କହେ । ଯାହା କବିଙ୍କ ଦୃଷ୍ଟିରେ ସଂଘାତ ପୀଡ଼ିତ ଜନଜାତିର ଆକୁଳତା ଓ ବ୍ୟାକୁଳତା ।

କାଲିକି ସେ ବଣ୍ଡା ପର୍ବତ ଆଉ ଡିଡେଇ ଘାଟି
ଚୂର୍ମାର କରିଦେଇ ପାରେ ତା'ର ପଦାଘାତରେ
କନ୍ଧ କୋୟା-ଦୁରୁଆ
କମାର-ହାଲବା-ଗଣ୍ଡିଆ
ରଣା-ଦୋରା-ପରଜା
ଆଦିବାସୀର ଗାଁ ସବୁ ହଜିଯାଇ ପାରେ
ତା'ର ପରମାଣୁର ଆଁ ଭିତରେ ।(ଲାଲପତ୍ର ଓ ନୂତନ ପୃଥିବୀ)

ଡଙ୍ଗର ମଣିଷ ତଥାପି ସ୍ୱପ୍ନ ଦେଖେ ନଦୀବନ୍ଧ ଯୋଜନାରେ କ୍ଷେତକୁ ପାଣିମାଡ଼ିବ, ଘର ଉକିଆ(ଆଲୁଅ) ହେବ, ଶୋଷଣର ପଞ୍ଝାରୁ ମୁକ୍ତି ମିଳିବ । ଯେଉଁଠି ନନ୍ଦୁକବାସୀ, ଘାସି ମୁଦୁଲି, ସାନନ୍ଦ ମୁର୍ମୁ ଓ ଘନ କିର୍ସାନୀମାନେ କଙ୍କରିଳ କୁଟିକମର ଜୀବନ ଭିତରୁ ମୁହଁ ଦେଖାନ୍ତି । କିନ୍ତୁ କିଏ କୌଶଳ କରି ସେମାନଙ୍କୁ ବାରୁଦ ଗନ୍ଧ ଓ ରକ୍ତର ଛିଟା ଭିତରେ ଜୀଇଁବାକୁ ବାଧ୍ୟ କରେ । ଅନେକ ବିସଙ୍ଗତି, କାତର୍ଯ୍ୟପଣ, ଶୂନ୍ୟତା, ଦୁଃଖର ଅତୁଟ ଲୟ ଭିତରୁ ମାନବିକତାର ମୂର୍ଚ୍ଛନା ନେଇ କବିକୁ ଚହଲାଇ ଦିଏ । ଦେବାଶିଷ ପାତ୍ରଙ୍କ 'ଶବ୍ଦ ସଂଗମ'ର ଅଧିକାଂଶ କବିତା ମୁଖରିତ ହୁଏ ଜନଜାତିର ଜୀବନାନୁଭବକୁ ନେଇ-

୧. କିଏ ଧାଂଡା ହାତରୁ ଛଡେଇ ନେଇଛି ଢ଼ୋଲ
ଧରେଇ ଦେଇଛି ବନ୍ଧୁକ ଓ ମୃତ୍ୟୁର ପରଓ୍ୱାନା,
ଧାଂଡ଼ୀ ଫିଙ୍ଗି ଦେଇଛି ପାଦରୁ ପାଉଁଜି,
ଖୋସାରୁ କୁରେଇ ଫୁଲ
ଏବେ ଚୈତ୍ରଗୀତ ନୁହେଁ
ମୃତ୍ୟୁଗୀତ ଗାଇଚାଲିଛି ମାଦଳ ସଞ୍ଜ ।(ଜଙ୍ଗଲଗୀତ, ଶବ୍ଦ ସଂଗମ)

୨. ପାହାଡ଼ର ଝରପାଣି ଅଟକିଛି
କେଉଁ ନଦୀବନ୍ଧ ଯୋଜନାରେ
କ୍ଷେତରେ ନାହିଁ ସୁଆଁ, ମାଣ୍ଡିଆ
ଭାଙ୍ଗିଯାଇଛି ମକା କ୍ଷେତର ପାଳଭୂତ ।(ଆଦିବାସୀ, ଶବ୍ଦ ସଂଗମ)

ଜନଜାତିର ଭୂମି ଦୋହଲିଯାଏ । ଅବହେଳିତ ପ୍ରସଙ୍ଗ ବହ୍ନିମାନ ହୁଅନ୍ତି । ସେ ଅଧିକାର ଖୋଜେ, ଭୋକର ଭୂଇଁରେ, ସାମାଜିକ ବୈଷମ୍ୟରେ, ଅବହେଳାର ଆତ୍ମାପମାନରେ । ଦାରିଦ୍ର୍ୟ, ଶୋଷଣ ଓ ଜୀଇଁବାର ଅଧିକାର ଓ ଭିଟାମାଟିର ଭଗ୍ନ ଭୂଖଣ୍ଡକୁ ନେଇ ମାନବବାଦୀ ଭାବନେଇ କବି କହେ -

ଏଥର କଳାହାଣ୍ଡିକୁ ଭୁଲିଯାଅ
ପର୍ଯ୍ୟଟନ ମାନଚିତ୍ରରେ
ଏ ବର୍ଷର ତୀର୍ଥ ହେଉଛି କାଶୀପୁର ।(କାଶୀପୁର, ଜଗନ୍ନାଥ ପ୍ରସାଦ ଦାସ)

ଯଦିଓ ଜନଜାତି ଜୀବନ ଭିତ୍ତିକ କଥାସାହିତ୍ୟ ପରି କବିତାର କ୍ଷେତ୍ର ବ୍ୟାପକ ନୁହେଁ, ତଥାପି ଅନୁଭବ କରିହୁଏ ଡଙ୍ଗର ଜୀବନ ଭିତରେ ଅଛି ବଗିଚା ଭର୍ତ୍ତି ସଙ୍ଗୀତ । କବିଟିଏ ପାର୍ଥିବ, ଅପାର୍ଥିବ ସଂସ୍କୃତି ସହିତ ସେମାନଙ୍କ ଚଳଣି, ସାମାଜିକ ଜୀବନଧାରା ଓ ସମସ୍ୟାକୁ ଚିତ୍ରାୟିତ କରିବାର ପ୍ରୟାସ କରିଛି, ଟୋକେଇ ଭର୍ତ୍ତି ଦୁଃଖକୁ ଆନନ୍ଦରେ

ବଦଳାଇବାର ପ୍ରୟାସ କରିଛି । ଆଲୋଚିତ କବିମାନଙ୍କ ବ୍ୟତୀତ ଆଦିବାସୀର ଜୀବନଚର୍ଯ୍ୟାକୁ ନେଇ କବିତାର ଇଲାକାରେ ପଶିଛନ୍ତି ବାସୁଦେବ ସୁନାନୀ, ଭାରତ ମାଝୀ, ରବି ଶତପଥୀ, ଜଳଧର ସ୍ୱାଇଁ, ଚକ୍ରପାଣି ପରିଚ୍ଛା, ପ୍ରଦୀପ ମିଶ୍ର ପ୍ରମୁଖ ।

କବିତା ପାଠକକୁ ଅଜଣା ଇଲାକାକୁ ନେଇଯାଏ ଆଉ ଜୀବନର ଶୁଦ୍ଧିକରଣ କରେ-ଏହି ଉକ୍ତି ଯଦି କବିତା ପାଇଁ ପ୍ରଯୁଜ୍ୟ ତେବେ ଏହିସବୁ କବିଙ୍କ କବିତାରେ ରହିଛି ସେହି ସତ୍ୟତାର ଉପଲବ୍ଧି । ପରିବର୍ତ୍ତନର ଯୁଗରୁଚି, ତୀକ୍ଷ୍ଣ ନିରୀକ୍ଷଣ, ତନ୍ନତନ୍ନ ଅନୁଶୀଳନ, ବିମ୍ବର ବିସ୍ମୟ ପ୍ରକୃତରେ ଜନଜାତି ଜୀବନ ଭିତ୍ତିକ କବିତାକୁ ପ୍ରଦାନ କରିଛି ନୂତନ ସ୍ଥାପତ୍ୟ ।

ଆପଣ ଯଦି କେବେ ଜନଜାତିର ଆଦିଭୂମିରେ ପାଦଥାପିବେ, ତେବେ ଦେଖିବେ ଶବ୍ଦ ଓ ଭାବ ମିଶି ଡେଣା ମେଲୁଛି ଡଙ୍ଗର । ପୁଣି ଦେଖିବେ ମାଘ ଓ ଫଗୁଣର ସନ୍ଧିକ୍ଷଣରେ ଝରିପଡୁଛି ଶୀତ, ପତ୍ର ଫାଙ୍କରୁ ମୁହଁ ଦେଖାଉଛି ସାର୍‌ହୁଲ୍‌ର ଜହ୍ନ, ଅଦେଖା ମେଘର ବାମ୍ଫ ଢାଙ୍କି ଦେଇଛି ଆପଣଙ୍କ ମନ ଇଲାକାକୁ । ପାହାଡ ଯାକ ସୁଆଁ, ମାଣ୍ଡିଆର କୁନିକୁନି ଗଛ ଚେକାମାଡି ବସିଛି । ଡୁଙ୍ଗ୍‌ଡୁଙ୍ଗାର ସ୍ୱର ଲହରେଇ ଲହରେଇ ପବନରେ ଭାସିଆସୁଛି । ଜୀବନ ମରଣର ଗୀତ ଭିତରୁ ଜୀବନର ଗୀତ ବିଜୟ ଲଭିଛି । ଅନ୍ଧାର କଟିଛି, ଫର୍ଚ୍ଚା ଆଲୁଅର ଅଣୁ ବିସ୍ତରି ଯାଉଛି ଡଙ୍ଗରରୁ ଡଙ୍ଗରକୁ । ଦୂରରୁ କେହିଜଣେ କବିତାରେ ସୁରଦେଇ ଗାଇ ଉଠୁଛି -

ମୋର ବରଷାର ଗୀତ
ଡେମ୍ଫ ଉପରେ ମଲ୍ଲୀଫୁଲ ପରି ସୁନ୍ଦର ଯେ
କାଳିଆ ବେଣୀରେ ଝିଲିଝିଲି ଜାଇଫୁଲ
ଫୁଲ ବେଶହୋଇ ବେଣୀ ଦୋହଲାଇ ଆସିବ,
ଆସିବ ମୁଁ ଜାଣେ ।

ଜନଜାତି ଜୀବନଭିତ୍ତିକ କବିତାରୁ ଛିରିକି ପଡୁଛି ଜୀବନର ରଙ୍ଗ, ଗହୀର ଜଙ୍ଗଲର ନେଳି-କଳା ତରଙ୍ଗ ଭିତରକୁ ଆକର୍ଷିତ ହେଇ ଆଶା ଓ ବିଶ୍ୱାସ ପାଦ ବଢ଼ାଇଛନ୍ତି । ସେ ଗଲିବା ସରିବାର ନୁହେଁ, ଜୀବନବୋଧର ନିସର୍ତ୍ତ ସମର୍ପଣ ଓ ଗୋପନ ସ୍ନେହର ଅଦ୍ଭୁତ ରଙ୍ଗ ନସରିବା ଯାଏଁ ।

କୋୟା ଲୋକସଂସ୍କୃତି ଓ ଲୋକସାହିତ୍ୟ

ସଂସ୍କୃତି ହେଉଛି ନିର୍ଦ୍ଦିଷ୍ଟ ଗୋଷ୍ଠୀର ଲୋକମାନଙ୍କର ଏକ ବିଶେଷ ଗୁଣ; ଯାହା ସେମାନଙ୍କ ଭାଷା, ଧର୍ମ, ସାମାଜିକ ଚଳଣି, ସଂଗୀତ, କଳା, ସାହିତ୍ୟ ଦ୍ୱାରା ପ୍ରତିଭାତ। ତେଣୁ ସଂସ୍କୃତିର ବ୍ୟାପକତାକୁ ଅନୁଭବ କରି କୁହାଯାଇପାରେ ପରମ୍ପରାକୁ ଅତିକ୍ରମ କରିବାର ଏହା ଏକ ଅବିଚ୍ଛିନ୍ନ ଇତିବୃତ୍ତ। ମାତ୍ର ଜନଜାତିର ସଂସ୍କୃତି କ୍ଷେତ୍ରକୁ ବିଚାର କଲେ ମନେହୁଏ ସେମାନେ ପ୍ରଥାବଦ୍ଧ ମୂଳଦୁଆ ଉପରେ ଛିଡ଼ାହୋଇ ଜାତୀୟ ଯୋଗସୂତ୍ରରୁ ବିଚ୍ଛିନ୍ନ ହୋଇ ଏକ ନିରବଚ୍ଛନ୍ନ ଧାରାରେ ବାଟଚାଲନ୍ତି । ଅନ୍ୟ ସାଂସ୍କୃତିକ କ୍ଷେତ୍ରଠାରୁ ଜନଜାତିର ସାଂସ୍କୃତିକ କ୍ଷେତ୍ର ସାମୂହିକ କାର୍ଯ୍ୟଧାରା ଓ ମାନସିକତା ଉପରେ ପର୍ଯ୍ୟବେସିତ। ବୋଧହୁଏ ଏହି କାରଣରୁ ସେମାନଙ୍କ ସଂସ୍କୃତିର ଅନେକ ପ୍ରତିବନ୍ଧକ ସତ୍ତ୍ୱେ ଅଧୋଗମନ ଘଟିନାହିଁ। ଲୋକସଂସ୍କୃତି ଓ ଲୋକସାହିତ୍ୟ ମଧ୍ୟ ପରସ୍ପର ସମ୍ପର୍କୀତ। କାରଣ ଲୋକସାହିତ୍ୟ ହେଉଛି ଲୋକସଂସ୍କୃତିର ଉପାଦାନ। ପୁନଶ୍ଚ ଆଦିବାସୀର ଜୀବନ ଦର୍ଶନ ଭୂକୈନ୍ଦ୍ରିକ ଓ ଅରଣ୍ୟର ଭାବ କେନ୍ଦ୍ର ସହିତ ନିବିଡ଼ ଥିବାରୁ ତା'ର ସଂସ୍କୃତି ଓ ସାହିତ୍ୟରେ ପ୍ରକୃତିର ନିରବଚ୍ଛିନ୍ନ ପ୍ରବାହ ଦେଖିବାକୁ ମିଳେ। ଓଡ଼ିଶାର ଜନଜାତିକ ସଂସ୍କୃତି ଓ ସାହିତ୍ୟ ଏକାପରି ମନେ ହେଉଥିଲେ ବି ସେଥିରେ ଅନେକ କିଛି ପ୍ରଭେଦ ରହିଛି। ସେହି ବିଭିନ୍ନତା ହିଁ ତାଙ୍କର ବୈଶିଷ୍ଟ୍ୟ। ଅତଏବ ଓଡ଼ିଶାର ଜନଜାତିଙ୍କ ମଧ୍ୟରୁ ଆମେ 'କୋୟା' ଜନଜାତିଙ୍କ ସଂସ୍କୃତି ଓ ସାହିତ୍ୟ ବିଷୟରେ ଚର୍ଚ୍ଚା କରିବା ଯାହା ତାଙ୍କର ସ୍ୱତନ୍ତ୍ରତା ଦର୍ଶାଇବାକୁ ଯଥେଷ୍ଟ।

ଓଡ଼ିଶାର ଜନଜାତି ତାଲିକାରେ ଏକଚାଳିଶତମ ସଂଖ୍ୟାରେ ଚିହ୍ନିତ 'କୋୟା' ଜନଜାତି ମାଲକାନଗିରିର ଏକ ପ୍ରମୁଖ ଜନଜାତି ଗୋଷ୍ଠୀ। ପ୍ରତ୍ନତାତ୍ତ୍ୱିକ ଗବେଷଣା କହେ ତାଙ୍କ ପୂର୍ବପୁରୁଷ ଛତିଶଗଡ଼ର ବସ୍ତର ଜିଲ୍ଲାରେ ଥିବା 'କୋଇ' ଏବଂ 'ଗଣ୍ଡୱାନା' ଅଞ୍ଚଳରୁ ପ୍ରାଚୀନ ସମୟରୁ ଆସି ମାଲକାନଗିରିରେ ବସତି ସ୍ଥାପନ କରିଛନ୍ତି । ତେବେ ଆନ୍ଧ୍ରପ୍ରଦେଶରେ ସେମାନେ 'କୋୟାରାଜୁ' ଏବଂ ଛତିଶଗଡ଼ରେ ସେମାନେ 'ମାଡ଼ିଆ' ଭାବରେ ପରିଚିତ।

କୋୟାମାନେ ନିଜକୁ 'କୋଏତୁର' ବୋଲି କହିଥାନ୍ତି; ଯାହାର ଅର୍ଥ 'ମଣିଷ'। ଶ୍ରେଣୀ ବିଭାଗ ଦୃଷ୍ଟିରୁ କୋୟାମାନେ ଚରିଭାଗରେ ବିଭକ୍ତ; ଯଥା (୧) ଗଡେର, (୨) ମେଟାଡର, (୩) ଗମ୍ପିନାର, (୪)ବଡ଼ଭୂମ। ତେବେ କୋୟା ସମାଜରେ ପାଞ୍ଚ ପ୍ରକାର ପାରିବାରିକ ସଂଜ୍ଞା ଦେଖିବାକୁ ମିଳେ, ସେସବୁ ହେଲା - ମାଡ଼କାମି, ମାଢ଼ି, ପଡ଼ିଆମୀ, କଓ୍ୱାସୀ, ସୋଢ଼ି। ଗୋତ୍ର ଦୃଷ୍ଟିରୁ କୋୟାମାନଙ୍କର ଅନେକ ଉପଜାତି ରହିଛି; ଯଥା - ବାର୍ସେ, ଓଡ଼ି, ନାକାଲୋଡ଼, ମୁଦୁରିକ ଇତ୍ୟାଦି।

ଗ୍ରାମୀଣ ବ୍ୟବସ୍ଥା ଓ ଗ୍ରାମଗୁଡ଼ିକର ଅବସ୍ଥିତି ବିଚାର କଲେ କୋୟାମାନଙ୍କର ସ୍ୱାତନ୍ତ୍ରତା ବାରିହୋଇପଡ଼େ। କାରଣ କୋୟା ଗାଁଗୁଡ଼ିକ ଅନ୍ୟ ଆଦିବାସୀ ଗାଁ'ଠାରୁ ଆକାରରେ ବଡ଼। ପ୍ରତି ଘରର ଚରିପଟେ ବାଡ଼ ବୁଲିଥାଏ। ଗାଁ'ର ଗୋଟିଏ ମୁଣ୍ଡରେ ଥାଏ ପଥର ଓ କାଠର ସ୍ମୃତି ସ୍ତମ୍ଭ। ଗାଁ'ର ମଧ୍ୟ ଭାଗରେ ଥାଏ ଧାଂଡ଼ୀବସା। ତେବେ ଗାଁ ବସାଇଲାବେଳେ ପ୍ରଥମେ 'ବିଜାଗୁଡ଼ି' ବା ଗ୍ରାମଦେବତୀଙ୍କ ପୀଠ ଗାଁ'ର ଏକ ସ୍ଥାନରେ ବିଶେଷ କରି ମଧ୍ୟ ଭାଗରେ ପ୍ରତିଷ୍ଠା କରାଯାଇଥାଏ।

ପ୍ରତିଟି ଗାଁରେ ରହିଥାଏ ପାରମ୍ପରିକ ଗ୍ରାମ ସଭା ବା କୁଳ ପଞ୍ଚାୟତ। ଯାହାର ମୁଖ୍ୟ ହେଉଛନ୍ତି 'ପେଦା'। ଧାର୍ମିକ ମୁଖ୍ୟ 'ପେର୍ମା'ଙ୍କ ସ୍ଥାନ ତାଙ୍କ ତଳକୁ। ଏହି ପଦବୀ ବଂଶାନୁକ୍ରମିକ। ଏମାନଙ୍କ ବ୍ୟତୀତ 'ୱାଡ଼େ', 'ବେଜୁଣୀ', 'କୋତୱାଲ' ଆଦି ବିଭିନ୍ନ ଧାର୍ମିକ ଓ ସାମାଜିକ କାର୍ଯ୍ୟରେ ସହଯୋଗ କରିଥାନ୍ତି ।

କୋୟା ସମାଜରେ ବିବାହ, ସନ୍ତାନ ଜନ୍ମ ଓ ନାମକରଣ, ମୃତକଙ୍କ ଦାହ ସଂସ୍କାର ଆଦି ସାମାଜିକ ନିୟମ ଅନୁଯାୟୀ ପାଳିତ ହୁଏ । ବିବାହରେ 'କନ୍ୟାଝୋଲା' ପ୍ରଥା, ନାମକରଣରେ ଶିଶୁଟିକୁ ପୂର୍ବଜଙ୍କ ନାମ ପ୍ରଦାନ ଓ ପୂର୍ବପୁରୁଷଙ୍କୁ 'ଡୁମା' ଭାବରେ ପୂଜା କରିବା ବିଧିରହିଛି। କୋୟାମାନେ ଅତ୍ୟନ୍ତ ଧର୍ମବିଶ୍ୱାସୀ। ସେମାନେ ବିଜାଗୁଡ଼ି ଓ ଗୁଡ଼ିମାତାଙ୍କୁ ପୂଜା କରିବା ସହ ବିଜାପାଣ୍ଡୁ, ଶିକଡୁପାଣ୍ଡୁ, ଭୀମାଡୁପାଣ୍ଡୁ ଆଦି ପର୍ବ ପାଳନ କରନ୍ତି । ଏପରିକି ସେମାନେ ମୁତ୍ୟାଲାମ୍ମା, କାନ୍ନାମରାଜୁ, ବାଲରାଜୁ ଓ ପୋତୁରାଜୁଙ୍କୁ ପୂଜା କରିଥାନ୍ତି । ପ୍ରମୁଖ ପର୍ବପର୍ବାଣୀ ମଧ୍ୟରେ ରହିଛି ଚଇତି ପରବ, ପୁଷ୍ ପରବ ଓ ବଡ଼ଯାତ୍ରା। ତେବେ ଚଇତି ପରବର ବେଣ୍ଟ ଶିକାର କୋୟାମାନଙ୍କର ସବୁଠାରୁ ବଡ଼ ଉତ୍ସବ।

ସାଂସ୍କୃତିକ ସ୍ୱତନ୍ତ୍ରତା ସହିତ କୋୟାମାନଙ୍କର ନିଜର ଭାଷା ରହିଛି 'କୋୟାମାଟା'। ଯଦିଓ ସେମାନେ ଓଡ଼ିଆ ଓ ଦେଶିଆ ଭାଷାରେ କଥାବାର୍ତ୍ତା କରିଥାନ୍ତି । କୋୟାମାଟା ହେଉଛି ଦ୍ରାବିଡ଼ ଭାଷା ପରିବାର ଅନ୍ତର୍ଭୁକ୍ତ 'ଗଣ୍ଡି' ଭାଷାର ଏକ ଉପଭାଷା। ଛତିଶଗଡ଼ ସୀମାରେ ଏହା ହିନ୍ଦୀ ମିଶ୍ରିତ ହୋଇଥିବାବେଳେ ଆନ୍ଧ୍ରସୀମାରେ ତେଲଗୁ ମିଶ୍ରିତ। ତେବେ 'କୋୟାମାଟା'ର କୌଣସି ଲିପି ନାହିଁ।

ସଂସ୍କୃତିପ୍ରେମୀ କୋୟା ଜନଜାତିଙ୍କର ରହିଛି ନିଜସ୍ୱ ଲୋକନୃତ୍ୟ। ଏହି ନୃତ୍ୟ ସଂପୂର୍ଣ୍ଣ ମୌଳିକ ଏବଂ ତାହା 'କୋୟାନୃତ୍ୟ' ଭାବରେ ପରିଚିତ। ଅନେକତ୍ର କୋୟା ନୃତ୍ୟ ସହିତ 'ଢେମ୍‌ସା ନୃତ୍ୟ' ମଧ୍ୟ ଦେଖିବାକୁ ମିଳେ। ଏକକାଳୀନ ୧୫-୨୦ ଜଣ ପୁରୁଷ ଓ ସ୍ତ୍ରୀ ପର୍ବପର୍ବାଣୀ ଏବଂ ଉତ୍ସବ ସମୟରେ ଦଳଗତ ନୃତ୍ୟ ପରିବେଷଣ କରନ୍ତି । ପୁରୁଷମାନେ ମୁଣ୍ଡରେ ଗୟଳଶିଙ୍ଘ ଲଗାଇ ନୃତ୍ୟ ସମୟରେ ଢୋଲ ବଜାଇଥାନ୍ତି । ଯୁବତୀମାନେ ମୁଣ୍ଡରେ ଏକ ସ୍ୱତନ୍ତ୍ର ପଟି 'ଆଡ୍‌କାଟ୍' ପିନ୍ଧିବା ସହ ପଇସାମାଳି ବେକରେ ପକାଇ ହାତରେ ଘୁଙ୍ଗୁର ବାଡ଼ିଧରି ନୃତ୍ୟ କରନ୍ତି । ତେବେ ମାଲକାନଗିରି ଜିଲ୍ଲାର ଇରାଲ୍‌ଗୁଣ୍ଡି ଓ କୋୟାଗିରି ଗାଁ ଏହି ନୃତ୍ୟ ପାଇଁ ପ୍ରସିଦ୍ଧ।

ସେମାନଙ୍କ ସଂସ୍କୃତି କୃଷିଭିତ୍ତିକ ଅର୍ଥନୀତି ଆଧାରିତ। ପୋଡୁଚାଷ, ସୋପାନଚାଷ ଓ ସ୍ଥାନାନ୍ତରିତ କୃଷି କରିବା ସହିତ ସେମାନେ ଅରଣ୍ୟଜାତ ଦ୍ରବ୍ୟ ସଂଗ୍ରହ କରିଥାନ୍ତି । ଶିକାର ପ୍ରିୟ ଏହି ଜାତି ଅନେକ ସମୟରେ ଶିକାର କରିବା ସହିତ ପଶୁପାଳନ, ହସ୍ତଶିଳ୍ପ ଓ କୃଷି ଶ୍ରମିକ ଭାବରେ କାର୍ଯ୍ୟ କରିଥାନ୍ତି ।

୨୦୧୧ ଜନଗଣନା ଅନୁଯାୟୀ ଓଡ଼ିଶାରେ କୋୟା ଲୋକସଂଖ୍ୟା ହେଉଛି ୧,୪୭,୧୩୭। ସେଥି ମଧ୍ୟରୁ କେବଳ ମାଲକାନଗିରି ଜିଲ୍ଲାରେ ୧,୪୫,୬୫୨ କୋୟାଲୋକ ରହିଛନ୍ତି । ୧୦୦୦ ପୁରୁଷଙ୍କ ତୁଳନାରେ ମହିଳାଙ୍କ ସଂଖ୍ୟା ୧୦୭୨ ଏବଂ ସାକ୍ଷରତା ହାର ଶତକଡ଼ା ୨୯.୮୭। କୋୟାମାନଙ୍କର ଏବେବି ବିଶ୍ୱାସ ରହିଛି ଯେ ସେମାନେ ହେଉଛନ୍ତି ଓଡ଼ିଶାର ପୁରାତନ ଜନଜାତି। ତେବେ କୋୟା ଜନଜାତିର ସଂସ୍କୃତିର ଅନ୍ୱେଷଣ କାଳରେ ମନେହୁଏ ସେମାନଙ୍କ ଜୀବନର ବ୍ୟାପ୍ତି ଯେତିକି ତା'ଭିତରେ ରହିଛି ଠିକ୍ ସେହିପରି ସେମାନଙ୍କ ମୌଖିକ ପରମ୍ପରାର ଜୀବନାନୁଭବର ଚିତ୍ର। ଏପରିକି ସେମାନଙ୍କ ସଂସ୍କୃତିର ଦୃଶ୍ୟ ଓ ଅଦୃଶ୍ୟମୟ ଜଗତ ସେ ସାହିତ୍ୟରେ ରୂପାୟିତ। ଅତଏବ ତାଙ୍କ ମନୋଜଗତର କଳ୍ପନା ଓ ସାମୂହିକ ସ୍ମୃତି ହିଁ ତାଙ୍କ ମୌଖିକ ସାହିତ୍ୟର ଚଳନ୍ତି ଦସ୍ତାବିଜ୍ ଯାହା ଆଲୋଚନା କରିବା ପ୍ରାସଙ୍ଗିକ ମନେହୁଏ।

କୋୟା ଲୋକସାହିତ୍ୟ ପରମ୍ପରାରେ ସ୍ୱଜାତି ମାନସିକତା ଅତି ମାତ୍ରାରେ ପ୍ରତିଫଳିତ। ଏହା ଅତ୍ୟନ୍ତ ଆବେଗପୂର୍ଣ୍ଣ ଓ ସେମାନଙ୍କ ଚିତ୍ତବିନୋଦନର ପ୍ରମୁଖ ମାଧ୍ୟମ। ଗବେଷଣା କାଳରେ କୋୟା ଜନଜାତି ମୌଖିକ ସାହିତ୍ୟର ବହୁବିଧ ରୂପ ଦେଖିବାକୁ ମିଳିଛି, ସେଗୁଡ଼ିକ ହେଉଛି - ମିଥ୍, କିମ୍ବଦନ୍ତୀ, ଲୋକକାହାଣୀ, ଲୋକଗୀତ, ଲୋକୋକ୍ତି। ତେବେ କୋୟାମାନଙ୍କର ନିଜସ୍ୱ ଲୋକନାଟକ ନାହିଁ, ସେମାନେ କୌଣସି ପର୍ବପର୍ବାଣୀରେ 'ଦେଶିଆନାଟ' ମଞ୍ଚସ୍ଥ କରିଥାନ୍ତି । କୋୟାର

ଏହି ଲୋକ ସାହିତ୍ୟର ମୂଳ ବିଭାଗ ସହିତ ଅନେକ ଉପବିଭାଗ ମଧ୍ୟ ରହିଛି ସେସବୁ ପ୍ରସଙ୍ଗକ୍ରମେ ଏଠାରେ ଉପସ୍ଥାପନ କରାଗଲା।

ମିଥ୍ ଓ କିମ୍ବଦନ୍ତୀ :

ଜନଜାତି ମିଥ୍ ପରମ୍ପରାରେ 'ଲୋକ ମିଥ୍' ଏକ ଗୁରୁତ୍ୱପୂର୍ଣ୍ଣ ବିଭବ। ଯେଉଁଥିରେ ସେମାନଙ୍କ ସମାଜର ପ୍ରକୃତି, ଗଛଲତା, ପଶୁପକ୍ଷୀ, ସୂର୍ଯ୍ୟ-ଚନ୍ଦ୍ର ପରି ଅନେକ ଈଶ୍ୱରୀୟ ସତ୍ତାର ଅନୁଭବ କରିହୁଏ। ପ୍ରକୃତରେ ଆଦିବାସୀ ସମାଜ ସେମାନଙ୍କ ଅସ୍ତିତ୍ୱର ମୂଳ ଖୋଜି ଖୋଜି ମିଥ୍ ଓ କିମ୍ବଦନ୍ତୀ ରୂପରେ ଅନେକ ମୌଖିକ କାହାଣୀ ସୃଷ୍ଟି କରିଛନ୍ତି ଯାହା ତାଙ୍କ ସଂସ୍କୃତିର ଏକ ଅଂଶ। ଅନେକ ସମୟରେ ତାହା ରହସ୍ୟମୟ, ମନୋରଂଜନଧର୍ମୀ ଏବଂ ପ୍ରଭାବଶାଳୀ। ଆମେ କୋୟା ଜନଜାତିରେ ଅନେକ ଲୋକମିଥ୍ ଓ କିମ୍ବଦନ୍ତୀର ବ୍ୟବହାର ଦେଖୁ ଯାହା ସେମାନଙ୍କ ସୃଷ୍ଟି ସମ୍ବନ୍ଧୀୟ, ଲୋକପୁରାଣ ସମ୍ବନ୍ଧୀୟ ଏବଂ ଭାରତୀୟ ପୁରାଣ ଚରିତ୍ରର ଆଞ୍ଚଳିକ ରୂପାୟଣ। ବିଶେଷକରି ପର୍ବପର୍ବାଣି ଓ ଧାର୍ମିକ ଉତ୍ସବମାନଙ୍କରେ ଏ ସମସ୍ତର ବ୍ୟବହାର ହୋଇଥାଏ ଅତ୍ୟନ୍ତ ସ୍ୱାଭାବିକ ଓ ସ୍ୱଚ୍ଛନ୍ଦ ଭାବରେ। ଏପରିକି ଏହି ମିଥରେ ସ୍ୱପ୍ନ, କଳ୍ପନା ଓ ମନୋରାଜ୍ୟର କାହାଣୀ ମଧ୍ୟ ରୂପାୟିତ ହୋଇଥାଏ। କୋୟା ସଂପ୍ରଦାୟର ଏହି ଲୋକମିଥ୍ କିମ୍ବଦନ୍ତୀ ଅନୁଶୀଳନ କାଳରେ ଭାରତୀୟ ପୁରାଣର ଚରିତ୍ରମାନଙ୍କର ଆଞ୍ଚଳିକ ରୂପ ରାମା, ଭୀମା ରୂପରେ ସେମାନଙ୍କ ଭିତରେ ଆସ୍ଥାନ ଜମାଇଥିବାର ଦେଖିବାକୁ ମିଳିଛି । ତେବେ ଶତାଧିକ ମିଥ୍ ଓ କିମ୍ବଦନ୍ତୀର କାହାଣୀ ଅନେକ ଭାବରେ ବିଭକ୍ତ କରାଯାଇପାରେ। ଯଥା -

(କ) ସୃଷ୍ଟି ସମ୍ବନ୍ଧୀୟ ମିଥ୍ (ବିଶ୍ୱସୃଷ୍ଟି, ମାଟି, ଆକାଶ, ମେଘ, ପବନ, ସୂର୍ଯ୍ୟପରାଗ ଓ ଚନ୍ଦ୍ରଗ୍ରହଣ ସୃଷ୍ଟି ଓ ତାହାର କାରଣ ପରି ଅନେକ କଥା)

(ଖ) ଫୁଲ, ଗଛଲତା ଓ କୃଷି ସମ୍ବନ୍ଧୀୟ ମିଥ୍ (ଗଛର ଉତ୍ପତ୍ତି, ଘାସର ସୃଷ୍ଟି, ଫୁଲର ମହକ, ଧୂଆଁପତ୍ରର ସୃଷ୍ଟି, ସଲପଗଛ, ତେନ୍ତୁଳିଗଛ ଆଦିର ଉତ୍ପତ୍ତି ପଛର କାରଣ ସମ୍ବନ୍ଧୀୟ କାହାଣୀ)

(ଗ) ପଶୁପକ୍ଷୀର ସୃଷ୍ଟି (ଜିଆ, ମହୁମାଛି, ପିମ୍ପୁଡ଼ି, ବିଛା, କୁମ୍ଭୀର, ମାଛ, କାଉ, ହାତୀର ସୃଷ୍ଟି ରହସ୍ୟ ଓ କାର୍ଯ୍ୟ-କାରଣ ସମ୍ପର୍କିତ କଥା)

(ଘ) ମଣିଷର ବିଶ୍ୱ (ମଣିଷ ସୃଷ୍ଟିର କାରଣ, ଜନ୍ମ-ମୃତ୍ୟୁ, ମଣିଷର ଅଙ୍ଗପ୍ରତ୍ୟଙ୍ଗ ସମ୍ପର୍କୀତ କଥା)

(ଙ) ସାମାଜିକ ଅନୁଷ୍ଠାନ (ପୂଜା-ପାର୍ବଣ, ନୃତ୍ୟ-ଗୀତର ଉତ୍ପତ୍ତି ଓ ଉପଯୋଗିତାର କାହାଣୀ)

(ଚ) ଚଳଣି ସମ୍ବନ୍ଧୀୟ (ନିଆଁର ବ୍ୟବହାର, ବସ୍ତ୍ରର ବ୍ୟବହାର, ମାଟିପାତ୍ରର ବ୍ୟବହାର ସମ୍ପର୍କୀତ)

କୋୟା ସମାଜରେ ପ୍ରଚଳିତ ଗଳ୍ପାଂଶଗୁଡ଼ିକରୁ ସ୍ପଷ୍ଟ ଯେ ଏହା ସରଳ ଓ ନିରାଡ଼ମ୍ବର। ମାତ୍ର ସେମାନଙ୍କ ଦୃଷ୍ଟିରେ ଏହି ମିଥ୍ ଓ କିମ୍ବଦନ୍ତୀ ପବିତ୍ର ଗଳ୍ପ ଭାବରେ ସ୍ୱୀକୃତ। ଏହା 'ଲୋକାୟତ' ବା 'ଲୋକଇଲାକା'ର ଭୌଗୋଳିକତା, ବିଶ୍ୱାସ, ଦେବ-ଦେବୀ ଓ ଚଳଣୀ ସହିତ ଜଡ଼ିତ। ତେବେ କୋୟାମାନଙ୍କ ଦ୍ୱାରା ବ୍ୟବହୃତ ଅନେକ ମିଥ୍ ଓ କିମ୍ବଦନ୍ତୀରୁ ଦୁଇଟି ଏଠାରେ ଉପସ୍ଥାପନ କରାଗଲା।

(୧) ଶିକାର ଛାଡ଼ି ଚଷ କରିବା :

ମଣିଷ ଯେତେବେଳେ କୃଷିକର୍ମ ଜାଣିନଥିଲା ସେତେବେଳେ ସେ ଫଳମୂଳ ଖାଇ ଜୀବନ ଧାରଣ କରୁଥିଲା। ପାଣ୍ଡୁ ପ୍ରଥମେ କ୍ଷେତ କରି ପୃଥିବୀରେ ଶସ୍ୟ ଉପୁଜାଇଲେ। ଫସଲ ଅମଳବେଳେ ପାଣ୍ଡୁଙ୍କୁ ସାହାଯ୍ୟ କରିବା ପାଇଁ ପରିବାର ଲୋକେ ଆସିଲେ। ହଠାତ୍ ସୂର୍ଯ୍ୟ ଆଉ ଚନ୍ଦ୍ର ଆକାଶରେ ଦେଖାଦେବାରୁ ପାଣ୍ଡୁ ଆଉ ତା'ର ପରିବାର ଗୁମ୍ଫା ଭିତରେ ଲୁଚିଲେ।

ଶୁକ୍ରା କୋୟା ଜଙ୍ଗଲରେ ଶିକାର କରୁଥିଲା। ସେ ଜଙ୍ଗଲରୁ ଫେରିଲାବେଳେ କ୍ଷେତ ପାଖରେ ଧାନବିଡ଼ା ଓ ଦାଆ ଦେଖି ସେଠାରୁ କିଛି ଧାନ ସଂଗ୍ରହ କଲା। ପରେ ଜମିରେ ଧାନବୁଣିଲା। ଫସଲ ହେବାରୁ ଖାଇବାରେ କିଛି ଅସୁବିଧା ହେଲାନାହିଁ। ସେହି ଦିନରୁ କୋୟାମାନେ ଶିକାର ଛାଡ଼ି କୃଷିକାମରେ ମନଦେଲେ। (ଚିଡ଼ିପାଲ୍ଲୀ, ମାଲକାନଗିରିରୁ ସଂଗୃହୀତ)

(୨) ଫୁଲର ମହକ :

ଦେବଡଙ୍ଗରରେ ମଙ୍ଗଲା ନାମକ କୋୟା ଜାତିର ଧନୀ ଲୋକଟିଏ ରହୁଥିଲା ତା'ର ଏକ ସୁନ୍ଦର ବଗିଚା ଥିଲା, ମାତ୍ର ସେଥିରେ ଫୁଟୁଥିବା ଫୁଲର ମହକ ନଥିଲା। ମଙ୍ଗଲା ଈଶ୍ୱରଙ୍କ ପାଖରେ ନିବେଦନ କଲା ଫୁଲରେ ବାସ୍ନା ଭରିବାପାଇଁ।

ଈଶ୍ୱର ଗୋଟିଏ ମାଟି ପାତ୍ରରେ ସୁବାସିତ ପାଣି ଭରି ତାକୁ ନେଇ ସବୁଗଛରେ ଛିଞ୍ଚିଦେବାକୁ ନିର୍ଦ୍ଦେଶ ଦେଲେ। ମଙ୍ଗଲା ସେହି ପାତ୍ରକୁ ଆଣି କାରିଆକୁ ଦେଇ କହିଲା, 'ଯା ସବୁଗଛରେ ଛିଞ୍ଚିଦେଇ ଆସିବୁ'। କାରିଆ ହାତରୁ ମାଟିପାତ୍ର ଖସି ଭାଙ୍ଗିଲାବେଳେ ଅଳ୍ପ କିଛି ସୁବାସିତ ପାଣି ଆଞ୍ଜୁଳାରେ ଧରି ପକେଇଲା ଆଉ ସାଧା ପାଣିରେ ମିଶେଇ ଛିଞ୍ଚିଲା। ତେଣୁ ପାଣିରେ ସୁବାସ ଅଳ୍ପଥିବାରୁ କେତେକ ଫୁଲରେ ମହକ ଅଛି ତ' ଆଉ କେତେକ ଫୁଲରେ ନାହିଁ। (ତମସାପଲ୍ଲୀ, ମାଲକାନଗିରିରୁ ସଂଗୃହୀତ)

ସେହିପରି 'ବାଲିସାଗର', 'ବାଳୀପର୍ବତ' ତାଡ଼କାରେଉ, ଦେବଡ଼ଙ୍ଗର, ସପ୍ତଶାଳ ଭେଦ ଇତ୍ୟାଦିକୁ ନେଇ କୋୟାର କିମ୍ବଦନ୍ତୀ ବେଶ୍ ଆବେଗପୂର୍ଣ୍ଣ ମନେହୁଏ । ଏପରିକି ମିଥ୍ ଓ କିମ୍ବଦନ୍ତୀର କଥାରୂପ ଓ କାବ୍ୟରୂପର ପ୍ରଚଳନ କୋୟା

ବାଚିକ ପରମ୍ପରାରେ ଅନେକ ସାର୍ଥକତା ଭରିଦେଇଥିବା ପରି ମନେହୁଏ। ପୁଣି ମନେହୁଏ ସେସବୁ କୋୟାର ସମ୍ପତ୍ତି ହୋଇ ରହିନାହିଁ ବରଂ ଓଡ଼ିଶାର ଭୌଗୋଳିକତା ଭିତରେ ବ୍ୟବହୃତ ହୋଇ ସେ ସମସ୍ତ ଓଡ଼ିଆ ସର୍ବସ୍ୱ ହୋଇଯାଇଛି।

ଲୋକକଥା ପରମ୍ପରା :

ଜନଜାତିଗୋଷ୍ଠୀର ଆବିଷ୍କାରୀ ମନ ସମଗ୍ର ବିଶ୍ୱକୁ ଉପହାର ସୂତ୍ରରେ ଦେଇଆସିଛି ଅନେକ ଲୋକକାହାଣୀ। ସେହିସବୁ କାହାଣୀରେ ରହିଛି ସେମାନଙ୍କ ସଂସ୍କୃତି ଓ ପରମ୍ପରାର ଗହଗହ ଭାବବିନ୍ୟାସ। ଆବଶ୍ୟକ ସ୍ଥଳେ ଗପଗୁଡ଼ିକ ରସୋତୀର୍ଣ୍ଣ କରିବା ପାଇଁ ମଝିରେ ପଦ୍ୟାକୃତି ବଚନିକା ଓ ଲୋକଗୀତ। କହିବାକୁ ଗଲେ ଜନଜାତିର ଲୋକକଥା ବା ଲୋକକାହାଣୀ ହେଉଛି ସେମାନଙ୍କ ପରମ୍ପରାର ମହାଭାଷ୍ୟ; କାରଣ ସେମାନଙ୍କ ସାମାଜିକ ଜୀବନ, ଧର୍ମ, ପ୍ରଥା-ପରମ୍ପରା, ମୌଳିକ ବୃତ୍ତି ଓ ଚତୁଃପାର୍ଶ୍ୱର ଜଗତ ସେହି ଲୋକକଥାରେ ଋଦ୍ଧିମନ୍ତ। ପ୍ରତ୍ୟେକ ଜନଜାତିର ଲୋକକଥା ପରି କୋୟାର ଲୋକକଥା ସମୂହକୁ ମଧ୍ୟ ଆମେ ବିଭିନ୍ନ ଭାଗରେ ବିଭକ୍ତ କରିପାରିବା।

(୧) ପଶୁ-ପକ୍ଷୀ ସମ୍ପର୍କୀତ କାହାଣୀ

(୨) ଧର୍ମ ଓ ଲୋକଶିକ୍ଷା ସମ୍ପର୍କୀତ କାହାଣୀ

(୩) ରହସ୍ୟ ଓ ଅଲୌକିକ କାହାଣୀ

(୪) ହାସ୍ୟ ଓ ମନୋରଂଜନଧର୍ମୀ କାହାଣୀ

ସେମାନଙ୍କର ପ୍ରଚଳିତ ଗଳ୍ପ ଧାରାର ଅନୁଶୀଳନରୁ ମନେହୁଏ ବ୍ୟକ୍ତି ଓ ସମାଜ ଭିତରେ ଐକ୍ୟ ସ୍ଥାପନର ପ୍ରତିଷ୍ଠା ପାଇଁ ଗଳ୍ପଗୁଡ଼ିକର ସୃଷ୍ଟି। ଜୀବ,ଜଡ଼ ପ୍ରତି ସମଦୃଷ୍ଟି, ଲୋକତନ୍ତ୍ରର ମୌଳିକ ଆଦର୍ଶ ଅନୁସରଣ, ସାମାଜିକ ପରିବର୍ତ୍ତନ, ନୀତିଶିକ୍ଷା କାରଣରୁ ସେମାନଙ୍କ ମୌଖିକ ଗଳ୍ପ କଳା ଚିର ଅମର ହେଇରହିବା ସହ ଅସୀମିତ ଦୃଷ୍ଟିଭଙ୍ଗୀ ପ୍ରଦାନ କରିବାରେ ସମର୍ଥ ହୋଇଛି। କୋୟା ସମାଜରେ ପ୍ରଚଳିତ ଲୋକକାହାଣୀ ଭିତରୁ କେତୋଟି ପ୍ରମୁଖ କାହାଣୀ ହେଲା - ଚନ୍ଦ୍ରଚୂଡ଼ ସାପକଥା, ମଣିଷଖିଆ ରାକ୍ଷାସ, ମାଡ଼କଥା, ଶିକାରୀ, ବାଉଁଶ ମଲାଙ୍ଗର କରାମତି, ଫେର ପାନେ ପାଇଲା, ମାଙ୍କଡ଼ କଥା, ପଣ୍ଡିତ ତଡ଼ା ଖାଇଲେ, ବିଲୁଆକଥା, ଅବୁଝା ରାଣୀ, ବୁଢ଼ା-ବୁଢ଼ୀ ଗପ, ପଞ୍ଚୁପାଣ୍ଡବ କଥା, ଚିଙ୍ଗୁଡ଼ି ମାଛ କଥା ଇତ୍ୟାଦି।

କୋୟା ସମାଜରେ ଯେଉଁ ଲୋକକାହାଣୀଗୁଡ଼ିକ ବ୍ୟବହୃତ ସେଥିରୁ ଅନେକ କାହାଣୀ ଓଡ଼ିଆ ଲୋକକାହାଣୀର ସମଧର୍ମୀ। ତେବେ କେତେଗୁଡ଼ିଏ କାହାଣୀରୁ ସେମାନଙ୍କର ମୌଳିକତା ବାରିହୋଇପଡ଼େ। ତେବେ କୋୟାର ଅନେକ କାହାଣୀ ମଧ୍ୟରୁ ଏଠାରେ ଅଳ୍ପକେତୋଟି ସଂକ୍ଷେପରେ ପ୍ରଦାନ କରାଯିବା ପ୍ରାସଙ୍ଗିକ ମନେହୁଏ।

(୧) ବୁଢ଼ା-ବୁଢ଼ୀ ଓ କୁକୁଡ଼ା :

ତମସାପଲ୍ଲୀ ଗାଁରେ ଦୁଇଜଣ ବୁଢ଼ା-ବୁଢ଼ୀ ରହୁଥିଲେ। ବୁଢ଼ୀ ଅନେକ କୁକୁଡ଼ା ପାଳିଥିଲା। ତାକୁ ବିକି ସେହି ପଇସାରେ ଘର କରଣା ଜିନିଷ ଆଣିବ ବୋଲି ବୁଢ଼ୀ ଭାବୁଥିଲା। କିନ୍ତୁ ବୁଢ଼ାର ମନଥିଲା କୁକୁଡ଼ା ମାଂସ ଖାଇବା ପାଖରେ। ସେଥିପାଇଁ ସେ ଗୋଟିଏ ଉପାୟ ପାଞ୍ଚିଲା।

ଦିନେ ବୁଢ଼ା ବୁଢ଼ୀ ପାଖକୁ ଯାଇ କହିଲା; ଆମ ବିଲପାଖ ମହୁଲଗଛରେ ଥିବା ଦେବତାଙ୍କୁ ଆମ ଘରକୁ ଆଣିଲେ ଆମର ଦୁଃଖର ଦିନ ଘୁଞ୍ଚିବ।

'ସେ ଦେବତାଙ୍କୁ କେମିତି ଆଣିବା' - ବୁଢ଼ୀ ପଚାରିଲା,

ବୁଢ଼ା କହିଲା -'ସବୁଦିନ କୁକୁଡ଼ା ମାରି ତାକୁ ରାନ୍ଧି ଠାକୁରଙ୍କୁ ଦେଲେ, ସେ ସନ୍ତୁଷ୍ଟ ହୋଇ ଘରକୁ ଆସିବେ।'

ବୁଢ଼ୀ ଏହି କଥା ଶୁଣି ସବୁଦିନ କୁକୁଡ଼ା ରାନ୍ଧି ମହୁଲଗଛ ତଳେ ରଖି କହେ, ହେ ଦେବତା ତୁମେ ମାଂସ-ଭାତ ଖାଇ ସନ୍ତୁଷ୍ଟ ହୁଅ ଆଉ ଆମ ଘରକୁ ଆସ।

ବୁଢ଼ୀ ଏତିକି କହି ଘରକୁ ଫେରେ। ବୁଢ଼ା ସେଠାରେ ପହଞ୍ଚି ମାଂସ-ଭାତ ଖାଏ। ଶେଷରେ ଦିନେ ବୁଢ଼ୀ ବୁଢ଼ାକୁ କହିଲା, ଆଜି ଶେଷ କୁକୁଡ଼ାର ମାଂସ ଅର୍ପଣ କରିବି ଆଉ ଦେବତାଙ୍କୁ ଘରକୁ ଧରି ଆସିବି।

ବୁଢ଼ୀ ମହୁଲଗଛ ତଳେ ଖାଦ୍ୟ ଅର୍ପଣ କରି ଧ୍ୟାନରେ ଠାକୁରଙ୍କୁ ଡ଼ାକିଲା, କହିଲା ଆଜି ତମକୁ ନିଶ୍ଚେ ଘରକୁ ନେବି। ବୁଢ଼ୀର ଆଖିବନ୍ଦ ଦେଖି ବୁଢ଼ା ମାଂସ-ଭାତ ଖାଇ ବୁଢ଼ୀର ବୋଝ ଭିତରେ ପଶିଗଲା।

ବୁଢ଼ାକୁ ମୁଣ୍ଡାଇ ବୁଢ଼ୀ ଚାଲିଥାଏ। ବାଟରେ ଆସୁଥିବା ପିଲା କହିଲେ, ଦେଖ ବୁଢ଼ୀ କେମିତି ବୁଢ଼ାକୁ ମୁଣ୍ଡାଇ ଚାଲିଛି। ବୁଢ଼ୀ ପ୍ରଥମେ ମନାକଲା। ପରେ ଜାଣିପାରିଲା ଘଟଣା କ'ଣ। ବୁଢ଼ା କେମିତି ଫନ୍ଦିକରି ସବୁ କୁକୁଡ଼ା ଖାଇଛି।

ରାଗରେ ବୁଢ଼ୀ ବୋଝଟାକୁ ମୁଣ୍ଡରୁ ତଳକୁ କଚାଡ଼ି ଦେଲା, ବୁଢ଼ା ତଳେ କଚାଡ଼ିହେଇ ମରିଗଲା।

(୨) ଛେଳି-ମାଙ୍କଡ଼ କଥା :

ବଣ ଭିତରେ ଗୋଟିଏ ଗଛରେ ମାଙ୍କଡ଼ ଓ ତା'ର ପରିବାର ରହୁଥାନ୍ତି। ସେଇ ଗଛତଳେ ଛେଳିର ପରିବାର ମଧ୍ୟ ଥାଆନ୍ତି। ଦୁଇ ପରିବାର ଭିତରେ ମିତ୍ରତା ଥିଲା। କ୍ରମଶଃ ମାଙ୍କଡ଼ଛୁଆ ଓ ଛେଳିଛୁଆ ଯେତେବେଳେ ବଡ଼ହେଲେ ଦୁଇ ପରିବାର ଭିତରେ ଛୁଆଙ୍କୁ ନେଇ ଈର୍ଷାଭାବ ଆସିଲା। ପରସ୍ପରର ପିଲା ଯେ ବୁଦ୍ଧିଆ ଏହିକଥା ନେଇ ସମୟ ସମୟରେ ଯୁକ୍ତି ଚାଲେ।

ଦିନକର ଘଟଣା ଛେଳିଛୁଆ ଜଙ୍ଗଲ ଭିତରେ ବୁଲୁବୁଲୁ ବନଦେବୀଙ୍କ ଏକ ମନ୍ଦିର ଦେଖିଲା। ଭିତରକୁ ଯାଇ ଭକ୍ତମାନେ ଦାନ ଦେଇଥିବା ଟଙ୍କାପଇସା ଖାଇ ଘରକୁ ଆସିଲା। ସକାଳକୁ ମା'କୁ କହିଲା, ମୁଁ ଯେଉଁ ମଳତ୍ୟାଗ କରିବି ତାକୁ ଧ୍ୟାନଦେଇ ରଖିବୁ। ସତକୁ ସତ ଛେଳିଛୁଆର ମଳରୁ ଟଙ୍କା, ପଇସା ବାହାରିଲା। ତା'ପରିବାର ଲୋକେ ଖୁସିହେଲେ। ଛେଳିଛୁଆ କହିଲା, ମୁଁ ମନ୍ଦିର ପାଖରୁ ଚରିବୁଲି ଖାଇଥିବାରୁ ଏମିତି ହେଲା।

ଏହି ଦୃଶ୍ୟ ଗଛରେ ବସିଥିବା ମାଙ୍କଡ଼ ଦେଖୁଥିଲା। ତା'ଛୁଆକୁ କହିଲା, ଯା'ତୁ ମନ୍ଦିର ପାଖରୁ ଖାଇଆସିବୁ ହେଲେ ତୋ ମଳରେ ଏମିତି ଟଙ୍କା ପଇସା ବାହାରିବ। ଆମର ଆଉ ଅଭାବ ରହିବ ନାହିଁ।

ମାଙ୍କଡ଼ଛୁଆ ଗଲିଲା। ମନ୍ଦିର ଭିତରେ ଥିବା କଦଳୀ, ଫଳ ଖାଇ ଆସିଲା। ତହିଁ ପରଦିନ ତା'ମଳକୁ ଧ୍ୟାନ ଦେଇ ଲକ୍ଷ୍ୟ କରୁଥାଏ ମାଙ୍କଡ଼। ମାତ୍ର ଟଙ୍କା, ପଇସା ନାହିଁ। ରାଗରେ ମାଙ୍କଡ଼ ତା'ଛୁଆକୁ ମାରିଲା ଓ ଛୁଆଟି ମରିଗଲା।

(୩) ମଣିଷଖିଆ ରାକ୍ଷସ :

ବହୁବର୍ଷ ପୂର୍ବରୁ କାମବେଢ଼ା ନାମକ ଗୋଟେ ଗାଁ ଥିଲା। ସୁନ୍ଦର ପରିବେଶ କାରଣରୁ ଗାଁର ଲୋକେ ସୁଖ ଶାନ୍ତିରେ ରହୁଥିଲେ । ହଠାତ୍ ସେହି ଗାଁରେ ଦିନେ ମଣିଷଖିଆ ରାକ୍ଷସଟିଏ ପହଞ୍ଚିଲା। ତା'ଆଗରେ ମଣିଷ-ପଶୁ ଯିଏବି ପଡ଼ିଲେ ସମସ୍ତଙ୍କୁ ଖାଇ ଦେଉଥିଲା। ଲୋକେ ଭୟରେ ଘରୁ ବାହାରିଲେ ନାହିଁ। ରାଜାଙ୍କ ପାଖରେ ଏକଥା ପହଞ୍ଚିଲା। ରାଜା ତାଙ୍କ ପାରିଷଦଙ୍କ ସହିତ ଆଲୋଚନା କରି ଘୋଷଣା କଲେ ଯେଉଁ ଲୋକଟି ରାକ୍ଷସକୁ ମାରିପାରିବ ତାକୁ ପୁରସ୍କାର ପ୍ରଦାନ କରାଯିବ।

ଦିନେ ଜଣେ ଗୁଣିଆ ରାକ୍ଷସଟିକୁ ମାରିବା ପାଇଁ ତା' ଗାଁଲୋକଙ୍କ ସାହାଯ୍ୟ ମାଗିଲା। ଲୋକଙ୍କୁ କହିଲା, ପାହାଡ଼ ଉପରକୁ ଯାଇ ବାଉଁଶର ଏକ ଘେରି କରି ତା'ରି ଭିତରେ ଦୁଇଟି ହାଣ୍ଡିରେ ଭାଲିଆ ମଞ୍ଜିର ତେଲ ପ୍ରସ୍ତୁତ କରି ରଖିଥିବ, ତା'ପରେ ମୁଁ ବୁଝିବି। ଲୋକେ ପାହାଡ଼ ଉପରେ ବାଉଁଶ ଘେରି କରି ତା'ଭିତରେ ତେଲହାଣ୍ଡି ରଖି ଆସିଲେ।

ଗୁଣିଆ ମନ୍ତ୍ରବଳରେ ରାକ୍ଷସକୁ ପାହାଡ଼ ଉପରକୁ ଡାକି ତେଲ ପିଇବାକୁ କହିଲା ଏବଂ ଦେହରେ ବୋଳିବାକୁ କହିଲା। ଖରାର ତେଜ ବଢ଼ିବାରୁ ରାକ୍ଷସ ଦେହରେ ତେଲ ବୋଳିଥିବାରୁ ଆଉ ପିଇଥିବାରୁ ତା'ଦେହ ଫାଟିବାକୁ ଲାଗିଲା। ରାକ୍ଷସ ଆଉ ସହି ନପାରି ଧାଇଁଲା, ମାତ୍ର ବାଉଁଶ ଘେରି ଭିତରୁ ବାହାରି ପାରିଲା ନାହିଁ। ଗୁଣିଆର ମନ୍ତ୍ର ପ୍ରଭାବରେ ଘେରି ଭିତରେ ଏକ ବିରାଟ ଗର୍ତ୍ତ ହେଇଗଲା

ଏବଂ ରାକ୍ଷସ ସେଥିରେ ପଡ଼ି ମରିଗଲା । ରାଜା ଗୁଣିଆକୁ ପୁରସ୍କାର ଦେଲେ । ଗାଁ'ଲୋକେ ପୂର୍ବଭଳି ଆନନ୍ଦରେ ରହିଲେ ।

(୪) ବାଉଁଶ ମଲାଙ୍ଗର କରାମତି :

ମାଲକାନଗିରି ଅଞ୍ଚଳରେ କୋୟା ଗାଁଟିଏ ଥିଲା । ସେହି ଗାଁରେ ଗୋଟିଏ ପରିବାରରେ ସ୍ୱାମୀ, ସ୍ତ୍ରୀ ରହୁଥାନ୍ତି । ଦିନେ ସ୍ତ୍ରୀଲୋକଟି ଭାତ, ତରକାରୀ ରାନ୍ଧି ସ୍ୱାମୀଙ୍କୁ ଦେବାପାଇଁ ଋଷଜମିକୁ ଗଲା । ସେଦିନ ସେ ମାଛ ତରକାରୀ ରାନ୍ଧିଥିଲା । ରାସ୍ତାରେ ଗଲାବେଳେ ବର୍ଷା ହେବାରୁ ସେ ବାଉଁଶବୁଦା ତଳେ ଛିଡା ହେଲା । ସେହି ବାଉଁଶବଣରେ ମଲାଙ୍ଗ ଲଟା ମାଡ଼ିଥାଏ । ସେହି ମଲାଙ୍ଗର କିଛି ଅଂଶ ଯେମିତି ମାଛ ତରକାରୀରେ ପଡ଼ିଛି ତତ୍‌କ୍ଷଣାତ୍ ରନ୍ଧାମାଛ ବଞ୍ଚିଉଠିଲା ।

ବର୍ଷା ଛାଡ଼ି ଯିବାରୁ ଖାଦ୍ୟ ନେଇ ସ୍ୱାମୀ ପାଖରେ ପହଞ୍ଚିଲା ସ୍ତ୍ରୀ ଲୋକଟି । ତରକାରୀରେ ମାଛ ଖେଳୁଥାଏ । ସ୍ତ୍ରୀଠାରୁ ସମସ୍ତ କଥା ଶୁଣିଲା ପରେ ଦୁହେଁ ଆସି ମଲାଙ୍ଗ ଲଟାକୁ ଦେଖି ତା'ର ଔଷଧୀୟ ଗୁଣ ବିଷୟରେ ଜାଣିଲେ ଏବଂ ଭଙ୍ଗା ହାଡ଼ ଯୋଡ଼ିବା, କଟା ସ୍ଥାନରେ ଲଗାଇବା ସହ ମଲାଙ୍ଗର ବ୍ୟବହାର ଶିଖିଲେ ।

ଲୋକଗୀତ ପରମ୍ପରା :

କୋୟା ଜନଜାତିର ଲୋକଗୀତ ପରମ୍ପରା ଅତ୍ୟନ୍ତ ଉଚ୍ଚକୋଟୀର, ମାତ୍ର ତାହା ବୌଦ୍ଧିକତା ଆଧାରିତ ନୁହେଁ । ଅନୁଭବର ସରଳ ପ୍ରଭାବ କାରଣରୁ ତାହା ସାଙ୍ଗିତିକତାରେ ଭରା । ସେମାନଙ୍କର ଏହି ଲୋକଗୀତ ସଂଗୀତଠାରୁ ଭିନ୍ନ ନୁହେଁ । ବାଦ୍ୟ ଓ ନୃତ୍ୟର ତାଳେ ତାଳେ ତାହା ଗାନ କରାଯାଏ । ଲୋକପ୍ରଥା ଓ ଲୋକାଚାର ଆଧାରିତ ଗୀତଗୁଡ଼ିକ ପ୍ରାତ୍ୟହିକ ଜୀବନଚର୍ଯ୍ୟା ଉପରେ ଗୁରୁତ୍ୱ ଦେଇଥାଏ । ଏପରିକି ଗୀତଗୁଡ଼ିକର ଗଠନଶୈଳୀ ଉପରେ ଗୁରୁତ୍ୱ ନ ଦେଇ ଗୀତର ସରଳତା ଓ ସୌନ୍ଦର୍ଯ୍ୟ ଏଥିରେ ପ୍ରତିବିମ୍ବିତ ହୋଇଥାଏ ।

କୋୟା ସମାଜରେ ବ୍ୟବହୃତ ଲୋକଗୀତକୁ ବିଭିନ୍ନ ଭାଗରେ ବିଭକ୍ତ କରାଯାଇପାରେ ତାହାର ବ୍ୟବହାର ସମୟ ଓ ଗାନ ଯୋଗ୍ୟତାକୁ ନେଇ । ସେଗୁଡ଼ିକ ହେଲା - ଜନ୍ମଗୀତ, ବିବାହଗୀତ, ପ୍ରେମଗୀତ, ଶିଶୁଗୀତ, ପରବଗୀତ, ଶିକାରଗୀତ, କୃଷିଭିତ୍ତିକଗୀତ, ମୃତ୍ୟୁକାଳୀନ ଗୀତ ଇତ୍ୟାଦି । ଅଧିକାଂଶ ଗୀତରେ ଥିବା ସାମାଜିକ ରୀତିନୀତି ଆଧାରରେ ସେମାନଙ୍କ ସଂସ୍କୃତି, ପରମ୍ପରା ଓ ଅସ୍ମିତାର ଅସ୍ତିତ୍ୱ ନିର୍ଦ୍ଧାରଣ କରାଯାଇପାରେ । ତେବେ ଏହି ଗୀତ ସମୂହ ବିଭିନ୍ନ ବୟସର ପୁରୁଷ ଓ ସ୍ତ୍ରୀ ଗୀତର ବ୍ୟବହାର ଯୋଗ୍ୟତା ନେଇ ଗାନ କରିଥାନ୍ତି । ପ୍ରକୃତରେ ସେମାନଙ୍କର ଏହି ବାଚିକ ପରମ୍ପରା ଲୋକସାହିତ୍ୟର ଅନ୍ୟ ବିଭାଗଠାରୁ ଅତ୍ୟନ୍ତ ଜନପ୍ରିୟ । କାରଣ ଅନେକ

ସମୟରେ ଏହି ଗୀତଗୁଡ଼ିକ ଅତ୍ୟନ୍ତ ପବିତ୍ର ପୂର୍ବକ ଧର୍ମୀୟ ଉତ୍ସବ ଓ ରୀତି-ନୀତି ସ୍ଥଳରେ ଗାନ କରାଯାଇଥାଏ। କୋୟା ଲୋକଗୀତର ସଂଗ୍ରହ କାଳରେ ଅନୁଭବ ହୋଇଛି ମାଲକାନଗିରି, ପଡ଼ିଆ, କାଲିମେଲା ବ୍ଲକ ଅଞ୍ଚଳର କୋୟାଗୀତ ଏବଂ ଜିଲ୍ଲାର କୋରୁକୋଣ୍ଡା, ମାଥିଲି, ଗୁମ୍ପାବ୍ଲକ ଅଞ୍ଚଳର କୋୟାଗୀତ ମଧ୍ୟରେ କିଛି କିଛି ପ୍ରଭେଦ ରହିଛି। ବଙ୍ଗୀୟ ଶରଣାର୍ଥି ଏହିସବୁ ଅଞ୍ଚଳରେ ରହୁଥିବା କାରଣରୁ ଏବଂ 'ଦେଶିଆ ଭାଷା'ର ବହୁଳ ବ୍ୟବହାର ଯୋଗୁ ଲୋକଗୀତରେ ସେସବୁ ଶବ୍ଦ କିଛି କିଛି ମାତ୍ରାରେ ମିଶ୍ରିତ ହୋଇଛି। ତଥାପି କୋୟା। ଲୋକଗୀତ ବଞ୍ଚିରହିଛି ସେମାନଙ୍କ ଜୀବନଚର୍ଯ୍ୟାରେ। ସେହି ଲୋକଗୀତମାନଙ୍କରୁ ଅଳ୍ପ କିଛିର ଉଦାହରଣ ଏଠାରେ ପ୍ରଦାନ କରାଗଲା।

୧. ପିଲା ନାମକରଣ ଗୀତ :

ରେ ରେ ରେ ଲାୟ ରେ ରେ ରେ ଲା
ନାନ୍ଧାଲ ମୁକେ ନୁନିଲେ
ନାନ୍ଧାଲ ମୁକେ ନୁନିଲେ, ନିଓ୍ୱା
ପେଦେଡ଼୍ କେଲ୍ଲାଲେ
ମିରଓ୍ୱା ଇତ୍‌କେଲ୍ ଯଗୀକନା
ମାତଲେ, ନିଓ୍ୱା ପେଦେଡ଼େ କେଲ୍ଲାଲେ।

(କୌଣସି ଝିଅପିଲାର ନାମକରଣବେଳେ ମହିଳାମାନେ ଏହି ଗୀତ ଗାଆନ୍ତି। ଝିଅର ବାପା ଓ ମାଆର ପୂର୍ବଜଙ୍କ ନାମ ଉଚ୍ଚାରଣ କରି ଝିଅଟିକୁ ଦୋଳିରେ ଝୁଲାଯାଏ। ଯେଉଁ ନାମର ଉଚ୍ଚାରଣ ଶୁଣି ଝିଅଟି ଶୋଇପଡ଼େ; ତାକୁ ସେହି ନାମ ଦିଆଯାଏ।)

୨. ମହୁଲପରବ ଗୀତ :

ରେ ରେ ରେ ଲାୟରେ ରେ ରେ ରେ ଲା
କସା ଦାଦାନ୍ ମୁତେନାଦ ନାଲୁମୁଲାକୁ
ପାଣ୍ଡୁର ପାଣ୍ଡୁର
ଇତାଟିନ୍ ମିକିଲନ୍ଦା ଭସିମନା
ଉମତାକେ ଉସିତା ପିସକ୍ ଲାଙ୍ଗିତା
ନାଟିନ୍ ପିକି ପହାଡ୍ ନାଦିକ୍ ମୁନ୍
ନାଟେନ୍ ପିକି ନାକତାତା ପିନେ ଲାଙ୍ଗିତା

(ଆମ ଗାଁ'ର ଯୁବତୀମାନେ ଲନ୍ଦାକୁଟିବା ଜାଣିନାହାନ୍ତି, ଗଛକାଟିବା ଜାଣି ନାହାନ୍ତି। କିଛିବି କାମଧନ୍ଦା ଠିକ୍ ଭାବରେ ଜାଣିନାହାନ୍ତି । ଠାକୁର କିପରି ସନ୍ତୁଷ୍ଟ ହେବେ ତୁ ମା' ବୁଝିବୁ।)

୩. ବାହାଘର ଗୀତ :

ରେ ରେ ରେ ଲାୟ ରେ ରେ ରେ ଲା
ରେ ରେ ରେ ଲାୟ ରେ ରେ ରେ ଲା
ନିମା ପୋଏ ନିମା ପୋଏଲ୍ ବାଲେଲି
ନିମା ମୁଦାଲ୍ ମୁଦାଲ୍ ପେଦେରୁ
ୟା ୟି ୟି ୟି ଲୋ ନାନୋ ବାୟୋ
ନିମାୟୋ ବାୟା ନାନା ବାୟା
ୟା ୟି ୟି ୟି ଲୋ ନାନୋ
ରେ ରେ ରେ ଲାୟ ରେ ରେ ରେ ଲା

(ବାହାଘର ସମୟରେ ଗାନ ହେଉଥିବା ଏହି ଗୀତରେ ଝିଅଟିକୁ ତା' ସାଥିମାନେ କହୁଛନ୍ତି, ତୁ ଆମକୁ ଛାଡ଼ି ଚାଲିଯାଉଛୁ। ନୂଆଘର ନୂଆ ସଂସାର ପାଇ ଆମକୁ ଭୁଲିଯିବୁ ନାହିଁ ତ!)

୪. ଶିକାର ଗୀତ :

ରେ ରେ ରେ ଲାୟ ରେ ରେ ରେ ଲା
ବାରେ କୋରୁ କୋରୁଲି କୋରୁମାର୍ ମାମାୟା
କୋରୁ ୟଲଡ୍ ୱାତା ମାମାୟା
ଲୁପୁକୋରୁ କାରୁଲି କୋରୁ ୱାଇ ମାମାୟ
କୋରୁ ୟଲଡ୍ ୱାତା ମାମାୟା
ଅଡ଼ମ୍ କିଟେରେ ଭଲି ଅଡ଼ସ କିଟେର ଉଲି
ଆଦେର ୱିନ୍ କେପାଲୀ ଆଦେଇ ୱିନ୍ କପାଲୀ
ଗାଙ୍ଗାରେଙ୍ଗା ୱିନ୍ଦୁରି ଗାଙ୍ଗାରେଙ୍ଗ ୱିନ୍ଦୁଲି
କିସୁ ମିନଗୁଡ଼ କାତୁଲି କି ମିନ୍‌ଗୁଡ୍ କାଡୁଲି
ସୁରଇନା ୱିଡିମାଲି ସୁରୁଇଦା ୱିଡ଼ିସାଲି
କେଡ଼ା କୋଡୁମ୍ ୟାକୁମ୍
ରେ ରେ ରେ ଲାୟ ରେ ରେ ରେ ଲା

(ବେଣ୍ଟ ଶିକାରରୁ ଧାଂଡ଼ାମାନେ ଶିକାରକୁ କାନ୍ଧରେ ପକାଇ ନାଚି ନାଚି ଫେରିଲାବେଳେ ଧାଂଡ଼ୀମାନେ ଏହି ଗୀତ ଗାଇଥାନ୍ତି ତାଙ୍କୁ ସ୍ୱାଗତ କରିବାପାଇଁ। 'ଆସ, ମଇଁଷି ଶିଙ୍ଗ ହଲେଇ ନାଚିବା, ହରିଣଶିଙ୍ଗ ଧରି ନାଚିବା, ଧନୁଶର ଆଜି ଟିକ୍ ଟିକ୍ କରୁଥିଲା, ସେହି ତୀରରେ ଶିକାର କରି କୋୟାମାନେ ଆଜି ଫେରିଛନ୍ତି।)

୫. ପ୍ରେମଗୀତ :

ନିମାଇଙ୍ଗା ନିମାନାନୀ
ତୁମୁଡ଼ି ମୁସେ ଗାମିଡ଼୍ ୱ୍ୱେଇ
ରେଲା ପୁଙ୍ଗାର ମୟୀ ନୁନୀ
ତୁମୁଡ଼ି ମୁସେ ଗାମିଡ଼୍ ୱ୍ୱେଇ
ନିକିଙ୍ଗ ଓ୍ୱଡ଼ିସି ମାନେ ନୁନୀ
ତୁମୁଡ଼ି ମୁସେ ଗାମିଡ଼୍ ୱ୍ୱେଇ
ଜିୟା ଲଦିନିଙ୍କୁ ନୁନି
ତୁମୁଡ଼ି ମୁସେ ଗାମିଡ଼୍ ୱ୍ୱେଇ
ମୁରଟ ପୁଙ୍ଗାରମୟା ନୁନି
ତୁମୁଡ଼ି ମୁସେ ଗାମିଡ଼ି ୱ୍ୱେଇ
ଡ଼ୋଲକେ ମାତକେ ନି ତୋଡ଼େ
ତୁମୁଡ଼ି ମୁସେ ଗାମିଡ଼୍ ୱ୍ୱେଇ ।

(ଏହିଗୀତ ଧାଂଡ଼ା-ଧାଂଡ଼ୀବସାରେ କିମ୍ବା ପର୍ବପର୍ବାଣୀ ସମୟରେ ଧାଂଡ଼ା ଧାଂଡ଼ୀ ପ୍ରେମ ନିବେଦନ ଉଦ୍ଦେଶ୍ୟରେ ଗାଇଥାନ୍ତି - 'ହେ ! ପ୍ରିୟତମ, ହସ ହସ ମୁହଁକୁ ଓଢ଼ଣୀ ଖୋଲି ଦେଖ । ଅରଖଫୁଲ ପରି ତୋ ମୁହଁ, ତୋତେ ଛାଡ଼ି ରହିପାରିବିନି ପ୍ରିୟତମା । ଜୀବନ ଦେଇ ମୋତେ ପାଇଛୁ, ପଳାସଫୁଲର ରସ ସହିତ ତୋ ସ୍ନେହ ମୋତେ ଦେଉଥା; ମରିଲେ ବଞ୍ଚିଲେ ତୋ ସହିତ ।)

ଏହିପରି ଅନେକ ଲୋକଗୀତ କୋୟା ସମାଜରେ ପ୍ରଚଳିତ ଅଛି । ମାତ୍ର ଯୁବପିଢ଼ି ଏହିପ୍ରକାର ଲୋକଗୀତରୁ ଦୂରେଇଯାଇ ଦେଶିଆ ଲୋକଗୀତର ବିପୁଳ ବ୍ୟବହାର କରୁଥିବା କାରଣରୁ କୋୟାର ଏହି ମୌଖିକ ପରମ୍ପରାରେ ଅବଲୁପ୍ତ ନ ହେବ କିଏ କହିବ ।

ଲୋକୋକ୍ତି :

ମୌଖିକ ପରମ୍ପରା ଯେ ଲୋକୋକ୍ତିର ଏକ ମହତ୍ତ୍ୱପୂର୍ଣ୍ଣ ଭୂମିକା ରହିଛି । ବିଶେଷ କରି ଏହି ଲୋକୋକ୍ତିଗୁଡ଼ିକୁ ଆଦିବାସୀ ସମାଜରେ ବାକ୍‌ନା କହିଥାନ୍ତି । ଏହା ସେମାନଙ୍କର ବୌଦ୍ଧିକ ବିଚାରଧାରାକୁ ପ୍ରୋତ୍ସାହିତ କରିଥାଏ । ବିଶେଷ କରି ବୁଦ୍ଧି ପରୀକ୍ଷା, ମନୋରଂଜନ, ରହସ୍ୟପୂର୍ଣ୍ଣ ପ୍ରକାଶଭଙ୍ଗୀ ଓ ଲୋକଶିକ୍ଷା ପାଇଁ ଏହାର ଉପଯୋଗ ହୋଇଥାଏ । କୋୟା ଲୋକ ସମାଜରେ ଏହିଭଳି ଲୋକୋକ୍ତିର ବ୍ୟବହାର ରହିଛି । ପ୍ରସଙ୍ଗକ୍ରମେ ସେମାନେ ଢ଼ଗଢ଼ମାଳି, ପହେଳି, ନାଁ ଦିଆ ଇତ୍ୟାଦି ବ୍ୟବହାର

କରିଥାନ୍ତି । ବିଶେଷକରି ବୟସ୍କ ପୁରୁଷ ଓ ନାରୀ ତଥା ଅଭିଜ୍ଞତା ସଂପନ୍ନ ଲୋକେ ଏସବୁ ପ୍ରୟୋଗ କରନ୍ତି । ନିମ୍ନରେ ସେହି ଲୋକୋକ୍ତିରୁ କିଛି ଉପସ୍ଥାପନ କରାଗଲା ।

ଢଗଢ଼ମାଳି :

୧. କିଛି ଇଲିଓ୍ୱା ଉମା ପେଇତିତ୍ (ନିଆଁ ନଥାଇ ଧୂଆଁ ବାହାରିବା) ।

୨. ନନଲକ୍ ଆୟ ପରକ ଆୟଗଟି କେତାନାଦ୍ (ଅଲଣା କଥା) ।

୩. ମାଡ଼ା ତାରିସ୍‌ଦି ତାପା ତିସାନନ୍ (ଗଛକୁ ଚଢ଼ାଇ ମୂଳ ହାଣିଦେବା) ।

୪. କୁଜଡ଼ା ପଡ଼ି ଇତାଗେ କିଛି ଲିକାନନ୍ (ଅତି ଆଶା ମୃତ୍ୟୁର କାରଣ) ।

୫. ତାଡ଼ାମ୍ ଆଗ୍ କାଛାନନ୍ ଓ୍ୱାଡ଼େ ଆସ ଓ୍ୱିଷାମ୍ ଡ଼ିପାନନ୍ (ସାପ ହେଇ କାମୁଡ଼ିବା, ଗୁଣିଆ ହେଇ ବିଷ ଝାଡ଼ିବା) ।

୬. କାଇକ୍ କାଆଲକ୍ ମେଲେଙ୍ଗ, ବୁକାମେଇଲିତା (ହାତଗୋଡ଼ ଚଳିଲେ ପାଟି ପାକୁପାକୁ ହେବା) ।

ଏହିପରି ଅନେକ ଢ଼ଗଢ଼ମାଳି ଆଜି ବି କୋୟା ଗାଁ'ମାନଙ୍କରେ ବ୍ୟବହୃତ ହୋଇ ସେମାନଙ୍କ ଲୋକଦୃଷ୍ଟିର ପରିଚୟ ବହନ କରୁଛି ।

ପ୍ରକୃତରେ କୋୟାର ଲୋକସଂସ୍କୃତି ହିଁ ସେମାନଙ୍କ ଲୋକସାହିତ୍ୟର ମୂଳଦୁଆ । ଯାହା ସେମାନଙ୍କ ଅନ୍ତର୍ଦୃଷ୍ଟି ଓ ଲୋକ ଚେତନାର ମିଳିତ ଇସ୍ତାହାର । କୋୟାର ଲୋକସାହିତ୍ୟ ଅନ୍ତର୍ଗତ ମିଥ୍, କିମ୍ବଦନ୍ତୀ, ଲୋକକାହାଣୀ, ଲୋକଗୀତଗୁଡ଼ିକ ସଂକ୍ଷିପ୍ତ ହେଲେ ହେଁ ଭାବଗର୍ଭକ, ଶାଣିତ, ରସଧର୍ମୀ ଓ ଚିତ୍ରଧର୍ମୀ । ପୁନଶ୍ଚ ଏହା ଏତେ ପରିମାଣରେ ସଂସ୍କୃତିର ବାହକ ଯେ, ତାହା ତାଙ୍କ ସଂସ୍କୃତିର ସଂରକ୍ଷଣରେ ପ୍ରମୁଖ ଭୂମିକା ଗ୍ରହଣ କରିପାରିଛି । ଯଦି ଆମେ ଏହି ଜନଜାତିବର୍ଗର ଲୋକସାହିତ୍ୟର ସଂରକ୍ଷଣ ଓ ପ୍ରସାର ନକରିପାରିବା ତେବେ ସେମାନଙ୍କ ସଂସ୍କୃତି ସହିତ ସେମାନଙ୍କ ବିଶ୍ୱଦୃଷ୍ଟି ଯେ ଦିନେ ଅବଲୁପ୍ତ ହୋଇଯିବ ଏହା ନିଃସନ୍ଦେହରେ କୁହାଯାଇପାରେ । ?

■

ସହାୟକ ଗ୍ରନ୍ଥସୂଚୀ :

୧. Tribal Heritage of India : Vol-I, S.C. Dube (Ed.), Vikash Publishing House, New Delhi, 1977

୨. ଦକ୍ଷିଣାଞ୍ଚଳୀୟ ଓଡ଼ିଆ ଜନଜାତି ସଂସ୍କୃତି ଓ ସାହିତ୍ୟ, ପାତ୍ର, ଦେବାଶିଷ, ଓଡ଼ିଶା ରାଜ୍ୟ ପାଠ୍ୟପୁସ୍ତକ ପ୍ରଣୟନ ଓ ପ୍ରକାଶନ ସଂସ୍ଥା, ଭୁବନେଶ୍ୱର, ୨୦୧୫

୩. କୋୟା ଲୋକସାହିତ୍ୟ, ପଟେଲ ପରମାନନ୍ଦ (ସଂ), ଆଦିବାସୀ ଭାଷା ଓ ସଂସ୍କୃତି ଏକାଡ଼େମୀ, ଭୁବନେଶ୍ୱର, ୨୦୧୫

ଆଦିବାସୀ ଉପନ୍ୟାସ 'ପରଜା'ର ପାଠକପ୍ରିୟତାର ପ୍ରେକ୍ଷାପଟ୍ଟ

ସେହି ଉପନ୍ୟାସର ପୃଷ୍ଠା ଓଲଟାଇଲେ ଚେନାଏ ପୃଥିବୀର ବାସ୍ନା, ଗୋଟେ ମହକିତ ଜହ୍ନରାତି ପୁଣି ଲୋହିତ କାରୁଣ୍ୟ ତ' ନୀଳ ଆକାଶର ବିସ୍ତାର । ସେଠି ଅଛି ଜୀବନବୋଧର ଗୀତ, ପୁଣି ଅଛି ମଣିଷ ପାଇଁ ଚଖଣ୍ଡେ ଜାଗା । ହଁ, ଆମେ ଗୋପୀନାଥ ମହାନ୍ତିଙ୍କ 'ପରଜା' ଉପନ୍ୟାସ କଥା କହୁଛି ଯାହା ପାଠକପ୍ରିୟତାର ଶୀର୍ଷରେ ଥାଇ ପଞ୍ଚସ୍ତରୀ ବର୍ଷରେ ପାଦ ଥାପିଛି । ଦୀର୍ଘବର୍ଷ ଧରି ଜନଜାତି ଜୀବନଧାରାର ମୂଳବିନ୍ଦୁଟିକୁ ପାଠକଙ୍କ ପାଖରେ ପହଞ୍ଚାଇବାର ସର୍ତ୍ତରେ କଳାତ୍ମକ ସିଦ୍ଧିର ନୂତନ ଅଭିଜ୍ଞତାକୁ ପରଷି ଚାଲିଛି । ଏଭଳି ଉକ୍ତିର ଯଥାର୍ଥତା ଏହା ଯେ ପ୍ରାୟତଃ ପ୍ରଥମ ଆଦିବାସୀ ଉପନ୍ୟାସ ସୃଷ୍ଟି ସମୟଠାରୁ ଏକଶତାବ୍ଦୀ ଅତିକ୍ରାନ୍ତ ମଧ୍ୟରେ ଯେଉଁ ଅର୍ଦ୍ଧଶତକ ଆଦିବାସୀ ଉପନ୍ୟାସ ସୃଷ୍ଟି ହୋଇଛି ତନ୍ମଧ୍ୟରୁ 'ପରଜା' ଯେ ସର୍ବଶ୍ରେଷ୍ଠ ଓ ସୁସ୍ଥ ଉପନ୍ୟାସର ଲକ୍ଷଣରେ ଭରା ତାହା ଆମକୁ ଗ୍ରହଣ କରିବାକୁ ହେବ ।

ତେବେ 'ପରଜା'ର ପାଠକପ୍ରିୟତାର ଅନେକଗୁଡ଼ିଏ କାରଣ ରହିଛି । ସେଥି ମଧ୍ୟରୁ 'ଦାଦିବୁଢ଼ା'ର ପରୀକ୍ଷାନିରୀକ୍ଷା ଓ ନିଷ୍କର୍ଷର ସଫଳ ପ୍ରୟୋଗ 'ପରଜା' ସଫଳତାର ପ୍ରମୁଖ କାରଣ । ଜନଜାତିର ଅନ୍ତର୍ଜଗତ ଓ ବହିର୍ଜଗତ କ୍ଷେତ୍ରରେ ଗୋପୀନାଥଙ୍କର ଥିଲା ଅନ୍ତରଙ୍ଗ ପ୍ରବେଶ ଯାହା ପରଜା ଜନଜାତିର ନିଷ୍କପଟ ଓ ମହାର୍ଘ ଜୀବନଧାରାକୁ ଉଦ୍‌ଘାଟନ କରିଛି ଛଳନାହୀନ ଭାବେ । ପୁଣି ଉପନ୍ୟାସକୁ ଜୀବନନିଷ୍ଠ କରିବା ପାଇଁ ଚରିତ୍ରମାନଙ୍କର ଆତ୍ମାକୁ ଅନାବୃତ କରିଛନ୍ତି । କେବଳ ସେତିକି ନୁହେଁ; ଜନଜାତି ଜୀବନର ପାରିବାରିକ, ସାମାଜିକ, ସାଂସ୍କୃତିକ ଓ ଆର୍ଥନୀତିକ ସମସ୍ୟାର ବହୁବିଧ ଚିତ୍ରକୁ ମନୋଜ୍ଞ ଭାବେ ଅଙ୍କନ କରିଛନ୍ତି । ବୋଧହୁଏ ଏହି

କାରଣରୁ ଉଭୟ 'ପରଜା' ଉପନ୍ୟାସ ଓ ଏହାର ସ୍ରଷ୍ଟା ଗୋପୀନାଥ ମହାନ୍ତି ଆଉ କାହାସହ ତୁଳନୀୟ ନୁହନ୍ତି, ବରଂ ସ୍ରଷ୍ଟା ନିଜେ ନିଜର ଉପମା ।

ଏବେ ଆସିବା 'ପରଜା'ର କାହାଣୀ ପ୍ରସଙ୍ଗକୁ । ଏହି ଉପନ୍ୟାସ ସ୍ୱାଧୀନତା ସନ୍ଧିକ୍ଷଣରେ ରଚିତ ହୋଇଥିବାରୁ ତାହାର କିୟଦଂଶ ପ୍ରଭାବ ପଡ଼ିଥିଲା । ଏକ ପକ୍ଷରେ ଭାରତଛାଡ଼ ଆନ୍ଦୋଳନର କ୍ରିୟା ପ୍ରତିକ୍ରିୟା ଅନ୍ୟ ପକ୍ଷରେ ଶୁକ୍ରୁଜାନି ପରି ନିରୀହ ଜନଜାତିଙ୍କ ଉପରେ ସାହୁକାର ଓ ସରକାରୀ କର୍ମଚାରୀଙ୍କ ଶୋଷଣ ଲେଖକୀୟ ଦୃଷ୍ଟିଭଙ୍ଗୀକୁ ଚହଲାଇ ଦେଇଥିଲା । ତେବେ 'ପରଜା'ର କଥାଭାଗ ରଚନାକାଳରେ କୋରାପୁଟରେ ରହଣି ସମୟରେ ନୃତାତ୍ତ୍ୱିକ ଦୃଷ୍ଟିକୋଣରୁ ବିଚାରକରି ଆଦିବାସୀ ଜୀବନର ମୂଳସୂତ୍ର ଧରିବାକୁ ଗୋପୀନାଥ ଉଦ୍ୟମ କରିଛନ୍ତି । ଏପରିକି ନୃତାତ୍ତ୍ୱିକ ବିଶ୍ଳେଷଣ ସହିତ ଫ୍ରୟେଡୀୟ ମନସ୍ତତ୍ତ୍ୱ, ସମାଜବାଦୀ ଦୃଷ୍ଟିଭଙ୍ଗୀ ଓ ସ୍ୱଭାବବାଦ ପରି ଅନେକ ଦିଗକୁ ନିଜର ସମାନ୍ତରାଳ ଦୃଷ୍ଟି ନିକ୍ଷେପ କରିଛନ୍ତି । ବୋଧହୁଏ ଏହି କାରଣରୁ କାହାଣୀ ଓ ଚରିତ୍ର ଅତ୍ୟନ୍ତ ବଳିଷ୍ଠ ଏପରିକି ଆରମ୍ଭରୁ ଶେଷ ପର୍ଯ୍ୟନ୍ତ ମନେହୁଏ ପାଠକର ଆବିଷ୍କାର ସରିନାହିଁ । ପୁଣି ସମଗ୍ର ଉପନ୍ୟାସରେ ରୋମାଣ୍ଟିକ ଭାବସତ୍ତା ଓ ସେହି ଭାବ ବିରୋଧୀ ସମାଜବାଦୀ ସତ୍ତା ପରସ୍ପର ହାତଧରି ବାଟ ଚାଲିଛନ୍ତି । ଅତଏବ ଉପନ୍ୟାସର ପରିସମାପ୍ତି ପରେ ପାଠକଟିଏ ଦ୍ୱନ୍ଦ୍ୱରେ ପଡ଼ିବ ଗୋପୀନାଥ ରୋମାଣ୍ଟିସିଜିମ୍‌ର ପ୍ରବକ୍ତା ଥିଲେ କି ସମାଜବାଦର ପ୍ରବକ୍ତା ?

ସମଗ୍ର ଉପନ୍ୟାସର କେନ୍ଦ୍ରବିନ୍ଦୁରେ ଥିବା ଶୁକ୍ରୁଜାନି ଥିଲା କୋରାପୁଟର ପରଜା ଗୋଷ୍ଠୀର ସେହି ଶୋଷିତ ମଣିଷ ଯାହାର ଅଧିକାର ପାଇଁ ଲେଖକ ତା' ହାତରେ ଧରେଇ ଦେଇଥିଲେ ତା'ର ପାରମ୍ପରିକ ଅସ୍ତ୍ର । ଜମି ଓ ଜଙ୍ଗଲର ଅଧିକାର ପାଇଁ ଜନଜାତି ସମାଜ ଯେଉଁସବୁ ଶୋଷକ ଗୋଷ୍ଠୀର ଅତ୍ୟାଚାରକୁ ବରଦାସ୍ତ କରିଛି ଓ ପରେ ପ୍ରତିବାଦର ସ୍ୱର ଉଠାଇଛି ତାହାହିଁ ପରଜା ଉପନ୍ୟାସର ମୁଖ୍ୟ ସ୍ୱର । କାରଣ ଶୋଷଣ ବିରୁଦ୍ଧରେ ଏଭଳି ପ୍ରତିକ୍ରିୟା ଓଡ଼ିଆ ଉପନ୍ୟାସ ସାହିତ୍ୟରେ ପ୍ରଥମ କରି ଘଟିଛି । ଏପରିକି 'ପରଜା' ପୂର୍ବରୁ ଲେଖାଯାଇଥିବା 'ଭୀମାଭୂୟାଁ' ଓ 'ଦାଦିବୁଢ଼ା' ମଡର୍ଣ୍ଣ ଟ୍ରାଇବାଲ କ୍ଲାସିକ୍ ଭାବରେ ମାନ୍ୟତା ପାଇବାର ସ୍ତରରେ ମଧ୍ୟ ପହଞ୍ଚି ନାହାନ୍ତି । ବୋଧହୁଏ 'ପରଜା' ପାଇଁ ଏହାଥିଲା ସୁବର୍ଣ୍ଣ ସୁଯୋଗ ପାଠକର ସହୃଦୟତା ଆପଣାଇବା ପାଇଁ । ଦ୍ୱିତୀୟ କଥା ହେଉଛି କୌଣସି ସୃଷ୍ଟି କେତେଦୂର ନିଖୁଣ ବା ପରିପୂର୍ଣ୍ଣ ତାହା ମଧ୍ୟ ପାଠକପ୍ରିୟତାର କାରଣ । ବୋଧହୁଏ ଏହି ଦୁଇଟି ପ୍ରାରମ୍ଭିକ କାରଣ ପାଇଁ ଗୋପୀନାଥଙ୍କ 'ପରଜା' ଅନନ୍ୟ । ଯାହା ପାଇଁ ଗୋପୀନାଥ ପାଇଥିଲେ

ମଡର୍ଣ୍ଣ ଟ୍ରାଇବାଲ୍ କ୍ଲାସିକ୍‌ର ଜଣେ ପରିପୂର୍ଣ୍ଣ ସ୍ରଷ୍ଟାର ମର୍ଯ୍ୟାଦା କେବଳ ଓଡ଼ିଆମାନଙ୍କ ପାଖରେ ନୁହେଁ ବରଂ ସର୍ବଭାରତୀୟ ସ୍ତରରେ ।

କଥାବସ୍ତୁର ସଜ୍ଜୀକରଣ :

'ପରଜା' ଥିଲା ପୂର୍ବଘାଟ ପର୍ବତମାଳାର ଶିଳାଲେଖ । ସେଠି ଘଟୁଥିଲା ଅନେକ ଘଟଣା, ଅଥଚ ବନ୍ଦ କୋଠରିର ଇତିହାସ କେହି ଜାଣି ନଥିଲେ । ତେବେ ଗୋପୀନାଥଙ୍କ ପରି ଲେଖକ ଡାକିଛନ୍ତି ଆକାଶକୁ, ଝରଣାର ପାଣିକୁ; ସେଠାକାର ମଣିଷ ଭିତରେ ସାମର୍ଥ୍ୟ ଦେଇଛନ୍ତି ପ୍ରତିବାଦ ତୋଳିବାକୁ । କାହାଣୀ ସଜେଇଛନ୍ତି ଥାକଥାକ କରି । ପୁଣି ସେତେବେଳେ ଶୁକ୍ରୁଜାନିକୁ କରିଦେଇଛନ୍ତି ଏକ ବିଶାଳବୃକ୍ଷ ଯାହାର କାହାଣୀରୁ ଅନେକ ଉପକାହାଣୀ ଶାଖାପ୍ରଶାଖା ମେଲି ଛିଡ଼ା ହେଇଛି । ତେବେ ତିନିଶହ ଚାଳିଶ ପୃଷ୍ଠାର ଏହି ଉପନ୍ୟାସର କାହାଣୀକୁ ସଂକ୍ଷେପରେ ଉପସ୍ଥାପନ କରିବା ଯଥାର୍ଥ ମନେହେବ ।

କୋରାପୁଟର ଲକ୍ଷ୍ମୀପୁରର ଅନତି ଦୂରରେ ଶରଶୁପଦର ଗାଁ । ଶୁକ୍ରୁଜାନିର ଘର ସେଇ ଗାଁରେ । ତା'ର ପତ୍ନୀ ସମ୍ବାରୀ ବାଘ ମୁହଁରେ ଶିକାର ହେବା ପରେ ଦୁଇପୁଅ ମାଣ୍ଡିଆ ଜାନି ଓ ଟିକ୍ରା ଜାନି, ଦୁଇଝିଅ ଜିଲି ଓ ବିଲିର ଦାୟିତ୍ୱ ନେଇଛି ଶୁକ୍ରୁଜାନି । ପରଜା ଗୋଷ୍ଠୀର ଏହି ଭାଗ୍ୟବାଦୀ ମଣିଷ ସ୍ୱପ୍ନ ଦେଖୁଛି ମାଣ୍ଡିଆ ସହିତ କାଜୋଡିର ଓ ଜିଲି ସହିତ ବାଗ୍ଲାର ବିବାହ କରେଇବ । କିନ୍ତୁ ଚକ୍ରାନ୍ତର ଶିକାର ହୋଇ ନିଜେ ସବୁକିଛି ହରେଇ ବସିବ, ଏକଥା ଶୁକ୍ରୁଜାନି ଭାବି ନଥିଲା ।

ଜଙ୍ଗଲ ଜମାନ୍ ଯେବେ ଶରଶୁପଦର ଆସିଛି ସେତେବେଳେ ଜଙ୍ଗଲ ଜମିର ଅଧିକାର ପାଇଁ ଶୁକ୍ରୁ ଉପହାର ଦେଇ ଜଙ୍ଗଲ ସଫା କରିବାର ଅନୁମତି ପାଇଛି । ଅଥଚ ଶୁକ୍ରୁର ଝିଅ ଜିଲି ଦ୍ୱାରା ପ୍ରତ୍ୟାଖ୍ୟାତ ହେଲା ପରେ ପ୍ରତିକ୍ରିୟାଶୀଳ ହୋଇଛି ଜଙ୍ଗଲ ଜମାନ୍ । ଶୁକ୍ରୁ ଜମାନ୍‌ର କୂଟନୀତିର ଶିକାର ହୋଇ ଜୋରିମାନା ଦେଇଛି, ସାହୁକାର ଘରେ ଗୋତି ଖଟିଛି ।

ପରେପରେ ବାଗ୍ଲା କାଜୋଡିକୁ ଉଦୁଲିଆ ନେଇ ଚାଲିଗଲା ତ' ଜିଲି ଓ ମାଣ୍ଡିଆର ସ୍ୱପ୍ନ ବେଦନାର ଅଶ୍ରୁରେ ପରିଣତ ହୋଇଛି । ବାପ-ଭାଇ ଗୋତି ଗଲା ପରେ ରୋଡ୍ ପାଇଟି ପାଇଁ ବାହାରିଛନ୍ତି ଜିଲି, ବିଲି । ପେଟର କ୍ଷୁଧାକୁ ନିବାରଣ କରିବା ପାଇଁ ଶେଷରେ ଗୁମାସ୍ତାର ଅଭିସାରିକା ସାଜିଛନ୍ତି ।

ଶୁକ୍ରୁଜାନି ଦୁଇ ଝିଅକୁ ଠିକ୍ ବାଟକୁ ଫେରାଇ ଆଣିବା ପାଇଁ ନିଜର ସୁନାଥାଳି ପରି ଜମିକୁ ସାହୁକାର ରାମ ବିଶୋଇକୁ ଦେଇ ଗୋତି ମୁକ୍ତ ହେଇଛି । କିନ୍ତୁ ସାହୁକାରର ଦୃଷ୍ଟି ପଡ଼ିଛି ଜିଲି ଉପରେ ଆଉ ଜିଲିକୁ ରକ୍ଷିତା କରି ରଖିବା ସହିତ କୌଶଳରେ

ବନ୍ଧକ ରଖିଥିବା ଜମି ନିଜ ନାଁରେ କରିନେଇଛି । ଶୁକ୍ରୁ ଓ ମାଣ୍ଡିଆ ସାହୁକାର ପାଖରେ କାକୁତିମିନତୀ କରିଛନ୍ତି ଜମି ଫେରେଇବା ପାଇଁ । ସାହୁକାର ସେମାନଙ୍କୁ ଗୋଇଠା ମାରି କହିଛି - 'ହଁ ଜିଲି । ଆଉ ଗୋଟିଏ ବିଲି ଅଛି ପରା ? ତାକୁ ବି ଆଣି ମତେ ଦେଇଯାଅ । ଜମିନେଲି, ଗୋଟିଏ ଭଉଣୀ ବି ନେଲି । ଆହୁରି ଗୋଟାଏ ଭଉଣୀ କି ନେବି, ଆଉ ଯେତେ ବିଭାହେବ ସମସ୍ତିଙ୍କ ନେବି, ଦାବା ଦରବାର ଲଗେଇ ଦେଇ କୋର୍ଟରୁ କୋର୍ଟ ରାଜ୍ୟଯାକ ବୁଲେଇବି, ଗୋଡି ଖଟେଇଖଟେଇ ଜୀବନଯାକ ନାକକୁ ତଳେ ଘୋଷାରୁଥିବି, ତେବେ ଯାଇ ମୋ ନାଁ ରାମଚନ୍ଦ୍ର ସାହୁକାର' ।

ବଣର ଜନ୍ତୁ ପରି ଗର୍ଜନଛାଡ଼ି ମାଣ୍ଡିଆ ଜାନି ଆଗକୁ ଚମକିଗଲା - 'ଅଧର୍ମ କରି ଭୂମିନେଲୁ ସିନା ସାହୁକାର, ଭୋଗ୍ କରିପାରିବୁ ନାହିଁ ।' ଆଖି ପିଛୁଡ଼ାକେ ଟାଙ୍ଗିଆ ଉଠାଇ ସାହୁକାର ଉପରେ ପାହାର ପକାଇଲା ମାଣ୍ଡିଆ । ଶାଳଗଛ ପରି ଦୁଇଖଣ୍ଡ ହେଇଗଲା ସାହୁକାର । ବାପ-ପୁଅ କୁଣ୍ଢାକୁଣ୍ଢି ହୋଇ କାନ୍ଦିଲେ, ରକ୍ତରେ ଲୁହ ମିଶିଗଲା ।

ଛାଇ ଲେଉଟାଣି ବେଳେ ତିନିହେଁ ଯାଇ ଲକ୍ଷ୍ମୀପୁର ଥାନାରେ ହାଜର ହେଇ କହିଲେ - 'ଆମେ ମଣିଷ ମାରିଛୁଁ, ଆମକୁ ଯୋଉ ଦଣ୍ଡ ଅଛି ସେହି ଦଣ୍ଡ ଦିଅ ।'

'ପରଜା'ର କଥାବସ୍ତୁରେ ଲେଖକ ଦୁଇଟି ପ୍ରସଙ୍ଗ ଦେଖାଇଛନ୍ତି, ପ୍ରଥମଟି ହେଉଛି ଶୁକ୍ରୁଜାନିର ଜୀବନ ବୃତ୍ତାନ୍ତ ଯାହା ପୀଡ଼ା ଓ କାରୁଣ୍ୟରେ ଭରା; ଅନ୍ୟଟି ହେଉଛି ମାଣ୍ଡିଆ ଜାନି ଓ ଜିଲି ଉଭୟଙ୍କ ଭିତରେ ଥିବା ପ୍ରେମ ବିଭଙ୍ଗ ଜନିତ ପୁଳାପୁଳା ଦୁଃଖ । ଏହା ଏକ ଘଟଣା ପ୍ରଧାନ ଉପନ୍ୟାସ ଏବଂ ଏଥିରେ ଉଭୟ ମୁଖ୍ୟ ଓ ଗୌଣ ଚରିତ୍ରର ଗୁରୁତ୍ୱପୂର୍ଣ୍ଣ ଭୂମିକା ରହିଛି । ଆରମ୍ଭରୁ ପରିଣତି ଯାଏଁ ଉପନ୍ୟାସଟି କାରୁଣ୍ୟ ମାଧ୍ୟମରେ ସହାନୁଭୂତି ସୃଷ୍ଟି ପାଇଁ ପାଠକକୁ ପ୍ରଚୋଦିତ କରିଛି । ଶୁକ୍ରୁ, ମାଣ୍ଡିଆ, ଟିକ୍ରା, ଜିଲି, ବିଲି ବ୍ୟର୍ଥତାରେ ଉବୁଟୁବୁ ହଉଥିଲା ବେଳେ ସେମାନଙ୍କ ଭିତରେ ଦ୍ୱନ୍ଦ୍ୱ ଓ ପୀଡ଼ାକୁ ବଢ଼ାଇଛନ୍ତି ଜଙ୍ଗଲ ଜମାନ୍, ଗାଁ ନାଇକ, ଫାଉଲ ଡମ୍ବ, ରାମୀ, ମୋତି ପରି ଅତି ଗୌଣ ଚରିତ୍ରମାନେ । ପୁଣି ଫକୀରମୋହନ ଯେଉଁ ରାମଚନ୍ଦ୍ର ମରାଜକୁ 'ଛ'ମାଣ ଆଠଗୁଣ୍ଠ'ରେ ପାଠକଙ୍କ ପାଖରେ ପହଞ୍ଚାଇଥିଲେ ପ୍ରାୟତଃ ଚାରିଦଶନ୍ଧି ପରେ ନୂଆ ରୂପରେ ରାମବିଶୋଇ ଭାବରେ ତା'ର ଆବିର୍ଭାବ ହୋଇଛି 'ପରଜା'ରେ । ତେବେ କାହାଣୀ ସଜ୍ଜୀକରଣ ଓ ଗୁମ୍ଫନରୀତିରେ ଯେଉଁ ବୈଶିଷ୍ଟ୍ୟ ପାଠକଙ୍କୁ ବିମୁଗ୍ଧକରେ ତାହା ହେଲା -

(କ) ଏକ ବୃହତ୍ତର ଲ୍ୟାଣ୍ଡସ୍କେପ୍‌ରେ କୋରାପୁଟ ପରି ଅଞ୍ଚଳ ଓ ତାହାର ଆଦିବାସୀଙ୍କୁ ସ୍ଥାନିତ କରିବା ।

(ଖ) କଳ୍ପନା ଅପେକ୍ଷା ନୃତାତ୍ତ୍ୱିକ ଅଧ୍ୟୟନକୁ ଗୁରୁତ୍ୱ ଦେଇ ଚରିତ୍ରାୟନ କରିବା ।

(ଗ) ଉପକାହାଣୀଗୁଡ଼ିକ ମାଧ୍ୟମରେ ମୂଳକାହାଣୀର ଗତିଶୀଳତା ଉପରେ ଲେଖକ ପ୍ରାଧାନ୍ୟ ଦେବା ।

(ଘ) ବାହ୍ୟ ଦ୍ୱନ୍ଦ୍ୱ ଅପେକ୍ଷା ମାନସିକ ଦ୍ୱନ୍ଦ୍ୱ ଉପରେ ଲେଖକ ପ୍ରାଧାନ୍ୟ ଦେବା ।

(ଙ) ଉପନ୍ୟାସକୁ ବାସ୍ତବାଭିମୁଖୀ କରିବା ପାଇଁ ପରଜାଙ୍କର ଜୀବନଧାରା, ନୃତ୍ୟ-ଗୀତ, ପର୍ବପର୍ବାଣି, ସାମାଜିକ ବ୍ୟବସ୍ଥାର ପ୍ରସଙ୍ଗୋଚିତ ପ୍ରୟୋଗ ।

(ଚ) ଭାଷା, ଶୈଳୀ, ଶବ୍ଦ ସଂଯୋଜନାରେ ନୂତନ ପ୍ରୟୋଗ ଇତ୍ୟାଦି ।

ତେବେ ସମ୍ବେଦନା ହେଉଛି ସବୁଠାରୁ ବଡ଼କଥା ଯାହା ଗୋପୀନାଥଙ୍କ ଉପନ୍ୟାସରେ ସମସ୍ତ ଶ୍ରେୟ ସାଉଁଟିଥାଏ । କାରଣ ଏହି ଉପନ୍ୟାସର ଚରିତ୍ରମାନଙ୍କ ପ୍ରତି ମଝିରେ ଆବଶ୍ୟକସ୍ଥଳେ ଲେଖକୀୟ ସମ୍ବେଦନା ପ୍ରକାଶ କରିଛନ୍ତି । ସେତିକି ହେଇ ନଥିଲେ ଚରିତ୍ରମାନେ ମିଥ୍ ପର୍ଯ୍ୟାୟକୁ ଉନ୍ନୀତ ହେବା ସହ କାଳଜୟୀ ହେଇପାରି ନଥାନ୍ତେ । ଆଜିର ଦିନରେ ବି ଶୁକ୍ରୁଜାନି ଏକ ସାମାଜିକ ଲୋକମିଥ୍ ଭାବରେ ପାଠକ ଓ ଲେଖକଙ୍କ ମାନସିକତାରେ ବଞ୍ଚିରହିଛି ।

ଜନଜାତି ସଂସ୍କୃତି ପ୍ରସଙ୍ଗ:

ଚରିତ୍ର ଉପଯୋଗୀ ପରିବେଶ ଓ ଚରିତ୍ର ଜୀଉଁଥିବା ସାମାଜିକ ବ୍ୟବସ୍ଥାର ପ୍ରୟୋଗ ଯେକୌଣସି କଥା ସାହିତ୍ୟକୁ ବାସ୍ତବ କରିଥାଏ । ତେବେ ନୃତାତ୍ତ୍ୱିକ ଉପନ୍ୟାସରେ ସଂସ୍କୃତିର ସମୟୋପଯୋଗୀ ଉପସ୍ଥାପନା ଓ ସଂଯୋଜନାର ଆବଶ୍ୟକତା ଅତ୍ୟନ୍ତ ଗୁରୁତ୍ୱପୂର୍ଣ୍ଣ । ସେହି ଦୃଷ୍ଟିରୁ 'ପରଜା' ଉପନ୍ୟାସର ପାଠକପ୍ରିୟତା ବଢ଼ିଛି ସେଥିରେଥିବା ଲୋକପ୍ରଥା, ଲୋକାଚାର ଓ ଜନଜାତି ଲୋକସଂସ୍କୃତି କାରଣରୁ । ଅନେକ ସ୍ଥଳରେ ଲେଖକ ଜନଜାତି ସଂସ୍କୃତିର ଉପାଦାନଗୁଡ଼ିକ ବ୍ୟବହାର କରିଛନ୍ତି ଘଟଣାକୁ ପ୍ରଭାବଶାଳୀ କରିବା ପାଇଁ । 'ପରଜା'ରେ ଥିବା ସେହି ସାଂସ୍କୃତିକପ୍ରସଙ୍ଗଗୁଡ଼ିକ ଏହିପରି -

(କ) ଗୋଟିଏ ଢଙ୍ଗର ଗାଁରେ ପରଜା, ଗଦବା, କନ୍ଧ, ଡମ୍ବ ପରି ବିଭିନ୍ନ ଗୋଷ୍ଠୀ ମିଳିମିଶି ବାସ କରନ୍ତି ।

(ଖ) ଜୀବନକୁ ସହଜ ଓ ସରଳ ଢଙ୍ଗରେ ଜୀଇଁବାର ଅଭୀପ୍‌ସା ।

(ଗ) ଧାଂଡା-ଧାଂଡୀ ଘରେ ମନ ଦିଆନିଆ ଆଉ ନାଚଗୀତର ଆସର ।

(ଘ) ଚଇତିପରବ ଓ ପୁଷ୍‌ପରବ ପରି ପର୍ବପର୍ବାଣିରେ ଆନନ୍ଦମୟତାର ଉପଲବ୍ଧି ।

(ଙ) ନୃତ୍ୟ ଓ ସଙ୍ଗୀତ ଜନଜାତିର ଜୀବନ ସହିତ ସମାହିତ ।

(ଚ) ଜମି, ଜଳ, ଜଙ୍ଗଲ ପାଇଁ ଚିରକାଳ ସଂଘର୍ଷରତ।

(ଛ) ସରଳ ମଣିଷ ହୋଇଥିବା କାରଣୁ ଜଙ୍ଗଲ୍ ଜମାନ, ସାହୁକାର ଦ୍ୱାରା ଶୋଷିତ ।

(ଜ) ସ୍ୱପ୍ନକୁ ସାକାର କରିବା ପାଇଁ ମେହେନତ୍ ଉପରେ ବିଶ୍ୱାସ ସ୍ଥାପନ ।

(ଝ) ଧର୍ମବିଶ୍ୱାସୀ ମଣିଷର ସବୁ ଆବେଦନ ଓ ଅଭିଯୋଗ ନିଜ ଗାଁର ଦେବତା ପାଖରେ ।

(ଞ) ପରମ୍ପରା ଓ ସ୍ୱାଭିମାନ ଉପରେ ଆଞ୍ଚ ଆସିଲେ ପ୍ରତିରୋଧ କରିବାର ସାମର୍ଥ୍ୟ ।

'ପରଜା' ଉପନ୍ୟାସ ପ୍ରସଙ୍ଗରେ ଏହି ସଂସ୍କୃତି ଅଭିଜ୍ଞତା ଓ କଳାତ୍ମକ ଅଭିବ୍ୟକ୍ତିର ବିବିଧ ଦିଗକୁ ସ୍ପର୍ଶକରେ । ଜଣେ ନୃତାତ୍ତ୍ୱିକ ଗବେଷକ ଏହି ଉପନ୍ୟାସରୁ ମାନବ ବିଜ୍ଞାନର ମୂଳତତ୍ତ୍ୱ, ସମାଜ ବିଜ୍ଞାନ, ମୌଖିକ ସାହିତ୍ୟ, ଭାଷାତତ୍ତ୍ୱ ସମନ୍ୱିତ ବହୁ ଶାସ୍ତ୍ରଦର୍ଶିତା ଖୋଜି ପାଇବାରେ ସକ୍ଷମ ହୁଏ । ପ୍ରକୃତରେ ଆଦିବାସୀର ଅସ୍ତିତ୍ୱ ଓ ଅସ୍ମିତାର ପ୍ରଚ୍ଛର ପାଇଁ ଲେଖକ ଯେଉଁଭଳି ଭାବରେ ତାଙ୍କ ସଂସ୍କୃତିର ପ୍ରୟୋଗ କରିଛନ୍ତି ଯାହା ଅତ୍ୟନ୍ତ ଗୁଣାତ୍ମକ ମନେହୁଏ ।

'ପରଜା'ର କିଛି ସଶ୍ରଦ୍ଧା ଉଚ୍ଚାରଣ:

'ପରଜା'ର ବର୍ଣ୍ଣନା ଶୈଳୀ ଲେଖକୀୟ ସ୍ୱାତଂତ୍ର୍ୟକୁ ଐଶ୍ୱର୍ଯ୍ୟ ମଣ୍ଡିତ କରିବା ସହିତ କଳାତ୍ମକତାର ଜୀବନ୍ତ ଉଦାହରଣ ପାଲଟିଛି । ଲେଖକ ଜନଜାତିର ଜୀବନ ଅଧ୍ୟୟନ ସହିତ କୋରାପୁଟ ମଣିଷମାନଙ୍କ ପ୍ରତି ଅତ୍ୟନ୍ତ ଶ୍ରଦ୍ଧାଶୀଳ ଭାବ ପ୍ରକାଶ କରିଛନ୍ତି । କେବଳ ଜନଜାତିର ମାନସିକତା ସେ ପଢ଼ି ନାହାନ୍ତି ତା' ସହିତ ସେ ପଢ଼ିଛନ୍ତି ଡଙ୍ଗର, ଜଙ୍ଗଲ ଓ ଝରଣାର ସତ୍ତାକୁ । ଅନେକ ଜୀବନ ଦର୍ଶନ ସେଥିରୁ ପାଇଛନ୍ତି ଯାହା ଉପନ୍ୟାସ ସଫଳତାର ଆଉ ଏକ କାରଣ । ତେବେ 'ପରଜା' ଉପନ୍ୟାସରେ ଏପରି କିଛି ସଶ୍ରଦ୍ଧ ଉଚ୍ଚାରଣ ବା ଟ୍ୟାଗ୍ ଲାଇନ୍ ଅଛି ଯାହା କେବେ ଭୁଲିହୁଏ ନାହିଁ । ସେହିସବୁ କାଳଜୟୀ ବାକ୍ୟ ଦର୍ଶନ ସ୍ତରକୁ ଉନ୍ନୀତ ହୋଇ ଗୋପୀନାଥୀୟ ଶୈଳୀକୁ ସାର୍ଥକ କରିଛି ।

୧. 'ସମସ୍ତିଙ୍କର ବିଶ୍ରାମ ଅଛି, ନାହିଁ ଖାଲି ମଣିଷର' ।(ପୃ-୧୨)

୨. 'ରାଗିଗଲେ ପରଜା ବଣର ଜନ୍ତୁ' ।(ପୃ-୧୭)

୩. 'ଲୁହରେ ଲୁହରେ ବସୁଧା ତିନ୍ତିଲା, କିନ୍ତୁ ମଣିଷର ମନ ତିନ୍ତି ପାରିଲା ନାହିଁ ମଣିଷ ଲୁହରେ' ।(ପୃ-୨୦)

୪. ପାହାଡ଼ୀ ମଣିଷ-ତର୍କ ବୁଝେନାହିଁ । ପିଠିରେ ବସିଲେ ବୁଝେ ମାଡହେଲା । (ପୃ-୨୩)

୫. ବେଶି ଟଙ୍କା ଅଳ୍ପ ଟଙ୍କାକୁ ଓଟାରି ଘେନିଆସେ । ଟଙ୍କା ଟଙ୍କା ମେଣ୍ଟ ବାନ୍ଧେ । ଅଳ୍ପ ଟଙ୍କା ଟାଣି ହୋଇ ଆସି ବେଶି ଟଙ୍କା ଦେହରେ ଲୀନ ହୋଇଯାଏ । (ପୃ-୨୭)

୬. ସ୍ତ୍ରୀଲୋକର ମନ କେବେ ଖାଲି ପଡ଼ିପାରି ନାହିଁ ।(ପୃ-୬୯)
୭. ସ୍ତ୍ରୀଲୋକ ବେଳେବେଳେ ପ୍ରତିମା ପାଲଟେ, ସେତେବେଳେ ସେ ଆଉ ନାରୀ ନୁହେଁ । ନାରୀ ବରଦିଏ ପ୍ରତିମା ଦିଏ ନାହିଁ ।(ପୃ-୯୧)
୮. ଖଦି-ତା'ର ସ୍ୱଭାବ ସେ ଛିଣ୍ଡେ, ଆଉ ଯୋଡ଼ି ହୁଏ ନାହିଁ । ଖାଦି-ତା'ର ସ୍ୱଭାବ ସେ ସରେ, ଆପେ କୁପାଭର୍ତ୍ତି ହୁଏ ନାହିଁ ।(ପୃ-୧୬୨)
୯. 'ମାଟି ମଣିଷର ନୁହେଁ, ମଣିଷ ହେଉଛି ମାଟିର' ।(ପୃ-୩୩୪)
୧୦. ସେ ସମ୍ପତ୍ତି ଅର୍ଜିବାକୁ ଭଲପାଏ ସିନା, କିନ୍ତୁ ଘରେ ବାନ୍ଧିହୋଇ ରହିବାକୁ ଭଲପାଏ ନାହିଁ ।

ଭାଷାଶୈଳୀର ସ୍ୱାତଂତ୍ର୍ୟ:

'ପରଜା' ଉପନ୍ୟାସର ଭାଷା ଶୈଳୀ ପାଠକଙ୍କ ଭିତରେ ଏକ ମୁଗ୍ଧ ଅନୁଭବ ଆଣିଦିଏ । ତା'ର ଭାଷା ଖାଣ୍ଟି ବା ଶୁଦ୍ଧ ଓଡ଼ିଆ ନୁହେଁ ବରଂ ଓଡ଼ିଆ, ଆଦିବାସୀ ଏବଂ ଦେଶିଆ ଭାଷାର ମିଶ୍ରିତ ସମ୍ଭାର । ପୁଣି ଚରିତ୍ର ସବୁ ବଣମୁଲକର ହେଇଥିବା କାରଣରୁ ସହରାଞ୍ଚଳୀୟ ଭାଷାର ପ୍ରୟୋଗ ନାହିଁ । ତେବେ ଏହି ଉପନ୍ୟାସ ବୃହତ୍ତର ଓଡ଼ିଆ ପାଠକ ସମାଜ ପାଇଁ ଉଦ୍ଦିଷ୍ଟ ହୋଇଥିବା କାରଣରୁ ସରଳ ଗାଉଁଲୀ ଓଡ଼ିଆ ଭାଷାକୁ ସେ ଖଞ୍ଜି ଦେଇଛନ୍ତି 'ପରଜା'ରେ । ପୁଣି ଭାଷାଗୁଡ଼ିକ ଆବୃତ୍ତି ଧର୍ମିତାକୁ ଆପଣାଇ ନେଇଛି । ଆପଣ ପଢ଼ିଲେ ଜାଣିବେ ଯେମିତି କବିତା ପଢୁଛନ୍ତି, ଗଦ୍ୟ ନୁହେଁ । ବୋଧହୁଏ ଏହି ଭାଷାଶୈଳୀ କାରଣରୁ 'ପରଜା' ହୋଇଛି ମନୋଜ୍ଞ ଏବଂ ସମାଲୋଚକଙ୍କ ଦୃଷ୍ଟିରେ ଏକ 'ଗଦ୍ୟକାବ୍ୟ' । ଉଦାହରଣଟିଏ ଏଠାରେ ଦିଆଯାଇ ପରେ - 'ବେଳବୁଡେ, ମେଘର କେଉଁ ଫାଙ୍କାବାଟେ ଜିକି ଜିକି ହୋଇ ଶେଷଖରା ଉଙ୍କି ମାରିଯାଏ । ଦୂରରୁ ବରଷଣା ମେଘ ଅସରାରେ ରଙ୍ଗ ଦେଇଯାଏ । ଝରିଆଡେ ପାଣି ନିଆଁପରି ଦିଶେ । ଗୋଳିପାଣିର ଭଉଁରିରେ ରକ୍ତର ରେଣୁ ମିଶିଯାଏ । ନିସ୍ତବ୍ଧ ଜଙ୍ଗଲ କରେକରେ ଗୋଟିକିଆଁ ଡେଙ୍ଗା ଶାଳଗଛ ମୂଳେ ଗଭୀର ଝୋଲାରେ ନାଲିପାଣି ଶୋଇରହେ' ।(ପୃ-୨୧୨) ଏହି ବାକ୍ୟଟି ଆଡମ୍ବରହୀନ, ସରଳ ଅଥଚ ପ୍ରଭାବଶାଳୀ ମନେହୁଏ । ଏହିପରି ଶତାଧିକ ଧାଡିରେ ଭରିଉଠିଛି 'ପରଜା' ଆଉ ପାଠକର ହୃଦୟତନ୍ତ୍ରୀକୁ ଛୁଇଁଛୁଇଁ ଯାଇଛି ।

ଏଥିରେ ବ୍ୟବହୃତ ଅନେକ ଦେଶିଆ ଶବ୍ଦ କାଉଡି(ବାହୁଙ୍ଗୀ), ଅଣ୍ତ୍ରା(ଅଣ୍ଟିରା), ଦାବା(ମକଦ୍ଦମା), ନୁନି(ଟୋକୀ), ନିଚୁ(ନାହିଁ), ଇଷ୍ଟ(ଇଚ୍ଛା) ସହିତ କନ୍ଧ, ପରଜା ସଂପ୍ରଦାୟ ଦ୍ୱାରା ବ୍ୟବହୃତ ଶବ୍ଦ ଜୋଣା(ମକା), ହିଣ୍ଡା(ପିଣ୍ଡା), ଡେଗାଉ(ଡେଇଁବା), ବିଶେଷଣର ସ୍ୱତଂତ୍ର ପ୍ରୟୋଗ ଯଥା: ଆବୁଆ ଆବୁଆ ପାହାଡ, କଳା ମିଶ୍‌ମିଶ୍ ଅନ୍ଧାର,

ଘରଘର୍ ବର୍ଷା, ଖୋଜିଲା ଖୋଜିଲା ଚହାଣୀ, ଗୁଣୁଗୁଣୁ ଗୀତ, ଜୁଳୁଜୁଳୁ ଚଞ୍ଚଳ ଝୋଲା, ଧୋବଲା ହସ, ଗୋଲିଆ ଆଖି ପ୍ରଭୃତିର ପ୍ରୟୋଗ ଅତ୍ୟନ୍ତ ବାସ୍ତବଧର୍ମୀ ଓ କାବ୍ୟିକ ଝଙ୍କାର ସୃଷ୍ଟିର କ୍ଷମତା ରଖେ ।

ସେହିପରି ରୂପ ବର୍ଣ୍ଣନା, ପରିବେଶ ବର୍ଣ୍ଣନା, ଅବସ୍ଥା ବର୍ଣ୍ଣନା, ଚରିତ୍ର ବର୍ଣ୍ଣନା ପାଇଁ ସ୍ୱତନ୍ତ୍ର ଶୈଳୀ ମଧ୍ୟ ଆପଣାଇଛନ୍ତି ଲେଖକ । ଶୁକ୍ରୁଜାନିର ନିଃସଂଗତାକୁ ବର୍ଣ୍ଣନା କରିବାକୁ ଯାଇ ଲେଖକ କହିଛନ୍ତି-'ସୋର ନାହିଁ, ଶବଦ ନାହିଁ, ଖାଲି ଘର । ଅଗଣାରେ କେତେଗୁଡ଼ିଏ ଶୁଖିଲା ଲଟାପତ୍ର ଆଉ ଥୁଣ୍ଟା, ଦିନେ ସେ ବଗିଚା ଥିଲା ପରା । ଦି'ଟା ଛିଣ୍ଡା ଟୋକେଇ, ଓଳିତଳେ ଶୋଇଛି, କିଛି ଦୂରରେ ଖଣ୍ଡେ ଭଙ୍ଗା ଟାଙ୍ଗିଆର ବେଣ୍ଟ, ଦୁଆର ମଝିରେ ଦି'ଟା ପଥର ପାଖପାଖ ଲାଗି, ମଝିରେ କେତେଦିନର ପାଉଁଶ, ଦି'ଚରିଖଣ୍ଡ ଦରପୋଡା ଗୋଜିଣା । ଏଇ ଧାଡିରେ ପଦପଦ ମଧ୍ୟରେ ଫାଙ୍କ ଠିକ୍ କବିତା ପରି । ଯେମିତି କବିଟିଏ ଶବ୍ଦକୁ ନେଇ ଖେଳେ ଗୋପୀନାଥ ସେଥିରେ ପଛରେ ପଡ଼ିନାହାନ୍ତି । କେତେକ ଜାଗାରେ ତ' ଅନୁପ୍ରାସ ଶୈଳୀରେ ସେ ଲେଖିଛନ୍ତି, 'ଠେଲିଠେଲି, ଧକାଧକି, ଉଠାଣି ଚଢ଼ାଣି, ଡେଇଁବା ପଡ଼ିବା, ଗହଳି ଭିତରେ ଧାଇଁଧାଇଁ ହୋଇ କ୍ଷେପା ମାରି ମାରିକା' ପରି ଶବ୍ଦପୁଞ୍ଜି । ସତରେ ଶବ୍ଦପ୍ରୟୋଗ ବେଳେ ସେ ଅନୁଭବ କରିଛନ୍ତି ଶବ୍ଦ ସବୁ ଜୀବନ୍ତ ହେବା ଦରକାର ଶୁଷ୍କ ନୁହେଁ । କାରଣ ଶବ୍ଦରେ ଜୀବନ ଚହଟିଲେ ଉପନ୍ୟାସରେ ରଙ୍ଗ ଧରିଆସିବ ଆଉ ପାଠକ ତାକୁ ହୃଦୟରେ ସାଇତିକରି ରଖିବେ ।

ଚିତ୍ରକଳ୍ପର ନୂତନ ପୃଥିବୀ:

'ପରଜା' ହେଉଛି ଗଦ୍ୟ ଚିତ୍ରକଳ୍ପର ନୂତନ ପୃଥିବୀ । ଯେଉଁଠି ଦୁଃଖର କାରୁକାର୍ଯ୍ୟ, ରଙ୍ଗତୂଳୀ ନୁହେଁ ଶବ୍ଦରେ ମଣିଷର ଅଙ୍କାଚିତ୍ର ପରି ଦିଶିଛି । ଲେଖକ ସୌନ୍ଦର୍ଯ୍ୟ ବସ୍ତୁରେ ଦେଖି ନାହାନ୍ତି, ମାତ୍ର ସେହିଠାରେ ସେ ସୌନ୍ଦର୍ଯ୍ୟ ଦେଖିଛନ୍ତି ଯେଉଁଠି ବସ୍ତୁ ପ୍ରତୀକିତ ହୋଇଛି । କ୍ରମଶଃ ପ୍ରତୀକିତ ଚିତ୍ରର ସମାବେଶ ଚିତ୍ରକଳ୍ପରେ ବଦଳି ଯାଇଛି । ପ୍ରକୃତରେ ଉପନ୍ୟାସକୁ ପାଠକର ଆପଣାର ପରି କରିବା ପାଇଁ ପାଠକର ପରିଚିତ ଇଲାକାରୁ ଓ ଚରିତ୍ରର ନିକଟତମ ପରିବେଶରୁ ସେ ଚିତ୍ରକଳ୍ପ ସଂଗ୍ରହ କରିଛନ୍ତି ଯାହା 'ପରଜା'କୁ କରିଛି ବେଶ୍ ଆକର୍ଷଣୀୟ । ଚିତ୍ରକଳ୍ପ ପ୍ରୟୋଗ ବେଳେ ଲେଖକ ବାସ୍ତବ ଓ କଳ୍ପନାର ମିଳନ ଘଟାଇଛନ୍ତି । ତେବେ 'ପରଜା'ର ଚିତ୍ରକଳ୍ପ ତାଙ୍କୁ ଏପରି ସିଦ୍ଧି ଦେଇଛି ତାହା ତାଙ୍କର ଅନ୍ୟ ଉପନ୍ୟାସ କ୍ଷେତ୍ରରେ ସମ୍ଭବ ହୋଇନାହିଁ । 'ପରଜା'ର ପୃଷ୍ଠାରୁ କିଛି ଚିତ୍ରକଳ୍ପ ଏଠାରେ ଉପସ୍ଥାପନ କରାଗଲା -

୧. ସଞ୍ଜବୁଢେ-ଢେଉ ଢେଉକା ପୂର୍ବଘାଟର ପାହାଡ ଉପରେ ଛିରିକିପଡେ,

କେତେରଙ୍ଗ, ମଥାରେ ଅବିର, ପଖାରେ ହଳଦୀଗୁଣ୍ଡା, ତଳର ଗହୀର ଜଙ୍ଗଲରେ ସମୁଦ୍ରର ନେଳିକଳା, ନେଳି-କଳା ।(ପୃ-୨)

୨. ଅଧରାତିରେ, ଓସ୍ତଗଛରେ ପତ୍ରେପତ୍ରେ ଖେଳି ବୁଲୁଥାଏ ଜ୍ୟୋସ୍ନାର ସ୍ୱର। (ପୃ-୧୧)

୩. ବାଙ୍କ ଜହ୍ନଟା ଓସ୍ତଗଛରେ କେନିକେନି ଡାଳ ଉହାଡରୁ ନୂଆ ହୋଇ ସେତେବେଳେ ମୁଣ୍ଡ ଟେକୁଛି । କୁହୁଡ୍ଡି ଅନ୍ଧାର କଟିଯାଇ ଝରିପଡୁଛି ଜହ୍ନ ଆଲୁଅର ଅଣୁ, ଠିକ୍ ଧୂଳିପରି, ଗୋରୁପଲ ବାହୁଡାବେଳର ଧୂଳି ପରି । (ପୃ-୪୪)

୪. କୁହୁଡିଆ ସକାଳ, ଫୁଟିନେସା କାଚ ଝରକା ବାଟେ ଆଲୁଅ ପରି । (ପୃ-୫୫)

୫. ଫଗୁଣ ରାତିରେ ଶୀତ ଝରିପଡେ ଥପ୍‌ଥପ୍ ପାହାଡ଼ ଉହାଡ଼ରୁ ଜହ୍ନଟି ଉଠେ ସୁନ୍ଦର, ଜଳନ୍ତା ଅଗ୍ନିନିଆଁ ପରି ।(ପୃ-୭୨)

୬. ମହୁମାଛିମାନେ ଘାଉଁଘାଉଁ କରି ଉଡନ୍ତି । ଭୂଇଁ ପତନରେ ଗଛର କାଖରେ ମହୁଫେଣା ।(ପୃ-୧୨୧)

୭. ପୁରୁଣା ଦରଜ ପୁଣି ବାହାରେ, ଫମ୍ପା ଅସ୍ତିତ୍ୱଟା ଟଣକି ଉଠେ ହୁସୁହୁସିଆ ପବନରେ ମଶାଣିର ମୁଣ୍ଡହାଡ ପରି ।(ପୃ-୨୧୩)

୮. ଗଛର ପତ୍ର ସନ୍ଧିରେ ଜହ୍ନଆଲୁଅ ଝିଲିଝିଲି, ଝଙ୍କା ତେନ୍ତୁଳିଗଛ ତଳେ ଛାଇଆଲୁଅର ଜାଲ, ଯୁଆଡେ, ଚହିଁଲେ ଖାଲ, ପାହାଡ, ଢାଲୁ, ସବୁ ସ୍ୱପ୍ନରେ ଲେଖା । (ପୃ-୩୩୪)

ଏଇ କେତୋଟି ମାତ୍ର ଉଦାହରଣ ନୁହେଁ, ବରଂ ସମଗ୍ର ଉପନ୍ୟାସରେ ଏହିପରି ତିନିଶହରୁ ଅଧିକ ଚିତ୍ରକଳ୍ପର ବାକ୍ୟାଂଶ ପାଠକକୁ ଭିନ୍ନ ଜଗତକୁ ନେଇଯାଏ । ତେବେ 'ପରଜା' ପରେ ଯେଉଁ ଲେଖକମାନେ ଜନଜାତିର ଜୀବନଧାରାକୁ ନେଇ ଉପନ୍ୟାସ ରଚନା କରୁଛନ୍ତି ବା କରିଛନ୍ତି ଗୋପୀନାଥ ମହାନ୍ତି ସେମାନଙ୍କ ପାଇଁ ଟ୍ରେଣ୍ଡ୍ ସେଟର୍ ଏବଂ ସେମାନଙ୍କ ପ୍ରେରଣାର ଉତ୍ସ 'ପରଜା' ।

ଜନଜାତିର ଲୋକଗୀତ:

ଜନଜାତିର ଲୋକଗୀତ ପରଜା ଉପନ୍ୟାସର ଆଉ ଏକ ସମ୍ବଳ । କାହାଣୀକୁ ବାସ୍ତବ ରୂପାୟନ ପାଇଁ ଚରିତ୍ର ଓ ପରିବେଶର ଲୋକସଂଗୀତ ଖଞ୍ଜି ଦେଇଛନ୍ତି ଗୋପୀନାଥ ଉକ୍ତ ଉପନ୍ୟାସରେ । ଏଇ ଶୈଳୀକୁ ଫକୀରମୋହନୀୟ ଶୈଳୀ ଆପଣ କହିପାରନ୍ତି, କାରଣ ଫକୀରମୋହନଙ୍କ ଉପନ୍ୟାସରେ ଢଗଢମାଳି, ଛଟ୍ଟା, ହାଇକୁ ପର୍ଯ୍ୟାୟର ଛୋଟ ଗୀତିକା ସ୍ଥାନିତ । ମାତ୍ର ଗୋପୀନାଥଙ୍କ ଦ୍ୱାରା ବ୍ୟବହୃତ ଲୋକଗୀତରେ ନା ଅଛି

କଳ୍ପନାର ମିଶ୍ରଣ ନା ଅତିରଞ୍ଜିତ ଭାବ । ଗୀତଗୁଡ଼ିକ ପରଜାଙ୍କ ଦ୍ୱାରା ଯେମିତି ବ୍ୟବହୃତ ଠିକ୍ ସେମିତି ସଂଗ୍ରହ ହୋଇ ପାତ୍ରୋପଯୋଗୀ ଭାବେ ସ୍ଥାନିତ ।

ସମୁଦାୟ ୧୨ଟି ଗୀତ ଓ ୨ଟି ଢଗ ରହିଛି 'ପରଜା'ରେ । ଗୀତ ଭିତରେ ରହିଛି ଧାଂଡା-ଧାଂଡୀର ପ୍ରେମଗୀତ, ଖଡୁମାରା ନାଟ ସମୟର ଗୀତ, ଛେର୍‌ଛେରା ଗୀତ, ଚଇତି ପରବ୍ ଗୀତ । ଏହାବାଦ ପ୍ରେମ ଓ ବିରହର କେତୋଟି ଗୀତ ସହିତ କ୍ଷେତରେ ମାଣ୍ଡିଆ ସଂଗ୍ରହ କରୁଥିଲା ବେଳେ ଧାଂଡୀମାନେ ଗାଉଥିବା ସାମୁହିକ ଗୀତ ଯେଉଁଥିରେ ଆଦିବାସୀ ଜୀବନ ଦର୍ଶନ ଫୁଟି ଉଠିଛି । ଏହି ଗୀତଗୁଡ଼ିକ ଲେଖକ ପରଜା ସମାଜରୁ ଅବିକଳ ସଂଗ୍ରହ କରିଛନ୍ତି ଓ 'ପରଜା'ରେ ଉପସ୍ଥାପନ କରିବା ସହ ଓଡ଼ିଆ ପାଠକଙ୍କ ପାଇଁ ତା'ର ଓଡ଼ିଆ ଅର୍ଥ ପ୍ରଦାନ କରିଛନ୍ତି । ସ୍ଥଳବିଶେଷରେ ଓଡ଼ିଆ ଅନୁଦିତ ଗୀତଗୁଡ଼ିକ ଲେଖକଙ୍କ କବି ପ୍ରାଣତାକୁ ପାଠକଙ୍କ ପାଖରେ ପହଞ୍ଚାଇ ପାରିଛି । ସେହି ଗୀତଗୁଡ଼ିକ ଏହିପରି -

୧. ଚିଡାଚୁଡ଼ି ଜାଲେ, ହାଟାହୁଟି ଜାଲେ
ମାଚୁ ଗିରିଗିଲୁ କାଁକଡା ଗିରିଗିଲୁ ।
ହେଇ ମାମୁକୁ ଦେଖି, ହେଇ ଦାଦିକି ଦେଖି
ଆମି ଡରିଗାଲୁ ଆମି ଗୁଚିଗାଲୁ । (ପୃ-୧୦)
(କାଜୋଡି ଓ ଜିଲିର ଗୀତ)

(ମାଛ ମାରିବାକୁ ଜାତିଜାତି ଜାଲ ପକାଇଥିଲି, ମାଛ ବି ପଡ଼ିଲା, କଙ୍କଡା ବି ପଡ଼ିଲା । କିନ୍ତୁ ସେଠି ମାମୁକୁ ଦେଖିଲି, ଅଜାକୁ ଦେଖିଲି, ଡରମାଡିଲା ଯେ ମୁଁ ଛାଡ଼ିଦେଇ ଦୂରକୁ ଚାଲିଗଲି ।)

୨. ଆମୁଗାଣ୍ଡୁ ଜାମୁଗାଣ୍ଡୁ ବୀତୁ, ରେ
ସମ୍‌ଦି ବୀତୁ, ରେ
ଆଲିଆ ବୀତୁ, ରେ
ମାଡିମାଁଦା ଖାଡୁମାରା ନୀତୁ, ରେ
ସମ୍‌ଦି ନୀତୁ, ରେ
ତୀତି, ବିତି, ତୀତି, ବିତି - ତୀତି ବିତି....
(ପୃ-୫୯) (ଖଡୁମାରା ଗୀତ-ଧାଂଡାମାନେ ଗାଇଛନ୍ତି)

(ଆମରି ଏ ପୁରୁଣା ଗାଁ ଭିତରେ, ଯାହା ନାଁ ଆମ୍ବ ଗାଁ ହେଉକି ଜାମୁଗାଁ ହେଉ, ନାଁରେ କି ଯାଏ, - ଆସ ଏଇ ଗାଁରେ ମାଳି ଝମକେଇ ଖଡୁରେ ଖଡୁ ମାରି ଖଡୁମରା ନାଟ ନାଚିବା । ନାଟ କର ନାଚିନାଚି ହସିହସି ତିତିର୍‌ବିତିର୍(ଯେଣେ ତେଣେ) ହୋଇ ଫାଟିପଡ ।)

୩.   ମୋର ବରଷାର ଗୀତ

ଡେମ୍ପ ଉପରେ ମଲ୍ଲୀଫୁଲ ପରି ସୁନ୍ଦର ଯେ,
କାଳିଆ ବେଣୀରେ ଝିଲିଝିଲି ଜାଇଫୁଲ
ଫୁଲ ବେଶ ହୋଇ ବେଣୀ ଦୋହଲାଇ ଆସିବ,
ଆସିବ ମୁଁ ଜାଣେ ।

(ପ୍ରାଚୀନ ପରଜା କବିର ଗୀତଟିର ଓଡ଼ିଆ ଅନୁବାଦ, ବାଗ୍ଲା ଗାଇଛି) (ଏହା ଏକ ଦୀର୍ଘ ଲୋକଗୀତ । ସେହି ଲୋକଗୀତର ଆଉ କିଛିପଦ ପରଜା ଭାଷାରେ ଏଠାରେ ସ୍ଥାନିତ କରାଗଲା ।)

ଏ ଯାଇ ହୋଲୁ ବୋଲିମି   ମିଲିଡାଡୁ ବୋଲିମି ।
ବାନ୍ଦୁଣିଆଁ ଜୁଲୋଇ   ଏ ଲୁଟି ଓ କୋଷୋଇଁ ।
ହିନ୍ଦି ଦେକୁ ତବେନି   ବେରିକାଚୁ ଅବେନି ।
ଜାଣୁଲାରୁ ଏତେକୁ   ସିକୁ ଉରୁ ସେତେକୁ ।
xxxxx   xxxxx
ଜେଠୁ ହାଣୁ ମାରୁଲି,   ବର୍ଷା ଦୁଲି ଆସୁଲି ।
ଅନ୍ଧାରୁ ହୋ ମାଲୁକୋଏଁ,   ବିଜୁଳି ହୋ ଜୁଲୁକୋଏଁ ।

(ପରଜା ଗୀତ – ବାଗ୍ଲା ଗାଇଛି)

ତେବେ ଏହି ଲୋକଗୀତର ଯେଉଁ ଗଦ୍ୟାନୁବାଦ ପ୍ରସଙ୍ଗ ସହିତ ଗୋପୀନାଥ କରିଛନ୍ତି, ତାହା ବିସ୍ମିତ କରେ । 'ବର୍ଷାର ନାଚନଟ ହେଲା, ଧାଇଁଧାଇଁ ନାଚିନାଚି ବିଜୁଳି ପରି ସାପେଇସାପେଇ, ଭସା ବଉଦ ପରି ଦଳଦଳ ହୋଇ ଫିଟିଯାଇ ପୁଣି ଏକାଠି ମିଶି, ବାଙ୍କବାଙ୍କ ହୋଇ, ଗୋଟିଏ ଧାଡି ପଛେ ଆଉ ଗୋଟିଏ ଧାଡି ହୋଇ, ପବନରେ ପାଦହାତ ଥରେଇ, ଭୂଇଁରେ ମୁଣ୍ଡ ଲଗେଇ, ପୁଣି ମୁଣ୍ଡ ଟେକି, ପଛକୁ ଦୋହଲି ଛନ୍ଦାଛନ୍ଦି ଧାଡିରେ ନାଚିନାଚି । ବର୍ଷା ଲାଗିଲା, ଚଇତର ଭୂଇଁ ଜ୍ୟେଷ୍ଠର ପାଣିରେ ସତେ କି ଧସିଗଲା, ନିଭିଲା ନିଭିଲା ଜହ୍ନତାରା ଗଲେ ନିଭି, ପବନର ପଟୁଆର, ବିଜୁଳିର ଜଉଳସ, ଜ୍ୟେଷ୍ଠର ପାଣି, ସତେ ଯେପରି ବରର ପାଦରେ କନ୍ୟା ପାଣି ଢାଳୁଛି, କନ୍ୟା ଆସିଛି । ପହିଲି ବରଷାର ଆଶା ଆଶ୍ୱାସର ବାଣୀ - ବିପୁଳ କଳରବ ।'

ପ୍ରକୃତରେ ଅବିକଳ ଲୋକଗୀତ ସହିତ ମର୍ମାନୁବାଦ କରି ଲେଖକ ଉପନ୍ୟାସକୁ ରସୋତ୍ତୀର୍ଣ୍ଣ କରିପାରିଛନ୍ତି । ଏପରିକି ପାଠକ ମନରେ ଭାବାନ୍ତର ପାଇଁ ମଧ୍ୟ ସୁଯୋଗ ସୃଷ୍ଟି କରିଛନ୍ତି ।

ଅନ୍ୟାନ୍ୟ ପ୍ରସଙ୍ଗ:

ଗୋପୀନାଥଙ୍କ 'ପରଜା' ଏକ ଗ୍ରାମ୍ୟ ଜୀବନଧର୍ମୀ ବର୍ଣ୍ଣନାତ୍ମକ ଉପନ୍ୟାସ(Pastoral Epic) ଯାହାର ସର୍ଜନାତ୍ମକ ଆବେଦନ ଅତ୍ୟନ୍ତ ଭାବ ସଂବେଗାତ୍ମକ । ତେବେ ଏହି କାରଣରୁ ଜନଜୀବନ ଅଧ୍ୟୟନ ପ୍ରସଙ୍ଗ ଆସିଲେ ଗୋପୀନାଥଙ୍କ 'ପରଜା'କୁ ଖୋଜାପଡେ । ପୁଣି ଛାତ୍ର, ଗବେଷକଙ୍କର ଏହା ପ୍ରିୟ ଏଇଥିପାଇଁ ଯେ ଆମେ 'ପରଜା'କୁ ଭାରତବର୍ଷର ଷୋହଳଟି ବିଶ୍ୱବିଦ୍ୟାଳୟର ପାଠ୍ୟକ୍ରମରେ ଦେଖିବାକୁ ପାଇଛୁ ତନ୍ମଧ୍ୟରୁ କଲିକତା ବିଶ୍ୱବିଦ୍ୟାଳୟ, ପଞ୍ଜାବ କେନ୍ଦ୍ରୀୟ ବିଶ୍ୱବିଦ୍ୟାଳୟ, ଉତ୍କଳ ବିଶ୍ୱବିଦ୍ୟାଳୟ, ଇନ୍ଦିରାଗାନ୍ଧୀ ଜାତୀୟ ମୁକ୍ତ ବିଶ୍ୱବିଦ୍ୟାଳୟ ଅନ୍ୟତମ । ଏହି କାରଣୁ ଆପଣ ପାଠକପ୍ରିୟତାର ଏକ କାରଣ ଭାବରେ ଏହାକୁ ଗ୍ରହଣ କରିପାରନ୍ତି । ପୁଣି ବୃହତ୍ତର ପାଠକ ସମାଜ ପାଇଁ ଗୋଟିଏ ମହାକାବ୍ୟକୁ ନିଜ ଭାଷାର ପରିମଣ୍ଡଳ ବାହାରକୁ ଯିବାକୁ ପଡ଼ିବ, ଯାହା 'ପରଜା' କ୍ଷେତ୍ରରେ ଘଟିଛି । ଅତଏବ ସାହିତ୍ୟର ଅନୁବାଦ ଅନ୍ୟଏକ ପ୍ରସଙ୍ଗ, ଯାହା 'ପରଜା' ସଫଳତାର ଅନ୍ୟଏକ ପାହାଚ । ୧୯୪୫ରେ କଟକର ମନମୋହନ ପୁସ୍ତକାଳୟ ଦ୍ୱାରା ୧୮ସେ.ମି. ଆକୃତିର ୪୮୮ ପୃଷ୍ଠାରେ 'ପରଜା'ର ପ୍ରଥମ ସଂସ୍କରଣ ପ୍ରକାଶ ପାଇଥିଲା । ସଂପ୍ରତି ବିଦ୍ୟାପୁରୀ, କଟକ ଦ୍ୱାରା 'ପରଜା' ଓଡ଼ିଆ ଭାଷାରେ ୧୫ତମ ସଂସ୍କରଣ ୨୦୧୯ ଡିସେମ୍ବରରେ ପ୍ରକାଶିତ । ସେହିପରି ଏହାର ଇଂରାଜୀ ଅନୁବାଦ ବିକ୍ରମ ଦାସଙ୍କ ଦ୍ୱାରା ୧୯୮୭ରେ ଅକ୍ସଫୋର୍ଡ ବିଶ୍ୱବିଦ୍ୟାଳୟ ପ୍ରେସ୍, ନୂଆଦିଲ୍ଲୀ ଦ୍ୱାରା, ଫେବର ଏଣ୍ଡ୍ ଫେବର୍ ଲଣ୍ଡନ ଦ୍ୱାରା ପ୍ରକାଶିତ ହେଲା ପରେ ବିଶ୍ୱସମୁଦାୟ ତଥା ଭାରତର ଅନ୍ୟ ଭାଷାଭାଷୀ ଅଞ୍ଚଳରେ ଏହାର ଲୋକପ୍ରିୟତା ବଢ଼ିଛି । ୨୦୦୭ରେ ଏହାର ହିନ୍ଦି ଅନୁବାଦ ଏବଂ ୨୦୧୪ରେ ବଙ୍ଗଳା ଅନୁବାଦ ମଧ୍ୟ ପ୍ରକାଶ ଏହି ପୁସ୍ତକ ଲୋକପ୍ରିୟତାର କାରଣ; ଏହାର ଫ୍ରେଞ୍ଚ ଅନୁବାଦ ପ୍ରକାଶ ଅପେକ୍ଷାରେ ।

ଅନ୍ୟ ଏକ ପ୍ରସଙ୍ଗ ହେଉଛି କୌଣସି ପୁସ୍ତକ ରାଜ୍ୟ କିମ୍ବା ଜାତୀୟସ୍ତରର ପୁରସ୍କାର ପାଇଲେ ତା'ର ପାଠକପ୍ରିୟତା ଅନେକ ବଢ଼ିଯାଏ, ଯାହା 'ପରଜା' କ୍ଷେତ୍ରରେ ସମ୍ଭବ ହୋଇନାହିଁ । ମାତ୍ର ଭାରତୀୟ ଉପନ୍ୟାସ ସାହିତ୍ୟରେ 'ପରଜା' ଏକ ଅଭିଜାତ ଅଭିବ୍ୟକ୍ତି ପାଲଟିଛି । ତେବେ ଏହି ସଫଳତା ତାଙ୍କ ବିଷୟ ଚୟନ, ରଚନା ଶୈଳୀ, ତାଙ୍କର ଆଗ୍ନେୟ ଅନୁଭବ ଓ ଅନୁପମ ଆଲେଖ୍ୟ ପାଇଁ ସମ୍ଭବ ହୋଇଛି । କୌଣସି ଏକ ପୁସ୍ତକ ପାଠକପ୍ରିୟତା ପାଇ ନଥିଲେ ପଞ୍ଚସ୍ତରି ବର୍ଷଧରି ତା'ର ଯାତ୍ରା ଜାରିରଖି ପାରିନଥାନ୍ତା । ଏଥିପାଇଁ ସ୍ରଷ୍ଟା ଓ ସୃଷ୍ଟିକୁ ବିନମ୍ରତାର ସହ ଏହି ଜାତିର ପ୍ରଣାମ ।

ଶେଷକଥା ନୁହେଁ:

'ପରଜା'ର ସଫଳତାର ପଛରେ ଅଛି ଲେଖକଙ୍କ ମନର ସମର୍ପଣ । ସେ କହନ୍ତି - ମୁଁ ମୋର ଦେଖାଅଦେଖା ଜଗତକୁ ଭଲପାଏ । ମଣିଷକୁ ଭଲପାଏ, ଜୀବନକୁ ଭଲପାଏ । ମାଠିଆରେ ପାଣି ପଶିଲାପରି ଗଦ୍‌ଗଦେଇ ଉଠେ, ମୋ ଘଟରେ ମୋର ଭଲପାଇବା ଉଚ୍ଛୁଳିପଡ଼ି ହୁଏ ମୋର ଲେଖା । ଏହି ଦେଶ, ଯାହାର ପ୍ରତିଟି ଧୂଳିକଣା ମୋ ପାଇଁ ସ୍ନେହର ସମ୍ଭାର । ଏହି ପ୍ରକୃତି ଯାହା ମୋର ବ୍ୟକ୍ତିତ୍ୱର ଆଧାର, ଏହି ମଣିଷ ସେ ଯେଉଁ ବର୍ଣ୍ଣରେ ଯେତେ ଦୂରରେ ଥାଉ ପଛେ, ମୋଠି ତାଠିଁ ଏକା ରକ୍ତର ଧାର । ଏ ସମ୍ବନ୍ଧ ଅତି ଘନିଷ୍ଠ ମିଳନକ୍ରିୟା, ତା'ର ଆନନ୍ଦ ଅନ୍ୟତ୍ର ନାହିଁ ।

ଏହା ପ୍ରକୃତରେ ବାସ୍ତବ କଥା । ଯଦି ଜନଜାତିଙ୍କ ପ୍ରତି ଗୋପୀନାଥଙ୍କ ପ୍ରାଣର ଆବେଦନ ନଥାନ୍ତା, ମୁକୁଳାପଣ ନଥାନ୍ତା ଆମେ କ'ଣ 'ପରଜା'କୁ ଠିକ୍ ଏମିତି ଦେଖି ପାରିଥାନ୍ତେ ? ଯେମିତି ଜୀବନର ରଙ୍ଗ, ସ୍ୱପ୍ନ, କଳ୍ପନା ଓ ସମୟର ସରସପଣରେ ଝରି ଆସିଥିଲା 'ପରଜା'ର ପ୍ରତିଟି ପୃଷ୍ଠା । ତାଙ୍କ ବ୍ୟବହୃତ ଶବ୍ଦ ବଦଳି ଯାଇଥିଲା ଜ୍ୟାମିତିରେ ଆଉ ଏଯାବତ୍ ବାଢ଼ି ଚାଲିଛି ଅମରତ୍ୱ ଅର୍ଘ୍ୟ; ଯାହା ଭାବପ୍ରବୋଧକ ଓ ଲକ୍ଷ୍ୟନିଷ୍ଠ ।

ଏବେ ସମୟ ବଦଳିଛି । ଜମି, ଜଳ, ଜଙ୍ଗଲର ଲଢ଼େଇ ନୂଆରୂପରେ କଡ଼ ଲେଉଟେଇଛି, ମାତ୍ର ଆଉ କେହିଜଣେ ଗୋପୀନାଥ ଅଛନ୍ତି ସେ ଦୁଃଖର ସ୍ୱରକୁ ଧରିରଖିବ ? ତଥାପି ଯେବେ ବଣ ଡଙ୍ଗରର ମଣିଷକଥା ମନକୁ ଆସେ ତେବେ ପ୍ରଥମେ ମନେପଡ଼ନ୍ତି 'ପରଜା' ଓ ତାହାର ସ୍ରଷ୍ଟା ଗୋପୀନାଥ । କାରଣ କୋରାପୁଟିଆ ଶାଳବଣର କଥା କହିବାପାଇଁ ସେ ଯେଉଁ ଭାବ ଓ ଶବ୍ଦର ବସାଣ କରିଗଲେ ତାହା ଭୁଲିବାର ନୁହେଁ ।

■

ସହାୟକ ଗ୍ରନ୍ଥ ଓ ପତ୍ରପତ୍ରିକା:

୧. ପରଜା - ଗୋପୀନାଥ ମହାନ୍ତି, ବିଦ୍ୟାପୁରୀ, କଟକ, ଚତୁର୍ଦ୍ଦଶ ମୁଦ୍ରଣ, ୨୦୧୭

୨. କୋଣାର୍କ - ଓଡ଼ିଶା ସାହିତ୍ୟ ଏକାଡେମୀ, ୮୮ତମ ସଂଖ୍ୟା, ୧୯୯୩

୩. ସାଓଁତାଙ୍କ ଶବ୍ଦକୁ ଝୁରୁଛି ଡଙ୍ଗର - ଦେବାଶିଷ ପାତ୍ର, ସମାଜ ସାହିତ୍ୟପୃଷ୍ଠା- ୧୫.୨.୨୦୧୫

୪. ଦକ୍ଷିଣାଞ୍ଚଳୀୟ ଓଡ଼ିଶା ଜନଜାତି ସଂସ୍କୃତି ଓ ସାହିତ୍ୟ - ଦେବାଶିଷ ପାତ୍ର, ଓଡ଼ିଶା ରାଜ୍ୟ ପାଠ୍ୟପୁସ୍ତକ ପ୍ରଣୟନ ଓ ପ୍ରକାଶନ ସଂସ୍ଥା, ଭୁବନେଶ୍ୱର, ୨୦୧୫

'ବଣ୍ଡା' ଜନଜାତିଙ୍କ ଲୋକାଚାର

ପ୍ରତ୍ୟେକ ଜନଜାତିର ଏକ ନିଜସ୍ୱ ବିଶ୍ୱ ରହିଛି, ଯାହା ସେମାନଙ୍କ ଅସ୍ତିତ୍ୱ ଓ ଅସ୍ମିତାର କଥା କହେ । ତା'ରି ଭିତରୁ ବାରି ହୋଇପଡେ ସେମାନଙ୍କ ଜୀବନାନୁଭବର ସ୍ୱର ଆଉ ଖୋଲି ହୋଇଯାଏ ଲୋକଜୀବନକୁ ଅନୁଶୀଳନ କରିବାର ବାଟ । ଓଡ଼ିଶାରେ ଥିବା ୬୨ଜନଜାତିଙ୍କ ବିପୁଳାୟତନ ଉଚ୍ଚାରଣ ଆଉ ଆଚରଣର ଏକ ପ୍ରମୁଖ ଅଂଶ ହେଉଛି 'ରେମୋ'; ଯାହା ବଣ୍ଡା ଭାବରେ ଲୋକମାନସରେ ପରିଚିତ । ଏହି ପୁରାତନ ଜନଜାତିର ପରମ୍ପରା, ସଂସ୍କୃତି, ଭାଷା, ସାହିତ୍ୟ ଓ ଭାବ ସବୁଥିରେ ରହିଛି ଜୀବନର ମହାର୍ଘ ଅନୁଭବ ।

ଓଡ଼ିଶାର ମାଲକାନଗିରି ଜିଲ୍ଲାରେ ବସବାସ କରୁଥିବା ଏହି ଜନଜାତି ତା' ନିଜ ଭାଷାରେ 'ରେମୋ' ଭାବରେ ପରିଚିତ, ଯାହାର ଅର୍ଥ 'ଆଦିମାନବ' । ପ୍ରକୃତିର ବିସ୍ମୟ ସାଧନ କରୁଥିବା ଏହି ସ୍ୱଳ୍ପସଂଖ୍ୟକ ଜନଜାତି 'ଅଷ୍ଟ୍ରୋଏସିୟ' ପରିବାର ଅନ୍ତର୍ଭୁକ୍ତ । ୨୦୧୧ ଜନଗଣନାରେ ବଣ୍ଡାମାନଙ୍କର ସଂଖ୍ୟା ହେଉଛି ୧୨, ୨୩୧, ଯାହାକି ଓଡ଼ିଶାର ଆଦିବାସୀ ଜନସଂଖ୍ୟାର ଶତକଡ଼ା ୦.୧୨୮ । ବଣ୍ଡା ଜନଜାତିର ପୁରୁଷ ସଂଖ୍ୟା ୫୬୬୯ ହୋଇଥିବାବେଳେ ମହିଳାଙ୍କ ସଂଖ୍ୟା ୬୫୬୨ । ୧୦୦୦ ପୁରୁଷଙ୍କ ତୁଳନାରେ ମହିଳାଙ୍କ ସଂଖ୍ୟା ୧୧୫୮ । ଏହି ପରିପ୍ରେକ୍ଷୀରେ ବର୍ତ୍ତମାନ ଆମେ ବଣ୍ଡାମାନଙ୍କର ଲୋକାଚାର ସମ୍ପର୍କରେ ଆଲୋଚନା କରିବାକୁ ଉଦ୍ୟମ କରୁଅଛୁ ।

ଜୀବନଚକ୍ର : ବଣ୍ଡାର ଜୀବନଚକ୍ର ମାତୃଗର୍ଭରୁ ଭୂମିଷ୍ଠ ହେଲାପରେ ଆରମ୍ଭ ହୋଇଥାଏ । ବିବାହ ପରେ ପ୍ରତିଟି ବଣ୍ଡା ଦମ୍ପତିଙ୍କର ଇଚ୍ଛା ଥାଏ ସନ୍ତାନ ପ୍ରାପ୍ତି । କାରଣ ଏହାଦ୍ୱାରା ସେମାନଙ୍କୁ ସମାଜରେ ଏକ ସମ୍ମାନଜନକ ସ୍ଥାନ ମିଳିଥାଏ । ପୁଅ ହେଉ ବା ଝିଅ ହେଉ, ଉଭୟ ସନ୍ତାନଙ୍କ ପାଇଁ ବଣ୍ଡାମାନଙ୍କର ଥାଏ ଉତ୍ସୁକତା । ସେଥିପାଇଁ ମାତୃଗର୍ଭରେ ଶିଶୁଟି ଥିବା ପାଖରୁ ସେମାନଙ୍କ ଭିତରେ ଉତ୍କଣ୍ଠା ରହିଥାଏ ।

ଯଦିଓ ଗର୍ଭବତୀ ମହିଳାଙ୍କ ପାଇଁ ବିଶେଷ କିଛି ସୁବିଧା ବଣ୍ଡା ଗାଁରେ ଦେଖିବାକୁ ମିଳେ ନାହିଁ, ତଥାପି କିଛି ନିଷେଧାଜ୍ଞା ଗର୍ଭବତୀ ମହିଳାଙ୍କ ପାଇଁ ରହିଥାଏ ।

ଜନ୍ମ : ପିଲାଟିର ଜନ୍ମ ସମୟ ଉପନୀତ ହେଲେ ଅଭିଜ୍ଞା ମହିଳାମାନେ ବଣ୍ଡା ସ୍ତ୍ରୀଲୋକଟିକୁ ଏନ୍ତୁଡିଶାଳକୁ ନେଇଥାନ୍ତି । ପିଲାଟି ଜନ୍ମ ହେଲା ପରେ ନାଭି ନାଡ଼ କଟାଯାଇ ପିଲାଟିକୁ ପରିଷ୍କାର କରିବା ପାଇଁ ଏକ ମିଶ୍ରଣ ପ୍ରସ୍ତୁତ କରାଯାଏ । ଜଡ଼ାତେଲ, ହଳଦୀଗୁଣ୍ଡ ଏବଂ ଚାଉଳ ଚୂନାରୁ ପ୍ରସ୍ତୁତ ମିଶ୍ରଣକୁ ପିଲାଟି ଦେହରେ ଲଗାଇ ତାକୁ ସ୍ନାନ କରାଯାଏ । ସ୍ନାନ ପରେ ଗୋଟିଏ ଦିନ କେବଳ ପିଲାଟିକୁ ଉଷୁମ ପାଣି ପିଆଯାଇଥାଏ ଏବଂ ତହିଁ ପରଦିନଠାରୁ ପିଲା ମା' କ୍ଷୀର ପିଏ । ମାଆ ଏବଂ ପିଲା ଆଠଦିନ ପର୍ଯ୍ୟନ୍ତ ଏନ୍ତୁଡ଼ିଶାଳରେ ରହନ୍ତି । ନବମ ଦିନ ମାଆ ଏବଂ ପିଲାକୁ ପବିତ୍ର କରିବା ପାଇଁ ପୂର୍ବପୁରୁଷଙ୍କ ଆତ୍ମା ଉଦ୍ଦେଶ୍ୟରେ କୁକୁଡ଼ା ବଳି ଅର୍ପଣ କରାଯାଏ । ଦିଶାରୀ ବଳିରକ୍ତରୁ କିଛି ନେଇ ଧାନରେ ବୋଳିବା ସହିତ ସେହି ରକ୍ତମିଶା ଧାନ ଓ ଆମ୍ବଗଛରୁ ସଂଗୃହୀତ ଏକ ବକ୍କଳ ଏନ୍ତୁଡ଼ିଶାଳରେ ରଖିବା ସହିତ ଆଉ ଏକ ବକ୍କଳ ଦ୍ୱାରବନ୍ଧରେ ରଖନ୍ତି । ଏହାଦ୍ୱାରା କୌଣସି ଦୁଷ୍ଟ ଶକ୍ତି ସେଠାକୁ ପ୍ରବେଶ କରିପାରିବ ନାହିଁ ବୋଲି ବିଶ୍ୱାସ ରହିଛି । ପରେ ସେହି ବକ୍କଳକୁ ପୋଡ଼ି ତାହାର ପାଉଁଶକୁ ଘରର ବିଭିନ୍ନ ସ୍ଥାନରେ ଲଗାଯାଏ ।

ପିଲା ଜନ୍ମର ପନ୍ଦର ଦିନ ପରେ 'ଡୁବକାଇଗେ' କର୍ମ ଅନୁଷ୍ଠିତ ହୁଏ । ଏହିଦିନ ମା'କୁ ଶୁଦ୍ଧପୂତ କରାଯାଇ ରୋଷେଇ କାର୍ଯ୍ୟ କରିବାକୁ ଅନୁମତି ଦିଆଯାଏ । କର୍ମଦିନ ସକାଳେ ପିଲାର ବାପା ଗାଁର ଏକ ଅବିବାହିତ ବାଳକକୁ ସାଥିରେ ନେଇ ପିଲାର ମାମୁ ଘରକୁ ଯାଇ ଖବର ଦିଏ । ପୁଅ ହୋଇଥିଲେ ପିଲାର ଅଜା ପାଛିଆଏ ଧାନ ସହିତ ଗଞ୍ଜାଟିଏ ତା' ନାତି ଉଦ୍ଦେଶ୍ୟରେ ପ୍ରଦାନ କରିଥାଏ । ଝିଅ ହୋଇଥିଲେ ଗଞ୍ଜା ବଦଳରେ କୁକୁଡ଼ା ଦିଏ । ଏହି ଧାନ ଓ କୁକୁଡ଼ା ଜ୍ଞାତିର ସଦସ୍ୟଙ୍କୁ ଦିଆଯାଇଥାଏ ।

ନାମକରଣ : ପିଲାଜନ୍ମ ପରେ ନାମକରଣ ଉତ୍ସବ ହିଁ ପ୍ରମୁଖ ଉତ୍ସବ ଭାବରେ ପାଳନ କରାଯାଏ । ନାମକରଣ ପାଇଁ ୬ବର୍ଷ ବୟସ ପର୍ଯ୍ୟନ୍ତି ଯେକୌଣସି ଦିନ ଦିଶାରୀର ପରାମର୍ଶ ଏବଂ ପରିବାରର ସୁବିଧା ଅନୁସାରେ ଧାର୍ଯ୍ୟ କରାଯାଇଥାଏ । ଯେଉଁମାନଙ୍କ ନାମକରଣ ଅତି ବିଳମ୍ବ ହୋଇଥାଏ, ନାମକରଣ ପର୍ଯ୍ୟନ୍ତ ସବୁଲୋକେ ତାକୁ 'ଡମ୍' ବୋଲି ଡାକିଥାନ୍ତି । କାରଣ ଗାଁରେ ଡମ୍ବ ସମ୍ପ୍ରଦାୟର ଲୋକଙ୍କର ନାମକରଣ ସହିତ ନିବିଡ଼ ସମ୍ପର୍କ ରହିଛି । ନାମକରଣ ଦିନ ଡମ୍ବ ଦ୍ୱାରା ପିଲାକୁ ନୂଆଲୁଗା, କାନଫାଶିଆ ଏବଂ ଅନ୍ୟାନ୍ୟ ଆବଶ୍ୟକ ବସ୍ତୁ ପ୍ରଦାନ କରାଯାଇଥାଏ ।

ଏଥିପାଇଁ ବଣ୍ଡା ପରିବାର ତରଫରୁ ଉକ୍ତ ଲୋକକୁ କିଛି ଅର୍ଥ ଏବଂ ଗାଈ କିମ୍ବା ବଳଦଟିଏ ଉପହାର ଭାବରେ ଦିଆଯାଏ ।

ବଣ୍ଡାର ନାମକରଣ ଅତ୍ୟନ୍ତ ବୈଚିତ୍ର୍ୟମୟ । ଯେଉଁଥିପାଇଁ ସମାନ ନାମଧାରୀ ଅଧିକାଂଶ ବଣ୍ଡା ପୁରୁଷ ଓ ମହିଳା ଗୋଟିଏ ଗାଁରେ ଦେଖିବାକୁ ମିଳନ୍ତି । ସେମାନଙ୍କ ନାମକରଣ ସପ୍ତାହର ସାତବାରରୁ ଜନ୍ମଦିବସର ବାର ନେଇ ନାମିତ କରାଯାଇଥାଏ । ସମାନ ବାରରେ ଜନ୍ମିତ ପୁରୁଷ ଓ ମହିଳାଙ୍କ ନାମରେ ସାମାନ୍ୟ ପାର୍ଥକ୍ୟ ଦେଖିବାକୁ ମିଳେ, ତାହା ସାରଣୀରେ ପ୍ରଦାନ କରାଗଲା ।

ସାରଣୀ

ଜନ୍ମବାର	**ପୁରୁଷଙ୍କ ନାମ**	**ମହିଳାଙ୍କ ନାମ**
ରବିବାର	ଆଦି, ରବି	ଆଦିବାରୀ
ସୋମବାର	ସୋମା, ସୋମାରୁ	ସମ୍ବାରୀ
ମଙ୍ଗଳବାର	ମଙ୍ଗଳା	ମଙ୍ଗୁଲି, ମଙ୍ଗଲି
ବୁଧବାର	ବୁଦ୍ଧୁ, ବୁଦା, ବୁଦ୍ରା, ବୁଧ	ବୁଦେଇ, ବୁଧେଇ
ଗୁରୁବାର	ଗୁରୁ, ଲଛ୍ମା	ଗୁରୁବାରୀ, ଲଛ୍ମୀ
ଶୁକ୍ରବାର	ଶୁକ୍ରୁ, ଶୁକ୍ରା	ଶୁକ୍ରୀ
ଶନିବାର	ଶନିଆ, ସନା, ସନ୍ନ୍ୟାସୀ	ସୋନି, ସୋନିଆ, ସନାଇ

ନାମକରଣ ଉତ୍ସବ ଠାରୁ ପିଲାଟି ବଡ଼ ହେବା ପର୍ଯ୍ୟନ୍ତ ବିଭିନ୍ନ କର୍ମକର୍ମାଣି ଓ ଅନୁଷ୍ଠାନ ଆଦି ବଣ୍ଡା ସମାଜରେ ଦିଶାରୀର ନିର୍ଦ୍ଦେଶରେ ପାଳିତ ହୁଏ । ବଣ୍ଡା ଝିଅଟି ତା' ମାଆର ଏବଂ ବଣ୍ଡା ପୁଅ ତା' ବାପାର ସହଜାତ ଗୁଣ ନେଇ ସାମାଜିକ ବେଷ୍ଟନୀ ଭିତରେ ବଢ଼ି ଚାଲେ ।

ଶୈଶବ : ଜନ୍ମରୁ ପ୍ରଥମ ତିନି ବର୍ଷ ବଣ୍ଡା ପିଲାମାନେ ବାପା-ମାଆଙ୍କ ଦ୍ୱାରା ଯତ୍ନର ସହିତ ପାଳିତ ହୁଅନ୍ତି । ଏହି ସମୟରେ ଶିଶୁଟି ମାତୃ ସ୍ତନ୍ୟ ଉପରେ ସମ୍ପୂର୍ଣ୍ଣ ନିର୍ଭରଶୀଳ ହୋଇଥାଏ । ମାତ୍ର ଶିଶୁ ମୃତ୍ୟୁହାର ବଣ୍ଡା ଅଞ୍ଚଳରେ ଅଧିକ ଦେଖାଯାଉଥିବାରୁ ଶୈଶବଟି ଅକାଳରେ ଝରିପଡ଼େ । ଏହାର କାରଣ ସେଠାକାର ଅସ୍ୱାସ୍ଥ୍ୟକର ପରିବେଶ । ଖରା, ବର୍ଷା କିମ୍ବା ଶୀତ ହେଉ ପିଲାଟିକୁ ଗୋଟିଏ ମଇଳା ଲୁଗାରେ ବାନ୍ଧି ପିଠିରେ ଝୁଲାଇ ମାଆଟି କୃଷିକ୍ଷେତ୍ରଠୁ ଆରମ୍ଭ କରି ବଣପାହାଡ଼ ସବୁଠିକୁ ଯାଇଥାଏ; ପରିଣତିରେ ପିଲାଟି ବିଭିନ୍ନ ରୋଗରେ ଆକ୍ରାନ୍ତ ହୋଇଥାଏ ।

କୁପୋଷଣ ଅଭାବରୁ ମଧ୍ୟ ଶିଶୁମୃତ୍ୟୁ ଅଧିକ ପରିମାଣରେ ହୋଇଥାଏ । ମାଆ କ୍ଷୀର ଉପରେ ନିର୍ଭର କରୁଥିବା ପିଲାଟି ନ କାନ୍ଦିବା ପର୍ଯ୍ୟନ୍ତ ମାଆ କ୍ଷୀର ଦିଏ ନାହିଁ ।

ପୁଣି, କ୍ଷୀର ପିଆଇଲାବେଳେ ତା' ଛାତି ଉପରେ ପଡ଼ିଥିବା ଅଳଙ୍କାର ପିଲା ପ୍ରତି ଅତ୍ୟନ୍ତ କଷ୍ଟଦାୟକ ହୋଇଥାଏ । ଅନେକାଂଶରେ ଖାଦ୍ୟାଭାବ କାରଣରୁ ମାଆ ଠାରେ ଉପଯୁକ୍ତ ପରିମାଣରେ କ୍ଷୀର ମଧ୍ୟ ସୃଷ୍ଟି ହୋଇନଥାଏ । ଏପରିକି ପିଲାକୁ କାଖ କରିବା କିମ୍ବା କୋଳ କରିବା ଅସୁବିଧା ହୋଇଥାଏ, ତେଣୁ ବହୁବିଧ କାରଣ ପାଇଁ ଶିଶୁଟି ଉପଯୁକ୍ତ ଭାବରେ ବଢ଼ିପାରେ ନାହିଁ ।

ଏହିଭଳି ପ୍ରତିକୂଳ ପରିସ୍ଥିତିରେ ବଢ଼ି ପିଲାଟି ସେହି ପରିବେଶ ସହିତ ଖାପ ଖୁଆଇବା ଆରମ୍ଭ କରେ । ପିଲାଟି ଦିନରୁ ବାପା-ମାଆଙ୍କ ସହିତ ବଣକୁ ଯିବା ଯୋଗୁ ପିଲାଟି ଜଙ୍ଗଲ ପରିବେଶ ସହିତ ଯୋଡ଼ି ହୋଇଯାଏ । ପୁଣି ପଶୁପକ୍ଷୀଙ୍କ ସ୍ୱର ଶୁଣି ତା'କୁ ବି ଅନୁକରଣ କରିଥାଏ ଏବଂ ଖେଳାବୁଲା କରି ସମୟ କଟାଇଥାଏ ।

ବଣ୍ଡାଙ୍କ ବିବାହ ପ୍ରଥା : ବିବାହ ପ୍ରତି ବଣ୍ଡାଙ୍କ ମନୋଭାବ ଅନ୍ୟାନ୍ୟ ଆଦିମ ଜନଜାତିଙ୍କ ଠାରୁ କିଛିଟା ଭିନ୍ନ । ମାତ୍ର ବିବାହ ଯେ ସେମାନଙ୍କୁ ସ୍ନେହଶୀଳ ଓ ରୋମାଣ୍ଟିକ କରେ, ଏହା ଉଭୟ ବଣ୍ଡା ତରୁଣତରୁଣୀଙ୍କର ଅନୁଭବ । ବୋଧହୁଏ ସେଥିପାଇଁ ବଣ୍ଡା ତରୁଣମାନେ ବିବାହ ପୂର୍ବରୁ ନାଟକୀୟ ଢଙ୍ଗରେ ତରୁଣୀମାନଙ୍କ ହୃଦୟ ଜୟ କରିଥାନ୍ତି ଆଉ ବିବାହ କରିଥାନ୍ତି । ଏମାନେ ଅତ୍ୟନ୍ତ ସ୍ୱାଧୀନଚେତା ଥିବା ଯୋଗୁ ବଣ୍ଡା ଯୁବକର ପିତାମାତା ନିଜ ଇଚ୍ଛାରେ ବୋହୂ ଆଣିପାରିବେ ନାହିଁ କି କନ୍ୟା ପିତାମାତା ଜାମାତା ଚୟନ କରିପାରିବେ ନାହିଁ । ବରଂ ପୁଅ-ଝିଅ ପରସ୍ପର ସମ୍ମତି ପ୍ରକାଶ କଲା ପରେ ପିତାମାତା ବିବାହ ପ୍ରକ୍ରିୟାକୁ ଆଗେଇ ନେଇଯାଆନ୍ତି । କିନ୍ତୁ ସମଗୋତ୍ରରେ ବିବାହ ନିଷିଦ୍ଧ ଭଳି ଚଳଣି ବଣ୍ଡା ସମାଜରେ ରହିଛି । ଯେମିତି ମୁଦୁଲି ଘର ସହିତ ମୁଦୁଲି ଘରର ଏବଂ କିର୍ସାନୀ ଘର ସହିତ କିର୍ସାନୀ ଘରର ସମ୍ବନ୍ଧ ଅସମ୍ଭବ ।

ବିବାହ ସମାଜ ଜୀବନ ପାଇଁ ଆବଶ୍ୟକ ବୋଲି ବଣ୍ଡାର ଅନୁଭବ ଥିବା ହେତୁ ଜୀବନଯାକ ଅବିବାହିତ ଥିବା ଲୋକେ ଏଠି ଦେଖିବାକୁ ମିଳନ୍ତି ନାହିଁ । ବିଶେଷତଃ ବଣ୍ଡା ବିବାହ ପ୍ରଥାରେ ପୁଅମାନଙ୍କ ବୟସ ୧୦ବର୍ଷ ଏବଂ ଝିଅଙ୍କ ବୟସ ୧୫ବର୍ଷ ହୋଇଗଲେ ସେମାନେ ବିବାହଯୋଗ୍ୟ ବୋଲି ଗ୍ରହଣ କରାଯାଏ । ବିଶେଷ କରି ବାଳକ ବରଟିଏ ତା'ଠାରୁ ଅଧିକ ବୟସର ତରୁଣୀକୁ କନ୍ୟା ଭାବରେ ଚୟନ କରେ ଓ ବିବାହ କରେ । ସେମାନଙ୍କ ସମାଜରେ ବିଶ୍ୱାସ ରହିଛି, ସ୍ତ୍ରୀର ବୟସ ହେଲା ପରେ କୌଣସି ଗୃହକାର୍ଯ୍ୟ ନକରି ପାରିଲେ ଯୁବକ ସ୍ୱାମୀ ଗୃହକାର୍ଯ୍ୟ ଓ ଅନ୍ୟାନ୍ୟ କାର୍ଯ୍ୟ କରି ପରିବାର ପ୍ରତିପୋଷଣ କରିପାରିବ । ତେବେ ବଣ୍ଡା ସମାଜରେ ଭିନ୍ନ ଭିନ୍ନ ପ୍ରକାରର ବିବାହ ପ୍ରଥା ରହିଛି, ଯାହା ଆଲୋଚନା ଅନ୍ତର୍ଭୁକ୍ତ କରାଗଲା ।

୧. ସେବୁଙ୍ଗ(ପାରମ୍ପରିକ ବିବାହ) : ବଣ୍ଡାଙ୍କ ବିବାହ ପରମ୍ପରାରେ 'ସେଲାନିଡ଼ିଙ୍ଗୋ' (ଧାଂଡ଼ୀବସା) ଏବଂ 'ଇଙ୍ଗେରସିନ୍'(ଧାଂଡ଼ାବସା)ର ଭୂମିକା ସବୁଠାରୁ ଅଧିକ । ଇଙ୍ଗେରସିନ୍‌ରେ ରହୁଥିବା ଧାଂଡାମାନେ ପାଖ ଗାଁରେ ଥିବା 'ସେଲାନିଡ଼ିଙ୍ଗୋ'କୁ କନ୍ୟା ଚୟନ କରିବାକୁ ଯାଆନ୍ତି । ୧୦ ରୁ ୧୫ ବର୍ଷ ବୟସର ଧାଂଡ଼ା ୧୫ ରୁ ୨୦ବର୍ଷ ବୟସର ଧାଂଡ଼ୀମାନଙ୍କ ଉଦ୍ଦେଶ୍ୟରେ 'ଶେଲାଗବଏ' ବା ଝିଅ ପଟେଇବା ଗୀତ ଗାଇଥାଆନ୍ତି ଏବଂ ନୃତ୍ୟ ପରିବେଷଣ କରନ୍ତି । ଏଇଠି ଯଦି ଧାଂଡ଼ା କୌଣସି ଧାଂଡ଼ୀର ମନକୁ ଜିତିଲା ତେବେ ଧାଂଡ଼ାର ସାଥୀମାନେ ଧାଂଡ଼ାର ପିତାମାତାଙ୍କୁ ଜଣାନ୍ତି ।

ଧାଂଡ଼ାର ବାପା ଜଣେ ଉପଯୁକ୍ତ ଲୋକ ହାତରେ ଖଡୁ ପଠାଇ କନ୍ୟାକୁ ମନୋନୀତ କରାଇଥାଏ । ସେହି ଲୋକଟି ଧାଂଡ଼ାମାନଙ୍କ ସାଥୀରେ ଧାଂଡ଼ୀ ବସାକୁ ଯାଇ ଝିଅକୁ ବୁଝାଇ ଖଡୁ ପ୍ରଦାନ କରେ । କନ୍ୟାକୁ ଖଡୁ ପ୍ରଦାନ ବେଳେ ଡାହାଣ ହାତର ମଝି ଆଙ୍ଗୁଳିକୁ ଧରି ଲୋକଟି ସହିତ ଧାଂଡ଼ାମାନେ ଗୀତ ଗାଆନ୍ତି -

ଟିଂ ଟିଂ ଆଡ଼େଙ୍ଗା, ପଟ୍ ପଟ୍ ଆଡ଼େଙ୍ଗା
ଜିଲିଂ ଜାତି ଆଡ଼େଙ୍ଗା କୁଇ ଡେମ୍
ମୈନା ତମ୍ଧ, ରମ୍ଧିତମ୍ଧ
ଘୁଷାଂ ତମ୍ ମୈନା କୁଇ ଡେମ୍....

x x x

ବଙ୍ଗତେ ବରନା କିମି
ଗୁଲାଇ ବରନା କିମି
ସିଙ୍ଗୁର ବରନା କିମି
ମୈନା କୁଇଡେମ୍ । (ତଥ୍ୟ : ବୁଦେଇ ବାତ୍ରୀ-ଅଣ୍ଡାହାଲ)

କେଉଁଠି କେଉଁଠି ମଧ୍ୟସ୍ଥ ବିନା ପୁଅର ବାପା ଖଡୁ ପିନ୍ଧାଇ କନ୍ୟାକୁ ସ୍ୱୀକୃତି ପ୍ରଦାନ କରେ । ତେବେ କନ୍ୟା ରାଜି ଥିଲେ ଖଡୁ ଗ୍ରହଣ କରେ । କନ୍ୟା ରାଜି ନ ଥିଲେ କନ୍ୟା ପିତାମାତାଙ୍କ ମାଧ୍ୟମରେ କନ୍ୟାକୁ ରାଜି କରାଯାଏ ।

କନ୍ୟା ରାଜି ହେଲେ ପୁଅଘରୁ ଝିଅଘରକୁ ମାଂସ, ସଲପ, ପେଣ୍ଡମ୍ ଗଲା ପରେ ଦୁଇପକ୍ଷର ଲୋକେ ଭୋଜି କରନ୍ତି ଏବଂ ନୃତ୍ୟଗୀତର ଆସର ଭିତରେ ବିବାହ ସମ୍ପନ୍ନ ହୁଏ । ସାଧାରଣତଃ ମାର୍ଗଶୀର କିମ୍ବା ପୌଷ ମାସରେ ବିବାହ ଅନୁଷ୍ଠିତ ହୁଏ । ମାତ୍ର 'ପୁଷ୍ପରବ' ପରବର୍ତ୍ତୀ ମଙ୍ଗଳବାର କିମ୍ବା ଶନିବାର କନ୍ୟା ଶାଶୁ ଘରକୁ ପ୍ରଥମ କରି ଆସେ । କନ୍ୟାକୁ ଆଣିବା ପାଇଁ ବରଘର ଗାଁର ଯୁବତୀମାନେ ଯାଇ 'କନିଆ

ଅଣାଗୀତ' ବା 'ଓ୍ୱାୟେବଏଶାମ୍' ଗାଇ କନ୍ୟାକୁ ଆଣିଥାନ୍ତି । ସେହି ଗୀତ ଭିନ୍ନ ଭିନ୍ନ ଗାଁରେ ଭିନ୍ନ ଭିନ୍ନ ପ୍ରକାରର । ଏସବୁ ଗୀତ ସେମାନଙ୍କ ଲୋକଗୀତ ପର୍ଯ୍ୟାୟର -

ଜୁକ ସରଇଣ୍ଡ୍ରେଂ ଡେନ୍‌ତା
ଲେ ସର ଇଣ୍ଡ୍ରେଂ ଡେନ୍‌ତା
ଡେଇ ସର ଇଣ୍ଡ୍ରେଂ ଡେନ୍‌ତା ମୈନାଡେମ୍
ପନ୍ଦିନା କିମି, ପଡ଼କା ନା କିମି, ଧନ୍ଦିନା କିମି
ମୈନା ଡେମ୍....

କନ୍ୟା ତା' ଶାଶୁଘରକୁ ଆସିଲା ପରେ ସେଠାରେ ସେ ଚରୁଅନ୍ନ ପ୍ରସ୍ତୁତ କରି ପିତୃପୁରୁଷଙ୍କ ଉଦ୍ଦେଶ୍ୟରେ ଅର୍ପଣ କରେ ଏବଂ ବିଧିବଦ୍ଧ ଭାବରେ ସେ ପରିବାରର ସଦସ୍ୟ ଭାବରେ ପରିଗଣିତ ହୁଏ । କିଛିଦିନ ପରେ କନ୍ୟା ଯେତେବେଳେ ତା' ବାପା ଘରକୁ ଯାଏ, ସେତେବେଳେ ପୁଅଘରୁ ଖାଦ୍ୟଦ୍ରବ୍ୟ, ଗାଈ-ବଳଦ ଓ କନ୍ୟା ଝୋଲା ପଠାଯାଇଥାଏ । କେତେକ ସ୍ଥଳରେ କନ୍ୟା ଝୋଲା ବିବାହର ୩ ରୁ ୪ଦିନ ଭିତରେ ଦିଆଯାଉଥିବାବେଳେ ଗରିବ ଘରେ ଏହା ବହୁଦିନ ପରେ ଦେଇଥାନ୍ତି । ଝିଅ ସହିତ ଯେଉଁ ଉପହାର ନେଇ ତା' ବାପା ଘରକୁ ଯିବା ହୁଏ ଉକ୍ତ ଅନୁଷ୍ଠାନକୁ 'ହାଣ୍ଡିବାହୁଡ଼ା' କୁହାଯାଏ । ଏହି ପଦ୍ଧତିର ବିବାହ ପ୍ରଥା ଅତ୍ୟନ୍ତ ପାରମ୍ପରିକ ଏବଂ ଏହାକୁ 'ସେବୁଙ୍ଗ୍' କୁହାଯାଏ ।

ତେବେ ମନପସନ୍ଦର କନ୍ୟାକୁ ବିବାହ କରିବା ଏବଂ ଉଭୟ ପକ୍ଷର ସ୍ୱୀକୃତି ପାଇଁ ବଣ୍ଡା ପରିବାରକୁ ଅଧିକ ଖର୍ଚ୍ଚାନ୍ତ ହେବାକୁ ପଡୁଥିବାରୁ 'ସେବୁଙ୍ଗ୍' ବିବାହ ପ୍ରଥା ପ୍ରତି ଆକର୍ଷଣ କ୍ରମଶଃ କମିଯାଉଛି ।

୨. ଡାମୁଙ୍ଗ୍ ଜାଙ୍ଗ(ଡାଲ୍ ଭାତ୍) : ସେବୁଙ୍ଗ୍ ପ୍ରଥା ପରି 'ଡାମୁଙ୍ଗଜାଙ୍ଗ୍' ସମଧରଣର ବିବାହ ପ୍ରଥା । ମାତ୍ର ଏଥିରେ କମ୍ ଖର୍ଚ୍ଚରେ ବିବାହ ହୋଇଥାଏ । ସେବୁଙ୍ଗ୍ ପ୍ରଥାରେ ଥିବା ପିତାମାତାଙ୍କ ସମ୍ମତି ଏବଂ କନ୍ୟା ଝୋଲା ପ୍ରଦାନ ଏଥିରେ ରହିଛି । ମାତ୍ର ପରସ୍ପରର ଗୃହକୁ ଅଳ୍ପ ଗସ୍ତ ଏବଂ ଅଳ୍ପ ଭୋଜିରେ ଏଥିରେ କାମ ଚଳାଇ ନିଆଯାଏ । ଏହି ପ୍ରଥାରେ ମାଂସ ଅପେକ୍ଷା ମଦ ଉପରେ ଗୁରୁତ୍ୱ ବେଶୀ । ଝିଅ ଘରକୁ ଏହି ପ୍ରଥାରେ ମଇଁଷି, ଗାଈ, ବଳଦ ଦେବାକୁ ପଡ଼େ ନାହିଁ । ରେମୋ ଭାଷାରେ ଏହାକୁ 'ଡାମୁଙ୍ଗ୍‌ଜାଙ୍ଗ୍' କୁହାଯାଉଥିଲାବେଳେ ଦେଶିଆ ଭାଷାରେ ଏହି ବିବାହକୁ ଡାଲ୍‌ଭାତ୍ ବିବାହ କହନ୍ତି ।

୩. ଉଦୁଲିଆ ବିଭା : ଅନ୍ୟାନ୍ୟ ଜନଜାତିରେ ଥିବା ଉଦୁଲିଆ ବିବାହ ବା ପ୍ରେମ ବିବାହ ପ୍ରଥା ବଣ୍ଡା ଜନଜାତି ଗୋଷ୍ଠୀରେ ମଧ୍ୟ ଦେଖିବାକୁ ମିଳେ । ଏହି

ବିବାହ ପୂର୍ବରୁ ପୁଅଝିଅ ପରସ୍ପର ଗୋପନୀୟ ଭାବେ ପ୍ରେମ କଲାପରେ ପୁଅଟି ଝିଅକୁ ଡଙ୍ଗରରୁ କିମ୍ବା ହାଟରୁ ନେଇ ପଳାଇଯାଏ । ପରେ ଉଭୟ ପକ୍ଷର ପିତାମାତା ରାଜି ହେଲା ପରେ ବିବାହ ସମ୍ପନ୍ନ ହୁଏ ।

୪. ପଇସା ମୁଣ୍ଡି ବିଭା : ସମୟ ସମୟରେ ସ୍ୱାମୀ ଥିବା ବଣ୍ଡା ମହିଳା ଆଉ କାହା ପ୍ରେମରେ ପଡ଼ି ତା'ର ପ୍ରଥମ ପତିକୁ ତ୍ୟାଗ କରି ଦ୍ୱିତୀୟ ପତି ଗ୍ରହଣ କରେ କିମ୍ବା ପୁରୁଷଟିଏ ବିବାହିତା ମହିଳାକୁ ସ୍ତ୍ରୀ ଭାବରେ ଗ୍ରହଣ କରେ, ସେହି ବିବାହ ପ୍ରଥାକୁ 'ପଇସାମୁଣ୍ଡି ବିଭା' କୁହାଯାଏ । ଏହି ବିବାହ ସମୟରେ ଦ୍ୱିତୀୟ ସ୍ୱାମୀ ପ୍ରଥମ ସ୍ୱାମୀକୁ ଦୁଇଗୁଣ କନ୍ୟାଝୋଲା ପ୍ରଦାନ କରିଥାଏ । ତେବେ ଏହିଭଳି ବିବାହ ପ୍ରଥା ବଣ୍ଡା ସମାଜରେ ସବୁଠାରୁ ଅଳ୍ପ ।

୫. ଗୁସୁଂଗୁଇ(ବିଧବା ବିବାହ) : ବଣ୍ଡା ସମାଜରେ ବିଧବା ବିବାହ ପ୍ରଥା ରହିଛି । ଯଦି ସ୍ୱାମୀର ମୃତ୍ୟୁ ହୁଏ, ତେବେ ସ୍ୱାମୀର ବଡ଼ଭାଇ(ଦେଢ଼ଶୁର) ଥିଲେ ବିଧବା ଜଣଙ୍କ ତାଙ୍କୁ ବିବାହ କରିଥାଏ । ଏହି ବିବାହ ପ୍ରଥାକୁ 'ଗୁସୁଂଗୁଇ' କୁହାଯାଏ ।

୬. ଗୁବାଇଗଡୁ ରୁଂଗୁନ୍(କନ୍ୟାଝିକା ବିଭା) : ବଳପୂର୍ବକ ବିବାହ ବା କନ୍ୟାଝିକା ବିବାହ ବଣ୍ଡା ଚଳଣିରେ ରହିଛି, ତାହାକୁ 'ଗୁବାଇଗଡୁରୁଂଗୁନ୍' କହନ୍ତି । ଏଥିରେ ଧାଂଡ଼ୀବସାରେ ଧାଂଡ଼ୀଟି ଧାଂଡ଼ାକୁ ପସନ୍ଦ ନ କଲେ ବି ଧାଂଡ଼ା ବଳପୂର୍ବକ ଖଡୁ ପିନ୍ଧାଏ ଏବଂ ବନ୍ଧୁମାନଙ୍କ ସହଯୋଗରେ ସେଲାନିଡିଙ୍ଗୋ, ହାଟ ବା କ୍ଷେତରୁ ଏକୁଟିଆ ଫେରୁଥିଲାବେଳେ ଅପହରଣ କରି ବିବାହ କରେ । ଏହି ବିବାହ ପରେ ଦୁଇ ପରିବାର ଭିତରେ ବୁଝାମଣା ହେଇ କନ୍ୟା ଝୋଲା ପଇଠ ହେବା ପରେ ଭୋଜିଭାତ ହୋଇଥାଏ ।

ସଂପ୍ରତି ଏହି ପ୍ରକାର ବିବାହ ବଣ୍ଡା ଅଞ୍ଚଳରେ ସବୁଠାରୁ ଅଧିକ ପରିମାଣରେ ଦେଖିବାକୁ ମିଳୁଛି । ତେବେ ବିବାହ ପୂର୍ବରୁ ଯୌନ ସମ୍ପର୍କ ବଣ୍ଡା ସଂସ୍କୃତିରେ ଅପରାଧ ବୋଲି ଗ୍ରହଣ କରି ତାଙ୍କ ବିବାହ ପରମ୍ପରା ଯେ ମହାନ ତାହା ପ୍ରମାଣ କରିଛି । ଏସବୁ ସତ୍ତ୍ୱେ ବଣ୍ଡା ସମାଜରେ ଛାଡ଼ପତ୍ର ପ୍ରଥା ମଧ୍ୟ ପ୍ରଚଳିତ ଅଛି । ଏହି ଛାଡ଼ପତ୍ରର କାରଣ ସ୍ତ୍ରୀ ଉପରେ ଅବିଶ୍ୱସନୀୟତା । ଛାଡ଼ପତ୍ର ପରେ ବଣ୍ଡା ପୁରୁଷ ଓ ମହିଳା ଭିନ୍ନ ଭିନ୍ନ ରହି ଅନ୍ୟତ୍ର ବିବାହ କରିବାର ଉଦାହରଣ ମଧ୍ୟ ରହିଛି ।

ମୃତାହ କର୍ମ : ବଣ୍ଡା ଲୋକର ମୃତ୍ୟୁ ପରେ ମୃତାହ କର୍ମ କରିବା ପୂର୍ବରୁ ତା'କୁ ପୋଡ଼ି ଦିଆଯାଏ କିମ୍ବା ଦାହ କରାଯାଏ । ଶବକୁ ଦାହ କରିବାର ଥିଲେ ଯୁଇରେ ମୃତକ ସହିତ ତା'ର ବ୍ୟବହୃତ ଧନୁ ଏବଂ କିଛି ବାସନ ରଖି ଅଗ୍ନି ସଂଯୋଗ

କରାଯାଏ । ସେହିପରି ଶବକୁ ପୋତିବାବେଳେ ତା'ର ବ୍ୟବହୃତ ଅସ୍ତ୍ର ଏବଂ କିଛି ଘରକରଣା ବସ୍ତୁ ପୋତି ଦିଆଯାଏ ।

ଏହାପରେ ମୃତକର ଆତ୍ମୀୟମାନେ ସେହି ସ୍ଥାନ ଛାଡି ଝରଣାରେ ଶୁଦ୍ଧ ସ୍ନାନ କରନ୍ତି । ବିଶ୍ୱାସ ରହିଛି ଏହି ସ୍ନାନ କରିବା ଦ୍ୱାରା 'ଦଶାହ' ପର୍ଯ୍ୟନ୍ତ ମୃତ ଲୋକର ଆତ୍ମା ସେମାନଙ୍କୁ ବଶୀଭୂତ କରିପାରିବ ନାହିଁ । ସେହିଦିନ ମୃତକର ଘରେ କିଛି ରନ୍ଧା ହୋଇନଥାଏ । ରାତିରେ ମୃତକର ପତ୍ନୀ ଭାତ ରାନ୍ଧି ନୂଆପାତ୍ରରେ ନେଇ ଦାହ ସ୍ଥଳରେ ଆତ୍ମା ଉଦ୍ଦେଶ୍ୟରେ ରଖି ଆସେ । ସେଠାରୁ ଫେରିଲା ପରେ ମୃତକର ଜ୍ୟେଷ୍ଠପୁତ୍ର ଅଣ୍ଡାଟିଏ ଆଣି ଘରର ମଧ୍ୟଭାଗରେ ଥିବା ଖୁଣ୍ଟ(ମୂଳ ଦେଇ) ନିକଟରେ ଭାଙ୍ଗେ । ପରେ ସେହି ଅଣ୍ଡାର କେଶରରେ ପାଣି ମିଶାଇ ଆମ୍ବ ଡାଳରେ ବୁଡ଼ାଇ ଘରର ଚାଳ ଉପରକୁ ଛିଞ୍ଚା ଯାଇଥାଏ ।

ତାହାର ତୃତୀୟ ଦିନ 'ବୁଡ଼' ପରମ୍ପରା ଅନୁଷ୍ଠିତ ହୁଏ । ଏହିଦିନ ମୃତକର ସ୍ତ୍ରୀ ଯାଇ ଦାହସ୍ଥଳରୁ ଅସ୍ଥି ସଂଗ୍ରହ କରିଥାନ୍ତି । ଏହା ସହିତ ଶିଆଳି ପତ୍ରରେ ପାଉଁଶ ବି ସଂଗ୍ରହ କରାଯାଇଥାଏ । ଏହିସବୁ ନେଇ ଘରକୁ ଫେରିବା ପରେ ଦିଶାରୀ ଅସ୍ଥି ଓ ପାଉଁଶ ଉପରେ ପାଣି ଛିଞ୍ଚି ମନ୍ତ୍ର ପଢ଼ି ତାକୁ ପବିତ୍ର କରିଥାନ୍ତି । ଘରର ଦ୍ୱାରବନ୍ଧରେ ଅପେକ୍ଷା କରିଥିବା ଭାଇ ସେହି ସ୍ତ୍ରୀଲୋକ ଉପରକୁ ଅଣ୍ଡାର କେଶର ମିଶା ପାଣି ଛାଟିବା ପରେ ସେ ପବିତ୍ର ହୋଇଥାଏ । ଏହାପରେ ମୃତକର ସ୍ତ୍ରୀକୁ ଶୁଦ୍ଧ ସ୍ନାନ କରିବାକୁ ପଡ଼େ ।

ଦଶମ ଦିବସରେ 'କିଙ୍ଗ୍‌ଡାକ୍' କର୍ମ ବା ଦଶ ଉତ୍ସବ ପାଳିତ ହୁଏ । ଏହି ଉତ୍ସବରେ ଅଂଶଗ୍ରହଣ କରିବା ପାଇଁ ଜ୍ଞାତିକୁଟୁମ୍ବ ଓ ବନ୍ଧୁବାନ୍ଧବଙ୍କୁ ନିମନ୍ତ୍ରଣ କରାଯାଇଥାଏ । ଭାତ ଓ ମାଂସ ରନ୍ଧା ସରିଲା ପରେ ଅତିଥିଙ୍କୁ ଖାଦ୍ୟ ପରଷିବା ପୂର୍ବରୁ ମଶାଣିରେ ୧୪ଟି ପତ୍ରଦନାରେ ୧୪ ପିତୃପୁରୁଷଙ୍କ ଉଦ୍ଦେଶ୍ୟରେ ଖାଦ୍ୟ ପରଷି ଦିଆଯାଏ । ମଶାଣିରୁ ସମସ୍ତେ ଫେରିଲା ପରେ ଜ୍ଞାତିକୁଟୁମ୍ବକୁ ଖାଦ୍ୟ ଖାଇବାକୁ ଦିଆଯାଏ ।

ମୃତକର ଆତ୍ମାକୁ ଖୁସି କରାଇବା ପାଇଁ ସନ୍ଧ୍ୟା ସମୟରେ ଏକ କର୍ମ ଅନୁଷ୍ଠିତ ହୁଏ । ମୃତକର ଆତ୍ମୀୟଙ୍କର କୌଣସି ଝିଅଟିଏ ଏହି କର୍ମ କରି ଘରକୁ ଆତ୍ମା ମୁକ୍ତ କରିଥାଏ ବୋଲି ବିଶ୍ୱାସ ରହିଛି । ଗୋଟିଏ ଟାଙ୍ଗିଆ, ଆମ୍ବଡାଳ ଏବଂ ଆମ୍ବ ବଉଳ(ଆମ୍ବ ବଉଳ ସମୟରେ) ନେଇ ଝରଣାକୂଳରେ ଥିବା ଏକ ପଥର ଉପରେ ରଖାଯାଏ । ଏହା ମୃତକର ଆତ୍ମାକୁ ପ୍ରତିନିଧିତ୍ୱ କରିଥାଏ । ସେହି ପଥର ଉପରେ ଛୋଟ ଝିଅଟିଏ ବସି ଟାଙ୍ଗିଆରେ ଆମ୍ବ ବଉଳକୁ କାଟି ସାରିଲା ପରେ ଝାଡୁରେ

ଓଲାଇ ପାଣିକୁ ପକାଇ ଦେଲା ପରେ ଆତ୍ମା ମୁକ୍ତି ପାଇଥାଏ । ଏହାପରେ ମୃତକ ଉଦ୍ଦେଶ୍ୟରେ ରନ୍ଧାଖାଦ୍ୟ ଅର୍ପଣ କରାଯାଇଥାଏ ।

ଏସବୁ ସତ୍ତ୍ୱେ ସେହି ବର୍ଷ ଯଦି ଫସଲ ନଷ୍ଟ ହେଲା ବା ଅନ୍ୟ କୌଣସି କ୍ଷତି ହେଲା ତେବେ ମୃତକର ଆତ୍ମା ଅସନ୍ତୁଷ୍ଟ ଅଛି ବୋଲି ଧରି ନିଆଯାଏ । ତାହାକୁ ସନ୍ତୁଷ୍ଟ କରିବା ପାଇଁ ମୃତକର ସ୍ମାରକୀ ଭାବେ ଏକ ଲମ୍ବା ପଥର ଗାଁ ମୁଣ୍ଡରେ ପୋତି 'ଗୁନାମ୍' ଉତ୍ସବ ପାଳିତ ହୁଏ । ଏହି ଉତ୍ସବକୁ ଆଖପାଖ ଗାଁରୁ ଦିଶାରୀଙ୍କୁ ନିମନ୍ତ୍ରଣ କରିବା ସହିତ ସମସ୍ତ ଆତ୍ମୀୟଙ୍କୁ ଡକାଯାଏ । ସେହି ଗୁନାମ୍ ପଥର ପାଖରେ ବଳି ପକାଯାଇ ମୃତକର ଆତ୍ମା ଉଦ୍ଦେଶ୍ୟରେ ବଳି ଭୋଗ ଅର୍ପଣ କରାଯାଏ । ଏହାପରେ ଏକ ବସ୍ତ୍ର ସେହି ପଥର ଉପରେ ଆବୃତ୍ତ କରାଯାଇଥାଏ ।

ବଣ୍ଡାର ଜୀବନଚକ୍ର ଭିତରେ ଅନୁଷ୍ଠିତ ହେଉଥିବା ପ୍ରତିଟି ଉତ୍ସବର ମୂଳ ଉଦ୍ଦେଶ୍ୟ ହେଉଛି ଜ୍ଞାତିକୁଟୁମ୍ବ ସହିତ ସମ୍ପର୍କ ସ୍ଥାପନ । ଏହିସବୁ ସମ୍ପର୍କକୁ ସୁଦୃଢ଼ କରିବା ସହିତ ନୃତ୍ୟ-ଗୀତ ପରମ୍ପରାକୁ ଉଜ୍ଜୀବିତ କରି ରଖିଥାଏ । କାରଣ ଶିଶୁର ଜନ୍ମଠାରୁ ଆରମ୍ଭ କରି ବିବାହ ଓ ବୁଢ଼ ଉତ୍ସବ ପର୍ଯ୍ୟନ୍ତ ପାରମ୍ପରିକ ବଣ୍ଡା ନୃତ୍ୟ ହୋଇଥାଏ ଭୋଜିଭାତ ପରେ ।

■

କୋୟା ଲୋକଗୀତ : ଗୋଷ୍ଠୀଜୀବନର ଉଚ୍ଛାଙ୍ଗ ଉତ୍ତରଣ

ଜନଜାତିର ଲୋକସାହିତ୍ୟ ବହୁବର୍ଣ୍ଣା। କହିବାକୁ ଗଲେ ତାହା ହେଉଛି ସେମାନଙ୍କ ସଂସ୍କୃତି ଓ ଆଚରଣର ଫଳଶ୍ରୁତି। ଅନେକ କଥା, କାହାଣୀ, କିମ୍ବଦନ୍ତୀ ଓ ଗୀତରେ ଭରପୁର ସେମାନଙ୍କ ମୌଖିକ ସାହିତ୍ୟରେ ନିଜେ ଉଦ୍‌ଭାସିତ ହୁଏ ଡଙ୍ଗର ମଣିଷ ଆଉ ତା ପରିପାର୍ଶ୍ୱର ବନଭୂମି। ନିଜର ଅଭିଜ୍ଞତା ଓ ଅନୁଭବକୁ ଧରିରଖିବାର ନିରନ୍ତର ପ୍ରୟାସ ହିଁ ସେହି ସାହିତ୍ୟର ମୂଳଭୂମି। ଏପରିକି ପ୍ରକୃତି ସହିତ ଥିବା ସେମାନଙ୍କ ସମ୍ପର୍କ ତାଙ୍କ ଭାବନାତ୍ମକ ପରିଧିକୁ ବିସ୍ତାର କରେ। ଅନେକ ସମୟରେ ଏହି ବିସ୍ତାରିତ ଭାବ ତାଙ୍କୁ ଯୋଡିଦିଏ ଅନନ୍ତ ସତ୍ତା ସହିତ । ଅନନ୍ତ ସତ୍ତାରେ ସମାହିତ ମାନସିକତା ତା' ଚାରିପଟେ ଥିବା ଜଙ୍ଗଲ, ଝରଣା, ମହୁଲଗଛ, ଶାଳବଣ, କୋଇଲିଗୀତ ସହିତ ଅନେକ ସମୟରେ ମିତବସେ। ସେହି ଅନୁଭବ ଖୋଜି ଚାଲିଥାଏ ସାମୂହିକ ଗୀତିମୟତାର ଉତ୍ସ। ଆଉ ପରିଦୃଶ୍ୟମାନ ବିଶ୍ୱ ଗୀତ ହେଇ ଝରେ ବଣପାହାଡ଼ରେ।

ଜନଜାତିର ଇତିହାସ ଯେପରି ପ୍ରାଚୀନ, ଠିକ୍ ସେହିପରି ସେମାନଙ୍କ ଲୋକଗୀତର ସୃଷ୍ଟିକାଳ ବି ପ୍ରାଚୀନ। ମାତ୍ର ବହୁବର୍ଷ ଧରି ସେହି ଲୋକଗୀତଗୁଡ଼ିକ ଏମିତି ଅକ୍ଷୁର୍ଣ୍ଣ ହୋଇ ରହିଛି ଯେ, ଯାହା ଜନଜାତି ପରମ୍ପରାକୁ ଅତ୍ୟନ୍ତ ସମୃଦ୍ଧମୟ କରିପାରିଛି। ସାମୂହିକ ଗୋଷ୍ଠୀ ଜୀବନରେ ବ୍ୟକ୍ତି କୈନ୍ଦ୍ରିକତା ଯେତେବେଳେ ଅବହେଳିତ ହୋଇ ରହିଥିଲା, ସେତେବେଳେ ହିଁ ମହକିତ ହୋଇଥିଲା ଲୋକଗୀତର ଆଦ୍ୟ ସୁରଭି। ସେଥିପାଇଁ ସାମୂହିକ ଭାବନାର ଚିତ୍ର ଓ ଅନୁଭବରେ ଉଦ୍‌ବେଳିତ ଜନଜାତିର ଲୋକଗୀତ। ଯେଉଁଥିରେ ରହିଛି ପ୍ରାଚୀନ ପରମ୍ପରା, ପ୍ରେମ-ବିରହ, ଚିନ୍ତା-ଆକାଂକ୍ଷା, ବିଶ୍ୱାସ-ଅନ୍ଧବିଶ୍ୱାସ, ବିବାହ-ବୈଧବ୍ୟ, କୃଷି-କୃଷକ ଏବଂ ପର୍ବପର୍ବାଣି ଓ କର୍ମକର୍ମାଣିର ଅନ୍ତରଙ୍ଗ ସ୍ପର୍ଶ। ଗାନଧର୍ମିତା ପାଲଟିଛି ତା'ର ଆତ୍ମା ।

ବୋଧହୁଏ ଏହିକାରଣରୁ ଜନଜାତିର ଲୋକଗୀତର ମୂଳ ବିଭବ ଓ ଭାବଧାରା ଅନେକାଂଶରେ ଅପରିବର୍ତ୍ତିତ ରହିଛି ଅନେକ ବର୍ଷ ଧରି।

ଲୋକଗୀତର ଆବେଦନରେ ଥାଏ ଝରଣାର ଆବେଗ, ଆଙ୍କିଥାଏ ଜୀବନର ଅନୁରାଗ ମଣ୍ଡିତ ନୀଳଶୈଳରାଜି, ଆଉ ସେ ଗୀତ ପାଲଟିଯାଏ କ୍ଷେତର ହଳଦୀ ଗୁରୁଗୁରୁ ଲହଡି। ସେ ଗୀତରେ ପୁଣିଥାଏ କୁନି କୁନି କାକର ବିନ୍ଦୁ ପରି ଲୁହ ତ, କେତେବେଳେ ବାଟବଣା ମହୁମାଛିର ଗୁଣୁଗୁଣୁ। ନା'ସେଠିଥାଏ ଛଳନାର ଆସ୍ତରଣ, ନା ଥାଏ ଜୀବନ ବେଷ୍ଟନୀକୁ ପରାହତ କରିବାର ଅଭୀପ୍ସା। ବରଂ ପାହାଡ଼ି ମଣିଷର ଛଳନାହୀନତା ଶବ୍ଦ ପରି ଚହଲିଯାଏ ଆଉ ଶାଳବଣ ବୋଝେଇ ପାହାଡ଼ ଭରିଯାଏ କବିତାରେ। ତେବେ ଯେଉଁଠି ଡଙ୍ଗର ମଣିଷର ସ୍ୱପ୍ନ ଓ ଅଶାର ଆକାଂକ୍ଷିତ ଯାତ୍ରା, ଯେଉଁଠି ଦୁଃଖ-ସୁଖ ଗହଗହ ହୋଇ ବୋହିଯିବାର ପ୍ରବଣତା, ସେଠି କବିତା ଫୁଲ ହୋଇ ଫୁଟିବା ଅନିବାର୍ଯ୍ୟ ।

ଓଡ଼ିଶାର ଜନଜାତି ପରମ୍ପରାରେ ସେମାନଙ୍କ ଲୋକଗୀତ ହିଁ ସେମାନଙ୍କ ଆବେଗର ସୂକ୍ଷ୍ମତମ ଅଭିବ୍ୟକ୍ତିକୁ ସୂଚାଏ। ସବୁ ଜନଜାତିର ମୌଖିକ ଆବେଦନରେ ରହିଛି ଝରିଯିବାର ପ୍ରବଣତା। ତେବେ ଜନଜାତି ଜୀବନ ଅଧ୍ୟୟନରେ ସେହିସବୁ ଗୀତର ସଂଗ୍ରହ ଓ ଅନୁଶୀଳନ ଏକ ବିଶେଷ ଭୂମିକା ରଖେ। ସେହି ପରିପ୍ରେକ୍ଷୀରେ କୋୟା ଜନଜାତିରେ ପ୍ରଚଳିତ ଲୋକଗୀତର ଅନୁଶୀଳନ କରାଗଲା. ଯାହା ଆଗରୁ ଲୋକଲୋଚନର ଆଢୁଆଳରେ ରହିଛି। ଦ୍ରାବିଡ଼ ଭାଷା ପରିବାର ଅନ୍ତର୍ଗତ ଓ ଦୁଇଲକ୍ଷରୁ ଅଧିକ ସଂଖ୍ୟକ ଏହି ଜନଜାତିର ବାସଭୂମି ହେଉଛି ମାଲକାନଗିରି। ତେବେ ମାଲକାନଗିରି ବ୍ୟତୀତ ଛତିଶଗଡ଼ ଓ ଆନ୍ଧ୍ରପ୍ରଦେଶରେ ମଧ୍ୟ ରହିଛି କୋୟାର ଭିତ୍ତି। ମାତ୍ର ଆମ ଗବେଷଣା ଅନ୍ତର୍ଗତ ଲୋକଗୀତଗୁଡ଼ିକ କେବଳ ମାଲକାନଗିରି ଅଞ୍ଚଳରୁ ସଂଗୃହୀତ; ଯେଉଁଥିରୁ ସେମାନଙ୍କ ଜୀବନର ଅନୁଭବ ଓ ସମ୍ଭାବନାମୟ ସାମ ସଂଗୀତର ଛଳଛଳ ପ୍ରବାହକୁ ଆମେ ଅନୁଭବ କରିବା।

ଭାବାତ୍ମକ ଦୃଷ୍ଟିକୋଣରୁ କୋୟା ସଂପ୍ରଦାୟର ଲୋକଗୀତଗୁଡ଼ିକ ଅନେକ ଭାବରେ ବିଭକ୍ତ କରାଯାଇପାରେ; (କ) ପ୍ରେମ-ପ୍ରଣୟର ଗୀତ, (ଖ) ପରବ୍‌ଗୀତ, (ଗ) ଶିକାର ଗୀତ, (ଘ) ବିବାହ ଗୀତ, (ଙ)କୃଷିଗୀତ, (ଚ)ସାମାଜିକ ଗୀତ, (ଛ) ଆଧାତ୍ମିକ ଗୀତ ଇତ୍ୟାଦି । ଯେଉଁଥିରେ ଲୋକମାନସର କାର୍ଯ୍ୟରୂପ (ଉଦ୍ଦେଶ୍ୟ) ଓ ଅଭିବ୍ୟକ୍ତିରୂପ ପ୍ରକାଶିତ।

ସାଧାରଣ ଭାବରେ ଏହି ଲୋକଗୀତ ପରିବେଷଣ କାରଣରୁ ଦ୍ୱିଧା ବିଭକ୍ତ (୧)ଏକକ ଲୋକଗୀତ, (୨) ସାମୂହିକ ଲୋକଗୀତ। ତେବେ ଜନଜାତି ପରମ୍ପରାରେ ଏକକ ଲୋକଗୀତର ପରିବେଷଣ ଅତ୍ୟଳ୍ପ। କେବଳ ଧାଂଡ଼ା ବା ଧାଂଡ଼ୀ ନିଜର

ଏକୁଟିଆପଣକୁ କଟାଇବା ପାଇଁ ଏକକ ଗୀତ ଗାଇଥାନ୍ତି ଓ ନିଜେ ନିଜର ଶ୍ରୋତା ପାଲଟିଥାନ୍ତି। ସେହିଭଳି ଗାୟନ ଆଧାରରେ ଏହି ଗୀତ ତିନିଭାଗରେ ବିଭକ୍ତ କରାଯାଇପାରେ। ଯଥା - (୧) କେବଳ ମହିଳାଙ୍କ ଦ୍ୱାରା ଗାନଯୋଗ୍ୟ, (୨) କେବଳ ପୁରୁଷଙ୍କ ଦ୍ୱାରା ଗାନଯୋଗ୍ୟ, (୩) ଉଭୟ ମହିଳା ଓ ପୁରୁଷଙ୍କ ଦ୍ୱାରା ଗାନଯୋଗ୍ୟ।

ଲୋକ ସଂସ୍କୃତି ଗବେଷଣା ଅନୁଯାୟୀ ଲୋକସଂସ୍କୃତିର ଅନେକଗୁଡ଼ିଏ ବିଭାବ (Generes) ରହିଛି। ସେଥି ମଧ୍ୟରୁ ଲୋକଗୀତ ହେଉଛି କଥୋପକଥନମୂଳକ ବିଭାବ। ମାତ୍ର ଏହି ମୌଖିକ ଗୀତ ସହିତ କାହାଣୀଧର୍ମୀ ବିଭାବ (Fictive gener)ର ସମ୍ପର୍କ ମଧ୍ୟ ରହିଛି। ଯେଉଁ କାରଣରୁ ଗାଥାଗୀତ, ଦୀର୍ଘଗୀତ ଓ ଅନ୍ୟାନ୍ୟ ଗୀତରେ ଆଞ୍ଚଳିକ ମିଥ୍, କିମ୍ବଦନ୍ତୀ ଓ ଇତିହାସ କେତେକାଂଶରେ ସ୍ଥାନ ପାଇଥାଏ ।

ସେହିପରି କୋୟା ଜନଜାତିର ଲୋକଗୀତରେ ଆମେ ଚରୋଟି ପ୍ରକାର୍ଯ୍ୟ ଦେଖିବାକୁ ପାଉ। ଦୀର୍ଘ କୋଡ଼ିଏବର୍ଷର ଜନଜାତି ଗବେଷଣାରୁ ହୃଦ୍‌ବୋଧ ହୋଇଛି (୧)ସାମାଜିକ ପୃଷ୍ଠଭୂମି(Social context), (୨)ସାଂସ୍କୃତିକ କାରଣ (cultural cause), (୩) ସାମାଜିକ ସହାବସ୍ଥାନ(social relation), (୪)ଶିକ୍ଷଣ ପ୍ରକ୍ରିୟା(educational process) କାରଣରୁ ସେମାନଙ୍କ ଗୀତଗୁଡ଼ିକ ଜୀବନଧାରା ସହିତ ଅତ୍ୟନ୍ତ ନିବିଡ଼। କାରଣ ଏହି ଗବେଷଣା କାଳରେ ପ୍ରକାର୍ଯ୍ୟ ଅବଲୋକନ ପାଇଁ ସ୍ୱତଃ ଅନେକ ପ୍ରଶ୍ନ ମନକୁ ଆସିଛି। ସେଗୁଡ଼ିକ ହେଲା, କେଉଁ କାରଣରୁ ଗୀତଗୁଡ଼ିକ ଗାୟନ ହେଉଛି, ତାହାର ସାମାଜିକ ଓ ସାଂସ୍କୃତିକ ବିନ୍ୟାସ କ'ଣ? ସେହିପରି ତାହା ସମାଜ ବ୍ୟବସ୍ଥାକୁ କିପରି ନିୟନ୍ତ୍ରଣ କରେ ଓ ଶିକ୍ଷା ପ୍ରଦାନ ସହିତ କିପରି ପୀଢ଼ିରୁ ପୀଢ଼ିକୁ ସଂଚରିତ ହୋଇପାରେ? ତେବେ ସାମଗ୍ରିକ ଭାବରେ କୁହାଯାଇପାରେ ସମସ୍ତ ଜନଜାତିର ଲୋକଗୀତପରି କୋୟା ଜନଜାତିର ଗୀତ ମଧ୍ୟ (କ) ଧାର୍ମିକ ଉଦ୍ଦେଶ୍ୟ, (ଖ)ପର୍ବପର୍ବାଣି, (ଗ) ସାମାଜିକ ଉଦ୍ଦେଶ୍ୟରେ ପରିପୂର୍ତ୍ତି ପାଇଁ ଅଭିପ୍ରେତ। ଏହି ଗୀତର ଗାୟନ ପାଇଁ କୌଣସି ନିର୍ଦ୍ଦିଷ୍ଟ ସ୍ଥାନ ନଥାଏ, ତଥାପି ସାମୂହିକ ଗୀତ ସବୁ ବେରଣମୁଣ୍ଡା, ହୁଣ୍ଡିଘର, ଧାଂଡା-ଧାଂଡ଼ୀବସା, ଡଙ୍ଗରକ୍ଷେତ, ଉତ୍ସବ ସ୍ଥାନରେ ପରିବେଷିତ ହୋଇଥାଏ। ଅନେକ ସମୟରେ ଗୀତ, ସଂଗୀତ, ନୃତ୍ୟ ଓ ବାଦ୍ୟ ମିଶି ଏକ ମିଶ୍ରକଳାରେ ପରିବର୍ତ୍ତିତ ହୁଏ। କାରଣ ସେମାନଙ୍କ ଲୋକଗୀତଗୁଡ଼ିକ ସଂଗୀତ ଗର୍ଭିତ ଓ ବାଦ୍ୟାନୁସାରୀ। ଅତଏବ କୋୟା ଜନଜୀବନର ସଂଗୃହୀତ ଲୋକଗୀତ ଏଠାରେ ପ୍ରସଙ୍ଗଭିତ୍ତିକ ଉପସ୍ଥାପନ କରାଗଲା, ଯାହା ସେମାନଙ୍କ ସଂସ୍କୃତିକୁ ସୁଦୂରପ୍ରସାରୀ କରାଇବାରେ ସମର୍ଥ ହେବ ।

ପ୍ରେମ-ପ୍ରଣୟର ଗୀତ :

ସାରହୁଲ୍‌ର ଜହ୍ନ, ଶାଳବଣର ମହକ, କ୍ଷେତର ପାଳଭୂତ ଓ ଅଳସୀକ୍ଷେତର

ଉଦ୍ଦାମତା ଅନେକ ସମୟରେ ଜନଜାତିର ଜୀବନଧାରାକୁ ମତୁଆଲା କରେ। କେବେକେବେ ସେଠି ଝରିପଡ଼େ ଗୋପନୀୟ ପ୍ରେମର ଲଳିତପଣ ତ କେବେ ଉଚ୍ଛ୍ୱାସ ଓ ଆବେଗର ସୂକ୍ଷ୍ମତମ ଅଭିବ୍ୟକ୍ତି। ସେଠିଥାଏ ନିରୀହପଣ ଓ ସରଳ ଅବବୋଧର ଉପତ୍ୟକା। ତାଙ୍କ ଗୀତଗୁଡ଼ିକ ଶୁଣିଲେ ମନେହୁଏ ସେଠି ନିଚୋଳ ଜୀବନ ଓ ପରମ୍ପରାର ଅଭିଷେକ ହୋଇଛି। ପର୍ବପର୍ବାଣି, ଝୋଲାକୁଳ, ଡଙ୍ଗରକ୍ଷେତ, ଧାଂଡ଼ା-ଧାଂଡ଼ୀ ବସାରେ ପ୍ରେମ-ପ୍ରଣୟର ଗୀତ ସହିତ ତୁଙ୍ଗ୍‌ତୁଙ୍ଗା, ମାଦଳ ଓ ବଇଁଶୀର ମହାର୍ଘ ତରଙ୍ଗ ମୁଖରିତ ହୁଏ। ସବୁଠି ପ୍ରେମିକ-ପ୍ରେମିକା ଗୀତ ମାଧ୍ୟମରେ ଅନ୍ୟର ମନ ଜିଣିବାକୁ ଚେଷ୍ଟା କରନ୍ତି। କୋୟା ଯୁବକ ତା'ମନର କଥା ଶୁଣେଇଦିଏ ଗୀତରେ -

ତୁମୁଡି ମୁସେ ଗାମିଡ଼ି ବେଲେ
ନିକିଙ୍ଗ୍‌ଆନା, ନିଙ୍କିଙ୍ଗ୍‌ଆନା
ଆଦାନ୍ ନୁନି
ତୁମୁଡ଼ିମୁସେ ଗାମିଡି ବେଲେ
ଆର ଇତମୟ ନୁନି ତୁମୁଡ଼ି ମୁସେ
ଅରଖ୍ ପୁଙ୍ଗାର ମାଲିନୁନି
ନିପର ଜୱାନୁନି
ତୁମୁଡି ମୁସେ ଗାମିଡ଼ିବେଲେ।

(ହେ, ପ୍ରିୟା ମୁଁ ତୁମକୁ ବହୁତ ଭଲପାଏ। ତୁମର ମୋର ପ୍ରେମର ସମ୍ପର୍କ ଅରଖଫୁଲ ପରି ଅତୁଟ। ତୁମେ ଫୁଲ ହେଲେ ମୁଁ ଭ୍ରମର, ତେଣୁ ତୁମକୁ ଛାଡ଼ି ମୁଁ ରହିପାରିବିନି।)

ଧାଂଡ଼ାର ପ୍ରେମ ନିବେଦନକୁ ଧାଂଡ଼ୀ ଉପେକ୍ଷା ନ କରି ସେ ବି ଗୀତରେ ପ୍ରେମର ଗଭୀରତାକୁ ପ୍ରକାଶ କରେ।

ମାୱା ସେଙ୍ଗା ଡାଲମା ଦାଦା
ନିୱା ମାଟା କେଂଜି ମାନ୍ତାନ୍
ବାଲ୍‌କେ ସାମ୍‌କୁ ବଦ୍‌କାଡ୍
ଡଲକେ ସାମ୍‌କୁ ଡଲିକାଲ୍।

(ହେ, ସାଥୀ! ଶୟନେ ସ୍ୱପନେ ତୁମକଥା ଭାବୁଥିବି, ତୁମକଥା ଶୁଣୁଥିବି। ଜୀଇଁଲେ ଜୀଇଁବା ସାଥୀହୋଇ, ମରିଲେ ମରିବା ସାଥୀହୋଇ।)

କେବେକେବେ ଜହ୍ନରାତିରେ ମାଦଳ ଓ ବଂଶୀର ସ୍ୱର ଶୁଣି ଗାଁ'ମୁଣ୍ଡ ଧାଂଡ଼ୀ ଘରେ ଥାଇ ତରୁଣୀଟିଏ ପ୍ରିୟତମ ଉଦ୍ଦେଶ୍ୟରେ ପ୍ରଣୟ ନିବେଦନ କରେ। ସେ ଗାଇ ଉଠେ -

ନିକିଙ୍ଗ ବିଡିସ୍ ପାରବାନ ନାନା
ତୁମୁଡି ମୁସେ ଗାମିଡ଼ି ବେଲେ
ଇରବାଲ ଆସ ମିରିକାଲ
ନିପର ଏରଇନା ଜିଓ୍ୱା ନାୟାନ୍
ବାଡ଼ି ଆଲସମା ନିମା ।

(ହେ ପ୍ରିୟତମ! ଆସ ଆମେ ଚାଲିଯିବା ଅନେକ ଦୂରକୁ । ତମ ଉପରେ ମୋର ବିଶ୍ୱାସ ଅଛି ଆଉ ଜଳ ପରି ତୁମକୁ ମୁଁ ପ୍ରେମ କରୁଛି, ତେଣୁ ଚିନ୍ତାକର ନାହିଁ, ହେ ମୋର ପ୍ରାଣର ପ୍ରିୟତମ, ମୁଁ ସବୁଦିନ ପାଇଁ ତୁମର ।)

ସେମାନଙ୍କ ପ୍ରେମ ଓ ପ୍ରଣୟଗୀତରେ ଅଛି ଅନୁରାଗର ସ୍ଫୁରଣ, ପୁଣି କେବେ ଅଛି ଅଭିମାନ ଓ ବିରହର ଅନ୍ତରଙ୍ଗ ଇସ୍ତାହାର । ପ୍ରକୃତରେ ଏହିସବୁ ଗୀତରେ ଯେଉଁ ଜୀବନଧର୍ମିତା ରହିଛି ତାହା କେବେ ଭୁଲିହେବାର ନୁହେଁ ।

ଜୀବନର ଉତ୍ତରଣ ଓ ପରବଗୀତ :

କୋୟା ଜନଜାତିର ପ୍ରମୁଖ ପର୍ବ ହେଉଛି ପୁଷ୍ ପରବ୍, ମାଘ୍ ପରବ, ଚଇତିପରବ । ଏହା ସହିତ ନୂଆଖାଇ ପରବ, ବଡ଼ଯାତ୍ରା ଆଦି କୋୟା ଜୀବନରେ ପ୍ରମୁଖ ଭୂମିକା ଗ୍ରହଣ କରିଥାଏ । ପର୍ବ ଆଉ ଲୋକଗୀତ ପରସ୍ପର ସମନ୍ୱିତ ଓ ସମୀକୃତ । ଏହିସବୁ ଗୀତର ପରିସର ଅତ୍ୟନ୍ତ ବ୍ୟାପକ । ଈଶ୍ୱରଙ୍କ ସ୍ତୁତିଠାରୁ ଆରମ୍ଭ କରି ପ୍ରଣୟର ନିରାଜନା ପର୍ଯ୍ୟନ୍ତ ତାହା ପରିବ୍ୟାପ୍ତ । ତେବେ ଏହି ପରବ ଗୀତରେ ଥାଏ ମୌଖିକ ପରମ୍ପରା, ଲୋକଚେତନା ଓ ସେମାନଙ୍କ ଜୀବନର ମୂଲ୍ୟବୋଧ । ନିମ୍ନରେ କିଛି କୋୟା ଭାଷାର ପରବ ଗୀତ ଉପସ୍ଥାପନ କରାଗଲା ।

'ପୁଷ୍ ପରବ' ସମୟରେ କୋୟା ସଂପ୍ରଦାୟର ଲୋକେ ଅମଳ ହୋଇଥିବା ଶସ୍ୟକୁ ମହୁଲଗଛର ମୂଳରେ ରଖି ଭୀମାଦେବତାଙ୍କୁ ସମର୍ପଣ କରିବା ଅବସରରେ ଗାଇଥାନ୍ତି-

ଗୋରେ ମନ୍ଦା ମନ୍ଦା ମାଲସଡ୍ ବାଡାଖୋଲା
ରେ-ରେଲା, ରେଲା
ମଲଡ୍ ମନ୍ଦା ମନ୍ଦା ମନ୍ଦା ମାଲସଡ୍ ବାଡାଖୋଲା
ରେ-ରେଲା ରେଲା
ମଲଡ୍ ମନ୍ଦା ମନ୍ଦା ମାଲସଡ୍ ବାଡ଼ାଖୋଲା
ରେ-ରେଲା, ରେଲା ।

(ହେ, ମହାପ୍ରଭୁ! ତୁ ଯାହା ଦେଇଥିଲୁ ସେଥିରୁ ଅଧା ତୋତେ ସମର୍ପଣ

କରୁଛି। ଆନନ୍ଦରେ ଗ୍ରହଣ କର। ଆଶୀର୍ବାଦ କର ଯେମିତି ଆର ବରଷକୁ ମୋ ଅନ୍ନଭଣ୍ଡାର ଭରି ହେଇଯିବ।)

ସେହିପରି ଚଇତି ପରବ ବା ୱିଜାପାଣ୍ଡୁମ୍ ବେଳେ ଧରିତ୍ରୀ ମା'ପାଖରେ ନିବେଦନ କରନ୍ତି କୋୟାମାନେ। ସେମାନଙ୍କ ଜୀବନ ଯେ ମା'ର କୃପାରୁ ଆଗକୁ ବଢିବ, ଶିକାର ମିଳିବ, କ୍ଷେତରେ ଫସଲ ହେବ ସେହି ଆଶ୍ୱାସନା ପାଇଁ ସେମାନେ ଗୀତରେ ନିଜକୁ ସମର୍ପିଥାନ୍ତି।

ଗେଡ଼ ମାକରୁ କରୁଲି ମାମାୟା, ପେଡ଼ାମା କରୁ କରୁ
ରେରେ ଲାୟ, ରେ ରେ ଲା ....
ଲୁପ କରୁଲି କରୁୱାଇ ମାମାୟା, କରୁ ଆଲୱାଡା
ମାଉ କରୁକରୁଲି କରୁୱାଇ ମାମାୟା, କରୁ ଆଲୱାଡା
ରେ ରେଲାୟ, ରେ ରେ ଲା ....।

ହେ, ପୂଜାରୀ ମାମା ! ଭଲଭାବେ ଧରିତ୍ରୀ ମା'ର ପୂଜା କରିଦିଅ। ଯେମିତିକି ସନ୍ତୁଷ୍ଟ ହୋଇ ମା' ଆମକୁ ଶିକାରରେ ସାହାଯ୍ୟ କରିବେ। ଗୟଳ ଶିକାର ପାଇଲେ ଶିଙ୍ଗାରେ ସୁନାରି ଓ କୁରେଇଫୁଲ ହାର ପିନ୍ଧାଇ ନଚେଇବୁ।

ହୁଡ଼ା ଗାଦେ ଗାଦେ ୟାମ୍ମାହୁଡ଼ା
ନିଣ୍ଡୁ ଗାଦେ ଗାଦେ ମାନା ୟାମ୍ମା
ୱାଞ୍ଜୁ ଗାଦେ ଗାଦେ ୟାମ୍ମା ୱାଞ୍ଜୁ ରେରେ ଲାୟ ...

(ହେ, ଧରିତ୍ରୀ ମା ! ବିହନ ତୋତେ ଅର୍ପଣ କରୁଛୁ, ତାକୁ ଖୁସିରେ ଗ୍ରହଣ କରି। ତୁ ପ୍ରସନ୍ନ ହେଇ ଅଧିକରୁ ଅଧିକ ଫସଲ ଫେରାଇ ଦେ ମା', ଆମର ଭଣ୍ଡାର ଭରିଦେ।)

ପରବ ଗୀତରେ ଅନେକ ସମୟରେ ସ୍ଥାନ ପାଇଥାଏ ଅତ୍ୟନ୍ତ ଗହନକଥା। ବେଳେବେଳେ ସ୍ମୃତିଚାରଣ ସହିତ ଅତି ପ୍ରତୀକାତ୍ମକ ଭାବେ ଧାଂଡା-ଧାଂଡ଼ୀ ରସପୂର୍ଣ୍ଣ ଗୀତ ଗାଇଥାନ୍ତି । ସେଥିରେ ଥାଏ ରୋମାଞ୍ଚକର ଅନୁଭୂତି ଓ ଶୃଙ୍ଗାରଧର୍ମିତା। ଦଳଦଳ ହେଇ ନାଚିବା ସହିତ ଗୀତ ଗାଇ ଗାଇ ସେମାନେ କହନ୍ତି ଗୀତରେ ଜୀବନର ପୂର୍ଣ୍ଣତା ଅଛି, ସାର୍ଥକତା ଅଛି। ମନକୁ ମନ ଗୀତ ଫାନ୍ଦି ଧାଂଡୀ ଗାଇଥାଏ ଧାଂଡା ଉଦ୍ଦେଶ୍ୟରେ-

ବେଏବାଡୁ ବାତିନ୍ ଦାଦା
ନାନା ଇଞ୍ଜୋ କେତ୍‌କେ ବାନ୍ଦା
ନିୟାଗ୍ ମିରରି ୱାତାନା ଦାଦା
ଇରୱାଇ କାଇଲି ମାନ୍ଦକାଲ୍ ଦାଦା।

(ମୋ ବିନୁ କୁଆଡେ ଯିବନାହିଁ ସାଥି, ମୁଁ ତୁମ ପାଖକୁ ଆସିବି, ଆମେ ଦୁହେଁ ମିଶି ସଂସାର ଗଢ଼ିବା।)

ଧାଂଡା କେବଳ ଧାଂଡ଼ୀର ଗୀତ ଶୁଣେନାହିଁ, ତାହାର ଉତ୍ତର ଫେରାଏ ଗୀତରେ। ରାତି ପାହିଆସେ ମାତ୍ର ଗୀତ ସରେ ନାହିଁ।

ବେଣ୍ଟ ଶିକାର ଚଇତି ପରବର ଏକ ପ୍ରମୁଖ ଅଂଶ। ଯଦି ବେଣ୍ଟରୁ ଭଲ ଶିକାର ଧରି ଧାଂଡ଼ାମାନେ ଫେରି ଆସନ୍ତି ତେବେ ଧାଂଡା ଓ ଧାଂଡ଼ୀ ମିଶି ଗାଇଥାନ୍ତି -

ପେଡ ମାକରୁ କରୁଲି କରୁଓ୍ୱାଇ ମାମାୟା
ପେଢିମା କରୁକରୁ
କରୁଓ୍ୱାଇ ମାମାୟାରେ ହେଲା ହେଲା
ଲୁପୁରୁ କରୁଲି କରୁ ଓ୍ୱାଇ ମାମାୟା
ହେଲା ହେଲା ଓ୍ୱାଇରେ ହେଲା।

(ହେ ମା ! ବେଣ୍ଟରୁ ଆମେ ସମ୍ବର ଶିକାର ପାଇଛୁ। ତା'ର ରକ୍ତ ତୁମ ପାଦତଳେ ଦେଲୁ। ଏବର୍ଷ ଭଲ ବର୍ଷା କରାଅ, ଭଲ ଶିକାର ଦିଅ ମା'।)

ସାମାଜିକ ସମ୍ପର୍କର ମଧୁପର୍କ : ସୁଖଦୁଃଖର ଗୀତ :

ସାମାଜିକ ଜୀବନଧାରାରେ ବିବାହ, ଜନ୍ମ, ମୃତ୍ୟୁ ପରି ଅନେକ ଘଟଣା ସହିତ ଅନେକ ପ୍ରଥା ଗଢିଉଠିଥାଏ। ସେସବୁ ପ୍ରଥା ପରମ୍ପରା, କର୍ମକର୍ମାଣିରେ ମଧ୍ୟ ଜନଜାତିର ଗୀତଗୁଡ଼ିକ ମୁଖରିତ ହୋଇଥାଏ। ସୁଖ-ଦୁଃଖ ସାଥିହୋଇ ବାଟ ଚାଲନ୍ତି । ତେବେ କୋୟା ପୁରୁଷମାନଙ୍କ ଅପେକ୍ଷା ନାରୀମାନେ ଅଧିକ ସଂଗୀତ ନିପୁଣା ହୋଇଥିବା କାରଣରୁ ଏହି ଧରଣର ଗୀତସବୁ ନାରୀ କୈନ୍ଦ୍ରିକ।

କୋୟା ସମାଜରେ ଅନେକ ପ୍ରକାରର ବିବାହ ପ୍ରଥା ପ୍ରଚଳିତ। ମାତ୍ର ପ୍ରସ୍ତାବିତ ବିବାହ ଅତ୍ୟନ୍ତ ଜାକଜମାକ ହୋଇଥାଏ। ଏଥିରେ କନ୍ୟାକୁ ହଳଦୀ ଲଗାଇବା, ପବିତ୍ର ପାଣିରେ ସ୍ନାନ କରାଇବା ଓ କନ୍ୟାବିଦାର ଗୀତ ଶୁଣିବାକୁ ମିଳେ। ଯେତେବେଳେ ମନ୍ତ୍ରପୂତ ପବିତ୍ରପାଣିରେ କନ୍ୟାକୁ ସ୍ନାନ କରାଯାଏ, ଧାଂଡୀମାନେ ଗାଆନ୍ତି -

କାକର ଉଡ୍ଓ୍ୱା ଲୁଇଲେ କାନ୍‌ଯେଲେ
ରେଲେ ରାୟ ରେଲେ ଲା ରେଲେ ...।
ପାଣ୍ଡେ ମୟଓ୍ୱା ଲୁଲୁରେ କାନ୍ ଯେଲେ
କାନ୍ ଯେଲେ ରେୟାଲେ
ଓ୍ୱେଲା ଏଓ୍ୱା ତାଲେ କାନଯେଲେ
ରେଲେ ରାୟ ରେଲେ ଲା ରେଲେ ...।

(ହେ ସାଥୀ, ଆମେ ପବିତ୍ର ପାଣି ଆଣିଛୁ। ଏ ପାଣି ସୁନା ରୂପା ନୁହେଁ, ସୂର୍ଯ୍ୟଠୁ ପବିତ୍ର। ଯୋଉଥିରେ ସ୍ନାନକରି ତୁ ଶୁଭ୍ର ଓ ପବିତ୍ର ହେଇଯିବୁ।)

ବିବାହପରେ ଝିଅ ବିଦାୟ ହେବାର ସମୟ ଆସେ। ଝିଅର ସାଥୀମାନେ ତାକୁ ବିଦାୟ ଦିଅନ୍ତି କାନ୍ଦିକାନ୍ଦି ଆଉ ଗୀତରେ ଶୁଭମନାସନ୍ତି କେମିତି ଭଲରେ କଟିବ ତା'ର ଦିନ -

ଚିଟକାଲ୍ ସିଂଗୋ ସିନ୍ନେ ଓଟାନ୍ନେ
ପାପଡ଼୍ ପୋଇତା ମା ବୋଂଦ୍
ନାଲମା ପାପା ବଢ଼େ ଗୁମ୍
ତାରା ମୁତପାଲ ଦାନା ଲତାମ୍।

(ଚକଚକିଆ ଗୁଣ୍ଡୁଚି ମୂଷା ପରି ଡେଇଁ ଡେଇଁ ଜୀବନ କଟେଇବେ। ମହୁଲ ଗଛର ବୃନ୍ତରେ କଢ ଧରିଲାଣି। କପୋତୀ ପରି ଗୁମୁରି ଗୁମୁରି କାନ୍ଦନା; ତୋ ସ୍ୱାମୀ ଆଜିଠାରୁ ତୋତେ ତୋ ଭାଇ ପରି ସ୍ନେହ କରିବ।)

ସେହିପରି କୋୟା ସମାଜରେ ପିଲାଟିର ନାମକରଣ ଉତ୍ସବରେ ସ୍ତ୍ରୀ ଲୋକମାନେ ଏକାଠି ହୋଇ ପିଲାଟିକୁ କୋଳରେ ଧରି ପୂର୍ବପୁରୁଷଙ୍କ ନାମ ଧରି ଗୀତଗାଆନ୍ତି। ଗୀତର ତାଳେ ତାଳେ ଯୋଡ଼ି ଯୋଡ଼ି ଚାଉଳ ଆଣି ତଳେ ରଖନ୍ତି । ଯେଉଁ ନାମ ଉଚ୍ଚାରଣ ବେଳେ ଶେଷ ଚାଉଳଯୋଡ଼ି ହୋଇଥାଏ, ପିଲାର ନାମକରଣ ସେହି ନାମରେ ହୁଏ। ନାମକରଣ ହେଲାପରେ ସେମାନେ ଶିଶୁଟିକୁ ଆଶୀର୍ବାଦ କରନ୍ତି ଗୀତରେ ।

ଯ ନୁନି, ଯଅ ବାୟାଲେ ନୁନି ଯଅ ବାୟାନୁନି
ବେ ମତିନି ବାବୁ ମା ଲୋନ୍
ବାତିନ୍ ନିକିଂ ମମ୍ ବାତାଇତମ୍
ଯ ନୁନି ଯଅ ବାୟାଲେ ନୁନି ଯଅ
ନି ପୁଟୁକୁ ନ ଦାଦାଲ ମତଣ୍ଡ ତାମ ପେଦାର ନିକିଂଇତମ୍
ଯଅ ବାୟାଲେ ନୁନି ବାୟା।

(ରେ ବାବୁ! ତୁ କେଉଁଠି ଥିଲୁ, ଆମ ଘରକୁ ଆସିଲୁ। ତୋତେ ଆମେ କ'ଣ ବା ଦେଇ ପାରିବୁ? ତୁ ତୋର ଜେଜେଙ୍କ ପରି ଦେଖାଯାଉଛୁ। ତେଣୁ ତୋର ନାମ ତୋ ଜେଜେର ନାମରେ ରଖୁଛୁ। ତୁ ଦୀର୍ଘାୟୁ ହ' ଘରର ଇଷ୍ଟ ଦେବତା ତୋତେ ଭଲରେ ରଖନ୍ତୁ।)

ବେଳେବେଳେ ଶୋକ ଅଧିରା ଝିଅ ପାଇଁ ତା'ର ବାପା-ମାଆ କାନ୍ଦି କାନ୍ଦି

ଗୀତ ଗାଇଥାନ୍ତି। ସେହି ଗୀତ ଅତ୍ୟନ୍ତ ପ୍ରାଣସ୍ପର୍ଶୀ। ଯେଉଁଥିରେ ଝିଅର ଅଭାବ ଅସୁବିଧା ଦୂରକରିବା ପାଇଁ ସେମାନେ ପ୍ରତିଶ୍ରୁତିବଦ୍ଧ।

ନୁନିଲେ ବାୟାନିମା ଇଙ୍ଗାନିମା
କେଇମା ନୁନି କେଇମା ନୁନି
ଗୋଡ଼ାମ୍ ଆତିକ ଓ୍ୱାଞ୍ଜି ଇତାନ୍ ଗୋଡକି ଇତାନ୍
ବାତା ନିକିଂ ବାୟାମ୍
ନନ୍ ମନ୍ଦନା ନିକିଂ ବାତା ବାୟାମ୍
କାର୍‌ପୋଇତିକି ମିରିବାଡା ସାରେ କଟଇ ଇତାନ୍
କେଇମା ନୁନି କେଇମା ...।

(ଝିଅ ମୋର, ତୁ କାନ୍ଦନା। ତୋ ପାଇଁ ମୁଁ ସବୁକିଛି ଦେବି। ଅଭାବ ହେଲେ ତୋ ପାଇଁ ଧାନ ଦେବି, ଗୋରୁ ଦେବି, ପେଟକାଟି ତୋତେ ପୋଷୁଥିବି।)

କୋୟାର ଲୋକଗୀତ ବିବିଧତାରେ ଭରା। ଏପରିକି ମୃତ୍ୟୁ ପରେ ମୃତକର ଶବସତ୍କାର ସମୟରେ ସେମାନେ ଗୀତଗାଇ ଅନ୍ତରର ଆବେଗକୁ ପ୍ରକାଶ କରନ୍ତି। ଶବସତ୍କାର ବେଳେ ଏବଂ ଦଶାହକର୍ମ ବେଳେ ମଧ୍ୟ ମୃତକର ଆତ୍ମାର ସଦ୍‌ଗତି ପାଇଁ ମଧ୍ୟ ପ୍ରାର୍ଥନା କରନ୍ତି। ଏସବୁ ଗୀତରେ ଥାଏ ଏକ ଦାର୍ଶନିକ ଦୃଷ୍ଟିଭଙ୍ଗୀ ଓ ପୂର୍ବପୁରୁଷଙ୍କ ସହ ଯୋଡିହେବାର ପ୍ରବଣତା।

ସିଙ୍ଗେରାମ ଜାଗାଲେ ଯାୟାଲେ
ନାୟା ସାତେମ୍ ଉଡ଼ିଣ
ରେଲେ ଯାୟ ରେଲେ ଲା ...।
ଗନ୍ତଆ ନନା ମାତିନୁ ଯାୟାଲେ
ମୁନେନ୍ ବେଲା ମାତିନ୍ ଆଲେ ମାନୁଲି
ରେଲେ ଯାୟ ରେଲେ ଲା ...।

(ତୁମେ ପରିବାର ସହ ଯେପରି ହସ ଖୁସିରେ ଥିଲ, ମୃତ୍ୟୁପରେ ମଧ୍ୟ ପୂର୍ବପୁରୁଷମାନଙ୍କ ସହିତ ଆନନ୍ଦରେ ରହିବ।)

ଜୀବନ ଓ ଜୀବିକା ପାଇଁ ସମର୍ପଣ : କୃଷିଭିତ୍ତିକ ଗୀତ :

କୋୟା ଜନଜାତିର ଜୀବନ ଓ ଜୀବିକା କୃଷିକୈନ୍ଦ୍ରିକ। ସେମାନେ ଆଦିପିତା ଭୀମଙ୍କୁ କୃଷିର ଦେବତା ଭାବରେ ଗ୍ରହଣ କରନ୍ତି। ତେଣୁ ବିହନ ବୁଣାଠାରୁ ଆରମ୍ଭ କରି ଅମଳ ପର୍ଯ୍ୟନ୍ତ ସେହି ଦେବତାଙ୍କ ଠାରେ ନିଜକୁ ସମର୍ପିଥାନ୍ତି । ପୁଣି କୃଷିକର୍ମ ନିପୁଣ ଏହି ସଂପ୍ରଦାୟ ଢଙ୍ଗରେ କ୍ଷେତରେ କାମକଲାବେଳେ ମଧ୍ୟ ଅନେକ ପ୍ରକାରର

ଗୀତ ଗାଇଥାନ୍ତି, ଯେଉଁଥିରେ ଶ୍ରମଲାଘବ ସହିତ ମନୋରଂଜନ ମଧ୍ୟ ହୋଇଥାଏ । ଏପରିକି ପରସ୍ପରକୁ ଗୀତଗାଇ ଇଙ୍ଗିତ କରିଥାନ୍ତି। ତେବେ ପୁଷ୍ପରବ, ଚଇତିପରବ, ନୂଆଖାଇ ପରବର ଅଧିକାଂଶ ଗୀତ କୃଷିକୈନ୍ଦ୍ରିକ। ସେମାନେ ଗୀତରେ ମାଣ୍ଡିଆ, ସୁଆଁ, ବାଜରା ଓ ମକାକୁ ଯୋଡ଼ି ବି ଗୀତ ଗାଇଥାନ୍ତି । ସେଠି ଡଙ୍ଗର କ୍ଷେତ ସହ ଯୋଡ଼ି ହୋଇଯାଆନ୍ତି ସେମାନେ ଆପଣା ଛାଏଁ।

ପାଲେ ଭୀମା ୟାମାନୀ
ପାଲେ ଭୀମା ୟାମାନୀ
ମାଗାଜି ଆଇତମ୍ ଭୀମା
ପାଲେ ଭୀମା ୟାମାନୀ
ରେରେ ଲାଲା ରେରେ ଲାଲା ରେରେ ଲାଲା।

(ହେ ! ଆଦିପିତା ଭୀମ, ଆମେ ବିହନ ବୁଣୁଛୁ, ଆମକୁ ପ୍ରଚୁର ଫସଲ ଦିଅ। ଆମକୁ ଶୁଭ ଦୃଷ୍ଟିରେ ରଖ, ଯେପରି ଆମର ଅମଙ୍ଗଳ ନ ହେଉ।)

ତେବେ ବର୍ଷା ନିର୍ଭରଶୀଳ ଏହି କୃଷି ପାଇଁ ନିର୍ଦ୍ଦିଷ୍ଟ ସମୟରେ ବର୍ଷାର ଆବଶ୍ୟକତା ଥାଏ। ଯଦି ଠିକ୍ ସମୟରେ ବର୍ଷା ନହୁଏ ତେବେ ବର୍ଷାକୁ ଆହ୍ୱାନ କରି କୋୟା ଧାଂଡା-ଧାଂଡ଼ୀମାନେ ଗୀତ ଗାଇଥାନ୍ତି । ସେତେବେଳେ ଭାସମାନ ମେଘକୁ ସେମାନେ ହନୁ ବୋଲି ସମ୍ବୋଧନ କରନ୍ତି। ସେମାନଙ୍କ ଦୃଷ୍ଟିରେ ଏହି ଗୀତ ଗାଇ ନାଚିଲେ ମେଘ ଗାଁକୁ ଆସି ବରଷେ, ଆଉ କୃଷିକର୍ମ ସୂରୁରୁ ରୂପେ ସମାପନ ହୁଏ।

ଡିଗା ମୁହୁଞ୍ଜୁ ଡିଗାଲେ ମୁହୁଞ୍ଜୁଲେ
ମାନା ୱେଏଲା ଏଉତାଲେ ମୁହୁଞ୍ଜୁଲେ
ଆଦୁଲ ଆକି ଉଷତାଲେ ମୁହୁଞ୍ଜୁଲେ
କୁଏର ଏରଅ ଇଡ଼ିକତାଲେ ମୁହୁଞ୍ଜୁଲେ
ଇତା ଜିଗୁର୍ ପଇତାଲେ ମୁହୁଞ୍ଜୁଲେ
ଡିଗା ମୁହୁଞ୍ଜୁ ଡିଗାଲେ ମୁହୁଞ୍ଜୁଲେ।

(ହେ ହନୁ ! ତୁ ଓହ୍ଲାଇ ଆ, ଆମ ସମୟ ହୋଇ ଆସିଲା। ଗଛର ପତ୍ରସବୁ ଝଡ଼ିଲା, ତେନ୍ତୁଳି ଗଛର ପତ୍ର କଅଁଳୁଛି, ନଦୀ ନାଳରେ ପାଣି ଶୁଖିଗଲାଣି, ତୁ ଓହ୍ଲାଇ ଆ।)

ସାମଗ୍ରିକ ଭାବରେ କୋୟା ଲୋକଗୀତକୁ ଅନୁଶୀଳନ କଲେ ଅନେକଗୁଡ଼ିଏ ବୈଶିଷ୍ଟ୍ୟ ପରିଲକ୍ଷିତ ହୁଏ। ସେ ସମସ୍ତ ହେଲା -

(୧) ଏହା ବାଦ୍ୟ ଓ ନୃତ୍ୟର ତାଳେ ତାଳେ ଗାନ କରାଯାଏ।

(୨) ବ୍ୟବହୃତ ଉପମା, ପ୍ରତୀକ ଓ ଚିତ୍ରକଳ୍ପ ସେମାନଙ୍କ ପରିବେଶରୁ ସଂଗୃହୀତ।
(୩) ବ୍ୟବହୃତ ଲୋକଉପାଦାନ ଗୁଡ଼ିକ ସଂସ୍କୃତିର ପ୍ରତୀକ ରୂପେ ପ୍ରତିବିମ୍ବିତ।
(୪) ଗୀତଗୁଡ଼ିକ ଲୋକପ୍ରଥା, ଲୋକାଚାର ଓ ଜୀବନଚର୍ଯ୍ୟାର ପ୍ରଚାର ପାଇଁ ଉଦ୍ଦିଷ୍ଟ।
(୫) ବୌଦ୍ଧିକତା ଅପେକ୍ଷା ସୌନ୍ଦର୍ଯ୍ୟ ଉପରେ ଗୁରୁତ୍ୱ।
(୬) କାବ୍ୟିକ ବିଚାର (Poetic Justice) ଅପେକ୍ଷା କାବ୍ୟିକ ସରଳତା ଉପରେ ଗୁରୁତ୍ୱ।

କୋୟା ଜନଜାତିର ଲୋକଗୀତ ଅଧ୍ୟୟନ କାଳରେ ଅନୁଭବ ହୁଏ ଯେ, କୋୟା ଭାଷା କ୍ଲିଷ୍ଟ ହୋଇଥିବା କାରଣରୁ ଏବଂ ଯୁବପିଢ଼ିଙ୍କ ଠାରେ ସେହି ଭାଷା ଶିକ୍ଷା କରିବାର ଅନାଗ୍ରହତା କାରଣରୁ କୋୟା ଗୀତଗୁଡ଼ିକ କ୍ରମଶଃ ଅବଲୁପ୍ତ ହୋଇଆସୁଛି। ନିଜର ଭାଷାଥିବା ସତ୍ତ୍ୱେ ନୂଆପିଢିଙ୍କର ପ୍ରଥମ ପସନ୍ଦ ଦେଶିଆ ଲୋକଗୀତଗୁଡ଼ିକ। ମାତ୍ର ଅବିଭକ୍ତ କୋରାପୁଟର ସମସ୍ତ ଜନଜାତି ଗୋଷ୍ଠୀ ଏକପ୍ରକାରର ଦେଶିଆଗୀତ ବ୍ୟବହାର କରୁଥିବାରୁ ସେଥିରେ ନିର୍ଦ୍ଦିଷ୍ଟ ଜନଜାତିର ମୌଳିକ ଆବେଦନ ବାରିହୁଏ ନାହିଁ। ପୁଣି ନିଜ ଭାଷାରେ ଅଣଆଦିବାସୀ ଭାଷାର ମିଶ୍ରଣ କାରଣରୁ ଅନେକ ଲୋକଗୀତରେ ମିଶ୍ରଭାଷାର ପ୍ରୟୋଗ ମଧ୍ୟ ଦେଖିବାକୁ ମିଳିଥାଏ। ଏହିଭଳି ପରିବର୍ତ୍ତନ ଲାଗିରହିଲେ ସେମାନଙ୍କ ଲୋକଗୀତ ଯେ ଦିନେ ଅବଲୁପ୍ତ ହେବ ଏକଥା ନିଃସନ୍ଦେହରେ କୁହାଯାଇପାରେ। ତଥାପି ଯେଉଁ ଗାଁ'ରେ ଉଭୟ ଭାଷା ଓ ସଂସ୍କୃତି ବଞ୍ଚି ରହିଛି ସେଠାରେ ଯେ କୋୟା ଜନଜାତିର ମୌଖିକ ଗୀତଗୁଡ଼ିକ ସମ୍ବେଦନାର ରାଗିଣୀ ଗାଉଛି, ତାହା ଭାବିଲେ ବିସ୍ମିତ ହେବାକୁ ପଡେ।

ସହାୟକ ସୂଚୀ :

(୧) କୋଣାର୍କ, ୧୨୧ତମ ସଂଖ୍ୟା, ଓଡ଼ିଶା ସାହିତ୍ୟ ଏକାଡ଼େମୀ।

(୨) ଡଙ୍ଗର ଯେଉଁଠି କଥା କହେ, ଦେବାଶିଷ ପାତ୍ର, ପକ୍ଷୀଘର ପ୍ରକାଶନ, ଭୁବନେଶ୍ୱର, ୨୦୧୯।

(ଏହି ଆଲେଖ୍ୟରେ ବ୍ୟବହୃତ କୋୟାଗୀତଗୁଡ଼ିକ ମାଲକାନଗିରି ଜିଲ୍ଲାର ବିଭିନ୍ନ କୋୟା ଗ୍ରାମରୁ କ୍ଷେତ୍ର ଅଧ୍ୟୟନ ମାଧ୍ୟମରେ ସଂଗୃହୀତ। ଅନେକ ଗୀତ କୋୟା ଭାଷାରେ ପ୍ରବୀଣ ପର୍ଶୁରାମ ସ୍ୱାଇଁଙ୍କ ସୌଜନ୍ୟରୁ ପ୍ରାପ୍ତ।)

ବଣ୍ଡାଙ୍କ 'ପାଟଖଣ୍ଡା ପର୍ବ' ଏକ ଅନୁଶୀଳନ

ଗୋଷ୍ଠୀ କୈନ୍ଦ୍ରିକ ଜୀବନଯାପନ କରୁଥିବା ଜନଜାତିଙ୍କର ରହିଛି ଅନେକ ଲୋକାଚାର । ସେହି ଲୋକାଚାର ତାଙ୍କ ପ୍ରଥା ଓ ପରଂପରାରେ ସମାହିତ ହୋଇଥାଏ । ତେବେ ସେ ସମସ୍ତର ଅନୁଶୀଳନରୁ ମିଳିଥାଏ ସେମାନଙ୍କ ଧାର୍ମିକ ଓ ସାମାଜିକ ବିଚାରଧାରା । ଅନେକ ସମୟରେ ତାହା ବୈଚିତ୍ର୍ୟପୂର୍ଣ୍ଣ ମନେ ହୋଇଥାଏ, ଯେପରି ବଣ୍ଡାଜନଜାତିଙ୍କ 'ପାଟଖଣ୍ଡା ପର୍ବ' ।

ବଣ୍ଡାମାନଙ୍କର ବିଶ୍ୱାସ ଯାହାଙ୍କ ଇଙ୍ଗିତରେ ଏହି ସୃଷ୍ଟି ଆତଯାତ, ସିଏ ହେଉଛନ୍ତି ତାଙ୍କର 'ପାଟଖଣ୍ଡା ମା'ପ୍ରୁ' । କେତେବେଳେ ସେ 'ସିଙ୍ଗିଆର୍କେ' ପୁଣି କେତେବେଳେ 'ଧର୍ମଦେବତା', କେତେବେଳେ ସେ 'ରାମାଇ-ଭୀମାଇ' ତ' କେତେବେଳେ ସେ 'ଧରଣୀ ଦେବତା' । ଉତ୍ଥାନ ଚାହୁଁଥିବା ଲୋକ ଯେବେ ଶୀର୍ଷରେ ପହଞ୍ଚେ, ପତନୋନ୍ମୁଖୀ ଯେବେ ପତିତ ହୁଏ; ମୁମୂର୍ଷୁ ଯେବେ ମରଣକୁ ବରେ, ଜାତ ହେବାକୁ ଥିବା ଯେବେ ଜନ୍ମ ନିଏ, ସହସ୍ରାଂଶୁ ଜ୍ୟୋତିରେ ସେ ସମାହିତ ହୁଏ । ସେଥିପାଇଁ ତ' ବଣ୍ଡାମାନେ ପାଟଖଣ୍ଡାଙ୍କ ଉଦ୍ଦେଶ୍ୟରେ ହାତ ଯୋଡ଼ନ୍ତି ଆଉ କହନ୍ତି- 'ଉଡିବା ଲୋଗ୍ ଉଡ଼୍ସି, ଆର୍ ବୁଡ଼ିବା ଲୋଗ୍ ବୁଡ଼୍ସି'(ଉଡିବା ଲୋକ ଉଡୁଛି ଏବଂ ବୁଡ଼ିବା ଲୋକ ବୁଡୁଛି - ବଣ୍ଡାଙ୍କ ଉକ୍ତି ।)

ପ୍ରକୃତରେ ବଣ୍ଡାର ଈଶ୍ୱରୀୟ ସମର୍ପଣ ଅତ୍ୟନ୍ତ ସ୍ୱତନ୍ତ୍ର । ସେଥିପାଇଁ ସେମାନେ ପାଟଖଣ୍ଡାଙ୍କ ଭିତରେ ଦେଖନ୍ତି ସୂର୍ଯ୍ୟର ଦୀପ୍ତି, ପୁଣି ଲୋକ ପରମ୍ପରାଶ୍ରିତ ସାମାନ୍ୟ ଜୀବନଧାରା, ସେଥିପାଇଁ ସେମାନେ କହନ୍ତି- 'ତୁମେ ଉଦିତ ହେଲେ ଆମେ ଦେଖୁ ଆଲୋକ ସୂର୍ଯ୍ୟର, ତୁମେ ଅସ୍ତଗଲେ ଆମପାଇଁ ଅନ୍ଧାର ।'

ପ୍ରକୃତରେ ମହାପ୍ରଭୁ ପାଟଖଣ୍ଡା ରୂପରେ ଜିଣିଛନ୍ତି ବଣ୍ଡାର ଆସ୍ଥା । ସେମାନଙ୍କ ଦୃଷ୍ଟିରେ ପାଲଟିଛନ୍ତି ବିଶ୍ୱସ୍ରଷ୍ଟା ଓ ବିଶ୍ୱନିୟନ୍ତା । ସେ ତାଙ୍କୁ ଅନୁଭବ କରିଛି । ଅନେକ ସମୟରେ କୁତୂହଳୀ ହୋଇଛି ପୁଣି ତାଙ୍କୁ ଚିତ୍ରାୟିତ କରିଛି ନିଜସ୍ୱ ଢଙ୍ଗରେ । ସେହି

ପୁରାତନ ଲୋକଦେବତାଙ୍କର ସୃଷ୍ଟି ପ୍ରକ୍ରିୟା, ଆବାହନ, କର୍ମକାଣ୍ଡ, ପ୍ରାର୍ଥନା ଓ ତାଙ୍କପ୍ରତି ଥିବା ବିଶ୍ୱାସ ଅନୁଶୀଳନ ଆମର ଲକ୍ଷ୍ୟ । ଯାହା ସେମାନଙ୍କ ଧାର୍ମିକ କାର୍ଯ୍ୟଧାରା ପରିପ୍ରକାଶ ପାଇଁ ଅଭିପ୍ରେତ ଓ ସମର୍ଥ ।

ପାଟଖଣ୍ଡା ମହାପ୍ରଭୁଙ୍କ ସୃଷ୍ଟି ବୈଚିତ୍ର୍ୟ

ମାଲକାନଗିରି ଜିଲ୍ଲାର ମୁଦୁଲିପଡ଼ାର ଶ୍ୟାମଳ ପର୍ବତମାଳାର ଶୀର୍ଷରେ ରହିଛି ଏକ ବିରାଟ ବଟବୃକ୍ଷ । ଆଉ ସେହି ବୃକ୍ଷର କୋରଡ଼ରେ ବହୁ ବର୍ଷରୁ ରହିଆସିଛି ଏକ ରାଜକୀୟ ପ୍ରାଚୀନ ଖଣ୍ଡା । ଯାହା ବର୍ଷକରେ ଥରଟିଏ ମାତ୍ର ମାଘ ପୂର୍ଣ୍ଣମୀର ପୂର୍ବ ସୋମବାର ବାହାରକୁ ଆଣି ପୂଜା କରାଯାଇଥାଏ । ଦ୍ୱି-ଧାର ବିଶିଷ୍ଟ ୩ଫୁଟ୍ ଲମ୍ବର ଓ ୫ଇଞ୍ଚ ଓସାରର ଲୌହ ନିର୍ମିତ ଖଣ୍ଡାଟି ରାଜକୀୟ ଖଣ୍ଡା ହୋଇଥିବା କାରଣରୁ ଏହି ଖଣ୍ଡାଟି 'ପାଟଖଣ୍ଡା' ଭାବରେ ପରିଚିତ । ଆଉ ଏହି ଖଣ୍ଡାପୂଜାର ପରମ୍ପରା 'ପାଟଖଣ୍ଡା ପର୍ବ' ନାମରେ ନାମିତ । ତେବେ ସମଧରଣ 'ପାଟଖଣ୍ଡା ପର୍ବ' ନନ୍ଦପୁର ରାଜବଂଶ ଦ୍ୱାରା ଦଶହରା ସମୟରେ ପାଳନ କରାଯାଉଥିବା କାରଣରୁ ବଣ୍ଡାଙ୍କ 'ପାଟଖଣ୍ଡା ପର୍ବ' ସହିତ ରାଜବଂଶର ସମ୍ପର୍କ ଗୁରୁତ୍ୱ ବହନ କରେ ।

ବଣ୍ଡାର ବିଶ୍ୱାସ ଏହି ପାଟଖଣ୍ଡା ମହାପ୍ରଭୁ ହେଉଛନ୍ତି ବାରଟି ପ୍ରାଚୀନ ବଣ୍ଡା ଗାଁ ବା 'ବାରଜାଙ୍ଗର' ଦେଶର ଚଳନ୍ତି ଭଗବାନ । ସେ କେବେକେବେ ମୁଦୁଲିପଡ଼ାର ସେହ ବୃକ୍ଷ କୋରଡ଼ରୁ ଅନ୍ତର୍ଦ୍ଧାନ ହୋଇଯାଇ ଗୋଦାବରୀ, ବସ୍ତର, ନନ୍ଦପୁର ପ୍ରଭୃତି ଅଞ୍ଚଳକୁ ଭ୍ରମଣରେ ଯାଆନ୍ତି । ଆଉ ସେତେବେଳେ ବାରଜାଙ୍ଗର ଅଞ୍ଚଳରେ ରୋଗ ଓ ମହାମାରୀ ବ୍ୟାପେ । ପ୍ରବାଦ ଏହି ଉକ୍ତିକୁ ପ୍ରମାଣ କରୁଥିଲେ ବି ପାଟଖଣ୍ଡାଙ୍କ ସୃଷ୍ଟି ସମ୍ବନ୍ଧୀୟ ଐତିହାସିକ ବିବରଣୀ ଏବେବି ଅସ୍ପଷ୍ଟ । ଯଦିଓ ଅନେକ ଜନଶ୍ରୁତି ଓ କିମ୍ବଦନ୍ତୀ ପାଟଖଣ୍ଡା ସୃଷ୍ଟିର କଥା କହିଥାନ୍ତି ।

ବଣ୍ଡାର ପୁରୁଣାକଳ୍ପ(ମିଥ୍) କହେ, ମହାଭାରତ ବର୍ଣ୍ଣିତ ପଞ୍ଚୁପାଣ୍ଡବ ବନବାସ ସମୟରେ ଦଣ୍ଡକାରଣ୍ୟର ଏକ ଅଂଶ ଥିବା ଏହି ଅଞ୍ଚଳକୁ ଆସିଥିଲେ ଏବଂ ଅଜ୍ଞାତବାସରେ ଯିବା ପୂର୍ବରୁ ଏହି ବୃକ୍ଷର କୋରଡ଼ରେ ଅନେକ ଅସ୍ତ୍ରଶସ୍ତ୍ର ଲୁଚାଇ ରଖିଥିଲେ । ଅଜ୍ଞାତବାସ ପରେ ସମସ୍ତ ଅସ୍ତ୍ର ବୃକ୍ଷ କୋରଡ଼ରୁ ନେଲା ବେଳେ ଭୁଲବଶତଃ ଏହି ଖଣ୍ଡାଟି ଛାଡ଼ି ଯାଇଥିଲେ, ଯାହା ଏକ ଅଲୌକିକ ଘଟଣା ପରେ ବଣ୍ଡାଙ୍କ ଦୃଷ୍ଟିକୁ ଆସିଲା । ଆଉ ସେବେଠାରୁ ସେହି ଖଣ୍ଡାକୁ ସେମାନେ 'ପାଟଖଣ୍ଡା' ଭାବରେ ଗ୍ରହଣ କରି ନେଇଛନ୍ତି ।

ପୌରାଣିକ ଆଧାର ବ୍ୟତୀତ ଇତିହାସ ଆଧାରିତ କିଛି ଜନଶ୍ରୁତି ମଧ୍ୟ ଶୁଣିବାକୁ ମିଳେ ପାଟଖଣ୍ଡାକୁ ନେଇ । ତେବେ ଏହା ଯେ କିଛି ଅଂଶରେ ସତ୍ୟ ତାହା ବାରାସୁର

ଶିଳାଲେଖ(ଖ୍ରୀ. ୧୦୬୦) ଏବଂ କୁରଶପାଲି ଶିଳାଲେଖ(ଖ୍ରୀ.୧୦୭୪) ଅନୁଧ୍ୟାନ କଲେ ପ୍ରତୀୟମାନ ହୁଏ । ଏହି ଶିଳାଲେଖ ଅନୁଯାୟୀ ଚକ୍ରକୋଟର ରାଜା ଜଗଦ୍ଦେବ ଭୂଷଣଙ୍କୁ ତାଙ୍କ ସେନାପତି ମଧୁରାନ୍ତକ ହତ୍ୟା କରିବା ପରେ ମହାରାଣୀ ତାଙ୍କ ପୁତ୍ର ସୋମେଶ୍ୱରଙ୍କୁ ନେଇ ବଣ୍ଡା ଅଞ୍ଚଳରେ ଆତ୍ମଗୋପନ କରିଥିଲେ । ପରେ ବଣ୍ଡାଙ୍କ ସହାୟତାରେ ରାଜ୍ୟ ଅଧିକାର କରିଥିବାରୁ ବଣ୍ଡା ଦଳପତିଙ୍କୁ ଏହି ରାଜକୀୟ ଖଣ୍ଡା ପ୍ରଦାନ କରିଥିଲେ । ମାତ୍ର କେହି କେହି ଯୁକ୍ତି ବାଢ଼ନ୍ତି ଯେ ଜୟପୁର ରାଜାଙ୍କ ପ୍ରତି ବଣ୍ଡାଙ୍କର ଆନୁଗତ୍ୟ ଦେଖି ଜୟପୁର ରାଜା ଏହି ଖଣ୍ଡାଟି ରାଜପ୍ରତୀକ ଭାବେ ବଣ୍ଡା ଦଳପତିଙ୍କୁ ଅର୍ପଣ କରିଥିଲେ । ତେବେ ସତ୍ୟ ଯାହା ହେଉନା କାହିଁକି, ପାଟଖଣ୍ଡା ଯେ ସାଧାରଣ ଖଣ୍ଡାରୁ ମହାପ୍ରଭୁଙ୍କ ପ୍ରତୀକ ଭାବେ ପୂଜା ପାଉଛନ୍ତି ସେଥିରୁ ବଣ୍ଡାଙ୍କ ଦୃଢ଼ ବିଶ୍ୱାସର କଥାକୁ ଅନୁଭବ କରିହୁଏ ।

ପାଟଖଣ୍ଡା ପ୍ରଥମ କରି ପୂଜା ପାଇବା ସମ୍ପର୍କରେ ବଣ୍ଡାର ଏକ ପୁରାଣକଳ୍ପରେ ବର୍ଣ୍ଣନା ରହିଛି । ଯେଉଁଥିରୁ ପାଟଖଣ୍ଡାର ଈଶ୍ୱରତ୍ୱ ଉପରେ ମୋହର ମାରିଥିଲା ବଣ୍ଡା ମଣିଷ । ଯେଉଁଦିନ ପ୍ରଥମ ବଣ୍ଡା ମଣିଷ 'ରେମୋ' ବାରଜାଙ୍ଗରର ଏହି ପାହାଡ଼ର ଶୀର୍ଷ ଦେଶରେ ପତ୍ନୀ ଗୋର୍ଭେଇ ସହିତ ଖୋଲା ଆକାଶ ତଳେ ରାତ୍ରିଯାପନ କରୁଥିଲା । ମଧ୍ୟରାତ୍ରି ବେଳକୁ ଗୋର୍ଭେଇ ବଟବୃକ୍ଷର ଶୀର୍ଷଦେଶରେ ଏକ ଉଜ୍ଜ୍ୱଳ ଆଲୋକ ବର୍ତ୍ତିକା ଦେଖି ଭୟଭୀତ ହେବା ସହିତ ତା' ସ୍ୱାମୀକୁ କହିଲା । ଦୁହେଁ ଭୟଭୀତ ହୋଇ ସେହି ଆଲୋକ ଆଡେ ଅନେଇଲା ବେଳକୁ ତାହା ଏକ ଜ୍ୟୋତିର୍ମୟ ପୁରୁଷ ଭାବରେ ଉଭା ହୋଇ ବଟବୃକ୍ଷରେ ଲୀନ ହୋଇଗଲା । ସେଦିନ ଥାଏ ମାଘ ପୂର୍ଣ୍ଣମୀର ପୂର୍ବ ସୋମବାର । ଭୋର ବେଳକୁ ବଣ୍ଡାକୁ ସ୍ୱପ୍ନାଦେଶ ହେଲା ବରଗଛରେ ଥିବା ପାଟଖଣ୍ଡାକୁ ପୂଜା କରିବା ପାଇଁ । ସେହି ଘଟଣା ପରଠାରୁ ପାଟଖଣ୍ଡା ପର୍ବ ପାଳନ ବଣ୍ଡା ଜନଜୀବନର ଏକ ଅବିଚ୍ଛେଦ୍ୟ ଅଙ୍ଗ ଭାବରେ ପ୍ରତିପାଦିତ ହୋଇଆସିଛି ।

କର୍ମକାଣ୍ଡ ଓ ବିଧିବିନ୍ୟାସ

ପ୍ରତିବର୍ଷ ମାଘ ପୂର୍ଣ୍ଣମୀର ପୂର୍ବ ସୋମବାରଦିନ ପାଟଖଣ୍ଡା ପର୍ବ ପାଳିତ ହୁଏ । ଏହି ପର୍ବ ପାଳନର ସ୍ଥାନ ହେଉଛି ମୁଦୁଲିପଡ଼ାରେ ଥିବା ବଟବୃକ୍ଷର ପାଦଦେଶ । ପାଟଖଣ୍ଡା ରହିଥିବା ଏହି ବଟବୃକ୍ଷର ପରିଧି ପଚାଶ ମିଟରରୁ ଅଧିକ ହେବ । ତାହାର ଓହଳଗୁଡ଼ିକ ମଧ୍ୟ ଏକ ଏକ ବଟବୃକ୍ଷ ପରି ପ୍ରତୀୟମାନ ହୁଅନ୍ତି । ସେହି ବୃକ୍ଷର ଡାଳପତ୍ର ପ୍ରସାରିତ ହୋଇ ଅନ୍ୟୁନ ହଜାରେ ବର୍ଗଫୁଟରୁ ଅଧିକ ଅଞ୍ଚଳ ପରିବ୍ୟାପ୍ତ । ବଟବୃକ୍ଷର ପାଦଦେଶରେ ସଜା ହୋଇ ରଖାଯାଇଛି ଅନେକ ଛୋଟବଡ଼ ପ୍ରସ୍ତର ଖଣ୍ଡ । ତାହା ଏକ ବିରାଟକାୟ ଚଟାଣ ସଦୃଶ ଦୃଶ୍ୟମାନ । ବୃକ୍ଷର ନିମ୍ନ ଦେଶରେ

ଥିବା ଅଞ୍ଚଳଟି ଅତ୍ୟନ୍ତ ଶୀତଳ ଏବଂ ଛାଇ ପରିବ୍ୟାପ୍ତ । ବିଶ୍ୱାସ ଅଛି ଏହି ପୀଠର ପାର୍ଶ୍ୱ ଦେଶରେ ଥିବା କୌଣସି ବୃକ୍ଷ କେବେ ମରିଯାଏନି କି ଗ୍ରୀଷ୍ମ ପ୍ରବାହରେ ଶୁଖି ନଷ୍ଟ ହୁଏ ନାହିଁ ।

ପାଟଖଣ୍ଡା ମହାପ୍ରଭୁଙ୍କ ମୁଖ୍ୟ ପୂଜକ ସିସା । ପୂଜାରେ ମାଣ ଧରୁଥିବାରୁ ତାଙ୍କୁ ମାନଦୋରା(ମାଣଧରା) କୁହାଯାଏ । ଅନେକ ସମୟରେ ଏହି ମାନଦୋରା ପଦବୀଟି ଲୋକମୁଖରେ ଅପଭ୍ରଂଶ ହୋଇ 'ମାନ୍ଦ୍ରା' ଭାବେ ବ୍ୟବହୃତ ହୁଏ । ସିସାଙ୍କ ଉପସ୍ଥିତରେ ମୁଦୁଲିପଡ଼ା ସହିତ ଅନ୍ୟ ଏଗାରଟି ଗାଁ କିର୍ସାନୀପଡ଼ା, ଡୁମୁରିପଡ଼ା, ତୁଳାଗୁରମ୍, ବଣ୍ଡାପଡ଼ା, ବାଣ୍ଡିଗୁଡ଼ା, ବାସୁପଡ଼ା, ଚାଲାଣପଡ଼ା, ଗୋକୁରପଡ଼ା, ଦାନ୍ତିପଡ଼ା ଓ ପାଣ୍ଡ୍ରାଗୁଡ଼ାର ମୁଖିଆ ତାଙ୍କ ଅନୁଗାମୀଙ୍କ ସହିତ ଯୋଗ ଦେଇଥାନ୍ତି । ଏହି ପର୍ବରେ ଯୋଗ ଦେବା ପାଇଁ ସେମାନେ ପୂଜା ସାମଗ୍ରୀ ଏବଂ ଉପହାର ଧରି ବାଦ୍ୟ ବଜାଇ ଯିଏ ଯାହା ଗାଁରୁ ଆସିଥାନ୍ତି । ଆସନ୍ତା ବର୍ଷକୁ ଯେମିତି ସେମାନଙ୍କ ମୁଖିଆ ପଦ ଅକ୍ଷୁର୍ଣ୍ଣ ରହିବ ସେଥିପାଇଁ ସେମାନେ ମହାପ୍ରଭୁଙ୍କ ସମ୍ମୁଖରେ ସ୍ଥିର କରିଥାନ୍ତି ।

ଏହି ପର୍ବଦିନ ବଣ୍ଡା ପୁରୁଷମାନେ ମୁଣ୍ଡର ଚୁଟି କାଟି ନୂଆ ପଟି ବାନ୍ଧିଥାନ୍ତି । ସେହିପରି ଏଠାରେ ସାମିଲ ହୋଇଥିବା ତରୁଣୀମାନେ ନୂଆ ରିଙ୍ଗା ପରିଧାନ କରନ୍ତି । ବାଦ୍ୟକାରମାନେ ବିଭିନ୍ନ ପ୍ରକାରର ବାଦ୍ୟ ଯଥା:ଢୋଲ, ମହୁରୀ, ଟାମକ, ଶିଙ୍ଗା ଧରି ଉପସ୍ଥିତ ରହିଥାନ୍ତି ।

ପୂଜାର ପ୍ରାରମ୍ଭରେ ସିସା ଶିଳ, ଶିଳପୁଆ, ଚକି ଆଦି ବିଭିନ୍ନ ଘରକରଣା ଜିନିଷକୁ ବୃକ୍ଷର ପାଦଦେଶରେ ରଖି ତୈଳ ମାର୍ଜନା କରନ୍ତି । ଏହାପରେ ମୁଦୁଲିପଡ଼ାରେ ଥିବା ସୀତାକୁଣ୍ଡ ବା କିଙ୍ଗୁବୋଡ଼କରୁ ଲାଉ ତୁମ୍ବାରେ ସଂଗୃହୀତ ହୋଇଥିବା ପାଣିରେ ସ୍ନାନ କରାନ୍ତି । ଏପରିକି ଏହି ଜଳ ସିଞ୍ଚନ କରି ପୂଜା ଅଗଣା ଓ ଗାଁ ଦାଣ୍ଡକୁ ମଧ୍ୟ ପବିତ୍ର କରାଯାଇଥାଏ । ପାଠକଙ୍କ ଅବଗତି ନିମନ୍ତେ କୁହାଯାଉଛି ଯେ ମୁଦୁଲିପଡ଼ାର ପୂର୍ବଦିଗରେ 'ସୀତାକୁଣ୍ଡ' ଅବସ୍ଥିତ । ଏହାର ଝରଣ ପାଣିକୁ ତିନୋଟି ଭାଗରେ ପଥର ଖଣ୍ଡ ଦେଇ ଭାଗଭାଗ କରାଯାଇଛି । ପ୍ରଥମ ଭାଗ ହେଉଛି 'କିଙ୍ଗୁ ବୋଡକ୍' ଦେବୀଙ୍କ ଉଦ୍ଦେଶ୍ୟରେ ସ୍ଥାନିତ; ଯେଉଁଠାରୁ ବଣ୍ଡାମାନେ ପାନୀୟ ଜଳ କିମ୍ବା ପୂଜା ଉଦ୍ଦେଶ୍ୟରେ ପବିତ୍ର ଜଳ ସଂଗ୍ରହ କରିଥାନ୍ତି । ଚଇତ୍ର ମାସରେ ସୀତାକୁଣ୍ଡର ଜଳଦେବୀ 'କପୁର ଚୁଆଁ'ଙ୍କୁ ପୂଜା କରାଯାଇଥାଏ ।

ପବିତ୍ର ପାଣିରେ ପୂଜା ସାମଗ୍ରୀକୁ ମାର୍ଜନା କଲାପରେ ପାଟଖଣ୍ଡାଙ୍କ ଉଦ୍ଦେଶ୍ୟରେ 'ଚରୁଅନ୍ନ' ପ୍ରସ୍ତୁତ ହୁଏ । ଏହି ଚରୁଅନ୍ନ ପ୍ରସ୍ତୁତି ପ୍ରଣାଳୀ ଅତ୍ୟନ୍ତ ସ୍ୱତନ୍ତ୍ର । ଯାହ ବର୍ଷବର୍ଷ ଧରି ରୀତି ଭାବରେ ପ୍ରଚଳିତ । ଚରୁଅନ୍ନ ପ୍ରସ୍ତୁତି ପାଇଁ ଏକ ନୂଆ ବାଉଁଶ

ନଳୀ ମଧ୍ୟରେ ଅରୁଆ ଚାଉଳ, ହଳଦୀଗୁଣ୍ଡ, ଶୁଖା ଯାଇଥିବା ମାଛ, ଲଙ୍କା, ଲୁଣ ଏବଂ ଅଳ୍ପ ପାଣି ଭର୍ତ୍ତି କରି ନଳୀର ମୁହଁକୁ ଭଲଭାବେ ବନ୍ଦ କରି ନିଆଁରେ ପକାଇ ଦିଆଯାଏ । କିଛି ସମୟ ପରେ ବାଉଁଶ ନଳୀକୁ ନିଆଁ ଭିତରୁ ଆଣି ତାକୁ ଫଟାଇ ତା' ଭିତରେ ଚରୁଅନ୍ନ ସଂଗ୍ରହ କରାଯାଇ ମହାପ୍ରଭୁଙ୍କ ଭୋଗ ପାଇଁ ସଜଡ଼ା ଯାଏ ।

ଚରୁଅନ୍ନ ପ୍ରସ୍ତୁତି ପରେ ପୂଜା ସ୍ଥଳରେ ଧଳା, କଳା ଓ ନାଲି ବର୍ଣ୍ଣର ମୁରୁଜରେ ଝୋଟି ଅଙ୍କନ କରାଯାଇଥାଏ । ଏହିସବୁ ମୁରୁଜ ପ୍ରାକୃତିକ ଉପାୟରେ ସଂଗୃହୀତ । ଏହା ପରେ ବାଉଁଶରେ ତିଆରି ମାଣରେ ବିଭିନ୍ନ ମୁଖିଆମାନେ ଆଣିଥିବା ବିହନକୁ ରଖାଯାଇ ସଜାଯାଏ । ପାଟଖଣ୍ଡା ମହାପ୍ରଭୁଙ୍କ ପାଖରେ ବଳି ପଡ଼ିବା ପାଇଁ ଆସିଥିବା ବତକ, କୁକୁଡ଼ା, ଛେଳି ଉପରେ ଅକ୍ଷତ ଓ ହଳଦୀ ପାଣି ଛିଞ୍ଚାଯାଏ । ମୁଖ୍ୟ ପୂଜା ଆରମ୍ଭ ପୂର୍ବରୁ କୁକୁଡ଼ାଟିଏ ବଳି ପଡ଼ିଲା ପରେ ପାଟଖଣ୍ଡାଙ୍କ ଆବାହନ କାଯାଇଥାଏ ।

ସିସା ବରଗଛକୁ ପ୍ରଣାମ କରି ଚାଳିଶ ଫୁଟ୍ ଉପରେ ଥିବା ପାଟଖଣ୍ଡାକୁ ଆଣିବା ପାଇଁ ଆରୋହଣ କରନ୍ତି । ଡାହାଣ ହାତରେ ଉକ୍ତ ଖଣ୍ଡାକୁ ଧରି ତଳକୁ ଓହ୍ଲାଇଲା ପରେ ସୀତାକୁଣ୍ଡରୁ ସଂଗୃହୀତ ପବିତ୍ର ପାଣିରେ ହଳଦୀଗୁଣ୍ଡ ମିଶାଇ ଖଣ୍ଡାକୁ ସ୍ନାନ କରାଯାଏ । ଏତିକି ରୀତି ପ୍ରାୟତଃ ଅଧଘଣ୍ଟା ମଧ୍ୟରେ ସମାପନ ହୋଇଥାଏ । ଏହାପରେ ମୁଖ୍ୟ ସିସା ପୂଜାର ପ୍ରଥମ ପର୍ବରେ ବତକଟିଏ ବଳି ଦେଲା ପରେ ଅନ୍ୟ ଗାଁର ସିସାମାନେ ଛେଳି, କୁକୁଡ଼ା, ମେଣ୍ଢା ଇତ୍ୟାଦିକୁ ପୂଜା କରି ସେମାନଙ୍କ ମସ୍ତକରେ ସିନ୍ଦୂର ଲଗାଇ ବଳି ଦିଅନ୍ତି ।

ତେବେ ପାଟଖଣ୍ଡାଙ୍କ ମୁଖ୍ୟ ପୂଜା ପାଇଁ ଦେବୀ ଦାମଲଦେଇଙ୍କ ଆଗମନକୁ ପ୍ରତୀକ୍ଷା କରିବାକୁ ପଡ଼େ । ବଣ୍ଡାଙ୍କର ବିଶ୍ୱାସ ରହିଛି ଦେବୀ ଦାମଲଦେଇ ହେଉଛନ୍ତି ପାଟଖଣ୍ଡା ମହାପ୍ରଭୁଙ୍କ ଶକ୍ତି । ତେଣୁ ତାଙ୍କୁ ପୂଜା କରି ପାଟଖଣ୍ଡାଙ୍କୁ ସନ୍ତୁଷ୍ଟ କରିବାର ବିଧି ରହିଛି । ତେଣୁ ଦେବୀଙ୍କ ସମ୍ପର୍କରେ କହିବା ପ୍ରାସଙ୍ଗିକ ହେବ ।

ବଣ୍ଡା ଅଞ୍ଚଳର କିର୍ସାନୀପଡ଼ା ପାଖରେ ଥିବା ବାଲିଡଙ୍ଗର ପାହାଡ଼ରୁ ଝରଣାଟିଏ ବାହାରି ଦାମଲଦେଇ ନଦୀ ଭାବେ ପ୍ରବାହିତ ହୋଇ ଖଇରପୁଟ ଯାଏଁ ଯାଇ ସିଲେରୁ ନଦୀରେ ମିଶିଛି । ଏହି ନଦୀରେ ରହିଛି ତିନୋଟି ଗଣ୍ଡ । ପ୍ରଥମଟି 'ବାଲିକୁଣ୍ଡ', ଦ୍ୱିତୀୟଟି 'ସାରୁକୁଣ୍ଡ' ଏବଂ ତୃତୀୟଟି 'ଆମ୍ବାକୁଣ୍ଡ' । ଏହି ଆମ୍ବାକୁଣ୍ଡ ଅଞ୍ଚଳରେ ଦେବୀ 'ଦାମଲଦେଇ' ନାମରେ ପୂଜା ପାଇ ଆସୁଛନ୍ତି । ତେବେ କିମ୍ବଦନ୍ତୀରେ ବର୍ଣ୍ଣିତ ଦେବୀ ବଣ୍ଡାମାନଙ୍କ ଉପରେ ଅସନ୍ତୁଷ୍ଟ ହୋଇ ମୂଳ ସ୍ଥାନ ଛାଡ଼ି ବାଉଁଶପଡ଼ାଠାରେ ପୂଜା ପାଉଛନ୍ତି ।

ପାଟଖଣ୍ଡା ପର୍ବଦିନ ବାଉଁଶପଡ଼ାଠାରୁ ଏକ ସୁସଜ୍ଜିତ ବିମାନରେ ଦେବୀଙ୍କୁ

ବାଣ୍ଡିଗୁଡ଼ା, କିର୍ସାନୀପଡ଼ା ଓ ପଡ଼େଇଗୁଡ଼ା ବାଟଦେଇ ମୁଦୁଲିପଡ଼ାକୁ ନିଆଯାଇଥାଏ । ବାଟରେ ଯିବା ସମୟରେ ବାଦ୍ୟ ବଜାଇ ନାଚିନାଚି ଦେବୀଙ୍କୁ ସାଥୀରେ ନେଇଥାନ୍ତି ବଣ୍ଡାମାନେ । ଏପରିକି ଯାତ୍ରାକାଳରେ ବିଭିନ୍ନ ଗାଁରେ ଦେବୀଙ୍କୁ ପୂଜା କରାଯାଇଥାଏ । ଶେଷରେ ଦେବୀ ଦାମଲଦେଇ ମୁଦୁଲିପଡ଼ାରେ ପହଞ୍ଚିଲା ପରେ ପାଟଖଣ୍ଡାଙ୍କ ଆସ୍ଥାନ ପାଖରେ ତାଙ୍କୁ ରଖିଲା ପରେ ମୁଖ୍ୟ ପୂଜା ଆରମ୍ଭ ହୁଏ । ଲୋକବିଶ୍ୱାସ ଅଛି କୋୟାମାନଙ୍କର ତଥା ମାଲକାନଗିରି ଜନଜାତିଙ୍କ ଦ୍ୱାରା ପାଳିତ ବଡ଼ଯାତ୍ରାର ଦେବତା ବାଲାରାଜୁ, ପୋତରାଜୁ, କାନମରାଜୁଙ୍କ ଭଉଣୀ ହେଉଛନ୍ତି ଦାମଲଦେଇ । ପାଟଖଣ୍ଡା ମହାପ୍ରଭୁଙ୍କୁ ବିବାହ କରିବା ପରେ ଦେବୀ ଆମ୍ବାକୁଣ୍ଡ ଠାରେ ରହି ଆସୁଛନ୍ତି ।

ଦ୍ୱିତୀୟ ପର୍ଯ୍ୟାୟରେ ମନ୍ତ୍ରପାଠ ଓ ପୂଜାର ମୁଖ୍ୟ ଉଦ୍ଦେଶ୍ୟ ଜଣାପଡ଼େ । ମୁଖ୍ୟ ସିସା ଆଣ୍ଠୁମାଡ଼ି ପ୍ରଣାମ କରି ପାଟଖଣ୍ଡା ମହାପ୍ରଭୁଙ୍କ ଉଦ୍ଦେଶ୍ୟରେ ମନ୍ତ୍ର ଉଚ୍ଚାରଣ କରନ୍ତି-

ଆଜି ମାପୃ ! ସତ ଯେନ
ବାରଜାଙ୍ଗର, ବାରମୁଟାନା
ପାଟଖଣ୍ଡା, ପାଟ ଭୈରବ
ମୁଦୁଲି ପାଡ୍ୟା ଦେବତା
ଡେଙ୍ଗ ଡିଙ୍ଗନାଲ୍, ମିସାଂ କୁକୁସାଗ
ମିସାଂ ଗିମେସଂ, ସୁନାର ସିନେ
ସୁନାର ଇନଂ, ନାଗଂ ବୁନବରତ
ଡେମସେ ବିରେବ, କୁରୁଂବ
ସୁମୁ ସାରାଇ, ପାକନା ଗାଜା ଡେମତା !
ମାପୃ ନନ ସତରେ ମାନେକ
ନା ଦୁଇମାନ ଡେନ୍‌ତା ।

(ହେ, ମହାପ୍ରଭୁ ! ତୁମେ ଯଦି ବାରଜାଙ୍ଗର, ବାରମୁଠାର ମୁଦୁଲିପଡ଼ାର ପ୍ରତ୍ୟକ୍ଷ ଦେବତା ପାଟଖଣ୍ଡା ହୋଇଥିବ; ତେବେ ଗୋଟିଏ ପଟେ ବାଘ ଅନ୍ୟ ପଟେ ଭାଲୁକୁ ସୁନାର ଲଙ୍ଗଳରେ ଓ ଜୁଆଳି ପକାଇ ନାଗସାପର ବରତରେ ବାନ୍ଧି ବିସ୍ତୀର୍ଣ୍ଣ ଶିଳା ଉପରେ ହଳ କରି ବିହନ ବୁଣି ଚାଷ କରିବ । ବିହନ ଲଟାରେ, ପଥର ଉପରେ, ଖମ୍ବ ଉପରେ ପଡିଲେ ବି ଗଜା ହେବ । ତୁମରି ସତ୍ୟରେ ମାଣେଧାନ ଦୁଇମାଣ ହେବ ।)

ଏହି ମନ୍ତ୍ରପାଠ ପରେ ବିହନ ପୂଜା ଆରମ୍ଭ କରାଯାଏ । ବିଶେଷ କରି ମାଣେ

ଧାନକୁ ଠାକୁରଙ୍କ ଆଗରେ ଘୋଡାଇ ରଖାଯାଏ । ଏହାପରେ ପାଟଖଣ୍ଡାଙ୍କ ଉଦ୍ଦେଶ୍ୟରେ ଗୋଟିଏ ବୋଦା ଓ କୁକୁଡ଼ା ବଳି ଦେବା ପରେ ଘୋଡାଯାଇ ରଖାଯାଇଥିବା ବିହନ ଉଦ୍ଦେଶ୍ୟରେ ଏକ ଧଳା କୁକୁଡ଼ା ବଳି ଦିଆଯାଏ । ବଳି ପରେ ଠାକୁରଙ୍କୁ କଦଳୀ, ନଡ଼ିଆ ଆଦି ଭୋଗ ଅର୍ପଣ କରାଯାଏ । ବିହନ ପୂଜା ପରେ ଘୋଡଣୀ ଖୋଲି ପୂଜାଧାନକୁ ଆଉଥରେ ମାଣରେ ମପାଯାଏ । ଯଦି ଧାନ ମାଣକରୁ ଅଧିକ ହୁଏ ତେବେ ବଣ୍ଡାମାନେ ଜାଣନ୍ତି ଯେ ପାଟଖଣ୍ଡା ମହାପ୍ରଭୁ ପୂଜାରେ ସନ୍ତୁଷ୍ଟ ଅଛନ୍ତି ଏବଂ ସେହି ବର୍ଷ ଭଲ ଫସଲ ହେବ ବୋଲି ସେମାନେ ବିଶ୍ୱାସ କରନ୍ତି । ପୂଜାର ଶେଷ ପର୍ବରେ ପାଟଖଣ୍ଡାରେ ବଳି ରକ୍ତ ଲଗାଇବା ସହିତ ବିହନରେ ମଧ ରକ୍ତ ଗୋଳା ଯାଇଥାଏ । ସିସା ସର୍ବମଙ୍ଗଳ କାମନା କରି ପାଟଖଣ୍ଡା ମହାପ୍ରଭୁଙ୍କଠାରେ ପୁଣି ନିବେଦନ କରନ୍ତି – 'ଓ ନନ୍ଦପୁର ମହାପ୍ରଭୁ ଓ ପାଟଖଣ୍ଡା ବିକ୍ରମ, ଓ ନନ୍ଦପୁର ବୁଢ଼ା ଭୈର, ଓ ଦୁଲାର୍ ଦେଇ, ଓ ଶିରୀ ମାଉଳୀ ! ନନ୍ଦପୁରର ରାତିକୁ ବାରଜାଙ୍ଗରର ଦିନ । ଧୂପ, ବେଲପତ୍ର, ହଳଦୀ, ମାଣ୍ଡିଆ ସବୁ ତୋତେ ଦେଲି । କଳା କୁକୁଡା, କଳା ଛେଳି ଆମେ ତୋତେ ଦେଉଛୁ । ଆମ ପିଲାଛୁଆଙ୍କୁ ଭଲରେ ରଖ । ଆମ ଦେଶ, ଧରିତ୍ରୀ ସବୁ ଭଲରେ ରହୁ । କ୍ଷେତରେ ଫସଲ ହସୁ । ଗଛରେ ଫୁଲଫଳ ଭରିଉଠୁ । କିଛି ବିପଦ ନଆସୁ, ପାଟଖଣ୍ଡା ମହାପ୍ରୁ ! ରାଜ୍ୟ, ଦେଶ, ପୃଥିବୀ ସବୁ ଭଲରେ ଥାଉ ।'

ଏହି ମନ୍ତ୍ର ପରେ ମାଦଳ, ମହୁରି ଓ ଢ଼ୋଲରେ ପୂଜାସ୍ଥାନ କମ୍ପିଉଠେ । ବଣ୍ଡାମାନେ ଦଳଗତ ନୃତ୍ୟ ଆରମ୍ଭ କରନ୍ତି । ବାରଜାଙ୍ଗରର ପୂଜା କରାଯାଇଥିବା ବିହନ ମୁଖ୍ୟ ସିସା ଅର୍ପଣ କରନ୍ତି । ଏହାପରେ ଆଣ୍ଠୁମାଡି ମୁଣ୍ଡିଆମାରି ମୁଖ୍ୟ ସିସା ଡାହାଣ ହାତରେ ପାଟଖଣ୍ଡାକୁ ଧରି ବରଗଛ ଆରୋହଣ କରନ୍ତି ଏବଂ ଗଛର କୋରଡରେ ଖଣ୍ଡାଟିକୁ ରଖିଦିଅନ୍ତି । ବାଦ୍ୟରେ ତାଳେତାଳେ ଦାମଲଦେଇଙ୍କ ବିଦାୟପର୍ବ ମଧ ଅନୁଷ୍ଠିତ ହୁଏ । ଯେଉଁ ବାଟରେ ଦେବୀଙ୍କୁ ନିଆଯାଇଥାଏ, ସେହି ବାଟରେ ଦେବୀଙ୍କୁ ମୂଳପୀଠକୁ ଅଣାଯାଏ । ଦେବୀ ସେହି ରାତିରେ ଗାଁ ଭ୍ରମଣ କରନ୍ତି । ବିଶେଷକରି ଗାଁର ପ୍ରତିଟି ଘରେ କଳସ ସ୍ଥାପନ କରି ନଡ଼ିଆ ଭାଙ୍ଗି ଦେବୀଙ୍କ ଦର୍ଶନ କରିଥାନ୍ତି ଗାଁ ଲୋକେ । ଗୁମ୍ମା ଓ ଖଇରପୁଟ ଅଞ୍ଚଳରେ ଥିବା ବିଭିନ୍ନ ଗ୍ରାମ ଦେବ-ଦେବୀଙ୍କ ପ୍ରତୀକ ଭାବରେ ପ୍ରତିଟି ଗାଁରୁ ବଡ଼ ବାଉଁଶ(ଲାଠି) ଖଣ୍ଡିଏରେ ପାଟକନା ଗୁଡାଇ ବାଦ୍ୟ ବଜାଇ ଦାମଲଦେଇ ପୀଠକୁ ପୂଜକଙ୍କ ନେତୃତ୍ୱରେ ଯାତ୍ରା କରିଥାନ୍ତି । ଏହି ଦଳରେ ପୂଜକଙ୍କ ସହିତ ଦିଶାରୀ, ଗୁରୁମାଇ, ଗାଁ ମୁଖିଆଙ୍କ ସହିତ ମାନସିକ କରିଥିବା ଲୋକ ରହିଥାନ୍ତି ।

ସେପଟେ ପାଟଖଣ୍ଡା ପର୍ବର ସମାପ୍ତି ପରେ ବାରଜାଙ୍ଗରର ମୁଖିଆମାନେ ନିଜନିଜ ଗାଁକୁ ଫେରି ହୁଣ୍ଡି ଦେବତାଙ୍କ ପୀଠରେ ପୂଜା ହୋଇଥିବା ବିହନକୁ ରଖି ପ୍ରତିଟି ଘରକୁ ଖବର ଦିଅନ୍ତି । ପ୍ରତି ପରିବାରର ମୁଖିଆ ପାଟଖଣ୍ଡାଙ୍କ ଠାରେ ପୂଜା ହୋଇଥିବା ବିହନରୁ କିଛି ସଂଗ୍ରହ କରି ଘରେ ବିହନରେ ମିଶାନ୍ତି ଏବଂ କ୍ଷେତରେ ସେହି ବିହନ ପକାଇ କୃଷିକାର୍ଯ୍ୟକୁ ଆଗେଇ ନିଅନ୍ତି ।

ସୋମବାର ଦିନ ପାଟଖଣ୍ଡା ପର୍ବ ଅନୁଷ୍ଠିତ ହେଉଥିବା ବେଳେ ମଙ୍ଗଳବାର ଖଇରପୁଟଠାରେ ଥିବା ଦାମଲଦେଇ ପୀଠରେ ପୂଜାର୍ଚ୍ଚନା ହେବା ସହିତ ସମସ୍ତ ଗାଁରୁ ଆସିଥିବା ଦେବ-ଦେବୀଙ୍କ ପ୍ରତୀକ ଲାଠିମାନଙ୍କର ମିଳନ ହୁଏ । ଅନ୍ୟ ଗାଁରୁ ଆସିଥିବା ପୂଜାରୀମାନେ ପୂଜା କରିବା ସହିତ ବଳି ଅର୍ପଣ କରିଥାନ୍ତି ।

ମୁଦୁଲିପଡ଼ାରେ ହେଉଥିବା ପାଟଖଣ୍ଡ ପର୍ବର ଅବଧି ଦୁଇ-ତିନି ଘଣ୍ଟାର ମାତ୍ର । ତଥାପି ତିନିଦିନ ଧରି ମୁଦୁଲିପଡ଼ାରେ ନାଚ-ଗୀତର ଆସର ଜମେ । କିନ୍ତୁ, ଅନ୍ୟ ବଣ୍ଡା ଗାଁରେ ପ୍ରଥମ ଦିନକୁ ଛାଡିଦେଲେ ବିଶେଷ କିଛି ଉତ୍ସବ ପାଳନ ହୁଏ ନାହିଁ ।

ମୁଦୁଲିପଡ଼ାର ପାଟଖଣ୍ଡା ପର୍ବ ବ୍ୟତୀତ ଦଶହରାରେ ନନ୍ଦପୁର ରାଜବଂଶ(ଏବେ ଜୟପୁର ରାଜବଂଶ ଭାବରେ ଖ୍ୟାତ) ଦ୍ୱାରା ଏହି ପାଟଖଣ୍ଡା ମହାପ୍ରଭୁଙ୍କୁ ପୂଜା କରାଯାଏ । ତେବେ ମୁଦୁଲିପଡ଼ାର ସେହ ବଟବୃକ୍ଷରୁ ପାଟଖଣ୍ଡାଙ୍କୁ ସେଠାକୁ ନିଆଯାଏ ନାହିଁ । କାରଣ ଗଛକୋରଡ଼ରେ ଥିବା ଖଣ୍ଡାର ମୁଠି ବା ବେଣ୍ଟ ସେଠାରେ ପୂଜା ପାଇଁ ଆସୁଛନ୍ତି । ତେବେ ଖଣ୍ଡା ଦେହରୁ ମୁଠି ଅଲଗା ହୋଇ ନନ୍ଦପୁର କିପରି ଗଲା ତାହାର ଏକ ସୁନ୍ଦର କିମ୍ବଦନ୍ତୀ ମୁଦୁଲିପଡ଼ାରେ ଶୁଣିବାକୁ ମିଳେ । ନନ୍ଦପୁରର ରାଜା ପାଟଖଣ୍ଡାର ଅଲୌକିକତା ସମ୍ପର୍କରେ ଜାଣିବା ପରେ ସେହି ଖଣ୍ଡାକୁ ନନ୍ଦପୁର ଆଣିବା ପାଇଁ ପାରିଷଦମାନଙ୍କୁ ନିର୍ଦ୍ଦେଶ ଦେଲେ । ରାଜାଙ୍କ ଲୋକେ ଖଣ୍ଡାକୁ ନେବାକୁ ଚେଷ୍ଟା କଲାବେଳେ ଖଣ୍ଡାରୁ ବେଣ୍ଟ ବାହାରି ଆସିଥିଲା ଏବଂ ବେଣ୍ଟହୀନ ଖଣ୍ଡାଟି କୋରଡ଼ ଭିତରେ ରହିଗଲା । ପରବର୍ତ୍ତୀ ସମୟରେ ସ୍ୱପ୍ନାଦେଶ ପାଇ ନନ୍ଦପୁର ରାଜା ସେହି ଖଣ୍ଡାର ମୁଠିକୁ ସମ୍ମାନ ଜଣାଇ ଦଶହରାରେ ପୂଜା କଲେ । ସେହି ପରମ୍ପରା ଏବେବି ଚାଲିଆସୁଛି । ତେବେ ଏହି ଘଟଣା ବୀର ବିକ୍ରମଦେବ ମହାରାଜାଙ୍କ କାଳରେ ହୋଇଥାଇପାରେ ଯାହାଙ୍କ ସମୟ ୧୬୪୧ ଖ୍ରୀ. ରୁ ୧୬୬୯ ଖ୍ରୀ. । କାରଣ ବଣ୍ଡାଙ୍କ ପାଟଖଣ୍ଡା ମନ୍ତ୍ରରେ 'ବିକ୍ରମ' ବୋଲି ସମ୍ବୋଧନ କରାଯାଇଛି ।

ନନ୍ଦପୁରଠାରେ ପାଟଖଣ୍ଡା ପୂଜା ସମୟରେ ମୁଦୁଲିପଡ଼ାରୁ ମୁଖ୍ୟ ସିସାଙ୍କ ସହିତ ଗାଁ ମୁଖିଆ ଓ ଅନେକ ବଣ୍ଡାଲୋକ ଯୋଗଦିଅନ୍ତି । ସେମାନେ ମହାପ୍ରଭୁଙ୍କ ମୂଳପୀଠ ମୁଦୁଲିପଡ଼ାରୁ ଅକ୍ଷତ(ହଳଦୀ ମିଶ୍ରିତ ଚାଉଳ) ଏବଂ କେରଙ୍ଗ ସୂତା ପ୍ରସ୍ତୁତ ବସ୍ତ୍ର ନେଇ

ସେଠାରେ ଅର୍ପଣ କଲାପରେ ପାଟଖଣ୍ଡା ମହାପ୍ରଭୁଙ୍କ ଉଦ୍ଦେଶ୍ୟରେ ବଳି ଅର୍ପଣ ହୁଏ । ପୂଜା ସମାପନ ପରେ ବଣ୍ଡାମାନେ ମୁଦୁଲିପଡ଼ା ଫେରିଆସନ୍ତି । ସେହିଦିନ ବାରଜାଙ୍ଗରର ସମସ୍ତ ବଣ୍ଡା ନିଜର ମୁଣ୍ଡ ଧୋଇବା ସହିତ ପାରମ୍ପରିକ ଅସ୍ତ୍ରଶସ୍ତ୍ରକୁ ପ୍ରକ୍ଷାଳନ କରି ପାଟଖଣ୍ଡା ମହାପ୍ରଭୁଙ୍କ ନାମରେ ବଳି ଅର୍ପଣ କରନ୍ତି । ପାଟଖଣ୍ଡାଙ୍କ ମୂଳପୀଠରେ ମଧ୍ୟ ସିସା ପୂଜା କରି କାକୁଡ଼ି, ମାଗୁର ମାଛ ଓ କଳାପାରାକୁ ବଳିଦେଇ ଅର୍ପଣ କରିଥାନ୍ତି । ବଣ୍ଡାମାନେ ଏହିଦିନ ମୁଣ୍ଡ ଧୋଉଥିବା କାରଣରୁ ଏହା 'ମୁଣ୍ଡଧୌନୀ' ପର୍ବ ନାମରେ ପରିଚିତ । କେବଳ ସେତିକି ନୁହେଁ ବଣ୍ଡାର ପ୍ରତ୍ୟେକ ପର୍ବପର୍ବାଣିରେ ପାଟଖଣ୍ଡା ମହାପ୍ରଭୁଙ୍କ ଉଦ୍ଦେଶ୍ୟରେ ଘରେଘରେ ପୂଜା କରାଯାଏ, ମାତ୍ର ପାଟଖଣ୍ଡାଙ୍କୁ ବୃକ୍ଷରୁ ତଳକୁ ଅଣାଯାଏ ନାହିଁ ।

ପାଟଖଣ୍ଡା ଓ ଲୋକବିଶ୍ୱାସ

ବଣ୍ଡାମାନେ ସାଧାରଣତଃ ପାଟଖଣ୍ଡାଙ୍କୁ 'ସିଙ୍ଗିଆର୍କେ' ଭାବରେ ସମ୍ବୋଧନ କରିଥାନ୍ତି । 'ସିଙ୍ଗି' ଓ 'ଆର୍କେ' ଶବ୍ଦର ମିଶ୍ରଣରୁ ଏହି 'ସିଙ୍ଗିଆର୍କେ' ଶବ୍ଦର ସୃଷ୍ଟି । ଯାହାର ଅର୍ଥ 'ଚନ୍ଦ୍ର-ସୂର୍ଯ୍ୟ' ଦେବତା । ବଣ୍ଡାର ବିଶ୍ୱାସ ପାଟଖଣ୍ଡା ବା ସିଙ୍ଗିଆର୍କେ ହେଉଛନ୍ତି ଏହି ବିଶ୍ୱ ଓ ପ୍ରକୃତିର ସ୍ରଷ୍ଟା । ତାଙ୍କର ପ୍ରତିନିଧି ହେଉଛନ୍ତି ବଣ୍ଡା ଗାଁରେ ଥିବା ଅନ୍ୟ ଦେବଦେବୀ । ଘର ମଝିରେ ଥିବା ମୁଖ୍ୟ ଖୁଣ୍ଟ 'ମୂଳଦେଈ', ଗାଁ ମଝିରେ ଥିବା 'ହୁଣ୍ଡିଦେବୀ' ବା 'ବୁର୍ସୁଙ୍ଗ', ସୀତାକୁଣ୍ଡର ଦେବୀ 'କପୁରଚୁଆଁ' ବଣ ଦେବତା 'ସିଙ୍ଗରାଜ', ଜଙ୍ଗଲ ଦେବୀ 'ଉଗା' (ସିଙ୍ଗରାଜ ଦେବତାଙ୍କ ପତ୍ନୀ), ଗ୍ରାମ ପ୍ରବେଶ ଦ୍ୱାରରେ ଥିବା ଦେବୀ 'ରେନୁଙ୍ଗ୍‌ବର' ଗ୍ରାମର ସିନ୍ଧିବୋର ଠାରେ ସ୍ଥାପିତ 'ଗେସୁଙ୍ଗ୍ ଦେବୀ' ଏବଂ ବିଭିନ୍ନ ପ୍ରକାରର ଡୁମା ଦେବତା ଯଥା: ଲମ୍‌ତା ଚୁଆଁ, ଡୋଲିଆଂ, ଗର୍‌ଦାବା, କାଲିଆରାଣୀ, କିଡିଙ୍ଗ୍ ସାଗର, ଗୁନାମ୍ ଆଦି ସିଙ୍ଗିଆର୍କେଙ୍କ ନିର୍ଦ୍ଦେଶରେ କାର୍ଯ୍ୟ କରିଥାନ୍ତି ବୋଲି ବଣ୍ଡାର ବିଶ୍ୱାସ ।

ବଣ୍ଡାର ପୁରାଣକଳ୍ପ ବା ଲୋକମିଥ୍‌ରେ ପାଟଖଣ୍ଡାଙ୍କ ସମ୍ପର୍କୀତ ଅନେକ କାହାଣୀ ଶୁଣିବାକୁ ମିଳେ । ଏପରିକି ପୃଥିବୀ କିପରି ସୃଷ୍ଟି ହେଲା, ମଣିଷର ସୃଷ୍ଟି ଓ ତା'ର କାର୍ଯ୍ୟାବଳୀ, ଜଡ-ଜୀବର ସୃଷ୍ଟି, ନାଚ-ଗୀତର ସୃଷ୍ଟି ପଛରେ ପାଟଖଣ୍ଡାଙ୍କ ଭୂମିକା ନେଇ ପର୍ବପର୍ବାଣି ସମୟରେ ଗୁରୁମାଇ, ଦିସାରୀ, ସିସା ପ୍ରମୁଖ ଲୋକଙ୍କୁ ଶୁଣାଇଥା'ନ୍ତି । ମହାପ୍ରଭୁ କିପରି ଦେହର ମଳିରୁ ସ୍ଥଳଭାଗ ସୃଷ୍ଟି କଲେ, ସୋମା ବଡ଼ନାଏକର ସାହାଯ୍ୟ ନେଇ ଧୂଆଁପତ୍ର ସୃଷ୍ଟି କଲେ, ପଥୁରିଆ ଭୂଇଁକୁ ଉର୍ବର କରିବା ପାଇଁ ଜିଆ ସୃଷ୍ଟି କଲେ, ଭୀମଙ୍କୁ କିପରି ଧାନବର୍ଷ କରିବା ପାଇଁ କହିଲେ ଇତ୍ୟାଦି ମିଥ୍‌ଗୁଡ଼ିକ ଏବେ ବି ପ୍ରଚଳିତ । ଯାହା ପାଟଖଣ୍ଡାଙ୍କ ଆଲୌକିକତା ତଥା ଆଧ୍ୟାତ୍ମିକତାର ପ୍ରମାଣ ଦେଇଥାଏ ।

ପାଟଖଣ୍ଡା ମହାପ୍ରଭୁଙ୍କୁ ନେଇ ଆଉ କିଛି ଲୋକ ବିଶ୍ୱାସ ରହିଛି ସେଗୁଡ଼ିକ ହେଲା -

୧. ପାଟଖଣ୍ଡାଙ୍କ ପୂଜାରେ ବିଘ୍ନ ହେଲେ ବଣ୍ଡା ଗାଁରେ ବିପଦ ମାଡ଼ିଆସିବ ।

୨. ଲାଲ ରଙ୍ଗର ଘୋଡାଚଢ଼ି ପାଟଖଣ୍ଡା ସ୍ୱପ୍ନରେ ଦେଖାଦେଲେ ଅନାବୃଷ୍ଟି ହେବ ।

୩. ପାଟଖଣ୍ଡାଙ୍କ ପୂଜାରେ ମାଣରେ ଥିବା ଶସ୍ୟର ପରିମାଣ ପୂଜା ପରେ ଅଧିକ ହେଲେ କ୍ଷେତରେ ଭଲ ଫସଲ ହେବ ।

୪. ପାଟଖଣ୍ଡାଙ୍କ ସମ୍ମାନାର୍ଥେ ରାତିସାରା ନୃତ୍ୟ କଲେ ଦୁଃଖ, କଷ୍ଟ ଦୂରେଇ ଯିବ ।

୫. କାହାକୁ ଯଦି ସ୍ୱପ୍ନରେ ପାଟଖଣ୍ଡା ମହାପ୍ରଭୁ ଭିକ୍ଷାଦାନ କରୁଥିବା ଦେଖାଦେବେ ତେବେ ସେହି ବ୍ୟକ୍ତି ଦିଶାରୀ ହେବ ।

୬. ବୟୋଜ୍ୟେଷ୍ଠ ବ୍ୟକ୍ତି ପାଟଖଣ୍ଡା ମହାପ୍ରଭୁଙ୍କ ପ୍ରତିନିଧି ହୋଇଥିବାରୁ ସେମାନଙ୍କୁ ଅସମ୍ମାନ କଲେ ଈଶ୍ୱରଙ୍କ ଦ୍ୱାରା ଜଣେ ଦଣ୍ଡିତ ହେବ ।

୭. ପାଟଖଣ୍ଡାଙ୍କ ପୂଜା ସମୟରେ ପୂଜାରୀ, ସିସା, ଦିଶାରୀ, ଗୁରୁମାଇଙ୍କ ନାମ ଧରି ସେମାନଙ୍କୁ ଡାକିଲେ ଡାକୁଥିବା ବ୍ୟକ୍ତିର ଅନିଷ୍ଟ ହେବ ।

୮. ପାଟଖଣ୍ଡାଙ୍କୁ ପୂଜା କଲେ କୁଷ୍ଠରୋଗ ହୁଏ ନାହିଁ ।

ଉପସଂହାର

ବଣ୍ଡାର ପାଟଖଣ୍ଡା ପର୍ବର ପୂଜାବିଧି, ଆଧ୍ୟାତ୍ମିକ ଭାବ ସତ୍ତାର ଅନୁଷ୍ଠାନକୁ ବିଶ୍ଳେଷଣ କଲେ ମନେହୁଏ ତାଙ୍କର ଏହି ପର୍ବ ତାଙ୍କ ଈଶ୍ୱରୀୟ ଉପଲବ୍ଧିକୁ ସାବ୍ୟସ୍ତ କରିଥାଏ । ଧର୍ମ ଓ ଈଶ୍ୱରଙ୍କ ପ୍ରତି ଆନୁଗତ୍ୟକୁ ମଧ୍ୟ ତାହା ଦର୍ଶାଇ ଥାଏ । ଯେଉଁ କାରଣରୁ ପାଟଖଣ୍ଡା ଜନଜୀବନକୁ ଆଚ୍ଛାଦିତ କରି ରଖିଥାଏ ସେଗୁଡ଼ିକ ହେଲା(କ) ଈଶ୍ୱରଙ୍କ ସନ୍ତୁଷ୍ଟିରେ ଜଗତର କଲ୍ୟାଣ, (ଖ) ଖରାପ ଗୁଣ ତ୍ୟାଗ ପାଇଁ ପ୍ରବର୍ତ୍ତାଇଥାଏ, (ଗ) ଆରୋଗ୍ୟ ଲାଭର ବିଶ୍ୱାସ, (ଘ) ପରିବାର-ପରିବାର ମଧ୍ୟରେ ଏବଂ ଆନ୍ତଃଗ୍ରାମ୍ୟ ସମ୍ପର୍କ ବୃଦ୍ଧିରେ ସହାୟକ, (ଙ) ଈଶ୍ୱର ଆବାହନ, ପ୍ରାର୍ଥନା ଓ ଗୁରୁମାଇ ତଥା ସିସାଙ୍କ ଦ୍ୱାରା ପୁରାଣ ଗାଥା ଗାନ ଦ୍ୱାରା ଐତିହ୍ୟ ବଞ୍ଚିରହିବା, (ଚ) ନୃତ୍ୟ-ଗୀତ ପରିବେଷଣ ଦ୍ୱାରା କଳାତ୍ମକ ଦୃଷ୍ଟିଭଙ୍ଗୀର ବିକାଶ, (ଛ)ଏହା ଏକ କୃଷିଭିତ୍ତିକ ସଂସ୍କୃତିର ଭିତ୍ତି ସ୍ଥାପନ କରିବା ଇତ୍ୟାଦି ।

ପ୍ରକୃତିରେ ସାମାଜିକ, ସାଂସ୍କୃତିକ, ମନୋବୈଜ୍ଞାନିକ ଓ ଗଣତାନ୍ତ୍ରିକ ଭାବରେ ଆଧ୍ୟାତ୍ମିକତାର ଉପଲବ୍ଧି ପାଟଖଣ୍ଡା ପର୍ବର ପ୍ରମୁଖ ଦିଗ । ତେବେ ବିସ୍ମିତ ହେବାକୁ ପଡ଼େ କେଉଁ ପ୍ରାଚୀନ କାଳରୁ ତାହା ଅପରିବର୍ତ୍ତିତ ଭାବେ ପୀଢ଼ି ପରେ ପୀଢ଼ି ତା'ର ସ୍ୱାତଂତ୍ରତା ବଜାୟ ରଖିଛି । ଏବେବି ସେମାନେ ବିଶ୍ୱାସ କରନ୍ତି - ପାଟଖଣ୍ଡା ମହାପ୍ରଭୁ

ହେଉଛନ୍ତି ଏମିତି ଜଣେ ପରମ ପୁରୁଷ ଯିଏ କି ବିଶ୍ୱକୁ ବଦଳାଇବା ସାମର୍ଥ୍ୟ ରଖିଛନ୍ତି ଏବଂ ମାନବ ଶରୀରର ରୂପାନ୍ତରଣ ମଧ୍ୟ ସେ କରିପାରନ୍ତି । ପ୍ରକୃତରେ ବଣ୍ଡାର ଏହି ଶାଶ୍ୱତ ବ୍ୟାକୁଳତାର ପରିସମାପ୍ତି ନାହିଁ ।

(ଏହି ନିବନ୍ଧଟିରେ ବର୍ଣ୍ଣିତ ଅଧିକାଂଶ ତଥ୍ୟ ଲେଖକଙ୍କ ଦ୍ୱାରା ସଂଗୃହୀତ । ସୌଭାଗ୍ୟବଶତଃ ୨୦୦୯ ମସିହାରେ ପାଟଖଣ୍ଡା ପର୍ବ ଓ ଦାମଲଦେଇ ଯାତ୍ରା ଦେଖିବାର ସୁଯୋଗ ମିଳିବା ସହିତ ଦୀର୍ଘ କୋଡ଼ିଏ ବର୍ଷର ଜନଜାତି ଗବେଷଣା ତଥ୍ୟ ଆଧାରିତ ।)

■

ସହାୟକ ଗ୍ରନ୍ଥସୂଚୀ

1. Elwin, verrier; Bondo Highlander, Oxford University Press, 1950
2. Elwin, verrier; Tribal Myths of Odisha, Vol-I & II, Prafulla Pathagara, 2012
3. ପାତ୍ର ଦେବାଶିଷ; ମୁଦୁଲିପଡ଼ାର ଲୋକେ, ସଂଶ୍ରିତା ପ୍ରକାଶନୀ, ଭୁବନେଶ୍ୱର, ୨୦୧୦
4. ପାତ୍ର ଦେବାଶିଷ; ରେମୋ: ବଣ୍ଡା ଜୀବନ ଓ ସଂସ୍କୃତି, ଓଡ଼ିଶା ସାହିତ୍ୟ ଏକାଡେମୀ, ୨୦୧୭
5. Patra, Debashis; The Village of Mahua Flowers, Ka Publication, New Delhi, 2014

ଓଡ଼ିଶାର ଜନଜାତିଙ୍କ ଖାଦ୍ୟ ପରଂପରା ଓ ପରିସର

"ଅନ୍ନ ହିଁ ବ୍ରହ୍ମ' - ଏହା ହିଁ ଉପନିଷଦନୀୟ ଚିନ୍ତନ । ମାନବ ସମାଜର ମୌଳିକ ଆବଶ୍ୟକତା ମଧ୍ୟରେ ଖାଦ୍ୟର ପ୍ରାସଙ୍ଗିକତା ରହିଛି । ଅତଏବ ଖାଦ୍ୟ ହିଁ ଜୀବନ ଅବଧାରଣର ମୂଳବିନ୍ଦୁ । ତେବେ ସମଗ୍ର ବିଶ୍ୱରେ ବସବାସ କରୁଥିବା ସମସ୍ତ ଜୀବସତ୍ତାର ଖାଦ୍ୟ ପରମ୍ପରା ସମାନ ନୁହେଁ । ଏହା ଭୌଗୋଳିକ ବାତାବରଣ ସାଂସ୍କୃତିକ ଜୀବନଧାରା ଓ ଅର୍ଥନୀତିକ ମାନଦଣ୍ଡ ଉପରେ ନିର୍ଭରଶୀଳ । ଏପରିକି ଏହି ବିଭିନ୍ନତା ହିଁ ଗୋଟିଏ ଜନସମୁଦାୟର ଖାଦ୍ୟ ପରମ୍ପରାକୁ ପ୍ରଭାବିତ କରିବା ସହିତ ତାହାର ସ୍ୱତନ୍ତ୍ର ପରସର ମଧ୍ୟ ସୃଷ୍ଟି କରିଥାଏ । ପରିଣତରେ ଖାଦ୍ୟ କେବଳ ଗୋଟିଏ ଜାତିର ମୌଳିକ ଆବଶ୍ୟକତା ହୋଇ ଖାଲି ରହେନାହିଁ ବରଂ ଏହା ସ୍ୱାସ୍ଥ୍ୟ ପରିମାପକ ରୂପରେ ନିଜକୁ ସାବ୍ୟସ୍ତ କରେ । ତେଣୁ ଗୋଟିଏ ସମାଜର ଖାଦ୍ୟ ପରମ୍ପରା ଓ ପରିସର ସମ୍ପର୍କରେ ଚର୍ଚ୍ଚା କରିବାର ନିୟତ ଆବଶ୍ୟକତା ଯଥାର୍ଥ ମନେହୁଏ ।

ଭିନ୍ନ ଭୌଗୋଳିକ ଅବସ୍ଥିତି ଓ ଜଳବାୟୁ କାରଣରୁ ଆମ ଓଡ଼ିଶାର ଖାଦ୍ୟ ପରମ୍ପରା ଅନ୍ୟ ଭାରତୀୟ ପ୍ରଦେଶମାନଙ୍କ ଠାରୁ ସ୍ୱତନ୍ତ୍ର । ମାତ୍ର ଉତ୍ତୁଙ୍ଗ ପର୍ବତମାଳା, ଅରଣ୍ୟଭୂମି ଓ ପାହାଡ଼-ଜଙ୍ଗଲ ଅଞ୍ଚଳରେ ବସବାସ କରୁଥିବା ଓଡ଼ିଶାର ଜନଜାତିଙ୍କ ଚଳଣି ଭିନ୍ନ । ସମଗ୍ର ଓଡ଼ିଶାର ଶତକଡ଼ା ୪୪ଭାଗ ଅଞ୍ଚଳ ଅନୁସୂଚିତ କ୍ଷେତ୍ର ଭାବରେ ଚିହ୍ନିତ ଯେଉଁଠି ରହିଛି ବାଷଠି ଜନଜାତିଙ୍କ ଆବାସସ୍ଥଳ । ଏପରିକି ଜନସଂଖ୍ୟା ଦୃଷ୍ଟିରୁ ଜନଜାତିଙ୍କ ସଖ୍ୟା ଓଡ଼ିଶାର ଜନସଂଖ୍ୟାର ଏକଚତୁର୍ଥାଂଶ । ଓଡ଼ିଶାର ବିକାଶ, ଅର୍ଥନୀତି ଓ ସାମାଜିତ କ୍ଷେତ୍ରରେ ସେମାନଙ୍କର ରହିଛି ପ୍ରମୁଖ ଭୂମିକା । ମାତ୍ର ସେମାନଙ୍କ ଜୀବନଶୈଳୀ, ସଂସ୍କୃତି ଓ ସାହିତ୍ୟ ସମ୍ପର୍କରେ ପୂର୍ବରୁ ବହୁ ଆଲୋଚନା ଓ ଗବେଷଣା

ହୋଇଥିଲା ବେଳେ ଖାଦ୍ୟ ପରମ୍ପରା ଓ ପରିସର ସମ୍ପର୍କରେ ବିଶେଷ ଚର୍ଚ୍ଚା ହୋଇନାହିଁ । ଅତଏବ ଆମର ଏହି ଚର୍ଚ୍ଚାର ପରିସର ଓଡ଼ିଶାର ଜନଜାତିଙ୍କ ଖାଦ୍ୟାଭ୍ୟାସ ଓ ତାହାର ପରିସରକୁ ନେଇ, ଯେଉଁଥିରେ ବିବିଧ ବିନ୍ଦୁକୁ ଅନୁଶୀଳନ କରାଯିବାର ଲକ୍ଷ୍ୟ ରଖାଯାଇଛି ।

ଓଡ଼ିଶାର ଜନଜାତିଙ୍କ ଖାଦ୍ୟପେୟ :

ଓଡ଼ିଶାର ଜନଜାତିଙ୍କ ଖାଦ୍ୟ ସଂସ୍କୃତି ସମ୍ପର୍କରେ ଆଲୋଚନା କାଳରେ ତାଙ୍କ ଖାଦ୍ୟପେୟକୁ କେତୋଟି ଭାବରେ ବିଭକ୍ତ କରିପାରିବା -

୧. ମୁଖ୍ୟଖାଦ୍ୟ, ୨. ଅନୁପୂରକ ଖାଦ୍ୟ, ୩. ଶୁଖିଲା ଖାଦ୍ୟ, ୪. ପର୍ବପର୍ବାଣି ବା ବିଧି ସମ୍ମତ ଖାଦ୍ୟ, ୫. ପାନୀୟ ।

ମୁଖ୍ୟଖାଦ୍ୟ ଭାବରେ ଚାଉଳରୁ ପ୍ରସ୍ତୁତ ଭାତ, ସୁଆଁଭାତ, ମାଣ୍ଡିଆ ଜାଉ, ମାଣ୍ଡିଆ ପେଜ, କାଙ୍ଗୁଭାତ, ଜନାଜାଉ (ମକାରୁ ପ୍ରସ୍ତୁତ), ପଖାଳ ଏତ୍ୟାଦି । ଏହି ମୁଖ୍ୟ ଖାଦ୍ୟ ସହିତ କୋଳଥ ଡାଲି, କାନ୍ଦୁଲ ଡାଲି, ବିରିଡାଲି, ମସୁର ଡାଲି, ଝୁଡ଼ଙ୍ଗ ମଞ୍ଜିରୁ ପ୍ରସ୍ତୁତ ଡାଲି ଆଦି ଅନୁପୂରକ ଖାଦ୍ୟ ଭାବରେ ବ୍ୟବହୃତ ହୁଏ । ଅନ୍ୟ ଅନୁପୂରକ ଖାଦ୍ୟ ଭାବରେ ସେମାନେ ଆମିଷ ଓ ନିରାମିଷ ତରକାରୀ ମଧ୍ୟ ଖାଇଥାନ୍ତି । ନିରାମିଷରେ ରହିଛି ବିଭିନ୍ନପ୍ରକାରର ଶାଗ, ପରିବା ତରକାରୀ, କନ୍ଦମୂଳ, ବାଉଁଶ କରଡ଼ି ଭଜା ଇତ୍ୟାଦି । ବିଭିନ୍ନ ପ୍ରକାରର ଶାଗ ମଧ୍ୟରେ ରହିଛି; ଭାଜିଶାଗ, ମଦରଙ୍ଗା, ପୁରୁଣି ଶାଗ, କଣ୍ଟାଭାଜି, ପିତାଶାଗ, କଟାଶାଗ, ସୁନୁସୁନିଆ, ସିତିକୁଶା ଶାଗ, ସଜନା ଶାଗ, ଖଟାପାଳଙ୍ଗ, କାଞ୍ଚନପତ୍ର ଶାଗ, ପୋଇ, କୋଶଳା, ସାରୁପତ୍ର, କଖାରୁପତ୍ର ଶାଗ ଇତ୍ୟାଦି । ଏପରିକି ଓଡ଼ିଶାର ଆଦିବାସୀ ଅଞ୍ଚଳରେ ଶହେରୁ ଅଧିକ ପ୍ରକାରର ଶାଗର ବ୍ୟବହାର ରହିଛି ।

ତରକାରୀରେ ବ୍ୟବହୃତ ପରିବା ମଧ୍ୟରେ ରହିଛି ଅମୃତଭଣ୍ଡା, କଞ୍ଚାକଳଦୀ, ଶିମ୍ବ, ଝୁଡ଼ଙ୍ଗ, ବାଇଗଣ, ଲାଉ, ଜହ୍ନି, ବୋଇତାଳୁ, ଖମ୍ବଆଳୁ, ସଜନାଛୁଇଁ, ଦେଶୀ ଛୋଟଆଳୁ, ଟମାଟୋ, ସାରୁ ଇତ୍ୟାଦି । ତେବେ ସେମାନଙ୍କର ନିରାମିଷ ଖାଦ୍ୟ ମଧ୍ୟରେ ଛତୁର ଆଦର ସବୁଠୁ ବେଶି । ବିଶେଷ କରି ଜଙ୍ଗଲ ଓ ପାହାଡ଼ ଅଞ୍ଚଳରେ ହେଉଥିବା ବାଉଁଶଛତୁ, ପିରିଛତୁ, ବାଲିଛତୁ, କଡ଼ାଛତୁ, ଜାମୁଛତୁ, ପାର୍ବଣ ଛତୁ, ଦେଶୀ ଛତୁ, ପିଠାଛତୁ ଆଣ୍ଠୁଆ ଛତୁ, ଜଟିଆ ଆଦି ପଚାଶ ପ୍ରକାରର ଛତୁ ଓଡ଼ିଶାର ବିବିଧ ଅଞ୍ଚଳରେ ଆଦିବାସୀଙ୍କ ଖାଦ୍ୟ ତଥା ଔଷଧ ରୂପେ ବ୍ୟବହୃତ ହୁଏ । ଆମିଷଖାଦ୍ୟ ଭାବରେ ମାଛ, ଶୁଖୁଆ, କୁକୁଡ଼ାମାଂସ, ବିଭିନ୍ନ ପକ୍ଷୀର ମାଂସ, କୁଟୁରା ମାଂସ, ସମ୍ବର ମାଂସ, ଛେଳି ଓ ମେଣ୍ଢା ମାଂସ, ଘୁଷୁରି ମାଂସ ଇତ୍ୟାଦି ଗ୍ରହଣ କରିଥାନ୍ତି ।

ଶୁଖିଲା ଖାଦ୍ୟ ଭାବରେ ଜନଜାତି ସମାଜରେ ବାଜରା ଖଇ, ମକା ଖଇ, ଅଳସୀ ପିଠା, ମାଣ୍ଡିଆ ପିଠା, ମାଣ୍ଡିଆ ବିସ୍କୁଟ, ଶୁଖା ଯାଇଥିବା ବିବିଧ ଖାଦ୍ୟ, ମହୁଲ ମୁଆଁ, ଚୁଡ଼ା, ମୁଢ଼ି ମୁଆଁ, ମୁଢ଼ି, ଆଣ୍ଡିପିଠା, ମକାଭଜା ଛତୁଆ, ଚଣାଭଜା ଆଦି ବ୍ୟବହାର କରାଯାଏ ।

ପର୍ବପର୍ବାଣିରେ କେତେକ ବିଧିସମ୍ମତ ଖାଦ୍ୟ ଜନଜାତି ସମାଜରେ ଗ୍ରହଣ କରାଯାଏ । ଯେମିତି ନୂଆଖାଇ ପରବ ସମୟରେ ନୂତନ ଶସ୍ୟ, ଶିମ୍ ପରବରେ ଶିମ୍ବ ତରକାରୀ, ଆମ୍ ପରବରେ ଆମ୍ବ, ମହୁଲ ପରବରେ ମହୁଲ କ୍ଷୀରି ଓ ପିଠା, ଚଇତି ପରବ ସମୟରେ ଶିକାରରୁ ମିଳିଥିବା ମାଂସ ସହିତ ବିଭିନ୍ନ ପ୍ରକାରର ପାନୀୟ ସିସା, ପୂଜାରୀ, ଦିଶାରୀ, ମୁଖିଆଙ୍କ ନିର୍ଦ୍ଦେଶରେ ଗ୍ରହଣ କରିଥାନ୍ତି ।

ଜନଜାତି ସମାଜରେ କ୍ଷୀର ଓ କ୍ଷୀରଜାତ ଖାଦ୍ୟର ବ୍ୟବହାର ଅତ୍ୟଳ୍ପ । ଫଳ ମଧ୍ୟରୁ ଜଙ୍ଗଲଜାତ ଫଳ ତଥା ଜଙ୍ଗଲରୁ ସୁଲଭ ଭାବରେ ମିଳୁଥିବା ଆମ୍ବ, ପଣସ, ଖଜୁରୀ, ଜାମୁକୋଳି, ଆତ, କଦଳୀ, ସପୁରୀ, ଦେଶୀକମଳା, ମିଠା ଭାବରେ ଗୁଡ଼, ମହୁ, ଆଖୁରସର ବ୍ୟବହାର ଦେଖାଯାଏ ।

ଖାଦ୍ୟ ସହିତ ଆଦିବାସୀ ସମାଜ ପାନୀୟ ଉପରେ ମଧ୍ୟ ଗୁରୁତ୍ୱ ଦେଇଥାନ୍ତି । ବିଶେଷ କରି ପାନୀୟ ଭାବରେ ମହୁଲିମଦ, ସଲପମଦ, ହାଣ୍ଡିଆ, ଲନ୍ଦା, ପେଣ୍ଡମ୍, ଖଜୁରୀରସ ପ୍ରସ୍ତୁତ ମଦ ଆଦି ବ୍ୟବହାର ସହିତ ପର୍ବପର୍ବାଣିରେ ସର୍ଭିଙ୍କ ଦ୍ୱାରା ବ୍ୟବହୃତ ହୁଏ ।

ତେବେ ଓଡ଼ିଶାର ବିଭିନ୍ନ ଅଞ୍ଚଳରେ ଭିନ୍ନଭିନ୍ନ ଆଦିବାସୀ ଗୋଷ୍ଠୀଙ୍କ ମଧ୍ୟରେ କିଛିକିଛି ପରିବର୍ତ୍ତିତ ଖାଦ୍ୟାଭ୍ୟାସ ଦେଖାଯାଏ । ଏହି ଖାଦ୍ୟାଭ୍ୟାସ ପଛରେ ରହିଛି କେତେଗୁଡ଼ିଏ କାରଣ ଯାହାର ଚର୍ଚ୍ଚା ନିତାନ୍ତ ଆବଶ୍ୟକ ।

ଖାଦ୍ୟରୁଚି ପରିବର୍ତ୍ତନର କାରଣ :

(୧) ଭୌଗୋଳିକ ସ୍ଥିତି ଓ ପରିବେଶ : ବିଶେଷ କରି ଭୌଗୋଳିକ ପରିବେଶ ଓ ମୃତ୍ତିକାର ଉର୍ବରତା ହିଁ ବିବିଧ ଗଛଲତା ସୃଷ୍ଟିରେ ପ୍ରମୁଖ ଭୂମିକା ଗ୍ରହଣ କରିଥାଏ । କାରଣ ଖାଦ୍ୟ ଉତ୍ପାଦନରେ ପ୍ରକୃତିର ଭୂମିକା ସର୍ବାଗ୍ରେ । ତେଣୁ ଉତ୍ପାଦନ ଅନୁଯାୟୀ ଖାଦ୍ୟାଭ୍ୟାସ ହୋଇଥାଏ । ଯେଉଁଠି ଯେଉଁ ପ୍ରକାରର ଶସ୍ୟ ଉତ୍ପାଦନ ହୁଏ ସେଠାକାର ଖାଦ୍ୟ ବି ସେହି ପ୍ରକାରର । ପରିବେଶ ଭିନ୍ନ ହେଲେ ଖାଦ୍ୟ ଭିନ୍ନ ହୁଏ । ପ୍ରତିକୂଳ ପରିବେଶ ଓ ପାଣିପାଗର ଖାଦ୍ୟ ଉତ୍ପାଦନ ଓ ଖାଦ୍ୟାଭ୍ୟାସ ଉପରେ ମଧ୍ୟ ପ୍ରଭାବ ପଡ଼ିଥାଏ । ଯେପରି ଜଙ୍ଗଲକ୍ଷୟ, ପାଣିର ଅଭାବ, ମୃତ୍ତିକାକ୍ଷୟର ପ୍ରଭାବ ଜନଜାତିର ଖାଦ୍ୟ ବ୍ୟବସ୍ଥା ଉପରେ ପଡ଼ିଛି ।

(୨) ଉତ୍ପାଦନ ନିର୍ଭରଶୀଳତା : ଭୌଗୋଳିକ ସ୍ଥିତି ଓ ପରିବେଶ ଉପରେ ଉତ୍ପାଦନଶୀଳନା ନିର୍ଭର କରେ । ଯେଉଁଠି ଯେଉଁପରି କୃଷିଜାତ ପଦାର୍ଥ ଉପଯୋଗୀ ଭୂମି ଥାଏ ସେଠାରେ ସେହି ଧରଣର କୃଷି ହୁଏ । ବିଶେଷ କରି ପାର୍ବତ୍ୟାଞ୍ଚଳରେ ଜନଜାତିର ବାସଭୂମି ଥିବା କାରଣରୁ ଉପକୂଳ ବା ସମତଳ ଭୂମି ଅଞ୍ଚଳରେ ଯେଉଁ ଶସ୍ୟ, ପନିପରିବା ସହଜଲଭ୍ୟ ତାହା ସେଠାରେ ହୋଇ ନଥାଏ । ତେଣୁ ଖାଦ୍ୟରୁଚି ଉତ୍ପାଦନ ଅନୁଯାୟୀ ବଦଳିଯାଏ ।

(୩) ପଥ୍ୟ ସମ୍ବନ୍ଧୀୟ ଅବସ୍ଥାଗତ ଢ଼ାଞ୍ଚା : ଏଠାରେ ଖାଦ୍ୟରୁଚି ବା ଶୈଳୀର ପ୍ରମୁଖ କାରଣ ହେଉଛି ଅବସ୍ଥାଗତ ଢ଼ାଞ୍ଚା ବା ଆବଶ୍ୟକତା ନିର୍ଭରଶୀଳ । କାରଣ ଜନଜାତିବର୍ଗର ଲୋକେ ତାଙ୍କର ପାରିପାର୍ଶ୍ୱିକ ଅବସ୍ଥା, ବୃତ୍ତି, ଖାଦ୍ୟ ପ୍ରସ୍ତୁତିର କଞ୍ଚାମାଲ, ଖାଇବାର ସମୟଗତ ଅଭ୍ୟାସ, ପ୍ରସ୍ତୁତି ସମୟ, ସମ୍ବଳ କାରଣରୁ ଖାଦ୍ୟରୁଚିରେ ପରିବର୍ତ୍ତନ ଆଣିଥାନ୍ତି । କେହିକେହି ଦିନଯାକ ଘରକୁ ନ ଫେରିବା କାରଣରୁ ବିବିଧ ପ୍ରକାରର ରନ୍ଧାଖାଦ୍ୟ ପରିବର୍ତ୍ତେ ଏକପ୍ରକାର ଖାଦ୍ୟ ଯଥା : ପେଜ, ପୋଡ଼ାଖାଦ୍ୟ, ସିଝାଖାଦ୍ୟ, କଞ୍ଚାଫଳ କିମ୍ବା ଶୁଖିଲା ଖାଦ୍ୟ ଗ୍ରହଣ କରିଥାନ୍ତି । ଅଧିକ ସମୟ ଧରି ରନ୍ଧା ଯାଇଥିବା ଖାଦ୍ୟର ବ୍ୟବହାର ଖୁବ୍ କମ୍ ହୋଇଥାଏ ।

(୪) ବିଶ୍ୱାସ, ପ୍ରଥା, ପରମ୍ପରାର ପ୍ରଭାବ : ବ୍ୟକ୍ତିର ଖାଦ୍ୟାଭ୍ୟାସ ଉପରେ ତାହାର ବଂଶାନୁକ୍ରମିକ ବ୍ୟାବହାରିକ ପ୍ରଭାବ ଦେଖିବାକୁ ମିଳିଥାଏ । ଏପରିକି ଗୋଟିଏ ସାମାଜିକ ଗୋଷ୍ଠୀର ବିଶ୍ୱାସ, ପ୍ରଥା, ପରମ୍ପରାର ପ୍ରଭାବ ତା'ର ଖାଦ୍ୟରୁଚି ଉପରେ ପଡ଼ିଥାଏ । କେତେକ ସ୍ଥଳରେ ଖାଦ୍ୟ ନିଷେଧାଦେଶ, ଅନ୍ଧବିଶ୍ୱାସ ଉପରେ ବି ତାହା ନିର୍ଭର କରେ । ଉଦାହରଣ ସ୍ୱରୂପ, ଓରାଓଁ ଜନଜାତିରେ ଗର୍ଭବତୀ ମହିଳା କଖାରୁ ଓ ପୋଇଶାଗ ଖାଇବାର ନିଷେଧାଦେଶ ଅଛି । ସେହିପରି ଅନ୍ୟ କେତେକ ଜନଜାତି ବିଶ୍ୱାସ କାରଣରୁ ମୁଖ୍ୟଖାଦ୍ୟ ପ୍ରସ୍ତୁତ ବେଳେ ପେଜ ଗାଳନ୍ତି ନାହିଁ । ଏପରିକି କିଛି ମିଥ୍ ଓ ଜନଶ୍ରୁତି ପ୍ରତିବନ୍ଧକ ସାଜିଥାଏ ।

(୫) ଖାଦ୍ୟ ସଂରକ୍ଷଣ ବ୍ୟବସ୍ଥା : ଜନଜାତିର ଖାଦ୍ୟାବସ୍ଥା ଅଧିକାଂଶ ସମୟରେ ଋତୁ ଉପରେ ନିର୍ଭରଶୀଳ । ତେବେ ବର୍ଷାଦିନରେ ଜଙ୍ଗଲ ଅଞ୍ଚଳରେ ଏକପ୍ରକାର କଷ୍ଟକର ହୋଇଥାଏ ଖାଦ୍ୟ ସଂଗ୍ରହ କରିବା । ତେଣୁ ସେମାନେ ନିଜ ବଗିଚାର ପନିପରିବା ଓ ସଂଗ୍ରହ ହୋଇ ଶୁଖାଯାଇଥିବା ଖାଦ୍ୟ ଉପରେ ନିର୍ଭର କରନ୍ତି । ଏହି କାରଣରୁ ବର୍ଷାଦିନେ ଶୁଖାମାଂସ, ଆମ୍ବକୋଇଲି ଜାଉ, ବିଷାକ୍ତଛତୁ ପରି ଖାଦ୍ୟ କେହିକେହି ଗ୍ରହଣ କରି ଅସୁବିଧାର ସମ୍ମୁଖୀନ ହୁଅନ୍ତି । ସମ୍ପ୍ରତି ସରକାରଙ୍କ ବିଭିନ୍ନ ଖାଦ୍ୟ ଯୋଜନା ଫଳରେ ଖାଦ୍ୟ ସମସ୍ୟା ଦୂରୀକରଣ ସହିତ ରୁଚିରେ ପରିବର୍ତ୍ତନ ଆସିଛି ।

(୬) ଅର୍ଥନୀତିର ପ୍ରଭାବ : ବ୍ୟକ୍ତି ବା ସମାଜର ଆର୍ଥନୀତିକ ବ୍ୟବସ୍ଥା ତାହାର ଚଳଣି ଉପରେ ପ୍ରଭାବ ପକାଇଥାଏ । ଆର୍ଥନୀତିକ ଦୃଷ୍ଟିକୋଣରୁ ଆଦିବାସୀ ସମାଜ ପଛୁଆ ହୋଇଥିବା କାରଣରୁ ସହର, ବଜାରରେ ଉପଲବ୍ଧ ଖାଦ୍ୟସାମଗ୍ରୀ ଉପରେ ବିଶେଷ ନିର୍ଭର କରିପାରନ୍ତି ନାହିଁ । କାରଣ ଜୀବିକାର୍ଜନ ପାଇଁ ସେମାନେ ପାରମ୍ପରିକ ବୃତ୍ତି ନିର୍ଭରଶୀଳ ହୋଇଥାନ୍ତି, ସେସବୁ ଏହିପରି -

(କ) ଶିକାର ଓ ଖାଦ୍ୟ ସଂଗ୍ରହଲିପ୍ତ ଗୋଷ୍ଠୀ

(ଖ) ଗୋଚରଣ ସମ୍ପୃକ୍ତି

(ଗ) କୃଷି ସମ୍ପୃକ୍ତି (ପରିବର୍ତ୍ତନ ଓ ସ୍ଥାନାନ୍ତରିତ)

(ଘ) ସ୍ଥିରୀକୃତ କୃଷି ସମ୍ପୃକ୍ତ ଗୋଷ୍ଠୀ

(ଙ) ସାଧାରଣ ଶିଳ୍ପ ସମ୍ପୃକ୍ତି

(ଚ) ଶ୍ରମିକ ଗୋଷ୍ଠୀ ।

ଖାଦ୍ୟ ପ୍ରସ୍ତୁତି ଓ ପରଷିବା ପ୍ରଣାଳୀ :

ଭିନ୍ନଭିନ୍ନ ଜନଜାତି ଗୋଷ୍ଠୀର ଖାଦ୍ୟ ପ୍ରସ୍ତୁତି ପ୍ରଣାଳୀରେ କିଛି ସାମ୍ୟ ଓ କିଛି ବୈଷମ୍ୟ ଦେଖାଯାଏ । ଏହା ସେମାନଙ୍କ କାର୍ଯ୍ୟଧାରା ଓ ଖାଦ୍ୟ ପ୍ରସ୍ତୁତି ପାଇଁ ଉପଯୋଗୀ ହେଉଥିବା କଞ୍ଚାମାଲ ଉପରେ ନିର୍ଭର କରେ । ଅଧିକାଂଶ ପରିବାରରେ ଦିନକୁ ଅତି ବେଶିରେ ଦୁଇଥର ରନ୍ଧାଖାଦ୍ୟ ପ୍ରସ୍ତୁତ କରାଯାଇଥାଏ । ବିଶେଷ କରି ଦିନବେଳା ଅରଣ୍ୟରେ, କୃଷିକ୍ଷେତ୍ରରେ କିମ୍ବା ଅନ୍ୟତ୍ର କାର୍ଯ୍ୟ କରୁଥିବା ହେତୁ ମଧ୍ୟାହ୍ନ ରୋଷେଇ ଖୁବ୍ କମ୍ ଘରେ ହୋଇଥାଏ । ରାତ୍ରଭୋଜନ ଉପରେ ସେମାନେ ବିଶେଷ ଗୁରୁତ୍ୱ ଦେଇଥାନ୍ତି । ଏପରିକି ତହିଁ ପରଦିନର ମୁଖ୍ୟ ଖାଦ୍ୟ ପାଇଁ ସେମାନେ ଜାଉ, ପଖାଳ ଆଦି ପ୍ରସ୍ତୁତ କରି ରଖିଥାନ୍ତି ।

ତରକାରୀ ପ୍ରସ୍ତୁତ ବେଳେ ସେମାନେ ବିଂଶେଷ ମସଲା ଓ ତେଲ ବ୍ୟବହାର କରି ନଥାନ୍ତି । ମସଲା ଭାବରେ ଲଙ୍କା, ହଳଦୀ, ଲୁଣ ଓ ନିଜ ଅଞ୍ଚଳରେ ଚାଷ ହେଉଥିବା ତୈଳବୀଜରୁ ମିଳୁଥିବା ତେଲ ବ୍ୟବହାର କରନ୍ତି । ପିଆଜ, ରସୁଣ, ଅଦାର ବ୍ୟବହାର ସୁଲଭ ନୁହେଁ । ତରକାରୀ କହିଲେ, ଶାଗ, ପରିବାସିଝା, କାନ୍ଦୁଲ କିମ୍ବା ମାଛ, ମାଂସ ପରି ଆମିଷ ରନ୍ଧା ଯାଇଥାଏ । ତେବେ ଅତିବେଶୀରେ ଦୁଇଟି ତରକାରୀ ମୁଖ୍ୟଖାଦ୍ୟ ସହିତ ଅନୁପୂରକ ଖାଦ୍ୟ ଭାବରେ ବ୍ୟବହୃତ ହୁଏ ।

ଜନଜାତି ଗୋଷ୍ଠୀର କେତେକ ଖାଦ୍ୟ ପ୍ରସ୍ତୁତି ପ୍ରଣାଳୀ ଏଠାରେ ଉପସ୍ଥାପନ କରାଗଲା । ପରଜାଗୋଷ୍ଠୀର ଲୋକେ 'ଅଣ୍ଡିପିଠା' ନାମକ ଏକପ୍ରକାର ଖାଦ୍ୟ ଚାଉଳଚୁନା ଓ ମାଣ୍ଡିଆଚୁନାରୁ ଖଳିକାଢ଼ି ପ୍ରସ୍ତୁତ କରିଥାନ୍ତି । ଏହାର ପ୍ରସ୍ତୁତିଶୈଳୀ

ଉପକୂଳ ଅଞ୍ଚଳର ହଳଦୀପତ୍ର ପିଠା ପ୍ରସ୍ତୁତି ପରି । ଏହି ପିଠା ପ୍ରସ୍ତୁତି ପାଇଁ ସେମାନେ ଶାଳପତ୍ର ଭିତରେ ଖଳିକଢ଼ା ଯାଇଥିବା ଚୁନାକୁ ଯନ୍ତି ଗୋଲଗୋଲ କରି ରଖି ସିଝାଇ ଥାଆନ୍ତି । ପରିଷିଲା ବେଳେ ପତ୍ରବାହାର କରି ଦିଆଯାଏ । ସେହିପରି ଓରାଓଁ ସମ୍ପ୍ରଦାୟ 'ମାଣ୍ଡିଆପିଠା'ର ପ୍ରସ୍ତୁତି ଠିକ୍ ପୋଡ଼ପିଠା ପରି କରିଥାନ୍ତି । ସେମାନେ ମାଣ୍ଡିଆଚୁନାରେ ଗୁଡ଼ ଓ ଲୁଣ ମିଶାଇ ଅଟାପରି ଚକଟି ଶାଳପତ୍ରରେ ଗୁଡ଼ାଇ ନିଆଁରେ ପୋଡ଼ିଦିଅନ୍ତି । ତଳେ ଥିବା ଶାଳପତ୍ର ପୋଡ଼ିଗଲେ ପିଠାକୁ ଓଲଟାଇ ଦିଅନ୍ତି । ମାଣ୍ଡିଆପିଠା ପ୍ରସ୍ତୁତ ହେଲେ ତାକୁ ପୋଡ଼ପିଠା ପରି ପରଷି ଦିଆଯାଏ । ସାନ୍ତାଳମାନେ ମଧ୍ୟ ପୋଡ଼ପିଠା ପରି 'ଜାଲ୍‌ପିଠା' ପ୍ରସ୍ତୁତ କରିଥାନ୍ତି । ମାତ୍ର ଋଉଳଚୁନା ସହିତ ମାଂସକୁ ଛୋଟଛୋଟ କାଟି ମିଶାଇଥାନ୍ତି । ସେଥିରେ ଲୁଣ, ତେନ୍ତୁଳି, ମସଲା ମିଶାଇ କଦଳୀପତ୍ରରେ ବାନ୍ଧି ମାଟିପାତ୍ରରେ ରଖି ଚୁଲିରେ ବସାନ୍ତି । ଏହା ପ୍ରସ୍ତୁତିବେଳେ ପିଠା ଉପରେ ଅଙ୍ଗାର ଦିଆଯାଇଥାଏ ଭଲକରି ପୋଡ଼ି ହେବାପାଇଁ । ସେହିପରି କୋୟା, ହଲବୀ, ଜୁଆଙ୍ଗ ତଥା ଅନ୍ୟ ଜନଜାତିର ଲୋକେ ଋଉଳଚୁନା, ମାଣ୍ଡିଆଚୁନା, ମକାଚୁନା ଆଦିରୁ ପର୍ବପର୍ବାଣି ସମୟରେ ପିଠା ପ୍ରସ୍ତୁତ କରିଥାନ୍ତି ।

ଜନଜାତି ସମୁଦାୟର ଖାଦ୍ୟ ପରଷିବା ପ୍ରଣାଳୀ ବିଶେଷ ରୂପେ ଦେଖାଯାଏ ନାହିଁ । କେବଳ ଘରେ ଏକତ୍ର ଭୋଜନ କରିବା ସମୟରେ କିମ୍ବା କୌଣସି ଉତ୍ସବ ତଥା ପର୍ବପର୍ବାଣିରେ ପଂକ୍ତିଭୋଜନ ବ୍ୟବସ୍ଥା ଦେଖିବାକୁ ମିଳେ । ନହେଲେ କାର୍ଯ୍ୟକ୍ଷେତ୍ରରେ ସେମାନେ ଆଣିଥିବା ଖାଦ୍ୟକୁ ବିନା ଆୟୋଜନରେ ଖାଇଥାନ୍ତି । ମାତ୍ର ପାନୀୟସେବନ ବେଳେ ସମସ୍ତେ ଏକତ୍ରିତ ହୋଇଥାନ୍ତି । ଘରେ ଖାଦ୍ୟକୁ ଥାଳି, ଗିନାରେ ପରଷା ଯାଉଥିବା ବେଳେ ଭୋଜିଭାତ ସମୟରେ ଖଲିପତ୍ର, ଦନାରେ ପରଷା ଯାଇଥାଏ ।

ଖାଦ୍ୟପ୍ରସ୍ତୁତି ଓ ଖାଇବା ପାଇଁ ଜନଜାତି ସମାଜରେ ପାରମ୍ପରିକ ବାସନକୁସନର ବ୍ୟବହାର ହୋଇଥାଏ । ବିଶେଷ କରି ମାଟିହାଣ୍ଡି, ମାଟିକଡ଼େଇ, ଆଲୁମିନିୟମ୍ ନିର୍ମିତ ହାଣ୍ଡି-କଡ଼େଇ, ଥାଳି, ଗିନା ବ୍ୟବହାର ହୋଇଥାଏ । କର୍ମକ୍ଷେତ୍ରକୁ ଖାଦ୍ୟ ନେବା ପାଇଁ ଆଲୁମିନିୟମ ଟିଫିନ୍ ଡବା କିମ୍ବା ଲାଉତୁମ୍ବାରୁ ପ୍ରସ୍ତୁତ ପାତ୍ର ବ୍ୟବହାର କରିଥାନ୍ତି । ତେବେ ପର୍ବପର୍ବାଣି ସମୟରେ ଦିଅଁଦେବତାଙ୍କ ସାମ୍ନାରେ ପତ୍ରରେ ତିଆରି ଥାଳି, ଦନାରେ ଖାଦ୍ୟ ପରଷାଯାଏ । ଘରେ କୌଣସି ଅଶୁଭକର୍ମ (ମୃତାହ ଆଦି) ପାଳନ ହେଉଥିଲେ ଖାଦ୍ୟପେୟର ନାନା କଟକଣା ସହିତ ଆମିଷ ବର୍ଜନ କେହିକେହି ଜନଜାତିର କରାଯାଇଥାଏ ।

ଜନଜାତି ଖାଦ୍ୟର ପୁଷ୍ଟି ସମ୍ମିଶ୍ରଣ :

ଜନଜାତି ସମାଜ ଦ୍ୱାରା ବ୍ୟବହୃତ ଖାଦ୍ୟର ପୁଷ୍ଟିସାର କେତେ ସେ ସମ୍ପର୍କରେ ଅନେକ ସମୟରେ ତର୍କ-ବିତର୍କ ଲାଗିରହେ । ପୂର୍ବରୁ ଅନେକ ଗବେଷଣା ମଧ୍ୟ ସେ ବିଷୟରେ ହୋଇଛି । ଗୋଟିଏ କଥା ସ୍ପଷ୍ଟ ଯେ ପାରମ୍ପରିକ ଖାଦ୍ୟଶସ୍ୟ ଯଥା - ଭାତ, ମକା, ସୁଆଁ, ମାଣ୍ଡିଆ, ବାଜରା, ଅଳସୀ, ଚଣା, ଶିମ୍ବଜାତୀୟ ଖାଦ୍ୟରେ ପ୍ରୋଟିନ୍ ଓ ଭିଟାମିନ୍ ତଥା ଅନ୍ୟ ପୁଷ୍ଟିର ବିଶେଷ ଅଭାବ ନଥାଏ । ତେବେ ଅସ୍ୱାଭାବିକ ଖାଦ୍ୟରେ ଆବଶ୍ୟକ ପୁଷ୍ଟିର ଅଭାବ ସହିତ ଅନେକଥର ତାହା ବ୍ୟକ୍ତିଙ୍କୁ କ୍ଷତି ପହଞ୍ଚାଇଥାଏ । ସେହି ଅସ୍ୱାଭାବିକ ଖାଦ୍ୟରେ ଆମ୍ବକୋଇଲି, ବାଉଁଶ କରଡ଼ି, ଖାଦ୍ୟ ଉପଯୋଗୀ ହୋଇ ନଥିବା ଛତୁ, ଶାଗ, କନ୍ଦ ଇତ୍ୟାଦି । ସେହିପରି ପାନୀୟରେ ବି ଅସ୍ୱାଭାବିକ କ୍ରିୟା - ପ୍ରତିକ୍ରିୟା ମଧ୍ୟ ହୋଇଥାଏ । ସେମାନଙ୍କ ଖାଦ୍ୟ ସମ୍ପର୍କରେ ଅନେକ ବୈଜ୍ଞାନିକ ଗବେଷଣା ମଧ୍ୟ ହୋଇଛି, ତେବେ ସେ ବିଷୟରେ ବିଷଦତଥ୍ୟ ଉପସ୍ଥାପନ ସମ୍ଭବ ହୋଇ ନଥିବାରୁ ବହୁଳ ବ୍ୟତୀତ କିଛି ଖାଦ୍ୟର ପୌଷ୍ଟିକ ଗୁଣ ଉପସ୍ଥାପନ କରାଯିବା ପ୍ରାସଙ୍ଗିକ ହେବ ।

ସାରଣୀ - ୧

ଖାଦ୍ୟ	ପ୍ରୋଟିନ୍	କାର୍ବୋହାଇଡ୍ରେଡ୍	ତନ୍ତୁ	କ୍ୟାଲେରୀ
ଚାଉଳ	୬.୪-୧୫.୨	୭୧-୭୯	୦.୨-୦.୮	୩୪୬
ଅଳସୀ ଓ ମାଣ୍ଡିଆ ଜାତୀୟ	୬.୪-୧୮.୭	୬୧-୭୯	୦.୮-୮.୦	୩୩୧
ମୁଗ ଜାତୀୟ	୨୩.୦-୩୦.୩	୫୩-୬୬	୩.୩-୮.୨	୩୦୬
କୋଳଥ	୨୨.୮-୨୮.୮	୫୬-୬୬	୩.୬-୪୭	୩୨୦-୩୩୪
ଶିମ୍ବ ଜାତୀୟ	୨୧.୯-୬୭.୨	୫୪-୬୦	୫.୩	୩୪୭

ସାରଣୀ - ୨

ଖାଦ୍ୟ	କ୍ୟାଲସିୟମ୍	ଫସ୍‌ଫରସ୍ ମିଲିଗ୍ରାମ୍	ଲୌହସାର ମି.ଗ୍ରା.	ଥାୟାମିନ୍ ମି.ଗ୍ରା.	ନିଆସିନ୍ ମି.ଗ୍ରା.
ଚାଉଳ	୧୦-୫୮	୩୦-୪୯୪	୦.୨୦-୫.୫୫	୦.୫୭-୦.୮୭	୧.୬-୫.୦
ଅଳସୀ ଓ ମାଣ୍ଡିଆ ଜାତୀୟ	୧୫-୬୬୧	୨୮୩	୧.୩-୨୨.୮	୦.୧୦-୦.୬୬	୦.୧-୪.୫
ମୁଗ ଜାତୀୟ	୧୦୦-୨୦୦	୩୨୬-୭୯୫	୫.୦-୪୩.୦	୦.୧୧-୦.୪୯	୨.୧
କୋଳଥ	୧୩୫-୩୫୦	୩୩୨-୧୦୦୫	୨.୦-୨୨.୦	୦.୪୪-୦.୪	୦.୧
ଶିମ୍ବ ଜାତୀୟ	୩୮-୬୦	୨୭-୪୩୩	୨.୭-୬.୮	୦.୫୨	୧.୮

ଅସ୍ୱାଭାବିକ ଖାଦ୍ୟ ମଧ୍ୟରେ ବାଉଁଶ କରଡ଼ିରେ ମାତ୍ରାଧିକ ଫସ୍‌ଫରସ୍ ଓ କ୍ୟାଲସିୟମ୍ ଥିବା ସ୍ଥଳେ ପ୍ରୋଟିନ୍ ଓ କାର୍ବୋହାଇଡ୍ରେଡ୍ ଖୁବ୍ ଅଳ୍ପ । ସେହିପରି ସମଗ୍ର ଭାରତରେ ବ୍ୟବହାର ହେଉଥିବା କନ୍ଦମୂଳ ମଧ୍ୟରୁ ଅଧିକାଂଶ କନ୍ଦମୂଳରେ ବିଷାକ୍ତ ଓ ପାର୍ଶ୍ୱ ପ୍ରତିକ୍ରିୟା ତତ୍ତ୍ୱ ରହିଛି । କିନ୍ତୁ ମିଠା ଲାଗୁଥିବା କନ୍ଦମୂଳରେ କ୍ୟାଲସିୟମ୍, ଭିଟାମିନ୍, ପ୍ରୋଟିନ୍ ଓ ଖାଦ୍ୟ ଗୁଣବତ୍ତାର ସନ୍ତୁଳନ ରହିଛି । କେବଳ ଏତିକି ନୁହେଁ ଜନଜାତିର ଖାଦ୍ୟ ଉପରେ ବିଶ୍ୱସ୍ୱାସ୍ଥ୍ୟ ସଂଗଠନ, ଭାରତବର୍ଷର ବିଭିନ୍ନ ସଂସ୍ଥା ଅନେକ ସମୟରେ ଗବେଷଣା କରି ତଥ୍ୟ ରଖିଛନ୍ତି । ଉପରୋକ୍ତ ତଥ୍ୟ ଗୁଡ଼ିକ ମଧ୍ୟ ସେହି ଗବେଷଣାଲବ୍ଧ ତଥ୍ୟରୁ ଗୃହୀତ । ତେବେ ବିଭିନ୍ନ ଅଞ୍ଚଳରେ ଉତ୍ପାଦିତ ଖାଦ୍ୟର ଗୁଣବତ୍ତା ଅନେକ ସମୟରେ ମୃତ୍ତିକା ଓ ପରିବେଶ କାରଣରୁ ପ୍ରଭାବିତ ହୋଇଥିବା ଦେଖିବାକୁ ମିଳିଛି ।

ଖାଦ୍ୟ ସଂପର୍କିତ ମିଥ୍ ଓ ଜନଶ୍ରୁତି :

ବିଭିନ୍ନ ପ୍ରକାରର ଖାଦ୍ୟଶସ୍ୟର ଉତ୍ପତ୍ତି, ପନିପରିବାର ସୃଷ୍ଟିକୁ ନେଇ ଜନଜାତି ସମାଜରେ ବିଭିନ୍ନ ପ୍ରକାରର ମିଥ୍ ବା ପୁରାଣକଳ୍ପ, ଲୋକକଥା, ଜନଶ୍ରୁତି ଆଦି ରହିଛି । ସେଥିରୁ ସେମାନଙ୍କ ଖାଦ୍ୟ ସଂପର୍କିତ ପ୍ରାଚୀନତା, ବ୍ୟାବହାରିକତା ସଂପର୍କରେ ଲୋକଜ୍ଞାନର ପରିଚୟ ମିଳେ । ସେଥିରୁ କିଛି ଏଠାରେ ଉପସ୍ଥାପନ କରାଗଲା -

(୧) ପନିପରିବା ଓ ଧାନର ଉତ୍ପତ୍ତି (କନ୍ଧ) :

ପୃଥିବୀରେ କୋଉଠିବି ଖାଦ୍ୟ ଉପଯୋଗୀ ଶସ୍ୟ କି ପନିପରିବା ନ ଥିଲା । କନ୍ଧଲୋକ ଯାଇ ନିରନ୍ତାଲିଙ୍କ ପାଖରେ ପ୍ରାର୍ଥନା କଲେ । ନିରନ୍ତାଲି ଘୋଡ଼ା ଓ ହାତୀର ଲାଞ୍ଜରୁ ଲୋମ ଦେଇ କହିଲେ, ସବୁଆଡ଼େ ବୁଣିଦିଅ । ସେଥିରୁ ଯୋଉ ଗଛ ଉଠିବ ତାହାର ଫଳ ଖାଇଲେ ଭୋକ ଦୂର ହେବ । ଆଉ ଖାଦ୍ୟାଭାବ ରହିବ ନାହିଁ । ସେବେଠୁ ଶସ୍ୟ ଓ ପନିପରିବା ଗଛର ସୃଷ୍ଟି ବୋଲି ସେମାନଙ୍କର ବିଶ୍ୱାସ ।

(୨) ଶିକାର ଛାଡ଼ି କୃଷି କରିବା (କୋୟା) :

ମଣିଷ ଯେତେବେଳେ କୃଷିକର୍ମ ଜାଣି ନ ଥିଲା ସେତେବେଳେ ଫଳମୂଳ ଖାଇ ଜୀବନଧାରଣ କରୁଥିଲା । ପାଣ୍ଡୁ ପ୍ରଥମେ କ୍ଷେତ କରି ଶସ୍ୟ ଉପୁଜାଇଲେ । ଫସଲ ଅମଳ ବେଳେ ସୂର୍ଯ୍ୟ ଚନ୍ଦ୍ର ଆକାଶରେ ଦେଖାଦେବାରୁ ପାଣ୍ଡୁର ପରିବାର ଲୋକେ ଗୁମ୍ଫାରେ ଲୁଚିଲେ । ଶୁକ୍ରାକୋୟା ଜଙ୍ଗଲରୁ ଶିକାର କରି ଫେରିବା ବେଳେ ଧାନବିଡ଼ା ଦେଖି ଧାନ ସଂଗ୍ରହ କଲା । ପରେ ହଳ କରି ଧାନ ବୁଣିଲା । ସେବେଠାରୁ କୋୟାମାନେ ଶିକାର ଛାଡ଼ି କୃଷି କରୁଛନ୍ତି ।

(୩) ହଳଦୀର ବ୍ୟବହାର (ପାହାଡ଼ି ସଉରା) :

ଥରେ କିତୁଂଙ୍କୁ ଜ୍ୱର ହେଲା, ଦେହ ହଳଦିଆ ପଡ଼ିଗଲା । ଔଷଧ ସଂଗ୍ରହ ଅବକାଶରେ ସେ ହଳଦୀଗଛର ଫୁଲକୁ ଖାଇଲା ପରେ ଦେହ ଭଲ ହେଲା, ଭାବିଲେ ଏହାର ମୂଳରେ କେତେ ଔଷଧୀୟ ଗୁଣ ରହିଛି । ସେବେଠୁ ହଳଦୀ କଞ୍ଚା ଖାଇବାରୁ ଅନେକ ଲୋକଙ୍କର ରୋଗ ଭଲ ହେଇଗଲା, ମାତ୍ର କଞ୍ଚା ହଳଦୀର ସ୍ୱାଦ ଭଲ ନ ଲାଗିବାରୁ ତାକୁ ତରକାରୀରେ ପକାଇ ଖାଇଲେ ।

(୪) ଶସ୍ୟର ବହୁଳ ବ୍ୟବହାର (ପରଜା) :

କୁନ୍ତୁ ପରଜା ନାମକ ଲୋକଟେ ବଣରେ ବୁଲୁବୁଲୁ କିଛି ଶସ୍ୟ ପାଇ ତାକୁ ଚାଖିଲା । ଭଲ ଲାଗିବାରୁ ତାକୁ ଚାଷ କରି ନିଜ ପରିବାର ଚଳାଇଲା । ଦେଶରେ ଯେତେବେଳେ ଖାଦ୍ୟାଭାବ ହେଲା ସମସ୍ତେ ମହାପ୍ରୁଙ୍କ ପାଖକୁ ଗଲେ । କୁନ୍ତୁ ଗଲାନାହିଁ । ମହାପ୍ରୁ ତାଙ୍କ ଲୋକ ପଠାଇ ଜାଣିଲେ କୁନ୍ତୁ ପରଜା ଶସ୍ୟ ଘରେ ରଖିଛି, ଚାଷ କରି ଖାଉଛି । ମହାପ୍ରୁ ତା'ଠାରୁ କିଛି ଶସ୍ୟ ନେଇ ଲୋକଙ୍କ ଭିତରେ ବାଣ୍ଟିଦେଲେ, କହିଲେ ଏହାକୁ ଚାଷ କର, ଖାଦ୍ୟାଭାବ ରହିବ ନାହିଁ ।

(୫) ଢିଙ୍କି ଓ ମାଟିପାତ୍ରର ବ୍ୟବହାର (ବଣ୍ଡା) :

ଦୁଇଭାଇ ଭୋକରେ ଥିଲାବେଳେ ବଡ଼ଦେବତା ସେମାନଙ୍କୁ କିଛି ଶସ୍ୟ ଦେଲେ ଖାଇବା ପାଇଁ । ସେହି ଶସ୍ୟ ଚୋପା ସହିତ ଖାଇବାରୁ ଭଲ ଲାଗୁ ନ ଥିଲା । ଦିନେ ମୂଷାଟିଏ ସେହି ଶସ୍ୟରୁ ଚୋପା ଛଡ଼ାଇ ଖାଉଥିବା ଦେଖି ଦୁଇଭାଇ ସେମିତି ଖାଇଲେ ଭଲ ଲାଗିଲା । ନିଜ ବୁଦ୍ଧିରୁ ସେମାନେ ହାତଢିଙ୍କି ତିଆରି କଲେ ଶସ୍ୟରୁ ଚୋପା ବାହାର କରିବା ପାଇଁ । ଦିନେ ସିଏ ଗୋଟିଏ ବାଉଁଶନଳୀ ଆଣି ସେଥିରେ ଶସ୍ୟ ପୁରାଇ ପାଣିଦେଇ ନିଆଁରେ ପକେଇଲା । କିଛି ସମୟ ପରେ ସେଥିରୁ ବାହାରକରି ଖାଇବାରୁ ଖାଦ୍ୟ ଅତି ନରମ ଓ ସୁନ୍ଦର ଲାଗିଲା । ଲୋକଟି ଖାଦ୍ୟ ପ୍ରସ୍ତୁତି ପାଇଁ ମହାପ୍ରଭୁଙ୍କୁ ପ୍ରାର୍ଥନା କଲା । ମହାପ୍ରଭୁ ତା' ପ୍ରାର୍ଥନା ଶୁଣି ସୁନ୍ଦର ମାଟିପାତ୍ର ପ୍ରଦାନ କଲେ । ସେବେଠାରୁ ମାଟିପାତ୍ରରେ ରୋଷେଇ ଚାଲିଛି ।

(୬) ଶସ୍ୟ ଓ ଶିମ୍ବ ଜାତୀୟ ଖାଦ୍ୟର ଏକତ୍ର ରନ୍ଧନ (କୁଟିଆ କନ୍ଧ) :

ଥରେ ଲୋକଟିଏ ବଣ ଭିତରକୁ ଖାଦ୍ୟ ସଂଗ୍ରହ କରିବାକୁ ଯାଇଥିଲା । ଡଙ୍ଗର କ୍ଷେତରୁ ଶସ୍ୟ ସଂଗ୍ରହ କରିଆସିଲା ବେଳେ ପଛରୁ ଚିତ୍କାର ଶୁଣିଲା । ଦେଖିଲା ଗଛର ଶିମ୍ବ ଜାତୀୟ ଫଳ ଡାକି କହୁଛି 'ଆମେ ଦୁହେଁ ସ୍ୱାମୀ-ସ୍ତ୍ରୀ । ଏକାଠି ବଞ୍ଚିବା, ଏକାଠି ମରିବା ।' ଯଦି ତାକୁ ଖାଇବାକୁ ନଉଚ, ମୋତେ ବି ନେଇଯାଅ ।' ଲୋକଟି ଶିମ୍ବ ସଂଗ୍ରହ କରି ଆଣି ଶସ୍ୟ ସହିତ ରାନ୍ଧିଲା, ବହୁତ ସୁଆଦିଆ ଲାଗିଲା ।

ସେବେଠୁ ଶସ୍ୟଜାତୀୟ ଓ ଶିମ୍ବ ଜାତୀୟ ଖାଦ୍ୟ ଏକତ୍ର ରନ୍ଧାଯାଉଛି ।

(୭) ରୋଷେଇ ପାଇଁ ନିଆଁର ବ୍ୟବହାର (ଡିଡ଼ାୟୀ) :

ଥରେ ଦୁଇ ଡିଡ଼ାୟୀ ଲୋକ ଘରକୁ ଫେରିବାବେଳେ ପରସ୍ପର ଝଗଡ଼ା କରି ତୀର ମାରିଲେ । ତୀରର ଘର୍ଷଣରୁ ନିଆଁ ବାହାରି କୁକୁଡ଼ା ଭାଡ଼ିରେ ପଡ଼ି ଜଳିଗଲା । କୁକୁଡ଼ାମାନେ ପୋଡ଼ିଯିବାରୁ ତାକୁ ସେମାନେ ଖାଇଲେ । ଅତ୍ୟନ୍ତ ସୁସ୍ୱାଦୁକର ଥିଲା । ତେଣୁ କଞ୍ଚା ଖାଇବା ଅପେକ୍ଷା ସବୁ ଜିନିଷ ସେମାନେ ପୋଡ଼ି ଖାଇ ଶିଖିଲେ ।

(୮) ଲୁଣର ଉତ୍ପତ୍ତି ଓ ବ୍ୟବହାର (କନ୍ଧ) :

ପୃଥିବୀ ସୃଷ୍ଟି ହେବାପରେ ଆକାଶ ଓ ପୃଥିବୀ ବିବାହ କରିବାକୁ ଚାହିଁଲେ । ଦୁଇଜଣଙ୍କ ବିବାହ ଭୋଜିରୁ ଯେଉଁ ଭାତ ବଳକା ହେଲା ଗୁରୁ ଓ ଗୁରୁମାଇ ତାକୁ ଆଣି ମାଟିରେ ପୋତିଦେଲେ । ଅନେକ ବର୍ଷ ପରେ କୁମ୍ଭାରଟିଏ ମାଟି ଖୋଳିବାରୁ ଧଳା ଧଳା କ'ଣ ବାହାରିଲା । ପ୍ରଥମେ ସେ ଚାଖିଲା ଏବଂ ଲୋକଙ୍କୁ ଦେଲା । ଲୋକେ ତାହାର ସ୍ୱାଦ ଚାଖିଲା ପରେ ଖାଇବା ଅଭ୍ୟାସରେ ପଡ଼ିଗଲା ଏବଂ କୁମ୍ଭାର ଠାରୁ ଲୁଣ କିଣି ଖାଦ୍ୟପଦାର୍ଥରେ ପକାଇଲେ ।

ଖାଦ୍ୟ ଜୀବନଧାରାର ଲୋକୋକ୍ତି ଓ ଲୋକଗୀତ :

୧. ଟିକେ କାକା ଟେକେବା (ତିଳକୁ ତାଳ) - କନ୍ଧ

୨. ସୁସେ କାକି ପୁସୁକୁଲୁ, ସୁନା ତାଳେ ମାଣିକୁନ୍ଦୁ (ଜାଣିଲେ ବିହିଡ଼ିଣି ଛତୁ, ନ ଜାଣିଲେ ବାଉଁଶଛତୁ) - କନ୍ଧ

୩. ଦେଖିଲେ ହାଡ଼, ଖାଇଲେ ମାଂସ (ଅଣ୍ଡା) - ଡିଡ଼ାୟୀ

୪. ମାଟିରେ ଚାଲେ, ମଞ୍ଚାରେ ଚଢ଼େ, ଚାଳରେ ଶୁଏ (କଖାରୁ) - ଡିଡ଼ାୟୀ

୫. ପିଲାବେଳେ ସୁନ୍ଦର, ବଡ଼ ହେଲେ ଇନ୍ଦର (ତେନ୍ତୁଳି) - ବଣ୍ଡା

୬. ଗଛ ଅଛି ମଞ୍ଜି ନାହିଁ, ଓପାଡ଼ି ରୋଇଲେ ଜିଏଁନାହିଁ (ଛତୁ) - ପରଜା

୭. ପିଲାବେଳେ ଚାଖଣା, ବଡ଼ ହେଲେ ପିଟଣା (ବାଉଁଶ କରଡ଼ି) - ପରଜା

୮. ଝିକି ହେଲା ବାର୍ ବରଷ, ମାଆ ହେଲା ବୁଢ଼ୀ; ଆଈର ମୁଣ୍ଡେର୍ ବାଲ୍‌ପାଚିଲାନି, ଦେଖିବ ଆସହୋ ଖୁଡ଼ୀ (ମକା) - ପରଜା

ଏହିପରି ଅନେକ ଢଗଢମାଳି, ନାଁଦିଆ, ପ୍ରହେଳିକାରେ ଜୀବନଚର୍ଯ୍ୟା ଓ ଖାଦ୍ୟ ତଥା ଖାଦ୍ୟ ସାମଗ୍ରୀ ସହିତ ସଂପର୍କ ଯୋଡ଼ି ହେଇଥିବାର ପ୍ରମାଣ ମିଳେ ।

ସେହିପରି ଅନେକ ଲୋକଗୀତରେ କୃଷିକର୍ମ, ଶସ୍ୟ, ପନିପରିବା, ଖାଦ୍ୟ-ଖାଦକ ସଂପର୍କର କାବ୍ୟିକ ପ୍ରୟୋଗ ଦେଖିବାକୁ ମିଳେ । କେତେକ ସ୍ଥଳରେ ସେ ସବୁର ପ୍ରୟୋଗ ସେମାନଙ୍କ ଜୀବନଧାରା, ଜୀବିକା, ଖାଦ୍ୟ ପରମ୍ପରାର ବଖାଣ କରିଥାଏ । ସେଥିରୁ ଅଳ୍ପ କେତୋଟି ଉଦାହରଣ ଦିଆଯାଇପାରେ -

(୧) 'ଅଦିନେ ହୋଇଲା ଘୋର ବରଷା
କଖାରୁ କୁମୁଡ଼ା ବଡ଼ି' - (କଖାରୁ ଓ କୁମୁଡ଼ା ନିବିଡ଼ ସଂପର୍କର ପ୍ରତୀକ)
(୨) ସରଗି ଖମନେ ଫୁଟିଲା ଛତି
ଡାକଦେଲା ରସବତୀ - (ଛତୁ - ପ୍ରେମ ଉଦ୍ଦୀପନାର ପ୍ରତୀକ)
(୩) ହେ, ପାହାଡ଼ ଦେବତା
କୁଟ୍ରାପଲ, ବାର୍‌ହା ପଲ, ସମ୍ବରପଲ
ଆମ ସାମ୍ନାକୁ ଆଣିଦିଅ - (ଶିକାର ପ୍ରତୀକ - ଖାଦ୍ୟ, ଖାଦକ ସଂପର୍କ)
(୪) କାଇ ହିନିମାନି ପୁରୁଷ ଜାତି
ଧୁଙ୍ଗିଆ ମାଗିଲେ ରାତି - (ଧୂଆଁପତ୍ର ଯୌନତାର ପ୍ରତୀକ)
(୫) ପାଚିଲା କାଙ୍ଗୁ ବାଜିଲା ଝଙ୍ଗୁ
ଗାଲର ଉପରେ ଗାଲ
ହେଲା ଚଇତି ସରିଲା ଭାତ
ଯେଉଁଠି ଖାଲ, ସେଇଠି ଝଲ - (ଭାତ ସରିବା - ଦୁର୍ବଳ ଅର୍ଥନୀତିର ପ୍ରତୀକ)
(୬) ସରୁ ସରୁ ମୁନିଙ୍ଗା ଖାଡ଼ି
ସନ୍ତୁଳାରେ ଖୁଦ ଭଜା
ନଖକୁ ମାଉଁସ ଲାଗିବାର କାଏ
ଦଇବ ଭେଟ୍‌କଲା ଆଜ-(ସନ୍ତୁଳାରେ ସଜନାଛୁଇଁ-ଶ୍ରଦ୍ଧା ଓ ସଂପର୍କର ପ୍ରତୀକ)
(୭) ତୋର କଲା କାନ୍ଦୁଲ୍ ଭାଜା
ତୋର କଲା ବିଆଲ୍ ଭାଜା
ହେଲେ ଭାଜ୍‌ଲା ବିରି ମାଲ୍‌ଯିବୁ
ଉଷୁନା ଧାନଗଜା ହେବୁ-(କାନ୍ଦୁଲ ଭଜାଗୀତ - ଈଶ୍ୱରୀୟ ସମର୍ପଣର ପ୍ରତୀକ)

ଏହିସବୁ ଗୀତ ବ୍ୟତୀତ ବିଭିନ୍ନ ଚଇତି ପରବ ଗୀତ, ପୁଷ୍ ପରବ ଗୀତ, ଆମ୍ ପରବ ଓ ଶିମ୍ ପରବ ସମୟରେ ଗାନ କରାଯାଉଥିବା ଲୋକଗୀତରେ ଖାଦ୍ୟ ଜୀବନଧାରା ଓ ସାମାଜିକ ବ୍ୟବସ୍ଥାର ଚିତ୍ର ଦେଖିବାକୁ ମିଳେ ।

ଖାଦ୍ୟ-ଖାଦକ ପାରସ୍ପାରିକତା :

ଖାଦ୍ୟ-ଖାଦକ ସଂପର୍କ କେବଳ ଜନଜାତି ସମାଜର କଥା ନୁହେଁ, ଏହା ସମଗ୍ର ପ୍ରାଣୀଜଗତ ପାଇଁ ପ୍ରଯୁଜ୍ୟ । ଖାଦ୍ୟ ପ୍ରସ୍ତୁତି ଓ ଗ୍ରହଣ ଏକ ତ୍ରିକୋଣୀୟ ବ୍ୟବସ୍ଥା ପରି ମନେହୁଏ । ଏଠାରେ ସଂସ୍କୃତି, ପର୍ଯ୍ୟାବରଣ, ବ୍ୟକ୍ତି ମାନସିକତା ମୁଖ୍ୟ ଭାବରେ କାର୍ଯ୍ୟ କରେ । ତାହାର ଏକ ରେଖାଚିତ୍ର ଏଠାରେ ଉପସ୍ଥାପନ କରାଗଲା, ଯାହାକୁ

ଆପଣ 'ଖାଦ୍ୟ ତ୍ରିକୋଣ' କହିପାରନ୍ତି -

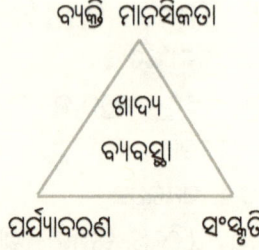

ବ୍ୟକ୍ତି ମାନସିକତା
ପର୍ଯ୍ୟାବରଣ
ସଂସ୍କୃତି

(ଏହି ରେଖାଚିତ୍ରଟି ବିଭିନ୍ନ ଗ୍ରାମରୁ ସଂଗୃହୀତ ତଥ୍ୟ ଆଧାରରେ ପ୍ରସ୍ତୁତ)

ଖାଦ୍ୟ ତ୍ରିକୋଣ ନିୟମାନୁସାରେ ଖାଦ୍ୟରୁଚିର ପରିବର୍ତ୍ତନ ଏକ ସମ୍ଭାବ୍ୟ ପ୍ରକ୍ରିୟା । ଯେହେତୁ ଏହା ବ୍ୟକ୍ତିର ମାନସିକତା ଉପରେ ବିଶେଷ ନିର୍ଭର କରିଥାଏ । ତେବେ ସ୍ଥାନ ପରିବର୍ତ୍ତନ, ଅର୍ଥନୀତିକ ଉନ୍ନତି ଓ ଅବନତି, ସଂସ୍କୃତିଗତ ପରିବର୍ତ୍ତନ, ଜଗତିକରଣର ପ୍ରଭାବ, ସାମାଜିକ ବ୍ୟବସ୍ଥାରୁ ବିଚ୍ଛିନ୍ନତା କାରଣରୁ ଜନଜାତି ସମାଜରେ ଖାଦ୍ୟରୁଚିର ପରିବର୍ତ୍ତନ ଅତ୍ୟନ୍ତ ଲକ୍ଷଣୀୟ । ଆଜିର ଦିନରେ ସମ ଜନଜାତିର ଭିନ୍ନ ଭିନ୍ନ ଅଞ୍ଚଳରେ ରହୁଥିବା ବ୍ୟକ୍ତିଙ୍କ ଖାଦ୍ୟ ଉପାଦାନ ଓ ପ୍ରକ୍ରିୟାକରଣରେ ଭିନ୍ନତା ଦେଖିବାକୁ ମିଳେ । ଏହା କେବଳ ଜନଜାତି ସମାଜ ପାଇଁ ନୁହେଁ ସବୁବର୍ଗର ବ୍ୟକ୍ତିଙ୍କ ପାଇଁ ପ୍ରଯୁଜ୍ୟ । ଅତଏବ ଏକ ସ୍ଥିର ନିଶ୍ଚିତ ଖାଦ୍ୟରୁଚି ପାଇବା କଷ୍ଟକର ହେଉଥିଲେ ମଧ୍ୟ ଆରୋପଣ ଓ ପ୍ରତ୍ୟାରୋପଣର ପ୍ରଭାବରୁ ସଂପ୍ରତି ଜନଜାତି ଖାଦ୍ୟ ପରମ୍ପରା ଓ ପରିସରରେ ବ୍ୟାପକ ପରିବର୍ତ୍ତନ ଆସିଛି ।

ଶେଷରେ କୁହାଯାଇପାରେ ଜନଜାତିର ଖାଦ୍ୟ ବିଚାରଧାରାରେ ପ୍ରକୃତି ଏବଂ ସାମୁହିକ ପ୍ରଭାବର ପରିଚୟ ମିଳେ । ବିଶେଷ କରି ଲୋକ ମାନସିକତାର ପ୍ରତିଫଳନ ମଧ୍ୟ ସେଥିରେ ହୋଇଥାଏ । ସେ ନିଜେ ଖାଦ୍ୟ ଗ୍ରହଣ କରେ ଏଥିସହିତ ଈଶ୍ୱରଙ୍କୁ ବି ସମର୍ପଣ କରେ । ସେ ଅର୍ପଣରେ ଥାଏ ବିଶୁଦ୍ଧ ସରଳତା ଓ ପବିତ୍ର ବିଶ୍ୱାସ । ସେ ବୁଝେ ଅରଣ୍ୟ ଥିଲେ ଖାଦ୍ୟ, ବସ୍ତ୍ର ଓ ବାସଗୃହ ପରି ମୌଳିକ ଆବଶ୍ୟକତାର ଅଭାବ କେବେ ବି ରହିବ ନାହିଁ । ଯଦିଓ କେତେ କଳ୍ପନା ଅନେକ ସମୟରେ ଅଭିବ୍ୟଞ୍ଜିତ ହୁଏ ତାଙ୍କ ଖାଦ୍ୟ ପରମ୍ପରାକୁ ନେଇ । ତଥାପି ସେ ଜାଣେ ପ୍ରକୃତିର ଏହି ମହାର୍ଘଦାନ ଯେ ତା'ଭିତରର ଶାଶ୍ୱତ ସବୁଜତା ଆଡ଼କୁ ସହୃଦୟତାର ହାତ ବଢ଼ାଇ ଆସିଛି, ଯାହା କେବେ ବି ମୂଳସ୍ରୋତର ବିଚ୍ଛିନ୍ନ ହେବାପରି ମନେହୁଏ ନାହିଁ ।

■

ସହାୟକ ଗ୍ରନ୍ଥସୂଚୀ:

୧. ଶୁକ୍ଳ ହୀରାଲାଲ୍; ଆଦିବାସୀ ଅସ୍ମିତା ଔର ବିକାଶ, ମଧ୍ୟପ୍ରଦେଶ ହିନ୍ଦୀ ଗ୍ରନ୍ଥ ଏକାଡେମୀ, ୧୯୯୭

୨. Rajyalaxmi P; Tribal Food Habits, Gian Publishing House, New Delhi, 1999

୩. Elwin Verrier; Tribal Myths of Orissa, Prafulla, Revised Format 2006

୪. ପାତ୍ର ଦେବାଶିଷ; ଓଡ଼ିଶାର ଜନଜାତି : ଏକ ସାମାଜିକ ଓ ସାଂସ୍କୃତିକ ଅନୁଶୀଳନ, ଓଡ଼ିଆ ଭାଷା ପ୍ରତିଷ୍ଠାନ, ୨୦୨୦

୫. ପାତ୍ର ଦେବାଶିଷ; ଦକ୍ଷିଣାଞ୍ଚଳୀୟ ଓଡ଼ିଆ ଜନଜାତି ସଂସ୍କୃତି ଓ ସାହିତ୍ୟ, ଓଡ଼ିଶା ରାଜ୍ୟ ପାଠ୍ୟପୁସ୍ତକ ପ୍ରଣୟନ ଓ ପ୍ରକାଶନ ସଂସ୍ଥା, ୨୦୧୫

(ଏହି ନିବନ୍ଧରେ ଥିବା ତଥ୍ୟଗୁଡ଼ିକ ବିଭିନ୍ନ ସମୟରେ କ୍ଷେତ୍ର ଅଧ୍ୟୟନ ଦ୍ୱାରା ସଂଗୃହୀତ)

ମାଲକାନଗିରି ଆଦିବାସୀଙ୍କ ଗଣପର୍ବ : ବଡ଼ଯାତ୍ରା

ପୂର୍ବଘାଟ ପର୍ବତମାଳାର ପାଦଦେଶରେ ଥିବା ପୌରାଣିକ ମାଲ୍ୟବନ୍ତଗିରି ତଥା ଆଜିର ମାଲକାନଗିରି ଅତୀତରେ ଥିଲା ଅନେକ ମୁନିଋଷିଙ୍କ ସାଧନାର ଅମରତୀର୍ଥ । ଆକାଶଚୁମ୍ବୀ ଗିରିମାଳା, ଗହଗହ ଅରଣ୍ୟମଣ୍ଡିତ ବିଶାଳ ପଟ୍ଟଭୂମି, ତମସାତଟର ଶାନ୍ତ ପରିବେଶ ସହିତ ଜନଜାତିଙ୍କ ସାଂସ୍କୃତିକ ବିଭବ ପାଇଁ ଏହି ଅଞ୍ଚଳ ଖ୍ୟାତ । ବଳରାମ ଦାସଙ୍କ ରଚିତ ରାମାୟଣର ଏହି ମାଲ୍ୟବନ୍ତ ଲୋକଦୃଷ୍ଟିରେ ମାଲକାନଗିରି । ଯାହାର ଦୁଇ ପାର୍ଶ୍ୱରେ ବହି ଯାଉଛନ୍ତି ଅନେକ ସ୍ମୃତି ବିଜଡ଼ିତ ଶାବେରୀ ଓ ସିଲେରୁ ପରି ଦୁଇ ନଦୀ । ପ୍ରବେଶପଥରେ ସପ୍ତଧାରାର ସ୍ୱାଗତଗୀତିକା ତ' ପାଦଦେଶରେ ଶାବେରୀ ଓ ସିଲେରୁର ମିଳନ ସ୍ଥଳ । ଦଣ୍ଡକାରଣ୍ୟର ଅଂଶବିଶେଷ ଥିବା ଏହି ମାଲ୍ୟବନ୍ତ ଇତିହାସ ପୃଷ୍ଠାରେ 'ଓଡ୍‌ଡାଡ଼ି' ମଣ୍ଡଳ ଓ 'କଦମ୍ବଗିରି' ଭାବରେ ପରିଚିତ । ରାମାୟଣ ବର୍ଣ୍ଣିତ ରାମ-ସୀତା, ମହାଭାରତ ବର୍ଣ୍ଣିତ ଘଟଣାବଳୀକୁ ନେଇ ରହିଛି ଅନେକ କିମ୍ବଦନ୍ତୀ । ତେବେ ଏହି ଭୂମିର ସ୍ୱତଂତ୍ର ପରିଚୟ ରହିଛି ବଣ୍ଡା, ଡିଡାୟୀ, କୋୟା ପରି ଅନେକ ଜନଜାତିକୁ ନେଇ । ଏହି ମାଟିର ବଣ୍ଡା, ଗଦବାଙ୍କ ପାଇଁ ଧାନର ଉଦ୍ଭବସ୍ଥଳ ପାଲଟିଥିଲା ଏହି ଭୂଇଁ । ପ୍ରକୃତରେ ମାଲକାନଗିରି କଳା, ସଂସ୍କୃତି ଓ ନୃତାତ୍ତ୍ୱିକ ଦୃଷ୍ଟିକୋଣରୁ ଜନଜାତିଙ୍କ ଆଦିଭୂମି, ଯାହା ନିଜର ସ୍ୱତଂତ୍ର ପରିଚୟ ଦାବି କରେ 'ବଡ଼ଯାତ୍ରା' ପାଇଁ ।

ମାଲକାନଗିରି ସହରଠାରୁ ୭୦କି.ମି. ଦକ୍ଷିଣପୂର୍ବ ଦିଗକୁ ଗଲେ ମାନ୍ୟମ୍‌କୋଣ୍ଡା ଗାଁ । ଏହି ଗାଁଠାରୁ ପୂର୍ବଦିଗକୁ ଗଲେ ପଡ଼େ ଅରଣ୍ୟବେଷ୍ଟିତ ଏକ ପାହାଡ଼ । ଏହି ପାହାଡ଼ର ଶୀର୍ଷରେ ରହିଛି 'ବଡ଼ଯାତ୍ରା' ଦେବତାଙ୍କ ପୀଠ । ସେଠାରେ ଅବସ୍ଥାପିତ ଦେବତା ହେଉଛନ୍ତି କାନାମ୍‌ରାଜ(ଶ୍ରୀକୃଷ୍ଣ), ବାଲାରାଜ(ଅର୍ଜୁନ) ଓ ପୋତରାଜ(ଭୀମ) । ପାହାଡ଼ର ପାଦଦେଶରେ ରହିଛି 'ମୁତ୍ୟାଲାମ୍ମାଙ୍କ ପୀଠ ଯିଏକି

ଉପରୋକ୍ତ ଦେବତାମାନଙ୍କ ଶକ୍ତି ଭାବରେ ପୂଜିତ । କିମ୍ବଦନ୍ତୀ ଅନୁଯାୟୀ ମା' ମୁତ୍ୟାଲାମ୍ମା ହେଉଛନ୍ତି ଦେବୀ ଦ୍ରୌପଦୀ । ତେବେ ଅତୀତରେ ମାଲ୍ୟବନ୍ତ ତଂତ୍ର ସାଧନାର ପୀଠ ହୋଇଥିବା କାରଣରୁ କେହି କେହି ମୁତ୍ୟାଲାମ୍ମାଙ୍କ ପୀଠକୁ ତଂତ୍ରପୀଠ ଭାବରେ ବିବେଚନା କରିଥାନ୍ତି । ଏହି ଯାତ୍ରା ପ୍ରତି ଗୋଟିଏ ବର୍ଷ ଅନ୍ତରରେ ପାଳନ କରାଯାଉଥିବା ବେଳେ ଦୀର୍ଘ ଯାତ୍ରାପଥ ଅତିକ୍ରମ କରିଥାନ୍ତି ଦେବ-ଦେବୀ । ବଡ଼ଯାତ୍ରା ମାନ୍ୟମକୋଣ୍ଡା ମୂଳପୀଠରୁ ଆରମ୍ଭ ହୋଇ ସତୁରି କିଲୋମିଟର ରାସ୍ତା ପାରିହୋଇ ମାଲକାନଗିରିର ମାଉଳିମା' ପୀଠରେ ସମାପ୍ତ ହୋଇଥାଏ । ଦୀର୍ଘରାସ୍ତା ଅତିକ୍ରମ କରୁଥିବା କାରଣରୁ ଏହି ବଡ଼ଯାତ୍ରାର ସ୍ୱତଂତ୍ର ମାନ୍ୟତା ରହିଛି ।

ବଡ଼ଯାତ୍ରାର ପ୍ରସ୍ତୁତିପର୍ବ ଓ ଦେବ-ଦେବୀଙ୍କ ନବକଳେବର :

ବଡ଼ଯାତ୍ରା ଆରମ୍ଭ ହେବାର ଏକମାସ ପୂର୍ବରୁ ମାଘପୂର୍ଣ୍ଣମୀର ପରବର୍ତ୍ତୀ ବୁଧବାରଠାରୁ ହିଁ ପ୍ରତିମା ନିର୍ମାଣ ଓ ଅନ୍ୟାନ୍ୟ ବିଧି ପାଳନ କରାଯାଇଥାଏ । ମାଲକାନଗିରିଠାରେ ଅବସ୍ଥିତ ମାଉଳିମା' ମନ୍ଦିରର ପୂଜକଦଳ ମାନ୍ୟମ୍‌କୋଣ୍ଡାରେ ପହଞ୍ଚିଲା ପରେ ମୁତ୍ୟାଲାମ୍ମାଙ୍କ ମନ୍ଦିର ନିକଟରେ ଏକ ଅସ୍ଥାୟୀ ଆଶ୍ରୟସ୍ଥଳ ନିର୍ମାଣ କରାଯାଏ । ଏହାକୁ 'ବାଲ୍‌ସା' କୁହାଯାଏ । ଏହି ଅବସରରେ ଧୂପେନ୍‌କୋଣ୍ଡା ଗାଁର ମୁଖିଆଙ୍କୁ ବରଣ କରାଯାଇଥାଏ । ବାଲ୍‌ସା ଛପର ତିଆରି ପାଇଁ ଜଙ୍ଗଲରୁ ବାଉଁଶ, ତାଳବରଡ଼ା ଆଦି ସଂଗୃହୀତ ହୋଇଥାଏ । ଏଠାରେ ଦର୍ଶନାର୍ଥୀଙ୍କ ଦର୍ଶନ ପାଇଁ ଏକ ଛାମୁଣ୍ଡିଆ ମଧ୍ୟ ନିର୍ମାଣ କରାଯାଏ । ଏହିଠାରେ ନୂଆ ରାଶି ଓ ଟୋଲରୁ ତେଲ ପ୍ରସ୍ତୁତ କରାଯାଇ ସେଥିରେ ହଳଦୀ, କର୍ପୂର ଆଦି ମିଶାଯାଇ ଏକ ବହଳିଆ ପ୍ରଲେପ ତିଆରି ହୁଏ । ଏହି ତୈଳ 'ନାଲ୍‌ଗୁ' ତିନିଠାକୁରଙ୍କ ନିର୍ମାଣ ପରେ ସ୍ନାନ ସମୟରେ ବ୍ୟବହୃତ ହୁଏ ।

ବାଲ୍‌ସା ଛପର ନିର୍ମାଣ ଓ ଅନ୍ୟାନ୍ୟ ପ୍ରସ୍ତୁତି ପରେ ତିନିଠାକୁରଙ୍କ ମୂର୍ତ୍ତି ନିର୍ମାଣ ପାଇଁ ପୂଜକମାନେ ନବମୀ ତିଥିରେ ଜଙ୍ଗଲରୁ ବାଉଁଶ ସଂଗ୍ରହ ଉଦ୍ଦେଶ୍ୟରେ ଯାତ୍ରା କରନ୍ତି । ନିର୍ଦ୍ଦିଷ୍ଟ ସ୍ଥାନରେ ତିନୋଟି ବାଉଁଶ ଗଜା ଦେଖି ସେଠାରେ ପୂଜାର୍ଚ୍ଚନା କରାଯିବା ସହିତ ବନଦେବୀଙ୍କୁ ସନ୍ତୁଷ୍ଟ କରିବା ପାଇଁ ବଳୀ ଅର୍ପଣ କରାଯାଏ । ବାଉଁଶଗଜା ବା ପିଲ ସଂଗ୍ରହ କରୁଥିବା ପୂଜାରୀ ନିକଟସ୍ଥ ଏକ ପଥରକୁଣ୍ଡ(ବଣ୍ଡରାଇ)ରେ ସ୍ନାନକରି ବାଉଁଶଗଜାକୁ କାଟି ତାକୁ ପାଟକନାରେ ଗୁଡ଼ାଇ ମାନ୍ୟମକୋଣ୍ଡା ନେଇଆସନ୍ତି । ଏହାକୁ 'ବାଉଁଶମରା' କୁହାଯାଏ । ବାଉଁଶଗଜାକୁ ଶୋଭାଯାତ୍ରାରେ ଆଣିଲା ବେଳେ ପାରଂପରିକ ନୃତ୍ୟଗୀତ ପରିବେଷଣ ହୋଇଥାଏ । ଶେଷରେ ପାଟକନାରେ ଥିବା ବାଉଁଶଗଜାକୁ 'ବାଲ୍‌ସା ଛପର'ରେ ରଖାଯାଏ ।

'ବାଉଁଶମରା' ପରେ 'ଡଙ୍ଗାମରା' କାର୍ଯ୍ୟ ହୋଇଥାଏ । ବଡ଼ଠାକୁରଙ୍କ ପୂଜାରୀମାନେ ଠାକୁରଙ୍କ ନୌବିହାର ଓ ସ୍ନାନଯାତ୍ରା ପାଇଁ ୩ଟି ନୂତନ ଡଙ୍ଗା ନିର୍ମାଣ କରାଇଥାନ୍ତି । ଏହି ଡଙ୍ଗା ମହୁଲଗଛର କାଠରେ ତିଆରି ହେବା ସହ ପୂଜାରୀଙ୍କ ଦ୍ୱାରା ପୂଜା କରାଯାଇ ଶୁଦ୍ଧପୂତ କରାଯାଇଥାଏ ।

ଏହାପରେ ଏକାଦଶୀ ତିଥିରେ ପ୍ରତିମା ନିର୍ମାଣ ପାଇଁ 'ଜାଲଚିରା' ପର୍ବ ଅନୁଷ୍ଠିତ ହୁଏ । ମୂର୍ତ୍ତି ନିର୍ମାଣରେ ବ୍ୟବହୃତ ହେବାକୁ ଥିବା ମୟୂରପୁଚ୍ଛଗୁଡ଼ିକୁ ନୂଆହାଣ୍ଡିରେ ଗରମପାଣି କରି ତାହାର ତଳଭାଗକୁ ବୁଡ଼ାଇ ମନ୍ତ୍ରପାଠ କରାଯିବା ସହ ତାକୁ ଶୁଖାଇ ଦିଆଯାଏ । ଜନଶ୍ରୁତି ଅଛି ଏହି ପୁଚ୍ଛଗୁଡ଼ିକ ମାନ୍ୟମକୋଣ୍ଡା ପାହାଡ଼ରୁ ସେବାୟତମାନେ ସଂଗ୍ରହ କରିଥାନ୍ତି । ସେମାନଙ୍କ ଦ୍ୱାରା ମନ୍ତ୍ରପୂତ ଚଉଳ ଜଙ୍ଗଲରେ ବୁଣା ଯାଇଥିଲା ବେଳେ ମୟୂରମାନେ ସେସବୁ ଖାଇ ପୁଚ୍ଛ ଝାଡ଼ିଦେଇ ଯାଆନ୍ତି ଓ ସେସବୁ ପୁଚ୍ଛ ସଂଗୃହୀତ ହୁଏ । ସଂପ୍ରତି ମୟୂରପୁଚ୍ଛ ବିଭିନ୍ନ ସ୍ଥାନରୁ ସଂଗ୍ରହ କରାଯାଇ ସେବାୟତମାନଙ୍କୁ ଅର୍ପଣ କରାଯାଉଛି ।

ପ୍ରତିମା ନିର୍ମାଣ ପାଇଁ ବାଉଁଶଗୁଡ଼ିକ ସାନବଡ଼ କ୍ରମରେ କଟାଯାଇଥାଏ । ସବୁଠାରୁ ବଡ଼ କାନାମରାଜ, ପୋତରାଜ ତାଙ୍କଠୁ ସାନ ଏବଂ ବାଲାରାଜ ସବୁଠାରୁ ସାନ ହୋଇଥାନ୍ତି । ଫାଲଗୁନ କୃଷ୍ଣ ଦ୍ୱାଦଶୀତିଥିରେ କାନାମରାଜ, ତ୍ରୟୋଦଶୀ ତିଥିରେ ପୋତରାଜ ଏବଂ ଚତୁର୍ଦ୍ଦଶୀ ତିଥିରେ ବାଲରାଜଙ୍କ ପ୍ରତିମା ନିର୍ମାଣ କରାଯାଏ । ବାଉଁଶକଟା ପରେ ବିଧି ଅନୁସାରେ ସେଥିରେ ଲୁହାର ବଳା(ଗୋଲୁସୁ) ଲଗାଯାଇ ମୟୂରପୁଚ୍ଛରେ ସଜାଇ ଦିଆଯାଏ ।

ମାଉଳିମା' ପୀଠରେ ସ୍ୱାଗତ ପାଇଁ ପ୍ରସ୍ତୁତି :

ତିନିଠାକୁରଙ୍କ ପ୍ରତିମା ନିର୍ମାଣ ସରିବା ପରେ ମାଲକାନଗିରି ସ୍ଥିତ ମାଉଳିମା' ମନ୍ଦିର ତରଫରୁ ତିନିଠାକୁରଙ୍କୁ ସ୍ୱାଗତ କରିବା ପାଇଁ ପ୍ରସ୍ତୁତି ଆରମ୍ଭ ହୁଏ । ବଡ଼ଯାତ୍ରାକୁ ନିର୍ବିଘ୍ନରେ କରିବା ପାଇଁ ମାଉଳିମା' ମନ୍ଦିରରେ ପୂଜା କରାଯାଇ ବଳି ଅର୍ପଣ କରାଯାଏ । ବଳିଭାତ ପ୍ରସ୍ତୁତ କରି ମନ୍ତ୍ରପୂତ କରି ଭୂତ, ପ୍ରେତ ଉଦ୍ଦେଶ୍ୟରେ କାଳିଆଭଙ୍ଗା ଠାରେ ବିଞ୍ଚି ଦିଆଯାଇଥାଏ । ମନ୍ଦିର ତରଫରୁ ଦିଶାରୀ ବଳିଭାତ ଛିଞ୍ଚି ସହରକୁ ଚାରିଦିଗରୁ ବଜ୍ରବନ୍ଧନୀ କରିଥାନ୍ତି । ସତ୍ୟମ୍‌ଗୁଡ଼ା, ନୂଆଗୁଡ଼ା, ପଧାନୀଗୁଡ଼ା ଓ ଗୋଇପର୍ବତ ନିକଟରେ ମନ୍ତ୍ରପୂତ କୀଳା ପୋତି ଏହି ବନ୍ଧନୀ କରାଯାଇଥାଏ ।

ଏହି ବଳିଭାତ ସିଞ୍ଚନ ପ୍ରକ୍ରିୟା ପରେ ମାଉଳିମା'ଙ୍କ ପୀଠରୁ ପୂଜାରୀ, ଦିଶାରୀ, ୱାଡ଼େ, ଢୋଲିଆ, ମହୁରିଆ, ନାଇକ, ପେଦାମାନଙ୍କର ଏକ ଦଳ ଆମନ୍ତ୍ରଣ କରିବା ଉଦ୍ଦେଶ୍ୟରେ ମାନ୍ୟମ୍‌କୋଣ୍ଡା ଉଦ୍ଦେଶ୍ୟରେ ବାହାରନ୍ତି । ସେମାନେ ସାଥିରେ

ନେଇଥାନ୍ତି ଏକ ସୁସଜ୍ଜିତ ବିମାନ ଏବଂ ଅନ୍ୟ ଦେବ-ଦେବୀଙ୍କ ପ୍ରତୀକ ଭାବରେ ସୁସଜ୍ଜିତ ବାଉଁଶ ଲାଠି ଓ ପତାକା କାନ୍ଧରେ ବୋହି ଚାଲନ୍ତି । ଏହି ଯିବା ସମୟରେ ସେମାନେ ବିଭିନ୍ନ ଗାଁରେ ରାତ୍ରିଯାପନ କରିଥାନ୍ତି । ଏହି ଦଳ ମାନ୍ୟମକୋଣ୍ଡାରେ ପହଞ୍ଚିଲା ପରେ ଶୁକ୍ଳପଞ୍ଚମୀ ତିଥିରେ ତିନିଠାକୁରଙ୍କ ପ୍ରାଣ ପ୍ରତିଷ୍ଠା ଓ ସ୍ନାନବିଧି କରାଯାଏ ।

'ତାଡ଼କାରେଉ'ରେ ସ୍ନାନ ଓ ନୌବିହାର :

ପଞ୍ଚମୀ ତିଥିରେ ନୂତନ ନିର୍ମିତ ଠାକୁରଙ୍କ ଠାରେ ପ୍ରାଣ ପ୍ରତିଷ୍ଠା ପରେ ସ୍ନାନ ଓ ନୌବିହାର ପର୍ବ ଅନୁଷ୍ଠିତ ହୁଏ । ଏଥିସହିତ ପୁରୁଣା ମୂର୍ତ୍ତିକୁ ବିସର୍ଜନ କରାଯାଏ । ଷଷ୍ଠୀତିଥିରେ ତିନିଠାକୁରଙ୍କ ସହିତ ପୁରୁଣା ମୂର୍ତ୍ତିକୁ ପୋଲୁରୁ ନିକଟରୁ ଡଙ୍ଗାରେ ବସାଇ ସିଲେରୁ ନଦୀ ପାର କରାଯାଇ ଆନ୍ଧ୍ରପ୍ରଦେଶର ବଡ଼ ପୋଲୁରୁ ଘାଟକୁ ନିଆଯାଏ । ସେଠାରେ 'ତାଡ଼କାରେଉ' ନାମକ ଏକ ବଡ଼ ପଥରକୁଣ୍ଡର ପାଣିରେ ନବନିର୍ମିତ ଠାକୁରକୁ ପୂର୍ବ ପ୍ରସ୍ତୁତ ତେଲ, ହଳଦୀ 'ନାଲ୍‌ଗୁ' ଲଗାଇ ସ୍ନାନରୀତି ସମାପନ ହୁଏ । ଏହାପରେ ପୁରୁଣା ମୂର୍ତ୍ତିକୁ ଏଠାରେ ଜଳରେ ବିସର୍ଜନ କଲାପରେ ତିନିଠାକୁରଙ୍କ ନୌ-ବିହାର ଅନୁଷ୍ଠିତ ହୁଏ । ଏହି ନୌବିହାର ସ୍ଥଳରେ ଆନ୍ଧ୍ରପ୍ରଦେଶ, ଓଡ଼ିଶା ଓ ଛତିଶଗଡ଼ ଅଞ୍ଚଳର ଆଦିବାସୀ ଓ ଅଣଆଦିବାସୀ ଭକ୍ତ ବହୁ ସଂଖ୍ୟାରେ ଯୋଗ ଦିଅନ୍ତି । ଦୀର୍ଘସମୟ ଧରି ତିନିଠାକୁରଙ୍କ ପୂଜାର୍ଚ୍ଚନା ଚାଲେ । ଏହାପରେ ଆନ୍ଧ୍ରପୋଲୁରୁଠାରୁ ଓଡ଼ିଶାର ପୋଲୁରୁ ଘାଟକୁ ଅଣାଯାଇ ଏହିଠାରୁ ଏକ ବିଶାଳ ଶୋଭାଯାତ୍ରାରେ ତିନିଠାକୁରଙ୍କୁ ନୃତ୍ୟ-ବାଦ୍ୟର ତାଳେତାଳେ ମାନ୍ୟମ୍‌କୋଣ୍ଡା ଅଣାଯାଏ ।

କିମ୍ବଦନ୍ତୀ ଅନୁଯାୟୀ ତ୍ରେତୟାଯୁଗରେ ରାମ, ଲକ୍ଷ୍ମଣ - ତାଡ଼କା ଅସୁରୁଣିକୁ ବଧ କରିସାରିଲା ପରେ ପୋଲୁରୁ ସ୍ଥିତ ପଥରକୁଣ୍ଡରେ ସ୍ନାନ କରିଥିଲେ । ସେବେଠୁ ତାହା ତାଡ଼କାରେଉ ଭାବରେ ଖ୍ୟାତ । ଲୋକବିଶ୍ୱାସ ଅଛି ତିନିଠାକୁରଙ୍କ ସ୍ନାନ ପରେ କୁଣ୍ଡରେ ଥିବା ସୁବର୍ଣ୍ଣଚିତାର ମାଛଟିଏ ଯାହାକୁ ଦର୍ଶନ ଦିଏ ତାହାର ଭାଗ୍ୟ ବଦଳି ଯାଏ ।

ମୁତ୍ୟାଲାମ୍ମାଙ୍କ ସହ ଭେଟ ଓ ଯାତ୍ରାରମ୍ଭ :

ତିନିଠାକୁରଙ୍କୁ ମାନ୍ୟମକୋଣ୍ଡା ଆଣିଲା ପରେ ବାଲ୍‌ସାଛପର ଘରେ ସ୍ଥାପନ କରାଯାଇ ଦେବୀ ମୁତ୍ୟାଲାମ୍ମାଙ୍କୁ ପାର୍ଶ୍ୱଦେବୀ ଭାବେ ସ୍ଥାପନ କରାଯାଏ । ଏଠାରେ ଦେବ-ଦେବୀଙ୍କୁ ପୂଜାର୍ଚ୍ଚନା କଲାପରେ ପ୍ରଥମ ଛାଗବଳି ମୁତ୍ୟାଲାମ୍ମାଙ୍କଠାରେ ଅର୍ପିତ ହୁଏ । ଏହାପରେ ଭକ୍ତମାନେ ଆଣିଥିବା ଅନ୍ୟାନ୍ୟ ଭୋଗ ଅର୍ପଣ କରାଯାଏ । ସେହିଦିନ ଅନ୍ୟ ଗାଁରୁ ଦେବ-ଦେବୀଙ୍କ ପ୍ରତୀକ ଭାବରେ ବାଉଁଶ ଲାଠିକୁ କାନ୍ଧରେ ବୋହି ଭକ୍ତମାନେ ମାନ୍ୟମକୋଣ୍ଡାରେ ଏକତ୍ରିତ ହୁଅନ୍ତି । ତେବେ ମଙ୍ଗଳବାର ଦିନ

ଛତିଶଗଡ଼ର ସୁକୁମାରାଜାଙ୍କ ପ୍ରତିନିଧି ଦେବ-ଦେବୀଙ୍କୁ ବଡ଼ଯାତ୍ରାରେ ମାଲକାନଗିରି ଯିବାପାଇଁ ଆମନ୍ତ୍ରଣ ଦେଲା ପରେ ବୁଧବାର ସକାଳୁ ମାଲକାନଗିରି ଉଦ୍ଦେଶ୍ୟରେ ଯାତ୍ରାରମ୍ଭ ହୁଏ ।

ତିନିଠାକୁରଙ୍କୁ ବିମାନରେ ବସାଇ ଯାତ୍ରାରେ ନେଲାବେଳେ ତିନୋଟି ପାରା ଆସି ସେହି ବିମାନରେ ଶୀର୍ଷଭାଗରେ ବସନ୍ତି । ଏହି ଅଲୌକିକତାକୁ ଦେଖିବା ପାଇଁ ଅନେକ ଲୋକଙ୍କର ସମାଗମ ହୁଏ । ତେବେ ଆଶ୍ଚର୍ଯ୍ୟର କଥା ବଡ଼ଯାତ୍ରାର ଶେଷ ପର୍ଯ୍ୟନ୍ତ ପାରାମାନେ ବିମାନରେ ମାଲକାନଗିରି ପର୍ଯ୍ୟନ୍ତ ଯାଇଥାନ୍ତି । ପୂଜାରୀ, ପେଦା, ମୁଖିଆ, ୱାର୍ଡ଼େ, ଦିଶାରୀ, ଗୁରୁମାଈ, ସିରୁଆ, ଗୁଣିଆ ଆଦି ଏହି ଶୋଭାଯାତ୍ରାରେ ଗଲାବେଳେ କାଳସୀ ଲାଗିଥିବା ବ୍ୟକ୍ତି ନାଚିନାଚି ଚାଲନ୍ତି । ଆଦିବାସୀ ପାରଂପରିକ ବାଦ୍ୟ ଢୋଲ, ମହୁରି ଆଦି ବାଜୁଥାଏ । ପ୍ରତି ପାହୁଣ୍ଡରେ ମୁତ୍ୟାଲାମ୍ମାଙ୍କ ଉଦ୍ଦେଶ୍ୟରେ ବଳି ଅର୍ପଣ କରାଯାଏ ।

ଯାତ୍ରା ମଝିରେ କାଲିମେଲା, ପୋଟେରୁ, ଶିଖପାଲ୍ଲୀ, ତମସା ଆଦି ଗାଁମାନଙ୍କରେ ବଡ଼ଠାକୁରଙ୍କ ରହଣି ହୁଏ । ଏହିସବୁ ଗାଁମାନଙ୍କରେ ଠାକୁରଙ୍କ ରହିବା ପାଇଁ ଛପରଘର କରାଯାଇଥାଏ । ପାଖଆଖ ଅଞ୍ଚଳରେ ଥିବା ଗାଁ ସମୂହରୁ ଭକ୍ତମାନେ ଆସି ବଳି ଅର୍ପଣ କରିବା ସହ ନୃତ୍ୟ ଓ ବାଦ୍ୟରେ ଠାକୁରଙ୍କୁ ସ୍ୱାଗତ କରିଥାନ୍ତି । ଶେଷରେ ମାଲକାନଗିରି ସହରକୁ ପ୍ରବେଶ ପୂର୍ବରୁ ଦକ୍ଷିଣଦିଗରେ ଥିବା 'କନ୍ୟାମାଝି ବନ୍ଧ'ଠାରେ ଶନିବାର ଦିନ ପହଞ୍ଚନ୍ତି । ଏଠାରେ ସୁକୁମା ରାଜପରିବାର ପ୍ରଦତ୍ତ ଭୋଗ ଓ ବଳି ଅର୍ପଣ କରାଗଲା ପରେ ଏକ ବିଶାଳ ଶୋଭାଯାତ୍ରାରେ ତିନିଠାକୁରଙ୍କୁ 'ମାଣ୍ଡିଆଭଟ୍ଟା' ଓ ପରେ 'ମାଉଳିମା'ଙ୍କ ପୀଠକୁ ନିଆଯାଇଥାଏ ।

ମାଉଳିମା'ଙ୍କ ପୀଠରେ ଠାକୁରଙ୍କ ଅବସ୍ଥାନ କାଳରେ ଜିଲ୍ଲାର ସମସ୍ତ ଆଦିବାସୀ ଗାଁରୁ ପ୍ରତୀକ ଭାବରେ ବାଉଁଶ ଲାଠି ସହ ସମସ୍ତଙ୍କର ମହାମିଳନ ହୁଏ । କାଳେସୀମାନେ ଜିଭରେ କଣ୍ଟା ଫୋଡ଼ିବା ସହ ଲୌହକଣ୍ଟା ଶରୀରରେ ଫୋଡ଼ିବା, ଦେହରେ ଚାବୁକ୍ ମାରିବା, ମୟୂରପୁଚ୍ଛ ଧରି ନାଚିବା ଦେଖିବାକୁ ମିଳେ । ଲୋକବିଶ୍ୱାସ ଅଛି ଏହି ସମୟରେ ସେମାନଙ୍କ ଦେହରେ ଠାକୁର ସବାର ହୋଇଥାନ୍ତି । ମାଉଳିମା'ଙ୍କ ପୀଠରେ ସୋମବାର ଓ ମଙ୍ଗଳବାର ଦୁଇଦିନ ଅବସ୍ଥାନ କଲାପରେ ମଙ୍ଗଳବାର ଶେଷ ଅନ୍ନଭୋଗ କରାଯାଇଥାଏ ।

ବୁଧବାର ପ୍ରାତଃକାଳ ପୂର୍ବରୁ ମୁଖ୍ୟପୂଜକ କାନମରାଜ, ପୋତରାଜ, ବାଲାରାଜ ଓ ମୁତ୍ୟାଲାମ୍ମାଙ୍କ ବିଗ୍ରହକୁ ଧଳାବସ୍ତ୍ରରେ ଗୁଡ଼ାଇ ମାନ୍ୟମକୋଣ୍ଡା ଉଦ୍ଦେଶ୍ୟରେ ପ୍ରତ୍ୟାବର୍ତ୍ତନ କରନ୍ତି । ମୂଳପୀଠର ଅଳ୍ପକିଛି ସେବକ ଠାକୁରଙ୍କୁ ଫେରାଇ ନେବାରେ

ସହାୟକ ହୋଇଥାନ୍ତି । ତେବେ ଏହି ପ୍ରତ୍ୟାବର୍ତ୍ତନକୁ କେହି ଦେଖି ପାରନ୍ତି ନାହିଁ । ସକାଳକୁ ମାଉଳିମା' ପୀଠରେ କିଛି ବି ନଥାଏ । ମାଲକାନଗିରି ସହରକୁ ବିଭିନ୍ନ ଗାଁରୁ ଆସିଥିବା ଭକ୍ତମାନେ ପ୍ରତ୍ୟାବର୍ତ୍ତନ କରନ୍ତି ।

କିମ୍ବଦନ୍ତୀରେ ବଡ଼ଯାତ୍ରା ଓ ବଳି ପ୍ରସଙ୍ଗ :

କିମ୍ବଦନ୍ତୀ ଅନୁଯାୟୀ ଏହି ତିନି ଦେବତାଙ୍କ ମଧ୍ୟରୁ କାନାମ୍ ରାଜ ହେଉଛନ୍ତି କୃଷ୍ଣ, ପୋତରାଜ ହେଉଛନ୍ତି ଭୀମ ଓ ବାଲରାଜ ହେଉଛନ୍ତି ଅର୍ଜୁନ । ଦେବୀ ମୁତ୍ୟାଲାମ୍ମା ହେଉଛନ୍ତି କାତ୍ୟାୟନୀ । ପୌରାଣିକତା କହେ, ସମ୍ରାଟ୍ ଜରାସନ୍ଧ ଏକଲକ୍ଷ ରାଜାଙ୍କୁ ବନ୍ଦୀକରି ଏକ ଦୁର୍ଗମ ଅରଣ୍ୟ ପରିବେଷ୍ଟିତ ଦୁର୍ଗରେ ଦେବୀ କାତ୍ୟାୟନୀଙ୍କଠାରେ ବଳି ଦେବାପାଇଁ ରଖିଛନ୍ତି । ସେହି ରାଜାମାନଙ୍କ ମୁକ୍ତି ବିନା ଯଜ୍ଞ ଅସମ୍ଭବ । ତେଣୁ ଲକ୍ଷେ ରାଜାଙ୍କୁ ମୁକ୍ତି କରିବା ଉଦ୍ଦେଶ୍ୟରେ ଜରାସନ୍ଧକୁ ବଧ କରିବା ପାଇଁ କୃଷ୍ଣ, ଭୀମ ଓ ଅର୍ଜୁନ ପହଞ୍ଚିଲେ ସେହି ଦୁର୍ଗରେ । ଜରାସନ୍ଧର ମୃତ୍ୟୁ ପରେ ମୁକ୍ତ ହେଲେ ଏକଲକ୍ଷ ରାଜା । ବଳି ନପାଇ କ୍ଷୁବ୍ଧ ହେଲେ ଦେବୀ କାତ୍ୟାୟନୀ । ତେଣୁ ତାଙ୍କୁ ସାଥିରେ ନେଇ ଯାତ୍ରାରମ୍ଭ କଲେ ତିନିଜଣ । ଏମାନଙ୍କୁ ସ୍ୱାଗତ କରିବା ଉଦ୍ଦେଶ୍ୟରେ ପ୍ରତି ପାହୁଣ୍ଡରେ ବଳି ପ୍ରଦାନ କଲେ ଦେବ-ଦେବୀମାନେ । ମାଲକାନଗିରିଠାରେ ପହଞ୍ଚିଲା ବେଳକୁ ଦେବୀଙ୍କର ଏକଲକ୍ଷ ବଳି ପ୍ରାପ୍ତି ହେତୁ ଦେବୀ ଆଉ ଆଗକୁ ଅଗ୍ରସର ହେବାକୁ ରାଜି ନ ହୋଇ ସେଠାରେ ସାମୟିକ ଅବସ୍ଥାନ କରି ପ୍ରତ୍ୟାବର୍ତ୍ତନ କରିବାକୁ ଚାହିଁଥିଲେ । ଏହି ଚାରିଜଣଙ୍କୁ ସାକ୍ଷାତ ପାଇଁ ପାଖଆଖ ବିଭିନ୍ନ ଗାଁରୁ ଦେବ-ଦେବୀଙ୍କ ଆଗମନ ହୋଇଥିଲା । ଯେଉଁ ସ୍ମୃତିରେ ଗଢ଼ି ଉଠିଥିଲା ମାଲକାନଗିରି 'ଦେବଡଙ୍ଗର' ପାହାଡ଼ । ସେବେଠାରୁ ତିନିଠାକୁର ଓ ତାଙ୍କ ଶକ୍ତିଙ୍କର ବଡ଼ଯାତ୍ରା ଅନୁଷ୍ଠିତ ହୋଇ ବଳି ପ୍ରଦାନ କରାଯାଇ ଆସୁଛି ।

ମୂଳପୀଠ ସଂପର୍କରେ କିମ୍ବଦନ୍ତୀ :

ଜନଶ୍ରୁତି ଅନୁଯାୟୀ ମାନ୍ୟମକୋଣ୍ଡାର ମୂଳପୀଠକୁ ନେଇ ଏକ କିମ୍ବଦନ୍ତୀ ରହିଛି । ମାନ୍ୟମକୋଣ୍ଡା ଠାରେ ଥିବା ପାହାଡ଼ର ଶୀର୍ଷଦେଶରେ ତିନିଠାକୁରଙ୍କ ପୀଠ ରହିଛି । ପୂଜାରୀ ପ୍ରତ୍ୟେକଦିନ ଏହି ପୀଠକୁ ଯାଇ ପୂଜା କରୁଥିଲେ । ଦିନେ ପୂଜା ସାରି ଫେରିଲା ପରେ ମନେପଡ଼ିଲା ଯେ, ସେ ପୂଜାଡାଲା ସେଠାରେ ଛାଡ଼ି ଆସିଛନ୍ତି । ତେଣୁ ଡାଲା ଆଣିବାକୁ ପୂଜାରୀ ଯାଇ ଦେଖିଲେ ଯେ, ତିନିଠାକୁର ମଣୋହିରେ ବସିଛନ୍ତି । ପୂଜାରୀକୁ ଅକସ୍ମାତ୍ ସେଠାରେ ଦେଖି ପୋତରାଜ(ଭୀମ) ଅତ୍ୟନ୍ତ କ୍ରୋଧ ପ୍ରକାଶ କରି ଡାଲଟିକୁ ପାହାଡ଼ ଉପରୁ ତଳକୁ ଫିଙ୍ଗି ଦେଲେ ଏବଂ କହିଲେ ଏ ଡାଲା ଯେଉଁଠି ପଡ଼ିବ ସେଇଠି ରହି ପୂଜା କରିବୁ । ସେହିଦିନଠାରୁ ପୂଜାରୀ ଡାଲା ପଡ଼ିଥିବା ସ୍ଥାନରେ ରହି ପୂଜା କରନ୍ତି ।

କୋୟା ଆଦିବାସୀ ଓ ବଡ଼ଯାତ୍ରା ପରଂପରା :

ବଡ଼ଯାତ୍ରା ସଂପର୍କରେ ଅନେକ ଲୋକକଥା କିମ୍ବଦନ୍ତୀ ଥିଲେ ମଧ୍ୟ ଐତିହାସିକ ବାସ୍ତବତାର ବିଶେଷ ପ୍ରମାଣ ମିଳେନାହିଁ । ତେବେ ଏହି ଭୂମିର ମୂଳ ଆଦିବାସୀ କୋୟା ଜନଜାତି ଦ୍ୱାରା ଏହା ପ୍ରଚଳିତ ହୋଇଥିବା ଗ୍ରହଣ କରାଯାଇପାରେ । ପରବର୍ତ୍ତୀ ସମୟରେ ଅନ୍ୟ ଆଦିବାସୀ ବର୍ଗର ଲୋକେ ଏଥିରେ ସାମିଲ ହୋଇଛନ୍ତି । କୋୟାମାନଙ୍କର ଜନସଂଖ୍ୟା ଏହି ଜିଲ୍ଲାରେ ସର୍ବାଧିକ, ଏପରିକି ଆନ୍ଧ୍ର ଓ ଛତିଶଗଡ଼ ଅନ୍ତର୍ଗତ କୋୟା ତଥା ଅନ୍ୟ ଆଦିବାସୀମାନେ ଏଥିରେ ଅଂଶଗ୍ରହଣ କରିଥାନ୍ତି ।

ପ୍ରତ୍ନତାତ୍ତ୍ୱିକ ଗବେଷଣା କହେ ଛତିଶଗଡ଼ର 'କୋଇ' ଓ 'ଗଣ୍ଡୱାନା' ଅଞ୍ଚଳରୁ ଆସି କେଉଁ ପ୍ରାଚୀନ ସମୟରୁ କୋୟାମାନେ ଏହି ଜିଲ୍ଲାରେ ବାସ କରୁଛନ୍ତି । ଆନ୍ଧ୍ରରେ ସେମାନେ 'କୋୟାରାଜୁ' ଏବଂ ଛତିଶଗଡ଼ରେ 'ମାଡ଼ିଆ' ଭାବରେ ପରିଚିତ । ମାନ୍ୟମକୋଣ୍ଡା, ପଡ଼ିଆ, ମୋଟୁ, କୋରୁକୋଣ୍ଡା ପ୍ରଭୃତି ଅଞ୍ଚଳରେ ସର୍ବାଧିକ କୋୟା ଆଦିବାସୀ ରହିଥାନ୍ତି । ସେମାନଙ୍କର ନିଜ ଭାଷା ସହିତ ତେଲୁଗୁ ଓ ଛତିଶଗଡ଼ୀ ପ୍ରଭାବ ମଧ୍ୟ ଦେଖିବାକୁ ମିଳେ । ବଡ଼ଯାତ୍ରା ପରଂପରାରେ ଥିବା ପୂଜାରୀ, ଦିଶାରୀ, ୱାର୍ଡ୍ରେ, ପେଦା ତଥା ଅଧିକାଂଶ ଗୁରୁମାଈ ଓ ଗାଁ ମୁଖିଆ କୋୟା ସଂପ୍ରଦାୟର । ପୂଜାରୀଙ୍କ ଦ୍ୱାରା ଉଚ୍ଚାରିତ ମନ୍ତ୍ର 'କୋୟାମାଟା', 'ଦେଶିଆ' ଓ 'ଗଣ୍ଡିଭାଷା' ମିଶ୍ରିତ ।

ବିଶେଷକରି ଆନ୍ଧ୍ରପ୍ରଦେଶ ଅନ୍ତର୍ଗତ କୋୟା ଓ ଦ୍ରାବିଡ଼ମାନେ ମଧ୍ୟ ଏହି ବଡ଼ଯାତ୍ରାରେ ଅଂଶଗ୍ରହଣ କରୁଥିବାରୁ ଦ୍ୱାପରଯୁଗରେ ହୋଇଥିବା ଧାର୍ମିକ ସନ୍ଧିର ଫଳ ଏହା ହୋଇପାରେ ବୋଲି କେତେକଙ୍କ ମତ । ସମ୍ଭବତଃ ସେବେଠାରୁ ଆଦିବାସୀ ଓ ଦ୍ରାବିଡ଼ଙ୍କ ସହିତ ମିଳିତ ଭାବେ ଆର୍ଯ୍ୟମାନେ ମଧ୍ୟ ଏହି ଉତ୍ସବରେ ଅଂଶଗ୍ରହଣ କରିଆସୁଛନ୍ତି ।

ବଡ଼ଯାତ୍ରା ଓ ଜଗନ୍ନାଥ ସଂସ୍କୃତି :

ଓଡ଼ିଶାର ଆଦିମ ଅଧିବାସୀମାନେ ଦାରୁଦେବତାଙ୍କ ଉପାସକ । ଜଗନ୍ନାଥ ହେଉଛନ୍ତି ଦାରୁଦେବତା । ତେବେ ବଡ଼ଯାତ୍ରା ଓ ରଥଯାତ୍ରା ମଧ୍ୟରେ କିଛି ସାମ୍ୟ ପରିଲକ୍ଷିତ ହୁଏ । ଜଗନ୍ନାଥ ସଂସ୍କୃତିର ନବକଳେବର ପରି ବଡ଼ଯାତ୍ରା ଠାକୁରଙ୍କ ନବକଳେବର ହୋଇଥାଏ । ଏପରିକି ଶ୍ରୀଜଗନ୍ନାଥଙ୍କ ନୌବିହାର ପରି ଏଠାରେ ମଧ୍ୟ ନୌବିହାର ପର୍ବ ଅନୁଷ୍ଠିତ । ପୁଣି ରଥଯାତ୍ରା ଓ ବାହୁଡ଼ାଯାତ୍ରା ୯ଦିନରେ ଅନୁଷ୍ଠିତ ହେଉଥିବା ଏବଂ ଏକମାସରୁ ଅଧିକ ସମୟ ଧରି ପ୍ରସ୍ତୁତିପର୍ବ ହେଲାପରି ଏଠାରେ ମଧ୍ୟ ସେହିପରି ହୋଇଥାଏ । ମାନ୍ୟମକୋଣ୍ଡାରୁ ଠାକୁର ଆସିବା ଓ ମାଲକାନଗିରିରୁ ଫେରିଯିବା ୯ଦିନରେ ଅନୁଷ୍ଠିତ ହୁଏ । ଏପରିକି କୃଷ୍ଣଙ୍କର ମୟୂରପୁଚ୍ଛ ପ୍ରତି ଥିବା

ଆକର୍ଷଣ ଓ ବଡ଼ଯାତ୍ରାର ତିନିଠାକୁର ମୟୂରପୁଚ୍ଛ ଲାଗି ଏହି ସଂପର୍କକୁ ସୁଦୃଢ଼ କରେ । ସର୍ବୋପରି ଶ୍ରୀଜଗନ୍ନାଥ ତିନିବିଗ୍ରହ ଦାରୁରେ ନିର୍ମାଣ ହେଲାପରି ବଡ଼ଯାତ୍ରା ଠାକୁରଙ୍କ ମୂର୍ତ୍ତି ବାଉଁଶରେ ତିଆରି । ମାଉଲିମା' ମନ୍ଦିରରୁ ଆଜ୍ଞାମାଳ ଯିବା, ବାଉଁଶ ଚୟନ ପ୍ରଭୃତି ଶ୍ରୀଜଗନ୍ନାଥ ସଂସ୍କୃତି ସହିତ ଯୋଡ଼ି ହେବାର ସାମର୍ଥ୍ୟ ରଖେ ।

ବୌଦ୍ଧଧର୍ମ ଓ ଜୈନଧର୍ମ ସହ ସଂପୃକ୍ତି :

ବୌଦ୍ଧପରମ୍ପରା ଦୃଷ୍ଟିରୁ 'ବଜ୍ରଯାନ'ର ଅନେକ ପୀଠର ଭଗ୍ନାବଶେଷ ମାଲକାନଗିରିରେ ରହିଛି । ସତୀଗୁଡ଼ା ଗୁମ୍ଫାର ଶିବ ଅବଲୋକିତେଶ୍ୱର' ଓ ମାଲକାନଗିରିସ୍ଥିତ ମାଉଲିମା' - ପ୍ରଜ୍ଞାପାରମିତା ହୋଇଥାଇପାରନ୍ତି । ତେବେ ଅତୀତରେ ତଂତ୍ରଯାନର ପ୍ରସାର କାରଣରୁ ଯୋଗିନୀ ପରଂପରା ଅନୁସରଣ କରି ମାଉଲିମା' ପୀଠରେ ବଳି ସହିତ ବଡ଼ଯାତ୍ରାରେ ବଳି ପ୍ରଦାନ କରାଯାଇଥାଏ ।

ସେହିପରି ଜୈନଧର୍ମର ରଥଯାତ୍ରା ଓ ଲାଠିଯାତ୍ରା ପରି ବଡ଼ଯାତ୍ରା ଠାକୁରଙ୍କର ବିମାନରେ ଯାତ୍ରା, ଲାଠିଯାତ୍ରାର ସାମ୍ୟ ରହିଛି । ଗୋଟିଏ ପଟେ ତଂତ୍ରଯାନର ପଞ୍ଚମ'କାର ଉପାସନା ଏଠାରେ ଥିବାବେଳେ ସାଥିରେ ଥିବା ପାରା ପ୍ରତି ଅହିଂସକ ଭାବ ଏକ ସମନ୍ୱୟ ସଂସ୍କୃତିର ପରିଚାୟକ ।

ପ୍ରକୃତରେ ପ୍ରତି ଦୁଇବର୍ଷରେ ଥରେ ଅନୁଷ୍ଠିତ ହେଉଥିବା ଏବଂ ଓଡ଼ିଶା, ଆନ୍ଧ୍ରପ୍ରଦେଶ ଓ ଛତିଶଗଡ଼ର ଲକ୍ଷାଧିକ ଶ୍ରଦ୍ଧାଳୁଙ୍କୁ ଏକତ୍ରିତ କରିପାରୁଥିବା ଏହି ବଡ଼ପର୍ବ ଏକ 'ଗଣପର୍ବ'ରେ ରୂପାନ୍ତରିତ ହୋଇଛି । ଏହା କେବଳ ଆଦିବାସୀଙ୍କ ପର୍ବ ହେଇ ରହିନାହିଁ । ବରଂ ସମସ୍ତ ବର୍ଗର ଲୋକଙ୍କ ପାଇଁ ଏହା ଆସ୍ଥାର କେନ୍ଦ୍ର ପାଲଟିଛି । ତେଣୁ ଅନୁପମ ଧାର୍ମିକ ସଂହତି ପାଇଁ ବଡ଼ଯାତ୍ରା ଓ ଏହାର ଈଶ୍ୱରମାନେ ଉନ୍ନତ ଗବେଷଣା ଓ ପ୍ରଚାର ଦ୍ୱାରା ବିଶ୍ୱଦରବାର ଦୃଷ୍ଟିଆକର୍ଷଣ କରିବେ ଏହା ଅନସ୍ୱୀକାର୍ଯ୍ୟ ।

BLACK EAGLE BOOKS

www.blackeaglebooks.org
info@blackeaglebooks.org

Black Eagle Books, an independent publisher, was founded as a nonprofit organization in April, 2019. It is our mission to connect and engage the Indian diaspora and the world at large with the best of works of world literature published on a collaborative platform, with special emphasis on foregrounding Contemporary Classics and New Writing.